यत्र तत्र सर्वत्र

101 व्यंग्य रचनाएँ

यत्र तत्र सर्वत्र

शरद जोशी

सम्पादन

इरफ़ाना शरद

भारतीय ज्ञानपीठ

पहला संस्करण : 2000
दूसरा संस्करण : 2001
तीसरा संस्करण : 2022

भारतीय ज्ञानपीठ
लोकोदय ग्रन्थमाला : ग्रन्थांक 655

प्रकाशक
वाणी प्रकाशन ग्रुप
4695, 21-ए, दरियागंज, नयी दिल्ली-110 002
फ़ोन : 011-23273167, 23275710
ईमेल : sales@vaniprakashan.in

ISBN : 978-93-5518-363-7

यत्र तत्र सर्वत्र
(व्यंग्य)
शरद जोशी

YATRA TATRA SARVATRA
(Satire)
by Sharad Joshi

मुद्रक : आर. टेक ऑफ़सेट प्रिंटर्स, दिल्ली-110 032

आवरण चित्र : सफ़दर शामी

Third Edition : 2022

Price : INR. 495

अनुक्रम

पचास साल बाद–शायद

(भूमिकावत्)

किताबों की उम्र केवल पचास साल बाक़ी है। उसके बाद किताबों का चलन बन्द हो जाएगा, क्योंकि लोगों के पास ज्ञानवर्धन के वैकल्पिक साधन होंगे। आजकल जो लेखक लिख रहे हैं वे यह सुन सन्तुष्ट होंगे कि चलो उनके जीते-जी ऐसा नहीं हो रहा। सारा दोष अगली पीढ़ी पर लगेगा, जिनके लिखते लोगों ने पढ़ना बन्द किया।

साहित्यकारों ने पिछले वर्षों में बड़े ऐण्टी आन्दोलन चलाये, अकहानी, अकविता, अनाटक। मगर आगे पाठक, अपुस्तक का आन्दोलन चलाएगा। किताबों से इनकार का आन्दोलन, और वह साहित्यकारों को बड़ा भारी पड़ेगा। प्रेषणीयता की समस्या सुलझने के बाद जब प्रेषण होने लगेगा तब तक जिसे प्रेषित किया गया है वह जगह छोड़ चल देगा। पाठकों का कारवाँ गुज़र जाने के बाद परिचर्चाओं के ग़ुबार शेष रह जाते हैं, मगर पचास साल बाद लोगों को इसकी भी फ़ुरसत नहीं रहेगी। इस तरह कुछ वर्षों मशीनें और किताबें उगलेंगी, मगर बाद में साहित्य स्वयं बेवफ़ाई का शिकार होकर अजायबघर की वस्तु रह जाएगा। पाठक की उपेक्षा कर लिखना अलग बात है, मगर पाठक की अनुपस्थिति में लिखना ख़ाली हॉल में नाटक खेलने के समान भयावह है। यदि ऐसा हुआ तो हिन्दी में लेखक-कवियों का क्या होगा? क्या वे लेक्चररशिप के अपने मूल पेशे में लौट जाएँगे? अर्थात् जहाँ वे वास्तव में हैं, वहीं बने रहेंगे?

मगर हिन्दी में हाल दूसरे हैं। यहाँ विपरीत भविष्यवाणी की जा सकती है कि पचास वर्ष बाद पुस्तकों का चलन आरम्भ हो जाएगा। फ़िलहाल जो स्थिति है उसे आप प्रागैतिहासिक क़रार दे सकते हैं। किताबें छपतीं नहीं, छपती हैं तो बिकती नहीं, बिकती हैं तो पढ़ी नहीं जातीं, पढ़ी जाती हैं तो वे पसन्द नहीं की जातीं, पसन्द की जाती हैं तो सस्ती और सतही होती हैं, जिन्हें न छापा जाए इसकी माँग करनेवालों की बड़ी संख्या है, जो उसे पुस्तक ही नहीं मानते। यहाँ लेखक और

प्रकाशक पुस्तक नहीं, पुस्तक का भ्रम जीते हैं। पाँच सौ का संस्करण छपने पर पाँच-छह वर्ष में बिकता है, तब लगता है व्यर्थ ही छपा। कोरा काग़ज़ होता तो कहीं जल्दी बिक जाता। लेखक लिखने को अभिशप्त है, प्रकाशक छापने को, केवल पाठक की स्वतन्त्र सत्ता है। वह ख़रीदने को अभिशप्त नहीं।

हिन्दी में 99.9 प्रतिशत साहित्यकार शाश्वत साहित्य लिखता है, अमरता की पक्की खातरी के साथ। हम-जैसे साहित्य के सौभाग्य से कम ही हैं, जो कल-परसों तक निश्चित समाप्त हो जानेवाली रचना में बरसों से व्यर्थ लगे हैं। इसके बावजूद हिन्दी में साहित्य-लेखन हाशिया गतिविधि है, फ़ुरसत का धन्धा है। दीगर कुछ करने को न होने पर लोग साहित्य करते हैं और दीगर करने को काफ़ी काम है। हिन्दी में साहित्य-लेखन चन्द नौकरीपेशा लोगों का प्रायवेट शगल है। साहित्य के अतिरिक्त अन्य स्थितियाँ सुरक्षा की बेहतर गारण्टी देती हैं। इसलिए यथार्थ के तीव्र अहसास से भरी कविताएँ भी विश्वविद्यालय से आयी पूरी कॉपियाँ जाँच लेने के बाद ही लिखी जाती हैं। प्राध्यापक, अफ़सर, बाबू, सम्पादक सब पहले हैं, लेखक, कवि बाद में।

इस तरह हिन्दी के इस विकराल परिदृश्य में सभी हैं, यदि कोई नहीं है तो लेखक और पाठक। इन दो मूल छोर के ग़ायब होने पर भी साहित्य है, जिसके सहारे बहुत से लोग लटके हैं। साहित्य सम्मेलन का अध्यक्ष, मन्त्री, हज़ारों हिन्दी प्रचारक, चर्चाकार, पुस्तक-समीक्षक, विभाग, हिन्दी के नाम पर खड़े भवन, संस्थाएँ, पेढ़ियाँ, अकादमी, प्राध्यापक, शोधवाले, डिग्रीकांक्षी, इतिहासकार, छायावाद-प्रगतिवाद बेचकर खानेवाले, परीक्षाएँ चलानेवाले, एक चौपाई के बीस भाष्य करनेवाले। ये सब हिन्दी लेखक के बाप हैं, जो उसकी खोपड़ी पर सवार रहते हैं। ये सब मिलकर जिस कुहासे की सृष्टि करते हैं उसे हिन्दी साहित्य कहते हैं। हिन्दी में लेखक बनकर जीना इन सब शक्तियों के ख़ूँख़ार जंगल में रहने की तरह जोख़िमभरा और प्रायः आत्म-हत्याकारी काम है। पता नहीं ये लोग तुम्हें कब पूरा लील जाएँ! हिन्दी में पाठक की तलाश एक मरीचिका है और शुद्ध लेखक आदर्श जीवन की कल्पना है। हिन्दी साहित्य दोनों की अनुपस्थिति में फूल-फल रहा है, यह अपने-आप में चमत्कार है।

अतः मेरी भविष्यवाणी है कि पचास वर्ष बाद शायद हिन्दी में किताबों का चलन आरम्भ हो जाएगा। जब सभी देश किताबें फेंक देंगे, तब यह जगत्गुरु राष्ट्र उन्हें पढ़ने लगेगा। यह स्थिति भारतीय पिछड़ेपन के अनुकूल होगी। आप मेरी भविष्यवाणी में प्रकट आशावादिता की दाद दीजिए, मगर मैं 'शायद' लगा रहा हूँ। हिन्दी में दृढ़ विश्वास को व्यक्त करने के लिए सबसे सशक्त शब्द 'शायद' ही है।

22 जून, 1975

चुनाव में खड़ा आदमी

आज वे दो वर्ष बाद मुस्कराये। बल्कि हँसे। वे हँसते नहीं हैं। उन्हें हँसते देखनेवाले बहुत कम हैं इस देश में। उनकी पार्टी में कुछ हो सकते हैं जिन्होंने उन्हें हँसते देखा हो। पर चुनाव के इन दिनों में उनके दाँत होठों की क़ैद से बाहर आये। सूरज की किरण में चमके। उनकी मुस्कराहट मानो कोई कम्पनी बोनस बाँट रही हो, दिल और आत्मा पर असर कर रही है। आज उन्हें जनता ने मुस्कराते देखा। एक फोटोग्राफ़र ने उन्हें हँसते देखा और कैमरा सामने ला अपने कर्तव्य का शटर दबा दिया।

आज नेता महोदय ने पुराना कुरता निकालकर पहना। उस कुरते का पुराना होना अखरा नहीं। आज उन्होंने एक घिसी हुई, फटी हुई चप्पल पहनी। उन्होंने अपने फूले हुए पैर फटी हुई चप्पलों में फँसा दिये और अपने चुनाव-क्षेत्र के लिए वे घर से निकले।

आज वे कार में नहीं बैठे। कार खड़ी रही, मगर वे नहीं बैठे। आज वे जनता के बीच पैदल चले। जनता को अपने आसपास से हटाने के लिए उन्होंने किसी पुलिसवाले की मदद नहीं ली। आज वे भीड़ से घिरे रहे। आज उन्होंने जनता की ओर ऐसे देखा जैसे हरी घास की ओर गधा देखता है। उन्होंने हाथ जोड़े और अपनी गरदन को झुकाया। यदि उनका पेट पतला होता तो आज वे अवश्य पूरा झुकते। आज वे प्रणाम कर रहे हैं। उनका नमस्कार सभी तक पहुँच रहा है। उनका नमस्कार एक काँटा है, जो वे बार-बार वोटरों के तालाब में डालते हैं और मछलियाँ फँसाते हैं। उनका प्रणाम एक चाबुक है, हण्टर है जिससे वे सबको घायल कर रहे हैं। उनका यह काँटा, यह चाबुक कितने दिनों बाद पड़ा है!

वे राजमार्गों पर चलनेवाले आज गलियों में धँसे। जिस लगन से कोलम्बस अमरीका खोजने निकला था उसी लगन से वे आज अपना चुनाव-क्षेत्र खोजने निकले। वे हर गली और हर घर में जाना चाहते हैं। वे देखना चाहते हैं कि सब कहाँ हैं? वे सब कहाँ हैं जो यहाँ थे? क्या ये सब वही हैं? क्या ये वैसे और वही हैं जो यहाँ थे? वे जाँच रहे हैं। हज़ारों आँखों के आईने में वे अपने को जाँच रहे

हैं। कई बार वे डर जाते हैं। आईना कहीं धुँधला न हो जाए कि उनकी छवि चमक न सके। वे अपनी मुस्कराहट के रूमाल से जनता की आँखों के आईने को चमका रहे हैं।

देखो, उन्होंने किसी को पहचान लिया। उन्होंने याद किया और वह उन्हें याद आया। यह उनकी कितनी महानता है कि वे भूले नहीं हैं। उनकी यादों की कचरा-पेटी में इस चुनाव-क्षेत्र का भी स्थान है।

लीजिए, उन्होंने एक बच्चे को उठाकर चूम लिया। चार साल का बच्चा। उनके पिछले चुनाव के बाद जन्मा। उनके वोटों की फुलवारी में नन्हा अंकुर। कल वह बड़ा होगा और उन्हें वोट देगा। उस बच्चे की मुस्कराहट में उन्हें अपना भविष्य सुरक्षित नज़र आ रहा है। बच्चे को चूमकर वे बच्चे के माता-पिता को प्रभावित कर रहे हैं। लोग देख रहे हैं। राजनीति के कीचड़ के बीच कैसा कमल-सा मन है उनका!

उन्हें आगे बढ़कर किसी ने हार पहना दिया। उन्होंने वह हार फिर उसे पहना दिया जिसने उन्हें हार पहनाया था। यह हार उनके ही पैसे से ख़रीदा गया है मगर आप भावना देखिए! आज समझ नहीं आ रहा है कि कौन किसका आराध्य है? कौन किसका देवता है? आज भगवान् अपने पुजारी की पूजा कर रहे हैं। मुझे बाहर मत निकालो। मुझे फिर से पसन्द कर लो। पुजारी ने मन्दिर के बाहर 'टु लेट', 'किराये से देना है' की तख़्ती टाँग दी है। यह 'रिचुअल' का क्षण है। पुजारी चाहे तो आज अपने मन्दिर में नया देवता बिठा सकता है। देवता नम्र झुका हुआ खड़ा है। वह पुजारी की कृपा का पात्र है। वह चाहे तो देवता को संविधान का मन्दिर वापस मिल जाए। देवता फिर देवता हो जाए, पुजारी फिर पुजारी।

वे धीरे-धीरे बढ़ रहे हैं। जनता की भीड़ के बीच वे हिस्सा-हिस्सा क़िस्तों में बढ़ रहे हैं। वे रेंगते हुए, छूते हुए, धीरे-धीरे बढ़ रहे हैं। वे लोकप्रियता की फ़सल काटने निकले हैं। जनता के खेत में उन्हें लहराते जिस्म दिखाई दे रहे हैं। उनकी आँखें गेंद की तरह यहाँ-वहाँ टप्पा खा रही हैं।

लो, उन्होंने किसी के गले में हाथ डाल दिया। एक युवक है। इस वर्ष वह जीवन में पहली बार वोट देगा। वे उसके गले में हाथ डाले मुस्करा रहे हैं।

कुछ महिलाएँ नज़र आयीं। सुन्दर, रसीली, भरी-भरी। पर आज, आज वे सब माँ हैं, बहनें हैं, बहू हैं, बेटियाँ हैं। वे आज किसी को बुरी नज़र से नहीं देख रहे। आज वे अपना पशुत्व घर छोड़ आये हैं। राजनीति की धूल झटक आज उन्होंने अपना देवत्व ओढ़ा है। आज वे कितने आदर से महिलाओं को देख रहे हैं।

उन्हें पता लगा कि कोई बीमार है। वे उससे फ़ौरन मिलने गये। उसके पास बैठे, उससे हालचाल पूछा। चार दिन बाद चुनाव हैं। उन्हें डर लग रहा है कि उसके पहले उनका वोटर कहीं मर न जाए। वे उसके स्वास्थ्य की कामना कर रहे हैं।

वे सबसे मिलते हुए, रुकते हुए जा रहे हैं। अभी-अभी अनाथाश्रम के बच्चे अपना बैण्ड बजाते निकल गये। उन्होंने उन अनाथों की ओर नहीं देखा। अभी-अभी एक बस निकली, जिससे लोग लटके हुए थे। उन्होंने बस की ओर नहीं देखा। अभी-अभी एक लावारिस लाश ठेले पर रखी निकल गयी। उन्हें पता भी नहीं चला। वे उसी तरह झुकते, उठते, रुकते, मुस्कराते, हँसते, गर्दन हिलाते, हार पहनते, बच्चों को चूमते, हज़ारों चेहरों में अपना वर्तमान और भविष्य तलाशते चले जा रहे हैं।

सहिष्णु

किसी शहर में एक नौजवान रहता था, जो तबीयत का गुस्सैल था और ताक़त में अपना सानी नहीं रखता था।

एक दिन वह बाज़ार से जा रहा था, तो उसने देखा कि सड़क के किनारे खड़ा एक बुज़ुर्ग शख़्स उसकी ओर देखकर बिला वजह हँस रहा है। गुस्सैल तबीयत के जवान को यह हरकत पसन्द न आयी। उसने बूढ़े को दो-चार गालियाँ दीं और आगे बढ़ गया। इस पर वह बुज़ुर्ग कुछ न बोला, ख़ामोश खड़ा रहा। दूसरे दिन बाज़ार में नौजवान ने फिर उसी बुज़ुर्ग को देखा, जो उसकी तरफ़ उसी तरह देखकर मुस्करा रहा था। नौजवान को ताज्जुब के साथ गुस्सा भी आया और उसने गालियाँ देने के साथ दो-चार हाथ भी बुज़ुर्ग को रसीद कर दिये। बुज़ुर्ग कुछ न बोला, सहन करता रहा। तीसरे दिन फिर वही हुआ। नौजवान ने इस बार जमकर पिटाई की। बुड्ढे ने मार सहन की और मुस्कराता रहा।

चौथे दिन जब फिर नौजवान ने बुड्ढे को अपनी ओर उसी प्यार से ताकते देखा, तो इस बार बजाय गुस्सा करने के वह नरमी से पेश आया। उसने कहा—"ऐ भले आदमी, तुम बड़े नेक और शरीफ़ बुज़ुर्ग हो, जो बार-बार मेरे हाथों से पिटने के बाद भी मुहब्बत से पेश आ रहे हो। ताज्जुब नहीं, अगर तुम कोई गाँधीवादी हो, क्योंकि सहन करने की इतनी ताब उन लोगों में ही देखी जाती है। बताओ, मैं तुम्हारी क्या ख़िदमत कर सकता हूँ? तुमने मुझ पर गहरा असर डाला है और मैं तुम्हारी हर ख़िदमत को राज़ी हूँ।"

बुज़ुर्ग बोला—"ऐ नौजवान, मैं चुनाव में खड़ा हूँ और तेरा वोट चाहता हूँ। इसीलिए मैं हर रोज़ तेरी तरफ़ उम्मीद भरी निगाहों से ताकता हूँ और तेरा गुस्सा पी जाता हूँ। तू मुझे वोट दे और इस क़ाबिल बना कि असेम्बली में जा सकूँ।"

नौजवान ने वादा किया कि वह वोट देगा।

कुछ दिनों बाद चुनाव हुए और गुस्सैल नौजवान ने उस बुज़ुर्ग को वोट दिया। बुज़ुर्ग जीत गया और असेम्बली का मेम्बर बन गया, जल्दी ही मन्त्री भी। मगर उसके मन्त्री बनने के दूसरे ही दिन पुलिस उस गुस्सैल नौजवान को ढूँढ़ती मोहल्ले में आयी

और उसे पकड़कर ले गयी। उस पर जुर्म था कि वह शान्त नागरिकों से मारपीट करता है और उससे शहर के अमन क़ानून को ख़तरा है।

नौजवान हाथ मलकर पछताने लगा और कहने लगा—अफ़सोस, मैंने उस बूढ़े पर तब क्यों भरोसा किया, जब वह वोट माँग रहा था! मुझे समझना चाहिए था कि जो शख़्स गुस्से को पीकर दाँत निकालता रहता है, वह ज़रूर मौक़े की ताक में है।

मूर्तियों पर बैठे कौवे

महापुरुषों की मूर्तियों पर कौवे क्यों बैठते हैं?

मेरे घर के सामने एक चौराहा है और उसके बीच में एक अदद नेता की मूर्ति लगी है। अक़्सर ही एक कौवा उस मूर्ति के सिर या कन्धे पर आकर बैठ जाता है। शायद वह एक ही कौवा है और उस जगह को अपनी जागीर बनाये है। या हो सकता है एक नहीं ज़्यादा कौवे हों। मैं दूर से एक कौवे और दूसरे कौवे में भेद नहीं कर पाता। यह काम मैं पास से भी नहीं कर पाता। कठिन है। यह इतना ही कठिन है जैसे दूर से एक नेता और दूसरे नेता में भेद करना।

मैं जब भी उस मूर्ति की तरफ़ देखता हूँ, मुझे एक कौवा नज़र आता है। अब तो यह हो गया है कि अक़्सर सिर्फ़ कौवा ही देखकर रह जाता हूँ और नेता के पुतले की तरफ़ नहीं देख पाता। जैसे नेता से मिलने जाएँ और उसके वालेण्टियरों से मिलकर लौट आना पड़े। यों नेता के उस पुतले की भी कम अदा नहीं है। वह एक हाथ ऊपर उठाये जनता को सम्बोधित-सा कर रहा है। लगता है भीड़ इकट्ठी हो जाए तो वह अभी भाषण देने लगे। पर भीड़ सिर्फ़ उसी दिन इकट्ठी हुई थी जिस दिन इस पुतले का उद्घाटन हुआ था।

नेताओं की अवसरवादिता की इतिहास प्रशंसा करता है। एक कौवा दूसरे कौवे के साथ बैठता है, पर वह उसका यार नहीं होता। एक मंच पर एक तकिये से पीठ टिकाये दो नेता क्या आपस में यार होते हैं? वे एक-दूसरे को काटते-छाँटते रहते हैं। नेताओं में स्वार्थ के अवसरों पर यारी होती है। मरे पशु के आसपास बैठे कौवों में भी एकता हो जाती है। कौवा सर्वत्र है पर किसी का नहीं है। एक नेता की तरह जो सब जगह है पर किसी का नहीं है।

यद्यपि कौवे की क्या औक़ात, उसके कोई पुतले नहीं खड़े करता। ज़रूरत भी नहीं है। पर मुझे लगता है—नेताओं के पुतलों और कौवों में एक आत्मिक याराना है। मैं अपनी खिड़की से चौराहे पर खड़े पुतले की तरफ़ देखता हूँ और मुझे लगता है कि नेताओं के पुतलों और कौवों में एक निजी आत्मीय वार्तालाप चलता रहता है। कौवे इन पुतलों के चमचे हैं जो इनके आसपास मँडराया करते हैं।

पुतले असन्तुष्ट हैं देश की वर्तमान दशा देखकर। कौवे भी असन्तुष्ट हैं, क्योंकि जितना कुछ झपटना चाहते हैं, झपट नहीं पाते। यदि मृत नेताओं के पुतले कुछ कर सकते तो क्रान्ति कर देते और वर्तमान नेताओं से सत्ता छीनकर अपना मन्त्रिमण्डल बना लेते। तब कौवे ठेकेदार और दलाल होते और देश के विकास में अपना फ़ायदा झपटते। जैसा कि अभी हो रहा है। जीवित रहे या मरकर, पुतले बना दिये जाएँ, कोई फ़र्क़ नहीं पड़ता। कौवे इनके आसपास इसी तरह मँडराते हैं।

काकभुशुण्ड और वित्तमन्त्री

एक राज्य का नया वित्तमन्त्री काकभुशुण्डजी से मिलने गया और हाथ जोड़कर बोला कि मुझे शीघ्र ही बजट प्रस्तुत करना है, मुझे मार्गदर्शन दीजिए। तिस पर काकभुशुण्ड ने जो कहा सो निम्नलिखित है :

हे वित्तमन्त्री, जिस प्रकार कैक्टस की शोभा काँटों से और राजनीति लम्पटों से जानी जाती है उसी प्रकार वित्तमन्त्री विचित्र करों तथा ऊलजलूल आर्थिक उपायों से जाने जाते हैं। पर-पीड़ा वित्तमन्त्री का परम सुख है। कटोरी पर कर घटा थाली पर बढ़ाने, बूढ़ों पर कर कम कर बच्चों पर बढ़ाने और श्मशान से टैक्स हटा दवाइयों पर बढ़ाने की चतुर नीति जो बरतते हैं वे ही सच्चे वित्तमन्त्री कहाते हैं। हे वित्तमन्त्री, बजट का बुद्धि और हृदय से कोई सम्बन्ध नहीं होता। कमल हो या भौंरा, वेश्या अथवा ग्राहक, गृह अथवा वाहन तू किसी पर भी टैक्स लगा, रीढ़ तो उसी की टूटेगी जिसकी टूटनी है। हर प्रकार का बजट हे वित्तमन्त्री! मध्यम वर्ग को पास देने का श्रेष्ठ साधन है। यह तेरे लिए कुविचारों और अधम चिन्तन का मौसम है। समस्त दुष्टात्माओं का ध्यान कर तू बजट की तैयारी में लग। सरकारी कार का पेट्रोल बढ़ाने के लिए तू हर ग़रीब की झोंपड़ी में जल रहे दीये का तेल कम कर। अपने भोजन की गरिमा बढ़ाने के लिए हर थाली से रोटी छीन। जिसके रक्त से तेरे गुलाबों की रक्तिमा बढ़ती है उस पर टैक्स लगाने में मत चूक।

करों की सीमा जल, थल और आकाश है। तू चर-अचर पर कर लगा, जीवित और मृत पर, स्त्री-पुरुष पर, बालक-वृद्ध पर, ज्ञात-अज्ञात पर, माया और ब्रह्म के सम्पूर्ण क्षेत्र पर जहाँ तक दृष्टि, सत्ता अथवा भावना पहुँचती है, कर लगा। श्रम पर, दान पर, पूजा-अर्चन पर, मानवीय स्नेह पर, मिलन पर, शृंगार पर, जल-दूध जैसी आवश्यकता पर, विद्या, नम्रता और सत्संग पर, कर्म, धर्म, भोग, आहार, निद्रा, मैथुन, आसक्ति। भक्ति, दीनता, शान्ति, कान्ति, ज्ञान, जिज्ञासा, पर्यटन पर, औषधि, वायु, रस, गन्ध, स्पर्श आदि जो भी तेरे ध्यान में आये, शब्दकोश में जिसके लिए शब्द उपलब्ध हों उस पर कर लगा। अच्छे वित्तमन्त्री करारोपण के समय शब्दकोश के पन्ने निरन्तर पलटते रहते हैं और जो भी शब्द उपयुक्त लगता है उसी पर कर

लगा देते हैं। जूते से कफ़न तक, बालपोथी से विदेश यात्रा तक, अहसास से नतीजों तक तू किसी पर टैक्स लगा दे। तेरी घाघ दृष्टि जेबों पर है और हे वित्तमन्त्री, जेबें सर्वत्र हैं!

हे वित्तमन्त्री, ईमानदार और मेहनती वर्ग पर अधिक कर लगा, जिनसे वसूली में कठिनाई नहीं होगी। जो सहन कर रहा है उसे अधिक कष्ट दे। ऐयाश, होशियार और हरामखाऊ वर्ग पर कम कर लगा, क्योंकि वसूली की सम्भावनाएँ क्षीण हैं। बदमाशों, सामाजिक अपराधियों और मुफ़्तख़ोरों पर बिलकुल कर न लगा क्योंकि वे देंगे ही नहीं। श्रेष्ठ वित्तमन्त्रियों के बजट पीड़ितों को पीड़ित करने के लिए होते हैं।

हे वित्तमन्त्री! बजट को यौवन के रहस्य की तरह छुपाकर रख। किसी को पता न लगे कि तू सोचता क्या है। बजट का खुलना भयानक सन्त्रास का क्षण हो। लोग तेरे वित्तमन्त्री बनने पर पश्चात्ताप करें। जीवन से निराश हो जाएँ। यह सूझ न पड़े कि वर्ष कैसे बीतेगा? बजट एक हण्टर है। मॉडर्न लोगों को, जिसने तुझे हण्टर दिया, बजट एक कहर है, उसे बरपा कर दे। बजट एक अड़ंगा है जीवन की राह में। सच्चे वित्तमन्त्री वे हैं जो बदनामी में मुस्कराते हैं। सच्चा टैक्स वही है जो सुखी का सुख न बढ़ाए पर दुखी का दुःख अवश्य दूना कर दे।

बजट समाज के प्रति तेरी घृणा की अभिव्यक्ति का श्रेष्ठ माध्यम है। उसे गर्व से प्रस्तुत कर। कष्ट में पहले से डूबे मनुष्य तेरा कुछ नहीं बिगाड़ सकते वित्तमन्त्री! स्वप्नों की इति ही बजट का अथ है—यह बात ध्यान रख।

इतना कहकर काकभुशुण्डजी चुप हो गये और वित्तमन्त्री अपना बजट बनाने चला गया।

ई सब मन के भरमा

सिद्धान्त की बात यह है कि लगे रहो और अपनी कलात्मक टाँग को किसी भी उपलब्ध फटे में फँसाने के लिए ख़ाली रखो। जब जहाँ जैसा मौक़ा लगे।

यह राजनीति की चर्चा नहीं है। यह फ़िल्म और टी.वी. की चर्चा है। यह तो अख़बार में सुन्दर और प्रभावकारी लेख लिखनेवाले होते हैं जो माया को ब्रह्म निरूपित करते हैं और माला जपने को भजन का दर्ज़ा देते हैं। हम पढ़ते हैं, उस पर चर्चा भी करते हैं जबकि वैसी कोई बात नहीं होती।

हम एक नामी-गिरामी फ़िल्मकार के विषय में पढ़ते हैं कि उसने क्यों फ़िल्म छोड़ दी और वह टी.वी. सीरियल की ओर झुका अथवा क्यों एक सीरियल बनाने के बाद उसने फ़िल्म बनाना पसन्द किया? उसे क्यों यह आत्मिक अनुभूति हुई? मौसम कैसा है? वह हवा का क्या रुख़ महसूस कर रहा है? क्षितिज पर भविष्य के क्या रंग दिखाई दे रहे हैं? हम यह मानकर चलते हैं कि फ़िल्म का डायरेक्टर या टी.वी. सीरियल का डायरेक्टर बड़ा गहरा चिन्तक है। बहुत डूबकर सोच रहा है और बड़ी समझदारी से इस नतीज़े पर पहुँचा है कि भारतीय दर्शक उससे एक टेलीफ़िल्म की अपेक्षा करते हैं और वह टेलीफ़िल्म बनाता नज़र आता है। अथवा कोई टी.वी. सीरियल या व्यावसायिक फ़िल्म। लेख लिखनेवाले लेख लिखते हैं और हम अदना लोग न केवल उसे विस्फारित आँखों से पढ़ते हैं बल्कि उस पर सोचते हैं। और तो और हम उन छोटे या बड़े अभिनेता या अभिनेत्रियों के बारे में भी बड़े मोहित होकर सोचते हैं कि वे कैसे बुद्धू बक्से में सीरियल करने चले गये जबकि ठीक इसके पूर्व वे एक बड़ी फ़िल्म में थे और ठीक तभी एक छोटी फ़िल्म में भी।

मैं कहता हूँ चकाचौंध में खोये पाठक मित्रो! इससे मुक्ति पाओ। कबीर का मुहावरा है—ई सब मन के भरमा! शायद आप जानते नहीं कि उस तथाकथित कलात्मक और विचारपूर्ण फ़िल्म बनानेवाले डायरेक्टर से यदि ठीक फ़िल्म शूटिंग के बीच में या पहले या बाद में कहा जाए कि प्यारे बदन के साबुन या खाने के तेल पर एक विज्ञापन-फ़िल्म बनाना है तो वह फ़ौरन न केवल तैयार हो जाएगा बल्कि उस दिशा में फ़ौरन दौड़ भी पड़ेगा।

इसी अवस्था के लिए सन्तों ने कहा है कि मत चूकै अवसर पइहैं। जब जहाँ जैसा मौक़ा मिले, चार पैसे कमाने का चान्स हो, वहाँ वैसे ये लोग टूट पड़ेंगे। फिर उनका जो भी नाम हो, जो भी यश हो, जो भी पाखण्ड वे जीते हों और अख़बारों में लेख लिखनेवाले या इण्टरव्यू लेनेवालों के सामने वे जैसा भी अपना रूप पेश करते हों। वे पाखण्ड ओढ़ते हैं और हम अपनी भावुकता के मारे उसे सच मानते हैं। क्या टी.वी., क्या छोटी कलात्मक कहानेवाली फ़िल्म, क्या बड़ी व्यावसायिक फ़िल्म, क्या डॉक्यूमेण्टरी, क्या विज्ञापन की साबुन-मंजन फ़िल्में, क्या टी.वी. सीरियल, क्या टेलीफ़िल्में, क्या वीडियो फ़िल्में, क्या फ़िल्म डिवीज़न का काम, क्या बाल फ़िल्म। पैसा है जहाँ, कैमरा है वहाँ। कमाई है जहाँ, बन्दा है वहाँ। सम्भावना है जहाँ, यूनिट है वहाँ। अवसर है जहाँ, डायरेक्टर है वहाँ।

शब्दों द्वारा एक महाभ्रम की सृष्टि होती है। सच यह है कि काम करने और चार पैसे कमाने के अवसर ही कहाँ मिलते हैं! और जब मिलता है, कोई चूकता नहीं। जहाँ पैसों की गन्ध आती है, वहीं अभिव्यक्ति की सम्भावनाएँ दिखाई पड़ती हैं। आर्थिक वास्तविकताएँ असल खेल खेलती हैं और आपको मजबूर करती हैं। बेचारे शब्दों की ओट में सच्चाइयाँ छुपाते हैं। हम भ्रम में जीते ही हैं, इससे ज़्यादा यह कि शायद वे भी भ्रम में जीते हैं।

बातें बयान से बाहर हैं

अजब छटा है इस मुल्क़ की जहाँ हिमालय गन्दी नदी हो जाने के लिए पिघलता है और तीन तरफ़ से पानी से घिरे देश में लोग प्यासे बैठे हैं। इमारतें जितनी ऊँची की जा सकती थीं, की जा रही हैं, झोंपड़ियाँ जितनी हटायी जा सकती थीं, हटायी जा रही हैं। करोड़ों का देश। अरबों रुपये ख़र्च करनेवाला। पर किसी को नहीं पता कि क्या तो होगा और क्या कर लोगे। सपनों को फफूँद लग गयी मगर ज़िक्र जारी रहा। अच्छे-अच्छे भाव, विचार, शब्द आहुति हो गये। ऐसा हवनकुण्ड रचा है व्यवस्था ने जो क्रान्ति को भी स्वाहा कर सकता है। हर किसम की आग को लील सकता है। मुँह बाये खड़े देखता रहता है आदमी स्थानीय से राष्ट्रीय बलात्कार तक। हम क्या कर सकते हैं! पेचिश के मरीज़ की मुद्रा में कमर पर हाथ रख डॉक्टर की तरह अगले इलेक्शन का इन्तज़ार कर नक़ली दवा की सूई कूल्हे में चुभवाता रहा भारत का आदमी। अब ठीक होगा, अब ठीक होगा। चरखे से मल्टीनेशनल तक पूरे चालीस साल कुलाँचें भरकर यात्रा की इस देश ने। ज्वार छोड़ी, बाजरा छोड़ा, गेहूँ के अरमान ले भूखा सोता रहा। पाँच-तारा सपने सँजोये पंचतत्त्वों में मिल गया टी. वी. देखते-देखते। पूरे आवेश से कभी टाटा-बिड़ला के सामने मुट्ठी ताननेवाला यह सिद्धान्तवादी देश कितनी आसानी से फिसलकर अम्बानी और नसली वाडिया के हाथ चला गया। राज चले जाने के बाद राजा का बेटा ज़्यादा धूमधाम से राजकुमारी का ब्याह रचाता है आज़ादी के चालीस साल बाद जलती बहुओं के इस देश में। यदि दुम पकड़ने के प्रयत्न में गोल-गोल घूम जाना प्रगति है तो ख़ूब प्रगति की इस देश ने। मुट्ठी भर नमक की आज़ादी के लिए आरम्भ हुई लड़ाई मुट्ठी भर रिश्वत की गारण्टी पर समाप्त हो गयी। अहिंसा के पुजारी से प्रेरणा पाकर चले थे, तोपों की ख़रीदी में कमीशन बटोरने तक पहुँचे। सूत कातकर जीविका अर्जित करने का आर्थिक सिद्धान्त स्विस बैंक में ख़ाते खोलने तक चला। चालीस साल में कैसी आँखें खुल गयीं देश की—उसे सब पता है। उसे पता है कि समाधि पर फूल चढ़ाने कब जाना है? उसे पता है कि जुए के विकास के लिए 'केसिनो' खोलना राष्ट्र के लिए

कितना उपयोगी है। दिन-पर-दिन किस दिशा में और किन दशाओं में समझदार होता चला गया यह देश इन चालीस वर्षों में, बयान से बाहर है।

आज कौन हरामज़ादा यह कहने की हिम्मत करेगा कि देश ने प्रगति नहीं की। यह मारुति जो सड़क पर चल रही है तेरा बाप लाया? यह जो एयर बसें हम ख़रीद रहे हैं तो क्या तेरे भरोसे पर? यह जो काम्प्लेक्स, और एयर कण्डीशण्ड मार्केट बने हैं तो क्या फ़रिश्ते आएँगे यहाँ? विदेशी माल यों ही खप जाता है? 'स्मैक' के ख़रीदार हैं तभी तो आती है! लोग बच्चों को अँग्रेज़ी पढ़ा रहे हैं तभी तो नित नये कान्वेण्ट खुलते हैं! अगर पहननेवालियाँ नहीं हैं, तो जेन्द्रा रोड्स यों ही पच्चीस हज़ार की साड़ियाँ डिज़ाइन करती है! प्रगति तो हुई ही है न! सोना क्या यहाँ खेतों में खाद डालने के लिए स्मगल होकर आता है? ऐयाशी के सामानों का बाज़ार आख़िर व्यवसायी ही चला रहे हैं! करोड़ों रंगीन टी.वी. देशवासियों ने भीख माँगकर तो नहीं ख़रीदे! पैसा पैदा होता ही है, किया ही जाता है। ऐक्टिंग से, फ्रॉड से, दलाली से, ठेके से, सप्लाई से या मेहनत कर। चार पैसे उगाये हैं तभी तो बीअर पी रहा है और कैबरे देख रहा है आदमी। यह प्रगति न हुई तो क्या हुई? कितनों की दुकानें चौड़ी हो गयीं, अतिरिक्त पत्नियाँ रख लीं, फ़ार्म हाउस बन गये। सही नीतियों के बिना इतनी ख़ुशहाली हो सकती है? तू ससुर किस कसौटी पर प्रगति नापेगा देश की! सस्ती सब्ज़ी के लिए थैली लेकर दौड़ते आदमी की अगर अंगूर के ढेर पर नज़र न पड़े तो इसमें गवर्मेण्ट का क्या कसूर? कम्प्यूटर को न समझ पाना नागरिक का निजी दोष है। सरकार तो जहाँ-जहाँ से जितना जापान इस देश को बना सकती है, बना रही है। अब यह तो अपना-अपना नसीब और पिछड़ी परिस्थितियाँ हैं कि सरकार जब इलेक्ट्रॉनिकी पर ज़ोर दे रही हो, कुछ किसान आलू-प्याज़ के ठीक दाम पाने की कोशिश में लगे हों। इसीलिए तो सरकार विरोधी दलों से नाराज़ है। बेबात की बात छेड़े रहते हैं।

देश के पास आज कमी क्या है? अभिनेता हैं, क्रिकेटर हैं, नेता हैं, कथक नाचनेवाले हैं, श्रीदेवियाँ हैं, सोशल वर्कर्स हैं। आप मन बहलाने को वन डे क्रिकेट, नृत्य, फ़िल्म, भाषण, धूमधाम की शादी, ग़ज़ल, प्रदर्शनी, अपना या पराया उत्सव—किसी का भी मज़ा लूट सकते हैं। क़दम-क़दम पर बार हैं, ऐशगाह हैं, आपके टूरिस्ट मूड में आते ही पूरा देश बिछ जाता है आपके सामने। दिन गुज़ारने और शामों को सुहानी बनाने का जितना सामान सरकार मुहैया कर सकती थी, कर रही है। जिस ज़मीन पर अरब रईस मज़े मारकर चले जाते हैं वहाँ भारतीय होकर कोई दुखी रहे तो गवर्मेण्ट क्या करे? वह कड़के या दिलजले आदमी की शिकायत सुनने तो नहीं बैठी! उसने एक घोर उपभोक्ता संस्कृति विकसित कर छोड़ दी है। अब यह नागरिक का काम है

कि वह उसके अनुरूप अपने को ढाले। यहीं आकर तो सरकार मजबूर हो जाती है कि वह घोड़े को पानी पिलाने की समूची व्यवस्था कर देने के बावजूद उन्हें पीने के लिए मजबूर नहीं कर पा रही है। इस देश में कुछ है कि यह उन दिशाओं में प्रवृत्त नहीं होता जहाँ सरकार की गाड़ियाँ जाती हैं। एक जूनी-पुरानी आत्मा है इस देश की जो रह-रहकर शरीर को झँझोड़ देती है। उतनी नहीं मस्ताती जितना सामान उपलब्ध है। गुलछर्रे उड़ाने के इस युग में इस ग़रीब देश को उसका इतिहास सताता है। वेदों में ढली, गीता-रामायण से संस्कारित, बुद्ध, महावीर द्वारा सँवारी, गाँधी से नयी चेतना प्राप्त देश की आत्मा नयी सरकार के अधुनातन बुलावों को ललक के साथ स्वीकार नहीं कर पा रही है। सरकार चाहती है कि वह ऐडजस्टमेण्ट करना सीखे। अपने में एक दूसरा देश जगाए। बदले। इसीलिए उससे चिल्ला-चिल्लाकर आगाह किया गया कि इक्कीसवीं सदी आ रही है। उसके अनुरूप ढलना होगा। अपने को बदलो। पर लोग हैं कि इक्कीसवीं सदी में प्रवेश करते समय उन बीस सदियों के दर्द को भूल नहीं पाते जिनसे मनुष्य गुज़रा था। बीसवीं सदी में खाना नहीं है, इक्कीसवीं सदी तक हमें पिकनिक की आदत डाल लेनी चाहिए। पित्सा का महत्त्व समझ लेना चाहिए। एक पीढ़ी थी जो वर्धा से प्रेरणा लेकर देश भर में फैली थी। एक पीढ़ी आ गयी है जो दून स्कूल से सपने सँजो इस देश पर छा गयी है। हम सामाजिक न्याय माँग रहे हैं वह हमें मारुति कार दे रही है। हम एकता चाहते हैं वह हमें एशियाड दिखाती है। हम ईमानदारी को प्रतिष्ठित करना चाहते हैं, वह अमिताभ बच्चन सामने ले आती है। हमारी जिज्ञासाओं के उसके पास उत्तर नहीं हैं। उसकी कल्पनाओं को मूर्तिमान करने का हममें न दम है, न इच्छा।

एक ज़माने में ऐसी स्थिति में एक मुहावरा कहा जाता था कि देश इस समय दोराहे पर या चौराहे पर खड़ा है और हमें दिशा निश्चित करनी है। पर अब बात उतनी सरलता से नहीं व्यक्त की जा सकती। इसलिए कि दिशाएँ निश्चित हैं और क़दम बढ़ाये जा चुके हैं। एक तरह का वन वे ट्रैफ़िक है। आपके पास कोई यू-टर्न नहीं है कि आप घूमकर अपनी दिशा सुधार लें। यदि आप उनकी दिशा से सहमत नहीं हैं तो गाड़ी से उतर जाएँ या उतार दिये जाएँगे। धक्के देकर फेंक दिये जाएँगे। आप में दम हो तो रास्ता रोकिए। चक्का जाम कीजिए। सामने लेट जाइए। बहुत सम्भावना है कि वे कुचलते हुए आगे बढ़ जाएँगे अपने दुष्ट लक्ष्य की ओर।

ये दिन बड़े चौंकानेवाले हैं और हतोत्साहित कर सकते हैं। अब फिर यह कहने के दिन आ गये हैं कि सत्य तो इतिहास ही बताएगा और न्याय तो भगवान् ही करेंगे। जैसे छिटककर खड़े होने का आन्दोलन चल रहा हो। निकाले जाने की मुहिम जारी हो। विश्वनाथ प्रताप सिंह से वेद मरवाह तक अलग होने के एक विचित्र अनुभव

से गुज़र रहा है इस देश का क्रियाशील ईमानदार। अनुशासन का अर्थ है सबकुछ से सहमत होना, हर कुछ से असहमत होना। चालीस साल ही तो हुए जब नेहरू गाँधी से, पटेल नेहरू से और मेनन पटेल से असहमत हो जाते थे। वे असहमतियाँ इस प्रजातन्त्र में एक सौन्दर्य उभारती थीं। अब असहमति की कल्पना दहशत जगाती है मन में। सबके कण्ठ रुँध जाते हैं एक जानी-मानी सचाई बोलते हुए। इस देश की स्वतन्त्र चेतना को सत्ता का ऐसा साँप सूँघ गया है। गाली देकर खड़े रहनेवालों का देश गोली मारकर भाग जानेवालों का देश बन गया। जिनके पास कान हैं उनकी ज़बान बुझ गयी। जिनकी ज़बान चालू है उन्हें कुछ सुनाई नहीं देता। साक्षी बयान नहीं देता। जज के अपने पूर्वाग्रह हैं, चपरासी आवाज़ नहीं लगाता, वकील यह भूल गये कि हमें पक्ष किसका लेना है। ऐसे में न्याय का रूप क्या होगा? अजीब हालत हो रही है। बस, इतनी भर होशियारी सिखायी जा रही है कि पुरस्कार पाकर, कुर्सी झटककर, जेब गर्मकर तृप्त हो जाओ। जैसे इसके आगे जीवन ही नहीं है। जैसे हममें ज़रा भी देश नहीं बचा। तर्क का स्पर्श करते ही सवाल उछलता है कि आख़िर आप चाहते क्या हैं? निश्चित ही आप कुर्सी चाहते होंगे। कैसे बताए कोई कि वह क्या चाहता है—वह जो अपने लिए कुछ न चाहता हो। आप सिर झुकाकर तकली कातिए, कल चर्चा फैल जाएगी कि स्टण्ट है। आप ख़ामोश रहिए, कहा जाएगा षड्यन्त्र बना रहा है। आन्दोलन से वनवास तक आप किसी को अपनाइए, आप पाएँगे कि आप सत्ता के सामने प्रश्न-चिह्न हैं। अब तो वो अच्छे दिन भी नहीं रहे जब लोग चमचे की ज़िन्दगी जी लेते थे।

लोग पूछते हैं कि देश के भविष्य को लेकर आपका क्या ख़याल है? सम्पादक कहते हैं—वर्तमान स्थिति पर लिखिए। एक समय था कि इस बात पर क़लम और ज़बान आसानी से चल पड़ती थी। हम अपने को समझते थे, देश को समझते थे, सरकार को न समझते हों, पर समझा सकते थे। अब यह सवाल हमारी नासमझी को उजागर करते हैं। कहाँ से शुरू करें—भ्रष्टाचार से या पदलोलुपता से, बोफोर्स से या सबमेरीन से, बिहार से या मध्यप्रदेश से, स्मगलिंग से या मिलावट से, हत्या से या धर्म से, पंजाब से या तमिल से, भीषण सूखे से या कम्प्यूटर क्रान्ति से, अजिताभ से या विन चड्ढा से,—कहाँ से शुरू करें? प्रश्न-चिह्नों की खेती हो रही है इस देश में—कैबिनेट के सरिस्का जाने से या ग्वालियर की शादी से, उद्योग से या शेयर बाज़ार से, फ़िल्मी हड़ताल से या क्रिकेट की पराजय से, इटली से या स्वीडन से, उधारी से या महँगाई से। कितने बिन्दु हैं कि आप निश्चित नहीं कर पाते। करने पर ज़रूर कुछ छूट जाता है। बाद में पता लगता है वही सबसे ज़रूरी था। आपने, जो अन्याय हो रहा है, वह नहीं लिखा। आप हरिजनों की जो दुर्गत हो रही है, भूल गये। आपने बढ़ते जातिवाद को रेखांकित नहीं किया। आपने काँग्रेस के विकल्प को लेकर कुछ नहीं कहा। बढ़ते टैक्सों की तरफ़ इशारा नहीं किया। आप आतंकवाद

पर नहीं बोले। पता नहीं कितने बिन्दु हैं और। जैसा आइन्स्टीन कहता था—हर बिन्दु केन्द्र होता है एक वृत्त का। और वृत्त एक-दूसरे से जुड़े रहते हैं। देश अब यही रह गया है चालीस साल में। अनेक बिन्दुओं पर अनेक वृत्तों का एक विराट वृत्त। बयान की परिधि से कहीं बड़ा।

युद्ध का वर्णन सरल होता है। कुछ लोग युद्ध करते हैं। शेष उनका साथ देते हैं। कितना ही घमासान हो, महाकाव्य उसे शब्दों में बाँध लेते हैं। पर आज तो हर व्यक्ति एक छोटा-सा रणक्षेत्र बना अपनी प्राणरक्षा के युद्ध में लगा है। जान हथेली पर है, पीठ दीवार से टिकी है, शस्त्र इतना विश्वसनीय नहीं और जीवित रहना बहुत ज़रूरी है। आप कितने युद्धों का वर्णन एक साथ करेंगे। चप्पा-चप्पा मामले हैं और कोई बचाव जोख़िम से ख़ाली नहीं। बूचड़ख़ाना बन गया है देश। इसे कैसे बयान किया जाए? वर्णनातीत है मामला। सम्पादक कह देते हैं—देश की वर्तमान स्थिति पर लिखिए। क्या-क्या लिखिए, कितना लिखिए, किस कोण से शुरू कर कहाँ अन्त कीजिए? दो पृष्ठ रँगने को एक बोफोर्स ही पर्याप्त है। शेष का क्या होगा? व्यक्तिवाद से कुचले जा रहे इस प्रजातन्त्र का क्या होगा? सही आदमी के पैरों तले से खिसकती ज़मीन का विश्लेषण कौन करेगा? कौन है दार्शनिक जो एक सूत्र में बयान कर दे। कौन है दूरदर्शी जो कल की भविष्यवाणी करे? हम सब बहुत जागरूक हुए तो भी तमाशबीन से अधिक नहीं। आइए, तालियाँ बजाएँ और फिर पूछें कि क्या हुआ? वे जो सूचित करें वही परम सत्य है। उसे लिख सम्पादक को दे दें। देश की यह छटा है। इस तस्वीर को फ्रेम करा लें कृपया। सत्य, असत्य जो भी हो, कोई राष्ट्रभक्ति पर सन्देह नहीं करेगा। कृपया स्वीकारें।

न्यायी जहाँगीर और मुसीबतज़दा लेक्चरर : तबादले के सोलह सिद्धान्त

उस दिन चन्द मुसीबत के मारे, लेक्चरर बेचारे, जिनके सिर छायी बला। यानी हुआ तबादला, प्रभु नमन को पहुँचे। जहाँगीर बड़ा न्यायी, जंज़ीर उसने टँगवायी, जो कष्ट में हो उसे खींचे, बादशाह के पैर आँसुओं से सींचे और अपने दर्द को बताए, गिड़गिड़ाए। लेक्चरर ने घण्टा बजाया, जहाँगीर खिड़की में आया, बोला मा-बदौलत को किसने बुलाया, किसने न्याय का घण्टा हिलाया?" लेक्चरर बेचारे मुसीबत के मारे, बोले—"हुज़ूर माई-बाप, बड़े न्यायी आप, हमारे हो गये तबादले, आज यहाँ थे कल वहाँ चले।" जहाँगीर ने कहा—"सब ठीक है, सरकारी नौकरी की यही लीक है, मेरी तुम्हें यही सीख है कि जहाँ भेजा है चले आओ। यह आग अनुशासन की है, ख़ुश-ख़ुश जले जाओ।" एक लेक्चरर बिचारा, मुसीबत का मारा, बोला—"अन्नदाता, सिर पर आपकी दया का छाता, मेरी माँ बीमार है। डॉक्टर कहता है उम्मीद नहीं है, मरने को तैयार है। आ गया उसका अन्तकाल और मैं उसकी आँख का लाल, कैसे उसे छोड़ूँ और चला जाऊँ तत्काल।" दूसरा लेक्चरर बिचारा, अपने विषय में समझदार और पी-एच.डी. का उम्मीदवार, बोला, "और महामना, तबादला मेरे लिए मुसीबत बना। अधूरी रह गयी है रिसर्च, तिस पर यह नया ख़र्च, कि बार-बार गाइड के पास जाना, लिखा-पढ़ा बताना, तबादले ने हमें कर दिया एक-दूसरे से दूर, मैं अब उसकी सलाह से वंचित यानी मजबूर, इसलिए हुज़ूर, मेरा ऑर्डर रोक दीजिए ज़रूर।" तीसरा लेक्चरर गिड़गिड़ाया, चन्द लफ़्ज़ों में अपना हाल सुनाया—"हुज़ूर, कुछ ही दिनों में मेरे माँ-बाप का है ऑपरेशन, मुझे चाहिए आपका कॉपरेशन कि मेरा तबादला रोक दीजिए फ़िलहाल, मेरे सिर से मुसीबत दीजिए टाल।" चौथा तो आँख में आँसू भर लाया, संस्कृत में मेघदूत का श्लोक सुनाया और यों बोला, जब मुँह खोला—"साहब, मेरी पत्नी मास्टरनी है और उसका घर तिमरनी है, आपसे क्या झूठ और कैसा परदा, मेरा मुक़ाम पास ही है हरदा। पिछली बार आपने मुझे भेजा खण्डवा तो साल भर रोता रहा यह रण्डवा। अब आप मुझे फेंक रहे हैं मुरैना, हुज़ूर

मेरा डाकुओं से न लेना-न देना, पत्नी तिमरनी में, मिल नहीं सकेंगे नैना, कैसे कटेंगे दिन-रैना। हुज़ूर, मेरी और मेरी मिसेज़ की यही आस कि आप रखेंगे एक-दूसरे को पास। अगर मिला देंगे उससे तो आपके गुन गाऊँगा, नहीं तो आपकी चम्बल की घाटियों में तड़पकर मर जाऊँगा।"

कुछ देर सुनता रहा जहाँगीर, सारे मुदर्रिसों को तबादले से हुई पीर। फिर बोला, ज्यों छूटा तोप का गोला—"मज़ाक़ नहीं है शिक्षा-प्रशासन, इसकी सबसे बड़ी ज़रूरत है अनुशासन। यह सबसे सुनहरा काम है, जो हमने किया उसका बड़ा नाम है। इन तबादलों से हम बड़े क़ाबिल कहलाये हैं, कुछ कम्बख़्तों को छोड़ सबने हमारे गुन गाये हैं। जबसे हमने शिक्षा का काम सँभाला है, यहाँ की असलियत को देखा-भाला है, सबको अपने हिसाब से ढाला है। तबादला करना हमारा फ़र्ज़ है और तबादलों पर असन्तोष तो पुराना मर्ज़ है। आपको जो हुक्म हुआ है उसे मानिए, हमने नौकरी से नहीं निकाला, ग़नीमत जानिए। हमारी बड़ी सल्तनत है, फैला हुआ राज है, कल नहीं था जो आज है, इसमें जहाँ भी भेजेंगे तुम्हें जाना पड़ेगा, हुक्म सरकारी है बजाना पड़ेगा। अब अगली बार, जब फिर हमारे सिर तबादलों की सनक होगी सवार, रक्खो एतबार, तुम्हें देंगे कहीं और डार।"

लेक्चरर बिचारे, मुसीबत के मारे, लौटकर आ गये, मुँह की खा गये। सुना नहीं हुज़ूर ने, अपने अधिकारों के गुरूर में।

कमरे में आकर बैठा जहाँगीर और बुलाया तुरन्त वज़ीर। बोला, "हम जो कहते हैं वह नोट करो और सारे शिक्षकों में इसका प्रचार करो—तबादलों के मूल में शासन के कुछ वादे हैं, इरादे हैं, कुछ पूरे हुए हैं, कुछ आधे हैं। शासन कुछ ख़ास वज़हों से ही तबादला करता है, नहीं तो शान्त रहता है और हेर-फेर करने से डरता है। समझो और सुनो, हम जो कहते हैं गुनो। तबादले इन वज़हों से किये जाते हैं, जो हम नीचे लिखाते हैं—

1. जब मन्त्री अनुभव करे कि तबादला होना चाहिए, जब सचिव अनुभव करे कि तबादला होना चाहिए, जब क्लर्क अनुभव करे कि तबादला होना चाहिए।

2. जब ख़ुद नौकरी करनेवाला यह चाहे कि उसका तबादला हो जाए।

3. जब नौकरी करनेवाला बिलकुल न चाहे कि उसका तबादला किया जाए।

4. जब किसी जगह का एम.एल.ए., कलेक्टर या प्रिंसिपल चाहता हो कि अमुक का तबादला कर दिया जाए।

5. जब किसी जगह का एम.एल.ए., कलेक्टर या प्रिंसिपल यह नहीं चाहता हो कि तबादला किया जाए।

6. तबादला तब किया जा सकता है जब ज़रूरत हो!

7. और तब भी जब न ज़रूरत हो।

8. तबादला तब किया जाए जब प्रमोशन हो रहा हो।

9. और तब भी जब प्रमोशन नहीं हो रहा हो।

10. किसी शख़्स को एक कॉलेज में बहुत साल हो गये हों तो उसका तबादला किया जा सकता है।

11. अगर किसी शख़्स को एक कॉलेज में बहुत कम समय हुआ हो तो भी उसका तबादला किया जा सकता है।

12. तबादला सदैव किसी कारण से किया जाएगा।

13. तबादला अकारण भी किया जा सकता है।

14. ऐसे शख़्स का तबादला कर दिया जाएगा जो बहुत क़ाबिल हो और मशहूर हो।

15. सरकार ख़ुशी से तबादले कर सकती है।

16. सरकार नाराज़ी में तबादले कर सकती है।"

इतना लिखाकर बोला जहाँगीर—"सुनो भई वज़ीर, इन सोलह सिद्धान्तों पर ही होंगे तबादले, कोई कितना ही विरोध करे भले। हम बात के धनी और सोच-समझकर काम करते हैं। इन सिद्धान्तों पर ही किये जाएँगे तबादले आज और आगे भी। सरकारी नौकर का फ़र्ज़ है कि जमकर रहे और हुक्म हो तो यहाँ-वहाँ भागे भी।" वज़ीर ने कहा—"आलीजाह, यह प्रशासन की राह, यहाँ न कीजिए किसी की परवाह, ख़ुद निकाले ना जाएँ इसकी कीजिए परवाह!"

टाटपट्टी पर उकड़ूँ बैठे...

जुलाई लगा और देश के जाने कितने स्कूलों (और तथाकथित स्कूलों) के दरवाज़े अपनी जानी-पहचानी चरमराहट के साथ खुल गये। इस देश में जो जैसा नसीब लिखाकर लाता है उसे वैसा स्कूल पढ़ने को मिलता है। जगह-जगह ज्ञान के सूखे उजड़े पेड़ बो रखे हैं हमने। फल टपक जाए तो पानेवाले के भाग्य। आज़ादी के इतने सालों बाद आज तक यह देश अपने बच्चों के लिए एक साफ़-सुथरी और बेहतर शिक्षा का ठीक इन्तज़ाम नहीं कर पाया। मास्टर शब्द दुर्दशा भरी ज़िन्दगी का दूसरा नाम है—विचित्र हास्यास्पद हालातों में झुँझलाता, कोसता एक शख़्स है जिसे हम शिक्षक कहते हैं। गाँवों, कस्बों में फैले सैकड़ों हज़ारों स्कूलों में आज लाखों ज़मीन पर बैठे बच्चे बिना किताब-कॉपी, या स्लेट-पेन्सिल के मास्टर की ओर मुँह बाये देख रहे होंगे। वे सिर्फ़ इतना जानते हैं कि उन्हें बाप ने घर से भेज दिया है और वे यहाँ आ गये हैं। बाप को उसके बाप की तरह यह ख़ुशफ़हमी है कि मेरा बेटा स्कूल हो आया तो कुछ बन जाएगा। हर होशियार लड़के में कलेक्टर बन जाने के सपने पालनेवाला भारतीय बाप यह नहीं समझ पाता कि स्कूल जाने पर लड़कों का क्या भविष्य बनेगा और किस तरह बनेगा, इन सवालों पर देश की सरकार भी किसी आख़िरी नतीज़े पर नहीं पहुँच पायी है। बाप को नहीं पता कि स्कूल गया उसका होनहार बेटा इस समय ताज्जुब से मास्टरनुमा आदमी की तरफ़ देखता यह जानने के चक्कर में है कि क्या मुझे पढ़ते वक़्त ज़मीन पर बिछाने की टाटपट्टी मिलेगी? (जवाब है—ऊपर लिखा है, आएगी तो मिलेगी।)

पर इस समय स्कूल का मास्टर लकड़ी की पुरानी टूटी कुर्सी पर बैठा बच्चों की तरफ़ अर्थहीन नज़रों से देख रहा है। अभी-अभी तबादला रुकवाने की रिश्वत चटाकर ज़िले के शिक्षा दफ़्तर से वह लौटा है और उसे बेफ़िक्री है कि कुछ दिनों तक उसके साथ छेड़छाड़ नहीं होगी। पूरा साल पड़ा है सामने। आज से पढ़ाने की जल्दी भी क्या है? अभी तो यों भी बरसात के कारण टपकती छत और बिना पल्ले की खिड़कियों के कारण स्कूल की फ़र्श (उसे फ़र्श कहना फ़र्श का अपमान है) बरसात के पानी से गीली हो जाएगी। पानी के रेलों से बचने के लिए कब तक

बच्चे उकड़ूँ बैठेंगे? दो-चार माह तो कस्बे के बाज़ार में कॉपियाँ हासिल नहीं होंगी। बाज़ार में किताबें नहीं आएँगी छपकर। बच्चों की ओर मास्टर ऐसे देख रहा है जैसे निरीह प्रजाजनों की ओर हारा हुआ बादशाह देखता है। क्या करें? बोलो, हम क्या करें? जो है सो भुगतो। इस बार चुनाव में ड्यूटी लग जाने के कारण वह पूरी तरह छुट्टियाँ भी नहीं मना पाया है। घर ही पर रहकर गुज़ारी हैं उसने गर्मियाँ। ख़ैर उसका इसे अफ़सोस नहीं है। सरकार ने मास्टरों मुदर्रिसों को इतना ख़ुशहाल नहीं रखा है कि वे लम्बी यात्राएँ कर ज्ञान समझ बढ़ाएँ। घूमने के लिए शिक्षकों को बच्चों की ट्रिप आयोजित करनी पड़ती है। दूर की यात्राएँ शहर के स्कूलों में पढ़नेवाले खाते-पीते घरों के बच्चों की होती हैं। गाँव और आदिवासी गाँवों के बहुत से बच्चों को तो अभी रेल देखने का भी सौभाग्य नहीं मिला। यात्रा की छोड़ो, पढ़ाई ही ठीक हो जाए। मास्टर रजिस्टर खोलता है। बस यही एक सप्लाई हुई है व्यवस्था के नाम पर ज़िला दफ़्तर से। एक रजिस्टर नाम लिखने के लिए। इसी रजिस्टर को गीता-रामायण की तरह साल भर आँधी-पानी से बचा शिक्षा-व्यवस्था का सम्मान बनाकर रखना है उसे। रजिस्टर बहुमूल्य सम्पत्ति है। सुन्दर हस्ताक्षरों में इसे भरकर मास्टर को अपनी योग्यता की पहचान सुरक्षित रखनी है।

शिक्षक रजिस्टर खोलता है। पहला नाम बोलता है—अशोक कुमार चम्पालाल। कोई जवाब नहीं मिलता। टीचर फिर कहता है—अशोक कुमार चम्पालाल। इस बार भी कोई जवाब नहीं। वह तीसरी बार चिल्लाता है—अशोक कुमार चम्पालाल। अब भी वही चुप्पी। सच यह है कि बिचारे अशोक कुमार को ख़ुद पता नहीं कि उसका नाम अशोक कुमार है।

आज सुबह उसका बाप चम्पालाल उसे स्कूल में भरती कराकर गया है। आज तक वह घर पर मुन्नू या बब्बू कहलाता है। आज स्कूल में भरती कराने के पहले चम्पालाल ने तय किया कि स्कूल के लिए मुन्नू बब्बू की बजाय कोई सुन्दर-सा नाम होना चाहिए बेटे का। नाम रखा अशोक कुमार। बच्चे को बता भी दिया कि तेरा नाम अशोक कुमार है। पर स्कूल की धूलभरी सतह पर अपनी निकर मैली करता, नाक में उँगली डाले बैठा मुन्नू बब्बू को कहाँ याद कि बेटे को लेकर उच्च आकांक्षाओं और सपने पालनेवाले बाप ने सुबह क्या कहा था। अशोक कुमार चुप बैठे हैं। शिक्षक उनका नाम बार-बार चीख़ते चिढ़ जाता है। बस ऐसी ही खीझ से शिक्षक ने अपने 'शैक्षणिक सत्र' की शुरूआत की है। बच्चों को उसके भरोसे और उसे भगवान भरोसे पर छोड़ सारा देश सरकारें बनाने-तोड़ने, अपनी सुस्ती और अपने भ्रष्टाचारों में खो गया है। पूरे साल के लिए बच्चे का नसीब तय कर दिया है हमने। बल्कि कहिए पूरी ज़िन्दगी के लिए।

घर से पहली बार निकलकर बच्चा स्कूल आता है। स्कूल वह पहला बिन्दु है जहाँ देश के भावी नागरिक व्यवस्था से साबका पड़ता है। और जहाँ तक सरकारी तन्त्र का मामला है उसका यही पहला इम्प्रेशन आख़िरी इम्प्रेशन बन जाता है।

1968-69 के वे दिन

(यह लेख सौ वर्ष बाद छपने के लिए है)

आज से सौ वर्ष पहले अर्थात् 1969 के वर्ष में सामान्य व्यक्ति का जीवन इतना कठिन नहीं था जितना आज है। न ऐसी महँगाई थी और न रुपयों की इतनी क़िल्लत। सौ वर्ष पूर्व यानी लगभग 1968 से 1969 के काल की आर्थिक स्थिति सम्बन्धी जो सामग्री आज उपलब्ध है उसके आधार पर जिन तथ्यों का पता चलता है वे सचमुच रोचक हैं। यह सच है कि आम आदमी का वेतन कम था और आय के साधन सीमित थे पर वह सन्तोष का जीवन बिताता था और कम रुपयों में उसकी ज़रूरतें पूरी हो जाती थीं।

जैसे एक रुपये में एक किलो गेहूँ या गेहूँ का आटा आ जाता था और पूरे क्विण्टल गेहूँ का दाम सौ रुपये से कुछ ही ज़्यादा था। एक सौ बीस रुपये में अच्छा क्वालिटी गेहूँ बाज़ार में मिल जाता है। शरबती, कठिया, पिस्सी के अलावा भी कई तरह का गेहूँ बाज़ार में नज़र आता था। दालें रुपये में किलो भर मिल जाती थीं। घी दस-बारह से पन्द्रह तक में किलो भर आ जाता था और तेल इससे भी सस्ता पड़ता था। आम आदमी डालडा खाकर सन्तोष करता था जिसके तैयार पैकबन्द डिब्बे अधिक महँगे नहीं पड़ते थे। सिर्फ़ अनाज और तेल ही नहीं, हरी सब्ज़ियों की भी बहुतायत थी। पाँच रुपया हाथ में लेकर बाज़ार गया व्यक्ति अपने परिवार के लिए दो टाइम की सब्ज़ी लेकर आ जाता था। आने-जाने के लिए तब सायकिल नामक वाहन का चलन था जो दो सौ-तीन सौ रुपयों में नयी मिल जाती थी। छह हज़ार में स्कूटर और सोलह से पच्चीस-तीस हज़ार में कारें मिल जाती थीं। पर ज़्यादातर लोग बसों से जाते-आते थे, जिस पर बीस-तीस पैसा से अधिक ख़र्च नहीं बैठता था। निश्चित ही आज की तुलना में तब का भारत सचमुच स्वर्ग था।

मकानों की बहुतायत नहीं थी पर कोशिश करने पर मध्यमवर्गीय व्यक्ति को मकान मिल जाता था। तब के मकान भी आज की तुलना में बड़े होते थे, यानी उनमें दो-तीन कमरों के अलावा कुछ खुली ज़मीन मिल जाती थी। छोटे शहरों में दस-पन्द्रह रुपयों में चप्पल और पच्चीस-चालीस में चमड़े का जूता मिल जाता था

जो कुछ बरसों तक चल जाता था। डेढ़ सौ से लेकर तीन-चार सौ तक एक पहनने लायक सूट बन जाता था—टेरीकॉट के सिले-सिलाये। कमीज़ सिर्फ़ पचास—ख़ुद कपड़ा ख़रीदकर सिलवाने में बीस-पच्चीस में बन जाती थी। एक सामान्य व्यक्ति अपने पास तीन-चार कमीज़ या बुश्शर्ट रखता था। लोगों को पतलून के अन्दर लँगोट पहनने का शौक था, जो डेढ़-दो रुपये में मिल जाती थी।

औरतों का भी ख़र्च ज़्यादा नहीं था। एक साड़ी तीस-पैंतीस से सौ-सवा सौ में पड़ जाती थी। हर औरत के पास ट्रंक भर साड़ियाँ आम तौर पर रहती थीं जो वे बदल-बदलकर पहन लेती थीं। स्नो की डिबिया दो रुपये में, लिपस्टिक ढाई-तीन रुपये में और चूड़ियाँ रुपये की छह आ जाती थीं। इसी कारण शादी करके स्त्री घर लाना महँगा नहीं माना जाता था। अक़्सर लोग अपने विवाह तीस साल की उम्र में कर डालते थे। स्त्रियों का बहुत कम प्रतिशत नौकरी करता था। अधिकांश स्त्रियों का मुख्य धन्धा पत्नी बनना ही था। कुछ स्त्रियों के कुँवारी रहकर जीवन बिताने के भी प्रमाण मिलते हैं। पर विवाह का फैशन ही सर्वत्र प्रचलित था। यह कार्य अक़्सर माता-पिता करवाते थे, जो बच्चों को घरों में रखकर पालते थे।

1969 का भारत सच्चे अर्थों में सुखी भारत था। लोग दस-साढ़े दस बजे दफ़्तर जाकर पाँच बजे वापस लौटते थे, पर दफ़्तरों में एक कर्मचारी के पास दो घण्टे से अधिक का काम नहीं था। कैण्टीन में चाय का कप बीस-तीस पैसों में मिल जाता था। एक ब्लेड बारह-पन्द्रह पैसों में कम-से-कम मिल जाती थी। और अख़बार बीस पैसे में आ जाता था। जिन्हें शराब पीने की आदत नहीं थी वे दो रुपया जेब में रख सारा दिन मज़े से गुज़ार देते थे। सिगरेट की डिबिया में दस सिगरेटें होती हैं और पूरी डिबिया पचास-साठ पैसों में मिल जाती थी। पहले की सिगरेट भी आज की सिगरेटों की तुलना में काफ़ी लम्बी होती थी। हाथ की बनी बीड़ियाँ आज की तरह नियामत नहीं थीं। दस-पन्द्रह पैसे के बण्डल में बीस बीड़ियाँ निकलती थीं। माचिस आठ-दस पैसे में आ जाती थी। जिनमें साठ-साठ तक तीलियाँ होती थीं। हालाँकि लायटर का रिवाज़ भी शुरू हो गया था।

1968-69 की स्थिति का अध्ययन करने पर पता लगता है कि रेडियो सुनने और सिनेमा देख लेने के अलावा कला-संस्कृति पर लोग अधिक ख़र्च नहीं करते थे। हालाँकि अख़बार निकलते थे, पत्रिकाएँ छपती थीं पर उनकी बिक्री कम थी। माँगकर पढ़ने और सांस्कृतिक कार्यक्रमों और नाटकों के फ्री पास प्राप्त करने का प्रयत्न चलता रहता था। उसमें सफलता भी मिलती थी। विद्वानों के भाषण फोकट में सुनने को मिल जाते थे। मुफ़्त निमन्त्रण बाँट निवेदन किये बग़ैर भीड़ जुटना कठिन होता था। लेखक सस्ते पड़ते थे। आठ-दस रोज़ मेहनत कर लिखी रचना पर तीस-पैंतीस से सौ-डेढ़ सौ तक मिल जाता था पर कविताएँ पच्चीस से ज़्यादा में उठ नहीं पाती थीं। बहुत-सी पत्रिकाएँ बिना लेखकों-कवियों को कुछ दिये ही काम

चला लेती थीं। एक पत्रिका आठ-दस रुपये साल में एक बार देने पर बराबर आ जाती थी। अधिकांश पत्रिकाएँ लेखकों-कवियों को मुफ़्त प्रति दे रचनाएँ प्राप्त कर लेती थीं। सस्ते दिन थे। चार रुपये रीम काग़ज़ मिलता था और साठ पैसों में स्याही की बोतल मिल जाती थी। वक़्त काफ़ी था, लेखक लोग रचना माँगने पर दे देते थे।

निश्चित ही 2068-69 की तुलना में सौ वर्ष पूर्व के वे दिन बहुत अच्छे थे। देश में इफ़रात थी और चीज़ें सस्ती थीं। आज उस तुलना में भाव आसमान पर पहुँच गये हैं कि जीना मुश्किल है। कमाई में पूरा नहीं पड़ता बल्कि बहुत से लोगों के लिए दोनों टाइम का भोजन जुटाना भी कठिन है। मकान और फ़र्नीचर सभी महँगा है कि लोग कठिनाई से ख़रीद पाते हैं। उन दिनों में एक सोफ़ासेट ढाई सौ से सात सौ रुपयों में आ जाता था और साधारण निवाड़ का पलँग (तब निवाड़ के पलँग प्रचलित थे)। तीस-चालीस से ज़्यादा नहीं पड़ता था। तीस रुपये में रज़ाई और साठ-सत्तर में बढ़िया कम्बल मिल जाते थे। कोई आश्चर्य नहीं अगर आज 2069 की तुलना में 1969 का आदमी काफ़ी सोता था और घण्टों रज़ाई में घुसे रहना सबसे बड़ी ऐयाशी थी। आज वे दिन नहीं रहे, न वैसे लोग। हमारे उन पुरखों ने जैसा शुद्ध वनस्पति घी खाया है, वैसा हमें देखने को भी नहीं मिलता। तब की बात ही और थी। एक रुपये में आठ जलेबियाँ चढ़ती थीं, लोग छककर खाते थे। केला रुपये दर्ज़न तक आ जाता था। फिर क्यों नहीं बनेगा अच्छा स्वास्थ्य? पुराने लोगों को देखो—साठ-सत्तर से कम में कोई कूच नहीं करता था। लम्बी उमर जीते थे और ठाठ से जीते थे। आज की तरह श्मशान में अर्थियों का क्यू नहीं लगता था। पाँच रुपये में पूरा शरीर ढँकने का कफ़न आ जाता था। सुख और समृद्धि के वे दिन आज कहानी लगते हैं जिन पर सहसा विश्वास नहीं आता। पर यह सच है कि आज से सिर्फ़ सौ वर्ष पूर्व हमारे देश के लोग सुख की ज़िन्दगी बिता रहे थे। तब का भारत आज की तुलना में निश्चित ही स्वर्ग था।

किसान रैली

भारत कृषिप्रधान देश है। इसका सबसे बड़ा लाभ यह है कि किसान रैली कोई भी आयोजित करे, हमेशा सफल होती है। चरणसिंह ने जब की थी तब भीड़ हमेशा रही, श्रीमती गाँधी ने की तो भीड़ हुई, कल से मैं या आप करें तो भी ताज्जुब नहीं कि भीड़ हो जाए! असली समस्या यह है कि किसान का दम खेतों में घुट रहा है। वह कहीं जाना चाहता है। उसके खेत के क़रीब से बसें गुज़रती हैं, सुपरफ़ास्ट रेलें निकल जाती हैं, ऊपर से हवाईजहाज़ गुज़र जाता है, जिन्हें देख वह बरसों से एक ही बात सोचता है—यार हम भी मनुष्य हैं, इतना भी हमारे भाग्य में नहीं कि दिल्ली तक जा सकें! अरे जिसे हम वोट का टुकड़ा डालते हैं, वो दिल्ली हो आता है तो हम ख़ुद नहीं जा सकते! इसीलिए जब राजनीतिक कार्यकर्ता खेत के पास आकर उससे पूछते हैं—क्यों रे घाटी, दिल्ली चलेगा, तो ख़ुशी में किसान की आँखें चमक जाती हैं। फिर वह उन्हें शक की निगाह से देखता है—कहीं ये देवदूत तो नहीं, और लपककर किसान रैली की बस में चढ़ जाता है। जो किसान पैदल नागपुर जा सकता है उसे बस या रेल में बैठ दिल्ली जाने से क्यों इनकार होने लगा? यह तो उसे बहुत दूर जाकर पता लगता है कि रैली में उसे चरणसिंह ने बुलाया है या श्रीमती गाँधी ने।

उस दिन मैं दिल्ली पहुँचा तो मुझे देखते ही एक कार्यकर्तानुमा शख़्स ने पूछा—"आप किसान रैली में आये हैं?"

"नहीं! मैं अपने काम से आया हूँ,"—मैंने कहा।

"किसान रैली भी अपना ही काम है।"—वह बोला। "रैली में भाग लेने के लिए किसान होना ज़रूरी नहीं। कोई भी व्यक्ति जिसके पास फ़ुरसत है, रैली में भाग ले सकता है।"

"मगर यह किसान रैली है।"

"भारत किसानों का देश है। आप कैसे कह सकते हैं कि आप किसान नहीं हैं। घर के आँगन में हरे टमाटर तो बोते हैं।"

"नहीं।"

"आपके बाप बोते होंगे।"

"हाँ।"

"बस तो वे किसान थे। आप किसान के पुत्र हैं। कितने शर्म की बात है आप किसान के बेटे होकर अपने को किसान कहने में शर्माते हैं! चलिए रैली में।"

पीछा छुड़ाना भी एक कला है। जो जानता है, वह ऐसे क्षणों में सुखी रहता है। मैं जैसे-तैसे वहाँ से भागा। मगर भागकर कहाँ जाता। वहाँ तो आधी दिल्ली किसानमय हो रही थी। मुझे जो मिला वो किसान था, किसान नहीं तो गँवार था, गँवार नहीं तो मूर्ख था। मैं भी कम मूर्ख नहीं था जो उस दिन वहाँ था। कुछ मुझे बदमाश मिले। वे बड़े धूर्त थे। वे सब पॉलिटिक्स करते थे। उनसे मिलने पर सन्देह नहीं रह गया कि रैली सफल होगी। बोने को विचार न हों पर काटने को नारे थे। जोतने को ज़मीन न हो पर हाँकने को किसान थे। अनाज के भाव तो रोज़ बढ़ते हैं, एक दिन किसान का भाव बढ़ जाए तो हर्ज़ क्या है। मैं रैली देख रहा था। किसानों का जो रेला-सा आ रहा था, वह रैली थी। जो बसों के बस में थी वो रैली थी। जो ट्रकों पर लदी थी वो रैली थी। अगर ये किसान दिन-भर मेहनत करते तो सारी दिल्ली को जोतकर रख देते। मगर वह उनकी छुट्टी का दिन था। हाट-बाज़ार का दिन था। वे तफरी करने आये थे। दिल्ली देखने आये थे।

एक पुराना दिल्लीवाला उस दिन अफ़सोस कर रहा था। साहब, इस शहर का स्टैण्डर्ड गिर गया। एक ज़माना था यहाँ सिर्फ़ नेता, अफ़सर, राजा-महाराजा, व्यापारी और विदेशी आते थे। स्टैण्डर्ड गिरा और जहाँ हिप्पी, युवा कार्यकर्ता, नाचने-गानेवाले, लेखक, कवि, स्मगलर, तान्त्रिक, चोरबाज़ारिए, ज्योतिषी और चुनाव में टिकिट के उम्मीदवार आने लगे। आज हालत यह है कि वहाँ किसान आ रहे हैं। पता नहीं क्या होगा!

"खेती होगी?"—मैंने कहा।

"किसान बोये जाएँगे, कुर्सियाँ काटी जाएँगी। आम आदमी की खाद डलेगी, ख़ास आदमियों के पौधे पनपेंगे।" वही हो रहा था।

मुझे एक नेता ने रैली की व्यवस्था समझायी—"डायस के पास सादी वर्दीधारी सिपाही और सी.आई.डी. रहेंगे, उनके बाद दिल्ली के काँग्रेस आई के कार्यकर्ता होंगे, उनके बाद दिल्ली के आसपास के क्षेत्र के काँग्रेस आई के वर्कर्स होंगे।"

"किसान कहाँ होंगे?"

"वे यहाँ नहीं होंगे। वे कुतुब मीनार और लालकिला देखने जाएँगे। चिड़ियाघर और गुड़ियाघर देखेंगे। वे कनॉटप्लेस के फ़व्वारे देखेंगे। महात्मा गाँधी की समाधि और इन्दिरा गाँधी का बँगला देखेंगे।"

भीड़ एक रस है, किसान उसमें धुला इसेन्स है। वह राजनीति को फ्लेवर देता है। मज़ा देता है। ज़रूरी है, नहीं भी है।

पूरी दिल्ली किसानमय थी। किसान दिल्लीमय था। राजनीति इन्दिरामय थी। इन्दिरा भीड़मय थी। अख़बारवाले आश्चर्यमय थे। विरोधी दल शोकमय था। यह उनके लिए मय पीने का समय था।

एक विरोधी नेता ने मुझसे कहा—"जब हमारा राज आएगा, हम इससे बड़ी रैली करेंगे।"

"सो कैसे?"—मैंने पूछा।

"इन लोगों ने हर ज़िले के कलेक्टर से दो हज़ार किसान भेजने को कहा है, हम चार हज़ार किसान भेजने को कहेंगे।"

पार्टियों का भविष्य जो भी हो, देश में किसान रैलियों का भविष्य उज्ज्वल है, धीरे-धीरे भारतीय किसान व्यस्त होता जाएगा। आज दिल्ली में रैली होती है, कल बम्बई, मद्रास, कलकत्ता सब जगह होगी। किसान इतना बिज़ी हो जाएगा कि खेत जोतने के लिए मिलिट्री बुलानी होगी। मैंने एक किसान को सूटकेस और होल्डाल ख़रीदते देखा। मैंने पूछा—"तुम्हें इसकी क्या ज़रूरत?" बोला—"आना-जाना पड़ता ही है।"

मैंने रैली में आये एक किसान से साफ़-साफ़ पूछा—"आपके यहाँ आने से खेती को नुकसान नहीं होगा?" वह बोला—"उसकी चिन्ता मत कीजिए। आज खेती की चिन्ता करनेवाले बहुत हैं। सरकार का कृषिविभाग है, बी.डी.ओ. है, स्टेट बैंक है, बीज निगम है, खाद्य निगम है, छठी योजना है, विश्व बैंक है, संस्थान है, कृषि की यूनिवर्सिटियाँ हैं। फिर भी उत्पादन कम हुआ तो हम विदेश से अनाज मँगा लेंगे। मगर किसान रैली के लिए किसान तो देश से ही जुटेंगे।"

रेल-यात्रा

रेल विभाग के मन्त्री कहते हैं कि भारतीय रेलें तेज़ी से प्रगति कर रही हैं। ठीक कहते हैं। रेलें हमेशा प्रगति करती हैं। वे बम्बई से प्रगति करती हुई दिल्ली तक चली जाती हैं और वहाँ से प्रगति करती हुई बम्बई तक आ जाती हैं। अब यह दूसरी बात है कि वे बीच में कहीं भी रुक जाती हैं और लेट पहुँचती हैं। पर अब देखिए ना, प्रगति की राह में रोड़े कहाँ नहीं आते। कॉंग्रेस के रास्ते में आते हैं, देश के रास्ते में आते हैं तो यह तो बिचारी रेल है। आप रेल की प्रगति देखना चाहते हैं तो किसी डिब्बे में घुस जाइए। बिना गहराई में घुसे आप सच्चाई को महसूस नहीं कर सकते।

हमारे यहाँ कहा जाता है—"ईश्वर आपकी यात्रा सफल करें।" आप पूछ सकते हैं कि इस छोटी-सी रोज़मर्रा की बात में ईश्वर को क्यों घसीटा जाता है? पर ज़रा सोचिए, रेल की यात्रा में ईश्वर के सिवा आपका है कौन? एक वही तो है जिसका नाम लेकर आप भीड़ में जगह बनाते हैं। भारतीय रेलों में तो यह है आत्मा सो परमात्मा और परमात्मा सो आत्मा! अगर ईश्वर आपके साथ है, टिकिट आपके हाथ है, पास में सामान कम और जेब में पैसा ज़्यादा है तो आप मंज़िल तक पहुँच जाएँगे, फिर चाहे बर्थ मिले या न मिले। अरे भारतीय रेलों का काम तो कर्म करना है। फल की चिन्ता वह नहीं करती। रेलों का काम एक जगह से दूसरी जगह जाना है। यात्री की जो भी दशा हो। ज़िन्दा रहे या मुर्दा, भारतीय रेलों का काम उसे पहुँचा देना भर है। अरे जिसे जाना है वह तो जाएगा। बर्थ पर लेटकर जाएगा, पैर पसारकर जाएगा। जिसमें मनोबल है, आत्मबल, शारीरिक बल और दूसरे किसम के बल हैं, उसे यात्रा करने से कोई नहीं रोक सकता। वे जो शराफ़त और अनिर्णय के मारे होते हैं, वे क्यू में खड़े रहते हैं, वेटिंग लिस्ट में पड़े रहते हैं। ट्रेन स्टार्ट हो जाती है और वे सामान लिये दरवाज़े के पास खड़े रहते हैं। भारतीय रेलें हमें जीवन जीना सिखाती हैं। जो चढ़ गया उसकी जगह, जो बैठ गया उसकी सीट, जो लेट गया उसकी बर्थ। अगर आप यह सब कर सकते हैं तो अपने राज्य के मुख्यमन्त्री भी

हो सकते हैं। भारतीय रेलें तो साफ़ कहती हैं—जिसमें दम, उसके हम। आत्मबल चाहिए मित्रो!

जब रेलें नहीं चली थीं, यात्राएँ कितनी कष्टप्रद थीं। आज रेलें चल रही हैं, यात्राएँ फिर भी इतनी कष्टप्रद हैं। यह कितनी ख़ुशी की बात है कि प्रगति के कारण हमने अपना इतिहास नहीं छोड़ा। दुर्दशा तब भी थी, दुर्दशा आज भी है। ये रेलें, ये हवाई जहाज़, यह सब विदेशी हैं। ये न हमारा चरित्र बदल सकती हैं और न भाग्य।

भारतीय रेलों ने एक बात सिद्ध कर दी है कि बड़े आराम की मंज़िलें छोटे आराम से तय होती हैं। और बड़ी पीड़ा के सामने छोटी पीड़ा नगण्य है। जैसे आप ससुराल जा रहे हैं। महीने-भर पहले आरक्षण करा लिया है, घण्टा-भर पहले स्टेशन पहुँच गये हैं, बर्थ पर बिस्तर फैला दिया है और रेल उस दिशा में दौड़ने लगी है जिस दिशा में आपका ससुराल है। ससुराल बड़ा आराम है, आरक्षण छोटा आराम है। बड़े आराम की मंज़िल छोटे आराम से तय होती है।

इसी तरह बड़ी पीड़ा के सामने छोटी पीड़ा नगण्य है। मानिए आपके बाप मर गये। (माफ़ कीजिए, मैं एक उदाहरण दे रहा हूँ। भगवान उनकी लम्बी उमर करे अगर वे पहले ही न मर गये हों तो।) आप ख़बर सुनते हैं और अपने गाँव जाने के लिए फ़ौरन रेल में चढ़ जाते हैं। भीड़, धक्का-मुक्का, थुक्का-फजीहत, गाली-गलौज। आप सब-कुछ सहन करते खड़े हैं। पिताजी जो मर गये हैं। बड़ी पीड़ा के सामने छोटी पीड़ा नगण्य है।

मैं एक दूसरा उदाहरण देता हूँ। मानिए एक कुँवारे लड़के को उसका दोस्त कहता है कि जिस लड़की से तुम्हारी शादी की बात चल रही है वह होशंगाबाद अपने मामा के घर आयी है, देखना चाहो तो फ़ौरन जाकर देख आओ। आरक्षण का समय नहीं है। कुँवारा लड़का न आव देखता है न ताव और रेल के डिब्बे में चढ़ जाता है। वही भीड़, धक्का-मुक्का, थुक्का-फजीहत, गाली-गलौज। मगर क्या करे? लड़की से शादी जो करनी है, ज़िन्दगी-भर के लिए मुसीबत जो उठानी है। बड़ी पीड़ा के सामने छोटी पीड़ा नगण्य है।

भारतीय रेलें चिन्तन के विकास में बड़ा योग देती हैं। प्राचीन मनीषियों ने कहा है कि जीवन की अन्तिम यात्रा में मनुष्य ख़ाली हाथ रहता है। क्यों भैया? पृथ्वी से स्वर्ग तक या नरक तक भी रेलें चलती हैं। जानेवालों की भीड़ बहुत ज़्यादा है। भारतीय रेलें भी हमें यही सिखाती हैं। सामान रख दोगे तो बैठोगे कहाँ? बैठ जाओगे तो सामान कहाँ रखोगे? दोनों कर दोगे तो दूसरा कहाँ बैठेगा? वो बैठ गया तो तुम कहाँ खड़े रहोगे? खड़े हो गये तो सामान कहाँ रहेगा? इसलिए असली यात्री वो जो हो ख़ाली हाथ। टिकिट का वज़न उठाना भी जिसे क़ुबूल नहीं। प्राचीन ऋषि-मुनियों ने ये स्थिति मरने के बाद बतायी है। भारतीय रेलें चाहती हैं वह

जीते-जी आ जाए। चरम स्थिति, परम हल्की अवस्था, ख़ाली हाथ, बिना बिस्तर, मिल जा बेटा अनन्त में! सारी रेलों को अन्ततः ऊपर जाना है।

टिकिट क्या है? देह धरे को दण्ड है। बम्बई की लोकल ट्रेन में, भीड़ से दबे, कोने में सिमटे यात्री को जब अपनी देह तक भारी लगने लगती है, वह सोचता है कि यह शरीर न होता, केवल आत्मा होती तो कितने सुख से यात्रा करती। भारतीय रेलें हमें मृत्यु का दर्शन समझाती हैं और अक़्सर पटरी से उतरकर उसकी महत्ता का भी अनुभव करा देती हैं। कोई नहीं कह सकता कि रेल में चढ़ने के बाद वह कहाँ उतरेगा? अस्पताल में या श्मशान में। लोग रेलों की आलोचना करते हैं। अरे रेल चल रही है और आप उसमें जीवित बैठे हैं, यह अपने में कम उपलब्धि नहीं है।

रेल-यात्रा करते हुए हम अक़्सर विचारों में डूब जाते हैं। विचारों के अतिरिक्त वहाँ कुछ डूबने को होता भी नहीं। रेल कहीं भी खड़ी हो जाती है। खड़ी है तो बस खड़ी है। जैसे कोई औरत पिया के इन्तज़ार में खड़ी हो। उधर प्लेटफ़ॉर्म पर यात्री खड़े इसका इन्तज़ार कर रहे हैं। यह जंगल में खड़ी पता नहीं किसका इन्तज़ार कर रही है। खिड़की से चेहरा टिकाये हम सोचते रहते हैं। पास बैठा यात्री पूछता है—"कहिए साहब, आपका क्या ख़याल है इस कण्ट्री का कोई फ्यूचर है कि नहीं?"

"पता नहीं।" आप कहते हैं, "अभी तो ये सोचिए कि इस ट्रेन का कोई फ्यूचर है कि नहीं?"

फिर एकाएक रेल को मूड आता है और वह चल पड़ती है। आप हिलते-डुलते, किसी सुन्दर स्त्री का चेहरा देखते चल पड़ते हैं। फिर किसी स्टेशन पर वह सुन्दर स्त्री भी उतर जाती है। एकाएक लगता है सारी रेल ख़ाली हो गयी। मन करता है हम भी उतर जाएँ। पर भारतीय रेलों में आदमी अपने टिकिट से मजबूर होता है। जिसका जहाँ का टिकिट होगा वह वहीं तो उतरेगा। उस सुन्दर स्त्री का यहाँ का टिकिट था, वह यहाँ उतर गयी। हमारा आगे का टिकिट है, हम वहाँ उतरेंगे।

भारतीय रेलें कहीं-न-कहीं हमारे मन को छूती हैं। वह मनुष्य को मनुष्य के क़रीब लाती हैं। एक ऊँघता हुआ यात्री दूसरे ऊँघते हुए यात्री के कन्धे पर टिकने लगता है। बताइए ऐसी निकटता भारतीय रेलों के अतिरिक्त कहाँ देखने को मिलेगी? आधी रात को, ऊपर की बर्थ पर लेटा यात्री नीचे की बर्थ पर लेटे इस यात्री से पूछता है—यह कौन-सा स्टेशन है? तबीयत होती है कहूँ—अबे चुपचाप सो, क्यों डिस्टर्ब करता है? मगर नहीं, वह भारतीय रेल का यात्री है और भारतभूमि पर यात्रा कर रहा है। वह जानना चाहता है कि इस समय एक भारतीय रेल ने कहाँ तक प्रगति कर ली है?

आधी रात के घुप्प अँधेरे में मैं भारतभूमि को पहचानने का प्रयत्न करता हूँ। पता नहीं किस अनजाने स्टेशन के अनचाहे सिग्नल पर भाग्य की रेल रुकी खड़ी

है। ऊपर की बर्थवाला अपने प्रश्न को दोहराता है। मैं अपनी ख़ामोशी को दोहराता हूँ। भारतीय रेलें हमें सहिष्णु बनाती हैं। उत्तेजना के क्षणों में शान्त रहना सिखाती हैं। मनुष्य की यही प्रगति है।

भारतीय रेलें आगे बढ़ रही हैं। भारतीय मनुष्य आगे बढ़ रहा है। आपने भारतीय मनुष्य को भारतीय रेल के पीछे भागते देखा होगा। उसे पायदान से लटके, डिब्बे की छत पर बैठे भारतीय रेलों के साथ प्रगति करते देखा होगा। कई बार मुझे लगता है कि भारतीय मनुष्य भारतीय रेलों से भी आगे हैं। आगे-आगे मनुष्य बढ़ रहा है, पीछे-पीछे रेल आ रही है। अगर इसी तरह रेल पीछे आती रही तो भारतीय मनुष्य के पास सिवाय बढ़ते रहने के कोई रास्ता नहीं रहेगा। बढ़ते रहो—रेल में सफ़र करते, दिन-भर झगड़ते, रात-भर जागते, बढ़ते रहो। रेलनिशात् सर्व भूतानां! जो संयमी होते हैं वे रात-भर जागते हैं। भारतीय रेलों की यही प्रगति है। जब तक ऐक्सीडेण्ट न हो, हमें जागते रहना है।

किताब के कीड़े

किताब से आदमी की दूरी बढ़ाने की दिशा में पिछले सालों काफ़ी ज़ोरदार कोशिशें हुई और कहना न होगा कि बड़ी हद तक क़ामयाबी भी मिली है। लक्ष्य शायद यह है कि ग़रीब आदमी ग़रीब तो बना रहे पर कहीं ऊपर से पढ़-लिख न जाए। सरकार अपढ़ बेकारों से निपट सकती है, पढ़े-लिखे बेकारों से निपट सकती है पर समझदार और तथ्य जाननेवाले बेकारों से नहीं निपट सकती। वे सिरदर्द बन जाते हैं प्रशासन के लिए। किताबें सरकार के शत्रुओं की सहायक हैं, और आगे ज़्यादा हो सकती हैं। इसलिए ऐसे क़दम उठाये जाने ज़रूरी हैं जो शत्रु और उसके सहायकों के बीच दरार पैदा करें। वह वक़्त शुरू हो गया है जब एक ग़रीब और मध्यमवर्गीय किताबों के बारे में सुनकर रह जाएगा पर उन्हें पढ़ नहीं पाएगा, देख नहीं पाएगा। किताबें उसकी ज़िन्दगी की लड़ाई में वैचारिक स्तर पर सहायक नहीं हो पाएँगी। व्यवस्था को इससे क्या गरज़ कि वह उससे लड़नेवालों को वैचारिक रसद सस्ते दामों में पहुँचाने का इन्तज़ाम करे या अगर किताबों का मकसद मनोरंजन और रोज़मर्रा के तनाव से मुक्ति है तो भी क्यों इस तरफ़ ध्यान दिया जाए। इसके लिए सस्ते ट्रांजिस्टर हैं जिससे अदना इन्सान सरकारी ख़बरें, उन ख़बरों का सरकारी विवेचन और बाक़ी पूरे वक़्त में नये-पुराने फ़िल्मी गानों से मन बहला अपना ख़ाली समय बिता सकता है। तनाव दूर करने के लिए सेंसर की कड़ी निगाहों से गुज़री फ़िल्में हैं, टी.वी. है। किताब क्यों? आख़िर किताब ही क्यों? आप ढेर-ढेर फ़िल्मी पत्रिकाएँ देखिए और रेखा, हेमा और ज़ीनत के बारे में बातें कीजिए। वक़्त ही तो बिताना है, एक जीवन ही तो गुज़ारना है। किताबों को पढ़े बिना क्या बीत नहीं सकता? बीतता ही है। इस देश के अधिकांश लोगों, अधिकांश वोटरों का बीतता है जो राजनीति की संरचना में मदद कर, सत्ता के निर्माण द्वारा अपने लिए भाग्य-विधाता बनाते हैं। किताबें पढ़ने-लिखनेवाले कुल जमा हैं कितने? इन मुट्ठी-भर लोगों के वोट कितने? उनसे फ़र्क़ क्या पड़ता है?

महँगाई और बढ़ती महँगाई को लेकर रोना आम बात है। आप कह सकते हैं कि जब सब कुछ महँगा हो गया तो किताबें महँगी हो गयीं तो क्या आश्चर्य

है। किताबें सस्ती भी क्यों हों? यदि व्यवस्था को आदमी के पेट की फ़िक्र नहीं है कि वह अपनी आँतों को किस भाव पर दोनों टाइम भर रहा है तो वह आदमी के दिमाग़ की चिन्ता क्यों करे कि उसे पर्याप्त वैचारिक खाद्य मिल रहा है या नहीं। यह कहना ग़लत होगा कि किताबों के बढ़ते दामों पर सरकार का ध्यान नहीं गया। थोड़ी-बहुत चीख़-पुकार भी मची पर जल्दी शान्त हो गयी। प्रकाशक किताबों के पुराने मूल्यों पर नये मूल्यों की मोहर लगाने में व्यस्त हो गये। किताबें महँगी होने के बाद सरकार ने कुछ और क़दम उठाये जिससे किताबें और महँगी हों।

एकाएक समझ नहीं आता कि सरकार चाहती क्या है? क्या वह प्रकाशन-व्यवसाय पर चोट पहुँचाना चाहती है? ऐसा बिलकुल नहीं है। प्रकाशक को किताब ख़रीदनेवाला मिलता रहे तो वह सन्तुष्ट है। किताब चाहे एक-एक कर बिके या थोक में चली जाए, उसका संस्करण साफ़ होना चाहिए। थोक में चली जाए और एक साथ एक बड़ा चेक मिल जाए तो प्रकाशक और भी ख़ुश होगा। उसकी पूँजी जल्दी लौट आती है, लाभ फ़ौरन मिल जाता है। उसे इसमें भी कोई दिलचस्पी नहीं कि उसकी सारी किताबें थोड़ी-थोड़ी बिकें या सिर्फ़ दो किताबें हज़ारों में एक साथ बिक जाएँ। हर किताब उसके लिए किताब-भर है, जितनी जल्दी और जैसे भी बिक जाए वह प्रसन्न है। इसी कारण एक भारतीय प्रकाशक की स्थिति पपीहे की तरह है जो गर्दन ऊँची कर उस स्वाति-बूँद का इन्तज़ार करता रहता है जो आज नहीं कल टपककर उसे निहाल कर देगी। स्वाति-बूँद अर्थात् सरकारी ख़रीद। वह अपने दफ़्तर में बैठा लगातार इस बात का पता लगाता रहता है कि कौन से राज्य में कब पुस्तकों की सरकारी ख़रीद चालू होनेवाली है। ख़बर मिलते ही वह या उसका एजेण्ट उस राजधानी की दिशा में नमूने की प्रतियाँ लिये चल पड़ता है। वहाँ वह ख़रीदनेवाले अफ़सरों और कमेटी हुई तो उसके मेम्बरान को पटाता है और किताबों की बिक्री पर कमीशन की रक़म तय करता है। जिस प्रकाशक का सौदा पट जाता है उसका कचरा भी बिक जाता है। जिसका नहीं पटता वह मन-ही-मन बड़बड़ाता अगले साल भाग्य आज़माने का निर्णय ले लौट आता है। अफ़सर के पास पढ़ने की फ़ुरसत नहीं होती और न उसे गरज़ कि वह हिन्दी की ढेर-ढेर किताबें पढ़े। कमेटी के मेम्बर पढ़े-लिखे और ईमानदार तो कदापि नहीं होते। यदि होते तो उन्हें सरकारी कमेटियों की सदस्यता ही कैसे प्राप्त होती। वे तोड़-जोड़ करने की कला जानते हैं और जो प्रकाशक ठीक-सा कमीशन बतौर हथेली गरम करने के लिए देता है उसकी किताबें उन्हें बेहतर लगने लगती हैं।

आक्रमण : राजनीतिक स्टाइल

कमाण्डर ने अपनी शेरवानी की दोनों ऊपरी जेबों में दो-दो अँगुलियाँ डालकर धीरे-धीरे हिलते हुए कहा—"आप लोग समझ गये न, क्या किया जाना है! हमारा हमला, तीन ओर से होगा। तीनों टुकड़ियों का नेतृत्व एक-एक संसद-सदस्य करेंगे। हर दल में कितने लोग रहेंगे, इसकी सूची नोटिस-बोर्ड पर टाँग दी गयी है। आपको तैयार रहना है। हर क्षण सावधान की मुद्रा में। ज़ीरो-आवर आपको बता दिया जाएगा और वक़्त से दस मिनट पूर्व आपको रणक्षेत्र से आधा फर्लांग दूर छोड़ दिया जाएगा। वहाँ आपको दूध-जलेबी का नाश्ता और खाने को पान दिये जाएँगे। अटैक का ऑर्डर होते ही आप भवन की तरफ़ लपकेंगे। आप हर स्थिति के लिए तैयार रहिए। इस कार्यवाही में विजय निश्चित मिलनी है। आपका नाम दल के इतिहास, भाग चार में स्वर्णाक्षरों में लिखा जाएगा। आया समझ में! कोई प्रश्न करना हो तो अभी कर लीजिए! ओ.के.!"

"हमें मारपीट की इजाज़त है? हमें शस्त्र कौन से दिये जाएँगे?" एक सैनिक ने, जो नेहरू जाकेट पहने था, कमाण्डर से प्रश्न किया।

"बहुत ठीक प्रश्न है। अहिंसा और शान्ति की श्रेष्ठ परम्परा का निर्वाह करते हुए आप मारपीट कर सकते हैं। शस्त्र आपको नहीं दिये जाएँगे, मगर मौक़े पर उपलब्ध वस्तु का शस्त्र के रूप में आप उपयोग कर सकते हैं।"

तभी एक और वीर सैनिक ने दाँत कुरेदते हुए पूछा—"श्रीमन्! एक प्रश्न और है!"

"कहिए!"

"क़ैदियों के साथ कैसा व्यवहार किया जाएगा?"

"ऐं!"

"जी हाँ, मैं एक महत्त्वपूर्ण सवाल उठा रहा हूँ! ज़रा ग़ौर करें। इस विषय में एक विएना-समझौता है कि जो युद्धबन्दी अन्ततः आत्मसमर्पण कर देंगे उनके साथ सम्मान से व्यवहार किया जाना चाहिए।"

"हूँऽ।" कमाण्डर शेरवानी की ऊपरी जेबों में अँगुलियाँ डाले कुछ देर सोचता

रहा, फिर पीक थूककर बोला—"मैं नहीं जानता कि इस विषय में विएना-समझौता क्या है, और अगर है तो क्या वह दो राजनीतिक दलों की लड़ाई पर भी लागू होता है या नहीं, मगर हमारे नेताओं ने इस समस्या पर विचार किया है। दुश्मन का जो सिपाही आत्मसमर्पण कर देगा, उसे हम तुरन्त अपनी फ़ौज़ में रख लेंगे। उस कार्यालय में जो भी वेतन होगा वह चालू रहेगा। और जो हमारे आक्रमण का मुक़ाबला करने की हिमाकत करेंगे या जो अपने को बड़ा सिद्धान्तवादी लगाते हैं, बदलते समय के साथ दल बदलने के लिए तैयार नहीं हैं उन्हें हम उठाकर ससम्मान दरवाज़े से बाहर फेंक देंगे। इज़ दैट क्लीयर! ओ.के.।"

एक सैनिक ने—जो चौड़े पाँयचे की पैण्ट, छींटदार बुश्शर्ट पहने था और काफ़ी मोटा चश्मा लगाये था—आगे बढ़कर पूछा—"शत्रु ने सुरक्षा की क्या व्यवस्था की है श्रीमन्?"

"जहाँ तक हमें ख़बर है, वे लोग बेख़बर बैठे हैं। फिर भी हमें होशियार रहना होगा। वे जवाबी कार्यवाही कर सकते हैं। जैसे, हो सकता है कि वे टेबल से उठाकर पेपरवेट या क़लमदान हम पर फेंकने लगें। या वे दरवाज़े बन्द कर दें। कुर्सियाँ अड़ा दें। और ईश्वर न करे कि ऐसा हो, लेकिन यदि उसी समय सोडे की बोतलें दफ़्तर में आयी हों तो वे लोग हम पर फेंक सकते हैं।" कमाण्डर ने कहा।

"मैं इस युद्ध में भाग नहीं ले सकूँगा।" एक सिपाही ने सिर झुकाकर कहा। उसके मुँह में तम्बाकू थी।

"क्या?" कमाण्डर चीख़ा और कमर पर हाथ रखकर खड़ा हो गया—"कैसे भाग नहीं लोगे? अनुशासन का मज़ाक़ बना रखा है आप लोगों ने! जब पार्टी के लिए त्याग और क़ुर्बानी का समय आता है, तब मुँह छिपाते फिरेंगे और जब चुनाव के टिकिट बँटने लगते हैं तब सबसे आगे। तब आप ही दावा करते हैं कि हमने हर मुसीबत में साथ दिया है। क्या साथ दिया आपने! जो कुछ है, नज़र आ रहा है। मैं एक बात बता दूँ कि यह पार्टी अब नौजवानों की पार्टी है और अगर आप यह साबित करना चाहते हैं कि आप नौजवान हैं तो इससे अच्छा मौक़ा नहीं मिलेगा आप लोगों को। समझे! क्या! क्या समझे! अरे, इससे अच्छा मौक़ा नहीं मिलेगा।"

सिपाहियों में चुप्पी रही।

"और कौन-कौन भाग नहीं लेना चाहता, मुझे अपना नाम नोट कराएँ। मैं हाई कमाण्ड को रिपोर्ट करूँगा। मज़ाक़ लगा रखा है! क़ुर्बानी करेंगे, क़ुर्बानी करेंगे, इनके बाप ने भी क़ुर्बानी की थी! हाँ बोलो, क्या नाम है, कौन नहीं जाना चाहता!" कमाण्डर पेन और डायरी निकाल पूछने लगा।

सब चुप रहे।

"बोलिए, आप, आप, आप?"

कोई नहीं बोला।

फिर कमाण्डर महोदय शेरवानी में लिपटी अपनी तोंद फुलाये रोब से उस सिपाही के पास पहुँचे जो तम्बाखू खा रहा था और लड़ने से इनकार कर रहा था।

"तो आप अकेले हैं जो युद्ध से भाग रहे हैं?"

"जी नहीं, मैं नहीं भाग रहा।"

"क्या आपने विचार बदल दिया?"

"बदल दिया।"

कमाण्डर महोदय हँसे और धीरे-धीरे झूमते हुए फिर अपनी जगह पर आ गये और बोले—"एक बार पंजाब में भी यही हुआ था। कुछ लोग दलबदल करने की सोच रहे थे। मुझे पता लगा तो मैं दौड़ा और मैंने उन लोगों को एक ज़ोरदार भाषण झाड़ा। और यही ऐक्टिंग की जो अभी मैंने आपके सामने की। क्या ज़ोरदार असर पड़ा साहब उसका, एक ने भी दलबदल नहीं किया। तब का दिन है और आज का दिन है, वे लोग हमारे साथ हैं और फ़ायदे में हैं। मैंने साफ़ कहा कि आप मुझ पर भरोसा कीजिए और निराश न होइए। जब दलबदल करना होगा, मैं आपको कहूँगा कि कर दीजिए, मगर अभी वक़्त नहीं आया है। ख़ैर, उस बात को छोड़िए। अभी हमारा उद्देश्य है भवन पर आक्रमण और ईश्वर ने चाहा, हौसले बुलन्द रहे, हम सफल होंगे। क्यों, है न!"

सब ढीले कुरते-पाजामेवाले सिपाही मुस्कराये।

"अब मैं आप लोगों के सामने उस भवन का नक़्शा फैलाता हूँ। आप सब लोग यहीं घास पर गोला बनाकर बैठ जाएँ और नक़्शे को समझ लें कि क्या करना है। शान्ति से, शान्ति से, नक़्शा फट जाएगा, एक-एक करके देखिए।"

और फिर एक घण्टे तक वे लोग नक़्शा खोले चर्चाएँ करते रहे।

"आक्रमण कब करना है?"

"देखिए, यों तो हमें आप लोगों पर भरोसा है, मगर दीवारों के भी कान होते हैं। इसलिए आक्रमण का ज़ीरो-आवर क्या है, आपको दो घण्टे पहले बता दिया जाएगा। जैसे यदि दो बजे ज़ीरो-आवर है तो हम बारह बजे आपको बता देंगे।" कमाण्डर ने कहा।

फिर अवकाश कर दिया गया।

दल के सभी बहादुर अपनी पत्नियों को फ़ोन करने में लगे थे कि आज हमें ज़रा हमला करना है, सो देर से आएँगे। फ़िक्र मत करना।

बारह बजे कमाण्डर ने फिर सबको बटोरा और बताया कि हमले का ज़ीरो-आवर दो बजे है।

"हमें पता है!" सब चिल्लाये।

"अच्छी बात है। आप तैयार रहिए।"

"हम तैयार हैं।"

"बस तो अभी गाड़ियाँ आती हैं, लेने के लिए।"

और वे सब तैयार थे। उनकी धोतियाँ, पाजामे और पतलून कसे हुए थे और उस पर जाकिट, मफ़लर, शेरवानियों से उनके शरीर ढँके हुए थे। वे चाय पी चुके थे और पान चबा रहे थे। उन्होंने पान बँधवा लिये थे, सिगरेटों के पैकेट रख लिये थे कि कष्ट न हो। कान्ति बेन सबको मुस्कराती हुई विदा दे रही थीं। कह रही थीं कि कोई मेरा भाई पीठ नहीं दिखाएगा और उस दफ़्तर पर कब्ज़ा करके रहेंगे।

"जाते ही आप टेलीफ़ोन पर कब्ज़ा कीजिए और मुझे सूचना दीजिए। आइ ऐम वेटिंग। ओ.के.।" कमाण्डर ने कहा जो वहीं रुकनेवाले थे।

"आप नहीं चल रहे?"

"मैं बाद में आऊँगा।" कमाण्डर ने कहा और गाड़ियों को बढ़ने का इशारा किया। वे लोग शोर मचाते चल दिये।

उस दिन की दोपहरी

पोलिंग-बूथ की तरफ़ तेज़-तेज़ जाते हुए मुन्नीलाल ने उनकी तरफ़ देखा और बोला, "काहे वोट-भोट देने नहीं जा रहे?" "अब जाएँगे, ऐसी जल्दी भी क्या है"—कहते हुए सिरीराम बाबू अहाते के तारों को पैर से झुलाते खड़े रहे। जबसे देख रहे हैं, पोलिंग-बूथ की तरफ़ जानेवालों का ताँता लगा है। 'सो तो होना ही था। चुनाव जो हैं,' सिरीराम बाबू ने सोचा।

वातावरण में सारी चहल-पहल के बावजूद ख़ामोशी है। सुबह सबसे पहले केसरीमल ने अपनी तरफ़ के चौबीस आदमियों को लाइन में खड़ा कर फटाफट वोट डलवा दिया और उन्हें दुकान पहुँचने को कह स्कूटर पर चल दिया। तब से कभी लाइन 15-25 से ज़्यादा नहीं बढ़ी। नेताओं को फ़िक्र थी कि बाबुओं की बस्ती का वोट किधर गिरेगा। "वहाँ चाल यह है कि मरद जिधर वोट करेगा, लुगाई उधर ही करेगी।" सुबह-सुबह की सुस्ती से ख़ुद पोलिंग एजेण्ट हैरान थे। सोचा, लोग नहाने-खाने के बाद आराम से आएँगे। जो भी हो, धीरे-धीरे वोट पड़ रहे थे।

सिरीराम बाबू आँगन की धूप से हट घर में आ गये। पत्नी बरतनों को पल्ले से पोंछती करीने से जमा रही थी। बोले—"सब वोट देने जा रहे हैं।"

"तुम नहीं जाओगे?" पत्नी ने पूछा।

"यही सोच रहे हैं, जाएँ, और क्या करें?"

"हो आओ।"

"हूँ। मगर दें किसे, सो समझ में नहीं आ रहा।"

"अब अख़बार तुम पढ़ते हो, कोई हम तो नहीं पढ़ते।" पत्नी ने कटोरियाँ सजाते हुए कहा।

सिरीराम बाबू चुप सोचते रहे, फिर आईने में अपने दाँत देखने लगे। दो दाँतों के बीच एक काला-सा कण जमा था सो नाख़ून से कुरेदकर फेंक दिया।

जीपों में कुछ राजनीतिक कार्यकर्ता पोलिंग-बूथ पर आये। "यार, यहाँ बड़ी सुस्ती है। क्या बात है?"

"लोग आ ही नहीं रहे।" जवाब मिला।

"निकालो यार, वोटरों को घर से निकालो।"

चार-पाँच लड़कों का जत्था बना घर-घर जाकर पूछने के लिए "अंकलजी आपने वोट दिया कि नहीं? दे आइए ना! प्लीज़ इसी निशान पर वोट दीजिए।" वे लोग सिरीराम बाबू के यहाँ भी चक्कर लगा गये। सिरीराम बाबू ने कहा—"खाना खाकर आएँगे।"

पराँठे के साथ भरवाँ बैंगन सिरीराम बाबू की ख़ास पसन्द है। पत्नी जानती है उनकी यह कमज़ोरी। कल सब्ज़ीवाले के पास ताज़ा बैंगन थे। सोचा, कल वोटिंग के रोज़ छुट्टी रहेगी तो बना देंगे। सुबह-सुबह पहला काम उसने यह किया कि बैंगनों को चीर-काट मसाला भर रख दिया और फिर गयी नल का काम निपटाने।

"तुम दोगी वोट?" सिरीराम बाबू ने खाट की रस्सियाँ खींचते हुए पत्नी से पूछा।

"उँहूँ, तुम ही दे आओ।"

"इच्छा हो तो दे आओ, आसपास वालियाँ जा रही होंगी, साथ चली जाओ।"

"अब किसे दें। हमें कुछ पता नहीं, क्या! रहने भी दो।" वह भरा घड़ा उठा मटके में डाल आयी।

"किसी को दे आओ!" सिरीराम बाबू बोले।

"अरे वहाँ कौन खड़ा रहे लाइन में। हमें नहीं देना वोट।"

"लाइन तो होगी। सुबह से सब उधर ही भीड़ लगा रहे हैं।"

"तुम दे आओ।"

"हूँ!" सिरीराम बाबू ने तकिया खाट पर डाला और लेट गये।

फिर पोलिंग-बूथ पर भीड़ बढ़ने लगी। बाबू बस्ती के वे लोग जो घर में बैठे बोर हो चुके थे, अब बूथ के आसपास आ रहे थे। कुछ स्त्रियाँ और ख़ासकर नयी दुल्हनें जो मोहल्ले में नयी साड़ी के प्रदर्शन के इस अवसर का लाभ लेना चाहती थीं, बूथ तक आयीं, लजाती-शरमाती इधर-उधर देखती रहीं और वोट देने के बाद स्याही के निशान को मिटाने का प्रयत्न करती लौट आयीं।

"सुनो!" सिरीराम बाबू ने धीरे-से कहा।

कोई जवाब नहीं मिला।

"सुनो, क्या कर रही हो?"

"हूँ...क्या है?" पत्नी के उत्तर देने के ढंग से स्पष्ट था कि वह सिरीराम बाबू का आशय समझ गयी है।

बाहर के दरवाज़े बन्द थे।

वह धीरे-धीरे पास आयी। सिरीराम बाबू ने हाथ खींचकर बिठा लिया।

"वोट देने नहीं जाना है?" वह सिरीराम बाबू के बनियान से खेलती हुई बोली।

"अरे चले जाएँगे, अभी बहुत वक़्त है।" वह एक चतुर रसीली मुस्कान से

पत्नी की तरफ़ देखकर मुस्कराये।

"अरे, दोपहर को? यह भी कोई बखत है! कोई आ गया तो?" पत्नी ने हटने का असफल प्रयत्न किया।

"कौन आता है, सब वोट देने गये हैं।"

वह हँसी। एक शरारत-भरी चोरी की कार्यवाही की कल्पना में मग्न।

और वाक़ई दोपहर बाद बाबू बस्ती के पोलिंग-बूथ पर भीड़ एकाएक बढ़ गयी। हुआ यह कि मज़दूर-मज़दूरनियों का एक जत्था जो सुबह से चुनाव-केन्द्र तलाश रहा था, दोपहर बाद यहाँ पहुँच गया। कुछ दिन पहले नये क्वार्टर बनाने के लिए पानी की टंकी के पासवाले पूरे मैदान पर बनी झोंपड़पट्टियों को सरकार ने साफ़ करवा दिया था और उन लोगों को एक पहाड़ी के बाजू में जगह दे दी थी। सुबह से वे लोग यह पता लगा रहे थे कि उनके नाम कहाँ हैं? बमुश्किल तमाम दोपहर को कुछ कार्यकर्ताओं की मदद से वे इस बूथ पर पहुँचे। उन लोगों के आ जाने के कारण आख़िरी समय में क्यू बहुत लम्बा हो गया था।

चार बज गये। सिरीराम बाबू के क्वार्टर का नल सूँ-सूँ करने लगा था। पत्नी सोच रही थी कि अब उठना है, बरतन साफ़ करने हैं। पास में सिरीराम बाबू आँखें मूँदे लेटे थे।

"मिसेज दुबे गेहूँ का बोल रही थीं।"

"क्या?" सिरीराम बाबू ने पूछा।

"चार क्विण्टल मँगवा रही हैं गाँव से। दो अपने लिए, दो शर्माजी के लिए। गेहूँ अच्छा है, जैसा पार साल लिया था।"

"गेहूँ तो अच्छा है।"

"कह रही थीं कि लेना हो तो जल्दी बता दें, साथ ही आ जाएगा।"

"गेहूँ तो अच्छा है। अभी तो होंगे दुबेजी घर पर?"

मुँह पर पानी के छींटे डाल वह फुरती से आये और कुरता पहन लिया।

"चाय पी लो, फिर चले जाना!" पत्नी ने कहा।

"दुबेजी अभी मिल जाएँगे, सो कह ही दें उनसे। गेहूँ अच्छा है और सस्ता भी। दो बोरा डलवा लें तो साल भर की बेफ़िक्री हो जाए।" सिरीराम बाबू कहते हुए तेज़ी से घर से बाहर निकले।

"वोट देने नहीं जाओगे?"

"अब छोड़ो, गेहूँ ज़्यादा ज़रूरी है।"

पोलिंग-बूथ पर शायद चहल-पहल अभी भी शेष थी। पत्नी के साथ सुखद दोपहरी बिताने के बाद सिरीराम बाबू सस्ते गेहूँ की तलाश में चले जा रहे थे।

कोमल कमल, भारी लक्ष्मी

लक्ष्मी कमल पर विराजती हैं। जो चित्र हमारे घर में पूजा में उपयोग होता था, उसमें लक्ष्मी कमल पर सीधी खड़ी रहती थीं। चूँकि बिना पूजा समाप्त हुए पटाखे छोड़ने की इजाज़त नहीं मिलती थी इसलिए मैं पूरे धैर्य से पूजा का होना देखता रहता था। चित्र देखता रहता था। जिसे लेकर मेरे अपने सन्देह थे।

पानी पर कमल। कमल पर खड़ी लक्ष्मी। कमल बड़ी साइज़ का, ताकि लक्ष्मी को खड़ी रहने में सुविधा हो। मैं यह मान लेता था कि कमल बड़ी साइज़ का हो सकता है मगर वह इतना मज़बूत नहीं हो सकता कि उस पर कोई खड़ा रह सके। मुझे डर लगता था कि अपनी कमज़ोर डण्डी के कारण कमल कभी भी एक तरफ़ तिरछा हो सकता है और लक्ष्मी मैया गिर सकती हैं।

गिरेंगी तो पानी में। मुझे तैरना नहीं आता था अतः पानी में गिरने की कल्पना से मुझे बहुत डर लगता था। तैर भी लेंगी तो जाएँगी कहाँ? उस एक कमल के आसपास जो दूसरे कमल हैं, वे इतने छोटे हैं कि उन पर तो लक्ष्मी जी चाहकर भी नहीं बैठ सकतीं। और तैरकर जातीं भी तो कहाँ? उस चित्र में पानी था, पर कहीं किनारा दिखाई नहीं देता था।

मैं आशा-भरी निगाह से उस हाथी की तरफ़ देखता जो कमल पर खड़ी लक्ष्मी से कुछ दूर था। वह बड़ा मज़ेदार हाथी था। उसे अपने हाथी होने का कोई दुख या किसी क़िस्म की परेशानी नहीं थी। वह आत्ममुग्ध लगता था जैसे प्रायः हाथी होते हैं। मुझे लगता कि जब लक्ष्मी कमल से गिरेंगी, यह हाथी उन्हें सूँड से उठा लेगा। या लक्ष्मी स्वयं जाकर हाथी की सूँड से लिपट जाएँगी। सारे भय का मूल यह था कि कमल पर भरोसा ग़लत है। वह ज़रूर टूटेगा।

हाथी के पैर जितने पानी में थे, उससे मैं पानी की गहराई का अन्दाज़ लगाता। एकाध हाथ से अधिक गहरा नहीं था। यों भी पानी बहुत गहरा होता तो वहाँ कमल कैसे उगते? कमल तो कीचड़ में होता है। यही उसकी ब्यूटी है। मुझे लगता यदि लक्ष्मी कमल के फूल पर से गिरीं तो कीचड़ में उनकी सुनहरे बॉर्डरवाली लाल साड़ी के ख़राब होने की पूरी सम्भावनाएँ हैं। देखना, फचाक् देनी से गिरेंगी।

मुझे लक्ष्मी जी की यह बात नहीं समझ आती थी कि वे इतने बढ़िया कपड़े और ज़ेवर पहनने के बाद कमल तक पहुँचीं कैसे? ज़रूर वे साड़ी को थोड़ा ऊपर कर कीचड़ में पैर रखती कमल तक गयी होंगी। वहाँ जाकर वे कमल पर चढ़कर खड़ी हो गयीं। हम अच्छे सुन्दर कपड़े पहने हों तो हमारी माँ हमें धूल, मिट्टी, कीचड़ में जाने नहीं देती थीं। लक्ष्मी जी इतनी अच्छी साड़ी पहन चली गयीं कीचड़ में!

लक्ष्मी जी खड़ी थीं और उनका एक हाथ खुला था जिससे दो-चार सोने के सिक्के झर रहे थे। माँ ने बताया था कभी। लक्ष्मी का एक हाथ खुला रहता है और वे देती रहती हैं। मुझे चित्र की ओर देख अच्छा नहीं लगता। सोने के सिक्के झरा रही हैं। पर इतना भी नहीं सोचतीं कि वे सिक्के पानी-कीचड़ में गिर रहे हैं। अब वहाँ कौन उठाने जाएगा? जो जाएगा, उसके कपड़े ख़राब होंगे। फिर लक्ष्मी चली जाएँगी उसके बाद कैसे पता लगेगा कि इस जगह कीचड़ में सिक्के पड़े हैं।

पीछे खड़े हाथी की सूँड में एक हार है। ज़ाहिर है, वह लक्ष्मी जी को वह हार पहनाना चाहता है। पर फ़िलहाल यह सम्भव नहीं लगता। लक्ष्मी का मुँह इस तरफ़ है, जिस तरफ़ माँ बैठी पूजा कर रही हैं। अब वह पीछे से तो लक्ष्मी के गले में हार डाल नहीं सकता। यों हाथी है, चाहे तो थोड़ी सूँड ऊपर कर डाल भी सकता है, पीछे से। पर वह मुस्कुराता हुआ लक्ष्मी जी के पलटने का इन्तज़ार कर रहा है। जैसे ही घूमेंगी, वह गले में हार डाल देगा। पर इतना समझ लेना कि घूमीं कि गिरीं। अच्छा हो हाथी बायीं ओर से घूमकर आए और डाल दे। पर उधर शायद पानी गहरा है, इस डर से आ नहीं रहा। उधर एक हंस तैर रहा है। हाथी इधर आया कि हंस फड़फड़ाकर फ़ोटो के बाहर भाग जाएगा। हाथी बढ़ा कि पानी में हलचल होगी। कमल हिलने लगेगा। लक्ष्मी जी का खड़ा रहना कठिन हो जाएगा।

जब तक पूजा चलती, मैं निष्ठा-भाव से लक्ष्मी के चित्र की ओर देखता रहता। मुझे वहाँ हमेशा कुछ घटता-सा प्रतीत होता। जो भी हो मुझे लक्ष्मी की जान हमेशा जोख़िम में लगती।

बड़ा हुआ तो मुझे महसूस हुआ कि कमल पर लक्ष्मी के बैठने की कल्पना ठीक ही है। उनका मामला हमेशा नाज़ुक ही रहता है। कमल चाहे कितना चौड़ा हो, कितना ही घेराव हो उसका, डण्ठल हमेशा नाज़ुक रहता है। मुझे कमल एक बीमार मिल की तरह लगता, जो सरकारी अधिग्रहण की प्रतीक्षा कर रहा है। लक्ष्मी अभी-अभी उठकर चली गयीं उस पर से।

जो भी नाज़ुक है, कमज़ोर है, जल्दी टूटनेवाला है—उस पर या तो लक्ष्मी आनेवाली हैं या अभी-अभी उठकर गयी हैं। खुले हाथ से पैसे झरा गयीं कीचड़ में। जो कमज़ोर पुल ठेकेदार ने बनाया था, वह पब्लिक के काम न आया, मगर ठेकेदार की लक्ष्मी उस पर विराजी थीं। उसे लाभ हुआ। जो कमज़ोर और नाज़ुक माल उत्पादित होता है, वहाँ लाभ की गारण्टी है। लक्ष्मी ऐसी जगह पर विराजती हैं,

जिसका भरोसा नहीं। जिसने भी लक्ष्मी की कमल पर कल्पना की उसने लाभ के स्वभाव को सही पहचाना। लक्ष्मी ऐसे नाज़ुक कमलों पर, जो भ्रष्टाचार के कीचड़ में पनपते हैं, विराजती हैं।

बड़ा होने पर मैंने लक्ष्मी का नाम कई जगह जुड़ा पाया। जैसे उद्योगलक्ष्मी। मुझे कारख़ाना कमल-सा लगने लगता। बचतलक्ष्मी। मुझे पूरा बैंक एक कमल-सा दिखाई देता। और सबसे मज़ेदार गृहलक्ष्मी। पूरा घर एक कमल और उस पर विराजी श्रीमतीजी। क्या कहने!

गृहलक्ष्मी के मामले में स्थिति उलटी है। यहाँ कमल मज़बूत है और वे कोमल। पर एक मामले में समानता है। माँ ने बताया था, लक्ष्मी हाथ खुला रखती हैं। श्रीमती जी भी ज़रा हाथ खुला ही रखती हैं। पैसे कहाँ पानी में जा रहे हैं, इसकी चिन्ता नहीं करतीं। कपड़े, साड़ी, ज़ेवर आदि के मामले में स्वभाव लक्ष्मी जी से मिलता है। अच्छा पहनती हैं पर असन्तुष्ट हैं। इससे बेहतर की तलाश में रहती हैं।

घर मज़बूत हो, पर घर का अर्थशास्त्र नाज़ुक है। कमल की तरह कोमल है। फिर भी गृहलक्ष्मी उस पर खड़ी हैं। मैं अभी भी डरता रहता हूँ। उनसे कहता रहता हूँ कि मामला नाज़ुक है देवी! अगर होशियार न रही तो मचाक देनी से गिरोगी। सुनती नहीं। उन्हें पता है कि वे गृहलक्ष्मी हैं। किसी दिन एक कमरे से दूसरे कमरे मुकुट लगाकर न घूमने लगें। यदि ऐसा करें तो लगेंगी सुन्दर, इसमें शक नहीं।

मैंने राज्यलक्ष्मी शब्द भी पढ़ा। सरकारी कमाई के लिए होगा। राष्ट्रलक्ष्मी भी सुना। ठीक से समझ में नहीं आया। मैं सोचता हूँ, ये भ्रष्ट लक्ष्मी शब्द क्यों नहीं बनाते? आजकल तो यही शब्द प्रचलित होना चाहिए। काली कमाई के कारण। काली लक्ष्मी की पूजा क्यों नहीं करते? बहुतेरों को वही करना चाहिए।

कीचड़ में उतरकर लक्ष्मी के हाथों से झरते सिक्के बटोरना मेरे लिए आज भी सम्भव नहीं। डर लगता है। वहाँ भीड़ भी है। कमल को ख़तरा है। लक्ष्मी को ख़तरा है। पर मैं क्या कर सकता हूँ? पूरी तसवीर के बाहर बैठा मैं क्या कर सकता हूँ?

कवि और कन्याएँ

मेरे एक मित्र हैं कवि—शुद्ध कवि। यों तो इस ज़माने में शुद्ध कौन-सी चीज़ मिलती है? कवि अगर थोड़ा-सा आलोचक और नाममात्र को नाटककार भी हो जाए, तो आश्चर्य नहीं। पर वे काफ़ी हद तक कवि हैं। अर्थात् जिस हद तक उनकी बुद्धि उन्हें ले जाती है, वे वहाँ तक कवि हैं। उसके आगे वे दैनिक पत्र भी नहीं पढ़ते। उनके पूरे व्यक्तित्व का सत्तर प्रतिशत काव्य में, दस प्रतिशत बच्चों का पिता होने में, दस प्रतिशत नौकरी में और पाँच प्रतिशत आदर्शों के निर्वाह में व्यस्त रहता है। अब यह हो गया कुल एक सौ पाँच प्रतिशत, तो इसमें मेरा नहीं, उनका कसूर है। उनका गणित कमज़ोर है और व्यक्तित्व सन्तुलित नहीं। यह बात सारी दुनिया जानती है।

शासन ने साहित्य को प्रोत्साहित करने की अपनी नीति के अन्तर्गत तीसरी योजना में कवि महोदय के घर के समीप एक कन्या महाविद्यालय की स्थापना कर दी। पिछले दिनों हिन्दी में जो तेज़ी से रोमाण्टिक कविता की मधुर बाढ़ आयी है, उसके मूल में शिक्षा विभाग का यही निर्णय है। सच है कि आज़ादी के बाद स्थितियाँ बहुत बदलीं। अँग्रेज़ों के ज़माने में तो गर्ल्स कॉलेज के एक मील क्षेत्र में कवियों को फटकने नहीं दिया जाता था। अँग्रेज़ चाहते नहीं थे कि हिन्दी काव्य प्रगति करे। वे हमारे सभी देशी उद्योगों को मारना चाहते थे और देश को रोमाण्टिक साहित्य के लिए विदेश का मुँह जोहना पड़ता था। पर अब ऐसा नहीं है। कवि चाहे तो कन्या महाविद्यालय के दरवाज़े से सिर टिकाकर रो सकता है। उस मोटर की चन्दनवर्णी धूल अपने माथे लगा सकता है, जिसमें लड़कियाँ बैठकर जाती हैं। शासन साहित्य के हित में ऐसी घटनाओं को बढ़ावा देता है।

जब से कन्या महाविद्यालय की स्थापना हुई है, मेरे कवि मित्र के दो संकलन प्रकाश में आये हैं। मुझे उन्हें मुफ़्त में पढ़ने का सौभाग्य प्राप्त हुआ है। मैं मानता हूँ कि हर कविता का अपना भूगोल और अपना इतिहास होता है। भूगोल के विषय में सम्पादक सोचें, मेरी रुचि इतिहास में है। जैसे कवि महोदय की ये पंक्तियाँ :

बैठा इस पहाड़ी पर
याद करता उसकी अटारी
वहाँ से भी लौट आया था,
यहाँ से भी चला जाऊँगा।

ये तो क्या लौटेंगे? बाक़ायदा निकाले गये हैं। रोज़ शाम दफ़्तर से छूटे और उस कन्या के घर पर। रोब, गप्पें और कविताएँ। बेचारी अपने माँ-बाप सहित इनसे तंग आ गयी। बोरियत इस सीमा तक बढ़ी कि प्यार का बिरवा कँटीला हो गया। एक दिन कड़ी बातें हो गयीं—"जनाब, यह शरीफ़ों का घर है," और "आप मुझे मिस अण्डर-स्टैण्ड कर रही हैं," क़िस्म की बातें। वह क्रोध में अन्दर चली गयी और भाई ने कमीज़ की बाँहें चढ़ा लीं। कवि महोदय का आना-जाना बन्द हो गया। अब वे स्वास्थ्य-लाभ के लिए पहाड़ी की तरफ़ जाने लगे हैं। यह कविता उन दिनों ही लिखी थी। हाथ आया कविता का पारिश्रमिक दस रुपये। उसको जन्म-दिन पर जो पैंतीस रुपये की साड़ी भेंट कर आये थे, उसका भी दाम नहीं निकला।

मैंने जब यह अर्थ कविता का बताया, तो वे बहुत क्रोधित हुए। कहने लगे, तुझे कविता की समझ नहीं है। मगर वे कितना ही बनें, मुझे उनकी हर कविता के पीछे जो घोटाला है, पता है। जैसे यही कविता लीजिए, जो इधर काफ़ी प्रसिद्ध हुई :

भीड़, भीड़—सब तरफ़ भीड़
दरवाज़ों पर ठसे लोग,
खिड़कियों से झाँकती गर्दनें
पार्क की बेंचें भरी हुई
कॉफ़ी हाउस में शोर
कोई गली निर्जन नहीं
कहाँ जाऊँ—
कहाँ जाऊँ अकेला।

अकेले-वकेले की बात बिलकुल ग़लत। भाई एक और देवीजी के फेर में पड़ गया था। वह एम.ए. में बैठ रही थी और आधुनिक कविता पर उसे थीसिस देनी थी। इनके पास किताबें लेने आती। प्रेम ऐसा बढ़ा कि उसकी पूरी थीसिस आपने लिख दी। वह महाविद्यालय से चलती और रोज़ इनके घर पहुँच जाती। घर में कवि जी की पत्नी और बच्चे थे, अतः औपचारिकता का वातावरण बना रहता। बाहर घूमने जाएँ, यानी कॉफ़ी हाउस वगैरह, तो बदनामी का डर। वह एम.ए. हो गयी, पर कुछ बात नहीं जमी। थीसिस के बाद आपने यह कविता लिख मारी, जिसमें भीड़ के प्रति नाराज़गी दिखायी थी।

आपकी हर कविता के पीछे कोई क़िस्सा है। दोनों संग्रहों में कई घपले हैं। ध्यान से देखो, तो साहित्य के माध्यम से जीवन की अनेक पोलें खुल जाएँ। इसीलिए कहा गया है कि यदि कवि के विषय में जानना चाहते हो, तो उसका साहित्य पढ़ो। मैं तो चुप हूँ कि किसी तरह हिन्दी में नयी कृतियाँ तो आ रही हैं और एक प्रतिभा का विकास तो हो रहा है। सब कन्या महाविद्यालय खुल जाने का प्रताप है, अन्यथा यह सब कैसे होता? मुझे तो कवि मित्र की वही रचना सबसे अच्छी लगती है, जो कन्या महाविद्यालय की सभी लड़कियों को एक साथ सम्बोधित है। भैया का बस चले तो पूरी इमारत उठाकर बाँहों में भर लें और पगलाये फिरें। कविता यह है—

बहुत सारी चिड़ियाएँ
बहुत सारे चाँद
ख़ूब-ख़ूब सितारे
ख़ूब से फूल
सुगन्धें, उजाले और स्वर
अनेक-अनेक रंग
सब मेरे आँगन में हों गिरफ़्तार
समेट लूँ सब को।
सब को—सब को—सब को।

वाह, क्या कहने। यानी एक दिन ऐसा आ जाए (उम्मीद पर दुनिया क़ायम है) कि कन्या महाविद्यालय जानेवाली सारी लड़कियाँ पीरियड छोड़कर भैया के आँगन में आ जाएँ!

यह हद है। मैं कहता हूँ जी हद है। विशफ़ुल थिंकिंग की भी इन्तिहा है। सरकार क्या अब ऑर्डिनेन्स निकालकर सारी लड़कियाँ इनके आँगन में खड़ी कर दे? हद है। कन्या महाविद्यालय खोल दिया, काफ़ी है। जहाँ कन्या महाविद्यालय होता है, उस मोहल्ले में यूँ ही दर्ज़नों कवि हो जाते हैं। फिर भैया तो काफ़ी पहले से ख़ालिस कवि रहे हैं। मगर इतनी ज़्यादा उम्मीद लगाना कि सब चाँद, सितारे, चिड़ियाँ इनके आँगन में...। जब मैंने कवि महोदय को उनकी रचना का यह भाष्य बताया, तो मारने दौड़े!

मैंने कहा—अच्छा माना, मुझे कविता की समझ नहीं है। पर आप यह बताएँ कि जबसे कन्या महाविद्यालय घर के पास स्थापित हुआ, आपने सबसे ज़्यादा कविताएँ कैसे लिख लीं और दो संकलन कैसे प्रकाशित करवाये? और दोनों संकलन कन्या महाविद्यालय की प्राचार्या को पुस्तकालय में रखने के लिए निःशुल्क क्यों भेंट किये?

यह सुनकर वे चौंक गये और मुझे चुप रहने का इशारा करने लगे, क्योंकि

अन्दर उनकी पत्नी सुन रही थी। मैं चुप हो गया। कवियों की प्रेरणा भी दो प्रकार की होती है—एक स्थायी यानी पत्नी और दूसरी अस्थायी यानी छात्राएँ या अन्य महिलाएँ। वे दोनों को अलग खानों में बन्द रखते हैं और प्राप्त भिन्न अनुभूतियों से कविताएँ रचते हैं। सतूसाहित्य के विकास का यही रहस्य है। मेरे कवि मित्र अपनी एक रचना में वास्तविकता भी लिख गये हैं :

नहीं मिलतीं लड़कियाँ,
नहीं मिलतीं
नहीं मिलते सुख
मिलते हैं आँसू, घाव, दुःख—
मीठे स्वर नहीं मिलते
प्यार नहीं मिलता
मिलती हैं झिड़कियाँ
बन्द दरवाज़े, खिड़कियाँ
नहीं मिलतीं मगर
लड़कियाँ।

छाता हाथ में लेकर

वे जब बाहर जाते, हाथ में तलवार लिये रहते। पुराने क्षत्रिय। निश्चित बोर हो जाते होंगे। हमेशा क्या ज़रूरत, पर वज़न लादना पड़ता था। बाद में सिर्फ़ कटार की चल गयी। हल्की, तेज़। ली और निकल गये। सोचो ज़रा उनका कष्ट। मैं तो अनुमान लगा सकता हूँ। चार-पाँच रोज़ से इधर छाता लेकर घूम रहा हूँ। यहाँ-वहाँ भूल भी जाता हूँ। छाते में यही एक बीमारी है, जब-तब छूट जाता है, कहीं भी। क्षत्रिय वीर भी जहाँ-तहाँ तलवार भूल जाते होंगे। लड़ने-भिड़नेवालों का दिमाग़ यों भी ख़ास तेज़ नहीं होता। इसीलिए बाद में कमर में म्यान कसी जाने लगी जिसमें तलवार डाले रहते कि भूलने का सवाल ही न उठे। आजकल वैसे क्षत्रिय नहीं रहे। होते तो अपनी कमर में एक तलवार और एक छाता कसे घूमते नज़र आते। जब जिसकी ज़रूरत पड़ी निकाल दिया। पुराने समय में नौकर पीछे-पीछे छतर लेकर चलता था और ख़ुद मालिक तलवार लेकर। अब तलवार बेज़रूरत हो गयी और छतर उठानेवाला अलग कर दिया गया। अब अपना छतर ख़ुद उठाये चलते हैं। जैसे मैं चार-पाँच दिनों से छाता उठाये घूम रहा हूँ।

अक़्सर जब छाता लेकर घर से निकलते हैं, वर्षा नहीं होती। बादल बिचक जाते हैं। कौन बरसे? फ़ायदा क्या? लोग भीगने को ही राज़ी नहीं तो व्यर्थ पानी क्यों गँवाया जाए? ऐसी हालत में छाता एक समस्या हो जाती है। इसे कैसे उठाया जाए? पिछले दिनों मैंने अलग-अलग ढंग से छाता उठाने के प्रयोग किये हैं। जैसे एक सामान्य शरीफ़ाना अन्दाज़ यह है कि आप छाते को बायें हाथ पर लटका लें। बायें अथवा दाहिने हाथ पर। ऐसा मैंने अक़्सर किया है। विशेष रूप से स्टैण्ड पर किसी का इन्तज़ार करते हुए या किसी से बातें करते समय। पर यह मुद्रा ज़्यादा देर नहीं चल पाती। कोहनी से हाथ बराबर नब्बे डिग्री का कोण बनाये वज़न सहता है। अपने देशी मरदाने छाते आम तौर पर हल्के नहीं होते। हाथ दर्द करने लगता है। इस पोज़ में चलने से असुविधा होती है। छाते का निचला भाग (पता नहीं छाते का निचला या ऊपरी भाग किसे कहेंगे क्योंकि खुलने पर छाते का जो भाग ऊपर होता है, छाता बन्द करने पर वही भाग नीचे आ जाता है)। बार-बार पैरों से टकराता

है। मजबूरन आप हाथ को शरीर से थोड़ा अलग हटाकर चलते हैं जैसे पूजा की थाली लेकर मन्दिर जानेवाली औरतें थालीवाले हाथ को अपने बदन से दूर रखे बिना तेज़ी से नहीं चल सकतीं। आपका पोज़ भी कुछ वैसा बन जाता है। नज़रें नीची, ज़मीन पर कीचड़ होने के कारण, दर्द करते हाथ और धीमी चाल। आपका पूरा व्यक्तित्व एक प्रकार से सुस्त, निष्क्रिय और अर्थहीन लगने लगता है। तब आपके पास कोई चारा नहीं रह जाता कि आप छाते को किसी दूसरी तरह से उठाने लगें।

क्या कीजिएगा? एक तरीक़ा यह है कि आप ग्रामीणों की तरह छाता लेकर चलें। यानी जैसे कन्धे पर लट्ठ लेकर चलते हैं, वैसे। इसमें एक लाभ स्पष्ट है कि चाल तेज़ रहती है। पर मैं इस तरीक़े को अपना नहीं पाता। एक तो यही पूर्वग्रह काम करता है कि यह ढंग गँवारू है। गाँवों की खुली सड़कों पर छाता उठाने की यह शैली सुविधाजनक रहती है। भीड़ नहीं रहती और यह भय नहीं कि छाते की नोक किसी पीछे आनेवाले की आँख या नाक से टकराएगी। शहर की भीड़ में आप ऐसे कन्धे पर छाता रखे चलेंगे तो जल्दी ही किसी की गालियाँ सुनेंगे। थोड़ा भी इधर-उधर घूमे कि किसी की गरदन पर पड़ी या सीने में चुभी किरिच-जैसी। शहर में सौदा ख़रीदने जो गाँववाले आते हैं उन्हें इस ढंग से छाता उठाने के कारण अक़्सर झिड़कियाँ खानी पड़ती हैं। कुछ तो मैंने देखा है कि बन्द छाते को भी वैसे ही उठाये रहते हैं जैसे खुले छाते को। झण्डे की तरह लिये चले जा रहे हैं। कृष्णलीला के पुराने चित्रों में जैसे गोप-सखा छड़ी उठायी रहती थीं। किसी ने गड़बड़ की तो दिया कसकर। इस तरह छाता उठाना सोद्देश्य लगता है। चेहरे पर तनाव-सा आ जाता है, ख़ुद अपने से हम आतंकित होने लगते हैं। ताश के पत्तों में हुकुम का बादशाह या हुकुम का गुलाम या चिड़ी का बादशाह जिस तरह हाथ में शस्त्र लिये तने नज़र आते हैं उस तरह।

इसीलिए जब छाता हाथ में होता है तो इच्छा होती है कि पानी बरस जाए तो ठीक। खोल लेंगे तो कोई असुविधा नहीं होगी। दाहिने हाथ में छाता है और बायें हाथ से कपड़े ऊपर चढ़ाये कीचड़ से बचते चले जा रहे हैं। मेरा पतली मोहरी का पैण्ट ऊपर उठाने से नहीं चढ़ता। यह सुख तो पाजामे-कुरते में है। एक हाथ से दोनों के पाँयचे ऊपर कर लो, दूसरे हाथ में छाता ले मज़े-मज़े में चले जाओ। "सँवरिया सावन बीता जाए" गाते। यह भ्रम है कि छाता खोल लो तो बदन नहीं भीगता। जिस तरह असूर्यम्पश्या लड़कियों पर भी राह-चलतों की नज़र पड़ ही जाती है उस तरह कुछ बूँदें तो बदन पर गिरती ही हैं। कमर के नीचे का भाग भीग जाता है। अच्छा है।

कई बार मैंने सोचा कि सराफ़े के छोटे दलालों की तरह छाता बग़ल में दाब लिया जाए और घूमते रहें। दलाल इसमें बड़े चुस्त नज़र आते हैं जो उनके व्यवसाय के लिए आवश्यक है। मैं ऐसा करूँ तो क़स्बे के मिडिल स्कूल का पुराना मास्टर

नज़र आऊँ। आदर्श, मध्यमवर्गीय, ईमानदार और एक ऐसी लड़की का बाप जिसके लिए लड़का नहीं मिल रहा हो या मिल गया तो दहेज नहीं जुट रहा हो। पुराने न्यू थियेटर्स या बाम्बे टाकीज़ की फ़िल्मों में जैसे टिपिकल बाप होते थे, पम्प शू, चौखाने का कोट, गोल टोपी और धोतीवाले। वे जब बाहर जाते थे छाता बग़ल में रखते थे। कहीं भूलते नहीं थे। बग़ल में छाता दाबे शायद मैं वैसा ही लगूँ।

महिलाएँ और ख़ासकर नौकरीपेशा महिलाएँ अपना छाता बग़ल में दाबकर चलती हैं। एक तो इनके छाते छोटे-छोटे होते हैं। वज़न में हल्के और इनमें वह भालेनुमा नोक नहीं होती जैसी मरदाने छातों में होती है। पता नहीं इसके मूल में छाता बनानेवालों का तर्क क्या है? यदि पुरुष अपना छाता बग़ल में दाबकर चले तो उसके पीछे आनेवाले को असुविधा होती है। वह भालेनुमा नोक चुभ सकती है। पर महिलाओं का पीछा करने में ऐसा कोई ख़तरा नहीं है। मरदों की क़िस्मत में लम्बे छाते लिखे हैं। छड़ी-जैसे लिये चलना पड़ता है।

जिन दिनों स्कूल जाते थे, छाता कन्धे पर लटका लेते थे। दोनों हाथ ख़ाली रहते थे और बड़े मज़े से आवारागर्दी की जा सकती थी। कन्धे मोटे नहीं थे, छाता फ़िट आ जाता था। अब कन्धे पर छाता रख चार क़दम चलना कठिन है। नहीं जमता। कन्धे पर सुग्गा बिठाकर चलनेवाले का ध्यान जिस तरह कन्धे पर ही लगा रहता है, वैसा हो जाता है।

कुछ समझ नहीं आता। चार-पाँच दिनों से हाथ में छाता लेकर शहर में घूम रहा हूँ और हर तरह से कोशिश करके देख चुका, छाता लेकर चलना एक मुसीबत है। एक छोटी-सी साधारण वस्तु मेरे पूरे व्यक्तित्व को आकार देने लगती है। मैं अपने को सुस्त और व्यर्थ अनुभव करने लगता हूँ। चाहे हूँ नहीं पर 'स्मार्ट' लगना चाहता हूँ। छाता लगने नहीं देता। अजीब देसी मध्यमवर्गीय नज़र आता हूँ। उम्र ज़्यादा लगने लगती है—कुछ ढीला और निराश-सा आदमी मुसीबत में फँसा अपने को बचाता हुआ, सुरसा की तलाश में, फूँक-फूँककर क़दम रखकर चलनेवाला, अपने को बड़ा होशियार लगानेवाला। मूर्ख। कल मैंने दिन-भर यों किया कि बन्द छाते को बिलकुल बीच से ऐसे पकड़ लिया जैसे पुलिसवाले डण्डा पकड़ते हैं। मैंने सोचा कि इस तरह मैं इस छाते को अपने व्यक्तित्व का हिस्सा नहीं बनने दूँगा। वह मुझसे अलग लगेगा जैसे किसी दूसरे का छाता हो और मैं उसे लौटाने जा रहा हूँ। पर एक तनाव-सा बना रहा। पुलिसवाले जैसे डण्डे को पकड़ते हैं यदि उस तरह छाता पकड़ूँगा तो तनाव रहेगा। कुछ समझ नहीं आता। (छाते को नापसन्द करने का यह अर्थ नहीं कि रेनकोट का भक्त हूँ। उसमें तो अजब ज़मादार नज़र आता हूँ या सी.आई.डी. का शक्कीं आदमी। उससे ऊबकर ही मैं चार-पाँच दिनों से छाता लिये घूम रहा हूँ)।

आज सुबह से घर में हूँ। निकलूँगा तो छाता हाथ में लेकर जाना होगा। अपने

कमरे में छाता उठाने की विभिन्न शैलियों को जाँच-परख चुका हूँ और परेशान हूँ। मुझे लगता है कि एक अच्छी-ख़ासी उपयोगी चीज़ (पुस्तकों में लिखा है कि छाता उपयोगी वस्तु है, यह वर्षा और गर्मी दोनों से बचाता है) मेरे लिए पुरानेपन का प्रतीक बन गयी है। मैं इसे साथ रख अपने को युवा अनुभव नहीं करता। मैं इससे अपने को अलग करना चाहता हूँ। इस बरसात में यह सम्भव नहीं। इस छाते को हाथ में रखे तो किसी भी बरसात में सम्भव नहीं।

एक बड़ी-सी घटा आकाश के एक छोर से इधर बढ़ती आ रही है। आधा घण्टा बाद लगता है बरसेगी। मुझे बाहर जाना है। पर...।

इण्टरव्यू : एक स्मृति

वे आये और कहने लगे—आपका इण्टरव्यू लेना चाहता हूँ। मुझे एकाएक ख़याल आया कि मैं जो कुर्ता-पाजामा पहने हूँ, गन्दा है। दूसरा यह कि मैंने दरवाज़े पर उनका मुस्कराकर स्वागत नहीं किया। नियम है कि इण्टरव्यू लेनेवाले का इण्टरव्यू देनेवाला मुस्कराकर स्वागत करे और उस समय किसी काम में व्यस्त मिले। घर के बाहर दो-चार गमले हैं, मुझे उनमें पानी वग़ैरह डालने लग जाना चाहिए, या कुछ लिखने बैठ जाना चाहिए। पत्नी कुछ देर पहले मुझे किसी काम में लगाना चाहती थी और मैं साफ़ टाल गया था। मुझे अफ़सोस हो रहा था कि अब वह इण्टरव्यू लेने आया तब मैं किसी काम में व्यस्त क्यों नहीं हूँ? उसने मुझे निठल्ला पकड़ लिया था और इससे प्रभाव में गड़बड़ी आ गयी थी।

उन सज्जन का यह आक्रमण अप्रत्याशित था। प्रश्नों के उत्तर देना मेरे लिए आज भी उतना ही गम्भीर और विकट काम है जैसा मिडिल स्कूल के ज़माने में था। पता नहीं क्या पूछ बैठे? मुझे गम्भीर होने में भी देर लगती है और इससे इण्टरव्यू बिगड़ जाने की पूरी सम्भावना है। पर अब वे सज्जन आ गये थे और इण्टरव्यू देने के अलावा कोई रास्ता नहीं था। मैंने सोचा कि इससे एक 'ऑफ दि रिकार्ड' निवेदन कर दूँगा कि कृपया यह न लिखें कि मेरे कपड़े गन्दे थे और मैं निठल्ला बैठा था। उनके पास मैंने देखा एक कैमरा भी है। मैंने अपने गालों पर हाथ फेरा, हाय शेव नहीं हुई। उत्तर भी बिगड़ेंगे और फ़ोटो भी बिगड़ेगी।

वे शायद मेरी घबराहट पहचान गये। कहने लगे अगर आज आप व्यस्त हों तो मुझे कोई और दिन बता दीजिए। तबीयत तो हुई कह दूँ बुढ़ापे में आना, पर नहीं कहा। जवानी में भी थोड़ी पब्लिसिटी हो जाए तो बुरा क्या है! चार दिन बाद का समय दे दिया। वे चले गये। दरवाज़े पर इस बार मैंने मुस्कराकर विदा दी।

चार दिन बड़े तनाव में गुज़रे। सोचता रहा कि क्या होगा? वह मुझसे क्या पूछेगा तो मैं क्या कहूँगा। मन में कई प्रश्न बनाये और उत्तर दिये। अपने ड्राइंग रूम में बहुत-से पोज़ बनाकर बैठा। इधर-उधर पत्रिकाओं में देखता रहा, इण्टरव्यू कैसे होता है। क्या पूछा जाता है और कैसे जवाब देते हैं। मुझे लगा लोग अपने

घरों में इण्टरव्यू देने के लिए तैयार बैठे रहते हैं और ऐसे मौक़ों पर चौखाने के बुश्शर्ट पहनने का रिवाज़ है, क्योंकि उससे तस्वीर अच्छी आती है। पत्नी भी अच्छी साड़ी में रहे तो प्रभाव पड़ता है। एक तस्वीर दोनों की साथ भी खींची जाती है जिससे लगे कि जोड़ा सुख से रहता है। इण्टरव्यू लेनेवाले को कुछ खिलाना पड़ता है, चाय-कॉफ़ी देनी पड़ती है। इधर ठहाका लगाने की प्रथा भी चल पड़ी है, पर बीच-बीच में गम्भीर भी रहना ज़रूरी है। अपनी प्रशंसा अपने मुँह से करने का यह स्वर्ण अवसर है, जो बार-बार नहीं आता। सैद्धान्तिक आधार पर निन्दा भी की जा सकती है! स्वयं को साधनारत, निस्पृह और मस्त बताना ज़रूरी है। घर को सजाकर बिखेरना चाहिए। कुत्ता, कैक्टस, पेण्टिंग्स, सितार, कविता-संकलन आदि आसपास रहें तो वातावरण बनता है। साहित्य-चर्चा में रवीन्द्र, प्रेमचन्द से लेकर ज्ञानरंजन और दूधनाथ तक तड़ातड़ नाम लिये जाने चाहिए, जैसे सारा पढ़े बैठे हों। सार्त्र-कामू का ज़िक्र भी होना चाहिए। वर्तमान सामाजिक परिस्थितियों पर एकाध फ़तवा अवश्य, जिससे लगे कि जनता के दुख से बड़े दुखी हैं। प्रारम्भ में लिखना कैसे शुरू किया, इस सम्बन्ध में एक रोचक कहानी होनी चाहिए। एकाध लतीफा भी चलेगा। किसी मृत सम्पादक का ससम्मान उल्लेख अच्छी बात होगी। रचना-दर-रचना कैसे मानसिक विकास हुआ, इसका ग्राफ़ प्रस्तुत करना ज़रूरी है। फिर एक ढर्रे का प्रश्न पूछा जाएगा कि आप अपनी सर्वश्रेष्ठ रचना किसे मानते हैं तो तुरन्त कह दो कि यों तो मुझे अपनी सभी रचनाएँ प्रिय हैं। किसे श्रेष्ठ कहूँ, पर फिर भी मेरी सर्वश्रेष्ठ रचना शायद अभी लिखी जाने को है। और इतना कहकर निहायत आशावादी अन्दाज़ से छत या आसमान जो भी ऊपर उपलब्ध हो, देखने लगो। भविष्य में ग्राहक बनाये रखने के लिए यह कहना ज़रूरी है कि मेरी श्रेष्ठ रचना अभी लिखी जाने को है।

सबसे महत्त्वपूर्ण है पहला झटका। इण्टरव्यूकार जब घर आए तो पहले ही झटके में उसे अपने व्यक्तित्व का परिचय मिल जाना चाहिए। कुछ सम्भावित आरम्भ यों हो सकते हैं–

"जब मैं शरदजी के घर पहुँचा तब वे छुरी हाथ में ले कद्दू काट रहे थे।"
अथवा–

"जब मैं शरदजी के टी.टी. नगर स्थित निवास स्थान पर पहुँचा तो वे बच्चों के लिए गुब्बारे फुला रहे थे। मुझे देख उन्होंने अपना हनुमानजी की तरह फूला मुँह पिचकाकर सहज करते हुए कहा–आइए, आइए।"

जब वे आये तब मैं क्या कर रहा था, इसका बड़ा महत्त्व है। मैं जैसे तब दस आने किलो के भाव पुराने अख़बार बेच रहा था, सोकर नहीं उठा था, सब्ज़ीवाले से लड़ रहा था अथवा पुरानी ब्लेड लगा बीसवीं बार शेव कर रहा था आदि बातें सामान्य होतीं। हालाँकि सबसे प्रभावकारी है बगीचे में काम करना। पहला वक्तव्य

प्रकृति पर कि मैं रोज़ दो घण्टे फूल-पत्तियों में गँवाता हूँ और मेरा यह प्रिय कार्य है आदि इण्टरव्यूकार को अच्छा आरम्भ प्रदान करते हैं।

चार दिन बड़े तनाव में गुज़रे, पर अन्त में मैं निर्णय ले चुका था कि सारा इण्टरव्यू मसीहाई अन्दाज़ में दूँगा जिसमें कई फ़तवे होंगे।

वे सज्जन आये तो कुछ ही देर बाद मेरे घर पर कोतवाली का वातावरण बन गया। यार बड़े आड़े-तिरछे सवाल करता था। कुछ देर तो मैंने मुस्कराकर जवाब दिये, पर फिर जाने क्यों इच्छा होने लगी इसे धक्के मारकर घर से निकाल दूँ। अपने को रोका और जमकर बोलने लगा—वह तेज़ी से लिख रहा था और मुझे डर था कि कहीं ग़लत बात मुँह से न निकल जाए। तीर चल रहे थे और छूटे तीर वापस आने की कोई सम्भावना नहीं थी। वह भी तिरछी मार करता था। बड़ी पिंगपांग होती रही, ले-दे मची। फिर चाय आ गयी। उसे सन्तोष नहीं हुआ। बिस्कुट चबाता भी सवाल करता रहा। अजब लोग होते हैं ये।

उसने फ़ोटो भी खींची। लिखते हुए, दूसरों की पुस्तक पढ़ते हुए, गमलों के पास खड़े हुए, पत्नी को काम में सहायता देते हुए, बच्चों के साथ खेलते हुए। जैसे-तैसे निबटा। उन्हें मुस्कराकर विदा किया।

पर बात यहीं समाप्त नहीं हुई। दोस्तों को (यानी दुश्मनों को) पता लग गया कि मुझसे किसी ने इण्टरव्यू लिया है। अक़्सर कोई पूछ बैठता कि सुना है आपका कोई इण्टरव्यू अख़बार में आ रहा है। मैं कह देता 'हाँ' या "पता नहीं भई, ले तो गये हैं एक साहब" आदि।

एक दिन वे सज्जन बस स्टैण्ड पर मिले। मैंने पूछा, "कहिए, क्या हुआ उस इण्टरव्यू का?" पहले बोले नहीं, यहाँ-वहाँ की बातें करते रहे। फिर धीरे से कहने लगे—"भेजा था, पर वापस आ गया है, अब दूसरी जगह भेज रहा हूँ।" कुछ दिनों बाद पता लगा कि वहाँ से भी वापस आ गया है। एक दिन घर आये, कहने लगे—"आप ही कोशिश कर दें कि कहीं छप जाए।" मैंने कहा—"बड़ा अजीब होगा कि मैं ख़ुद भेजूँ, सम्पादक क्या सोचेगा?" कहने लगा—"आजकल सब चलता है, बड़े बनने के लिए ख़ुद कोशिश करनी पड़ती है।"

इण्टरव्यू अच्छा बन पड़ा है, पर छप जाए तब है। अकारण ही बेइज़्ज़ती हो रही है। दोस्त लोग प्रायः पूछ बैठते हैं। बड़ा गड़बड़ हो गया। इससे अच्छा होता उसे घर में नहीं घुसने देता। प्रायः वे सज्जन मिल जाते हैं। मैं एक प्रश्न लिये उनकी ओर देखता हूँ, वे निरुत्तर सिर झुका लेते हैं। ख़ैर, जो हो। अब उन्हें देख मुस्कराता नहीं हूँ। तय कर लिया है, भविष्य में इण्टरव्यू न देकर अपने सम्मान और बिस्कुट दोनों की रक्षा करूँगा।

इन्दौर में शादियाँ देखकर

मुझे लगा पूरा शहर एकाएक कुँवारा हो गया है। सारी लड़कियाँ अनब्याही हैं और अगर इसी सप्ताह उनके हाथ पीले नहीं हुए, तो हंगामा बरपा हो जाएगा। हर गली में चार-चार लोग दूल्हे के लिए घोड़ी की तलाश में निकल गये हैं। घोड़ियाँ कम हैं, दुल्हनें ज़्यादा। आतुर दूल्हा ज़मीन खूँद रहा है। औरतें विचित्र रंग और चमकवाले कपड़ों और घर में रखे सारे ज़ेवरों से लद गयी हैं। शादियाँ होकर रहेंगी। लोग शादियाँ करके रहेंगे। बैण्ड बज रहे हैं। बात बन जाए! बात बन रही है। पूरे शहर में सिर्फ़ एक बात बन रही है। मंगल-कार्य के लिए दंगलों-सा उत्साह है। ठीक टाइम पर शुरू होगी। गोधूली वेला। पधारिए। इष्ट मित्रों सहित। शरबत के लिए रंगीन पानी में बरफ़ की सिल्ली उतार लोग निश्चिन्त हो गये हैं। रूखे, धूल-भरे रास्तों पर पसीने से तर धीरे-धीरे चलते बारातियों पर गुलाब जल छींटा जा रहा है। शादी की तुक जगह-जगह बरबादी से मिलती है। आत्मा और चरित्र से गन्दे लोगों पर इत्र लगाया जा रहा है। इसलिए कि वे दूल्हे के साथ आये हैं। उनका एकमात्र गुण यही है।

मैं अभी इन्दौर गया तो देखा, पूरे शहर में विवाह के बगूले उठ रहे हैं। फूहड़ प्रदर्शन की आँधी चल रही है। हर व्यक्ति या तो ख़ुद विवाह कर रहा है अथवा किसी की बरात में जा रहा है। जगह-जगह मेहमानों की प्रतीक्षा है। आइए और मण्डप की शोभा बढ़ाइए। चाशनी से मिठाइयाँ उभरीं और काग़ज़ की प्लेटों से होती हुई लोगों के पेटों में समा गयीं। देखते-देखते पूरा शहर शक्कर के हज़ारों बोरे खा गया, असली-नकली घी के कनस्तर चट कर गया। ठूँसकर मीठा खाने की कैसी सुप्त प्रतिभा है इस देश में। भूखे पेट से सन्तोष-भरी डकार तक की यात्रा कितनी छोटी है हमारे लिए। हम गरिष्ठ भोजन से सुख और दुःख दोनों व्यक्त कर देते हैं। मृतक के भोज में भी चाशनी फ़ीकी नहीं होती। केसर उतना ही छोड़ा जाता है। बादाम उतना ही टूटता है। इलायची के दाने उतने ही पड़ते हैं।

मैंने ऐसे कई दूल्हों को देखा, जो घोड़ी पर चढ़े होने के बावजूद भीड़ में कछुए की तरह अपनी होनेवाली के घर की तरफ़ रेंग रहे थे। उनके चेहरे पर उतना उल्लास

भी नहीं था, जो लड़की से मिलने जानेवाले युवकों के चेहरों पर होता है। उनके चेहरों पर कब्ज़ियत के मरीज़ जैसे भाव थे, जिसे वे रंगीन रूमालों से दाबे हुए थे। उन रूमालों पर ज़रूर इत्र लगा होगा। प्रदूषण में ज़िन्दगी गुज़ारनेवाले शख़्स के लिए जीवन का यह कितना सुखद क्षण था, जब वह घोड़ी पर बैठा इत्र सूँघ रहा था। गधा! घोड़े पर चढ़ा हुआ आदमी इस ज़माने में कितना गधा लगता है। मगर यह उसकी मजबूरी थी। इस सबके बिना उसे कन्या नहीं मिल सकती। यह तो होना ही है। उसके बाप के साथ भी यह हुआ था। उसके साथ भी हो रहा है। आगे बैण्ड बजता जा रहा था। आसपास गैस के हण्डे लिये मज़दूर चल रहे थे। पीछे यार और रिश्तेदार थे। लवाज़मे और शोरशराबे के साथ जा रहा था वह। वह निकट भविष्य में एक लड़की के साथ सोएगा और कालान्तर में उससे बच्चे पैदा करेगा, सिर्फ़ इत्ती-सी बात की जानकारी धूमधाम से देता वह शहर के बीच से जा रहा था। उस जैसे कितने जा रहे थे। जनसंख्या-वृद्धि रोकनेवालों के लिए यह आत्महत्या का दिन था।

उस दिन इन्दौर में घूमते हुए लग रहा था कि इस देश में मनुष्य धूमधाम से विवाह करने के लिए अभिशप्त है। इस अवसर पर उसके आसपास आत्मीय जनों का उल्लास कम और औपचारिकताएँ ज़्यादा रहती हैं। बधाई के साथ नोटों के लिफ़ाफ़े ग्रहण करते, आठ और सोलह नम्बर के तार झेलते उसे क्या मिल रहा है, सम्मान या प्रेम या कुछ भी नहीं, वह नहीं जानता। आदमी अक़्सर जीवन में एक ही शादी करता है, क्योंकि एक घटिया और फूहड़ हरकत दोबारा नहीं की जा सकती। कितने तामझाम, नाज-नखरे, साज-सिंगार के साथ एक लड़की दूसरे के घर में घुसती है—ख़ुशफ़हमियों का एक बोदा संसार रचाती। कुछ दिनों के लिए लड़के में एक तीसमार खाँ आवेश जाग्रत होता है। सुहागकक्ष की सजावट उखड़ने और जीवन का यथार्थ सामने आने के पहले तक वह अजीब पगलाया जीवन जीता है। दहेज में मिला सोफ़ा, रेडियो, सूट, टी सेट, लेमन सेट, टेबल लैम्प, बरतन और साँस लेती मांस का लौंदा लड़की के बदन पर टँगे, लटके और चिपके ज़ेवरों को देख उसे एक पूरी दुनिया मिल जाने का भ्रम हो जाता है। पता नहीं कौन-कौन लोग जाने क्यों उसकी शादी में आये थे। वह उन्हें नहीं जानता। वे उसे नहीं जानते। बैण्डवाले हों, हलवाई या मेहमान सब अपना-अपना कर्म कर रहे थे। कीमती साड़ियों में ज़ेवरों से लदी, चर्बी चढ़ी मोटी औरतों की हलचल से भरा एक प्रहर था—विवाह। महीन कुरते, दिखाऊ मुस्कान लिये पराये इन्तज़ाम में छिद्रान्वेषण करते लोगों का एक जमावड़ा था। जो उसे निपटाकर बिखर गया। आधी रात, तीखे मरकरी उजास में, अपनी कमर को हल्के-हल्के खुजलाता, पास में मुँह खोले सोयी दुल्हन की ओर देखकर वह सोचता है, क्या सिद्ध करने के लिए की गयी थी इतनी सारी धूमधाम। अपने पौरुष का झण्डा हाथ में थामे पराजित-से मूड में बैठा वह समझ नहीं पा रहा

था कि इतना ख़र्च और युद्ध-स्तर पर की गयी तैयारियों का मक़सद क्या था? क्या बिना बैण्ड बजाये यह सब नहीं हो सकता था! मगर वह क्या कर सकता था। इस देश में शर्मीली लड़की मिलने का सर्वाधिक शोर बड़ी बेहयाई से मचाया जाता है।

इन्दौर शहर में बरात-शादियों का मौसम। सूखी सड़क से लेकर हरे-भरे लॉन तक शामियाने तने थे और लोग उनके नीचे खड़े-खड़े खा रहे थे। सारा शहर कहीं-न-कहीं खड़ा कुछ-न-कुछ खा रहा था। खाने-पीने की शामें थीं। हर एक के राशिफल में पराये अन्न का सुख लिखा था। हर आदमी अपनी औकात-भर सँवरा हुआ था और चेहरे की चौड़ाई-भर मुस्करा रहा था। कोष्ठक में ऋण के चिह्न-सी वे मुस्कानें सारे जोड़ में निरर्थक भाग दे रही थीं। उस दिन पूरे शहर ने अपने लिए पर्वत भर आइसक्रीम बनायी थी, जिसके हिस्से उनकी प्लेटों में आये थे। पूरा शहर चम्मच हाथ में ले एक युद्ध लड़ रहा था। अपनी-अपनी प्लेटों की तरह समूह में एकाकी खड़े वे लोग शादी उर्फ़ खाना-बरबादी में सक्रिय हिस्सेदारी करते अपने में डूबे हुए थे। उन्हें न दूल्हा-दुल्हन से मतलब था, न उस भारी दहेज से उन्हें विरक्ति थी, जो एक पार्टी दूसरी पार्टी को खिसका रही थी। उनमें समाजसेवी थे, सुधारक थे, नेता थे, मन्त्री थे, अफ़सर थे, शुभचिन्तक थे, विद्वान् थे, विचारक थे, पर कोई उस ख़र्च की अश्लीलता के विरुद्ध नहीं था। शादी पैसा फूँकने का महापर्व है। फ़िज़ूलख़र्ची का विरोध शादी के पहले और शादी के बाद सैद्धान्तिक स्तर पर किया जाना चाहिए। ऐन शादी के वक़्त जितनी कमाई फूटकर बाहर आए, स्वागत है। इसलिए उस समय उनके मानदण्ड दूसरे होते हैं। वे सजावट के फैलाव और उपस्थिति को आँकते हैं, वे मिठाई, आइसक्रीम और महँगेपन पर नज़र डालते हैं। फ़िज़ूलख़र्ची को देख उन्हें अफ़सोस नहीं व्यापता। बल्कि वे मन-ही-मन कल्पना करते हैं कि जब उनके यहाँ अवसर आएगा, वे ऐसा ही या इससे बढ़-चढ़कर करेंगे। इस देश में विवाह ख़र्च की सामाजिक प्रतियोगिता है। अपनी औक़ात के नंगे प्रदर्शन का उच्चतम क्षण!

आज़ादी के बाद दरवाज़े से कमाई और खिड़कियों से ऊपरी कमाई घुसकर आयी है घरों में। नये रईसों का काला रुपया, काली साख, काले रिश्ते उनका समूचा आसपास और जीवन का अंग बन गया है। शादी के वक़्त यही सब कोढ़ की तरह अपने पूरे भद्दे और भोंड़ेपन के साथ फूटता है। इस देश में लोग झूठ क्यों बोलते हैं, ग़लत दलाली क्यों करते हैं, रिश्वत क्यों खाते हैं, डण्डी क्यों मारते हैं, मिलावट क्यों करते हैं, पैसा क्यों दाबते हैं, शोषण क्यों करते हैं? सिर्फ़ इसलिए कि वे अपने घर की शादियाँ धूमधाम से कर सकें। मण्डप के नीचे अपनी नाक कुछ देर ऊँची रखने के लिए वे सारी ज़िन्दगी बेईमानी और झूठ के कीचड़ में लथपथ रहने को तैयार हैं! द्वार पर ज़ोरदार बैण्ड बजवाने, बिजली की झालर लगाने और भारी दहेज देने और लेने का कैसा मोह है भारतवासी के मन में! अक़्सर इसीलिए एक व्यक्ति

या परिवार के पूरे जीवन में एकमात्र उल्लेखनीय और ऐतिहासिक घटना है—विवाह। एक लड़के या लड़की के जीवन में विवाह और बच्चा पैदा होने के अलावा कुछ भी कहने-बताने लायक नहीं होता। उसी एक संस्मरणीय क्षण के सहारे पूरा परिवार अपनी ताक़त पहचानता है। बाप का सबसे बड़ा शिकार लड़की के लिए लड़का है। लड़के की सबसे बड़ी लॉटरी वह औरत है जो सिर्फ़ उनके नाम पर खुली है।

शहर में घूमते हुए, हर मोड़ और हर रास्ते पर विवाह का एक-न-एक जुलूस जाते देखकर बिजली की जगमगाहट, रंगीन मण्डप और माइक से रह-रहकर सुनाई देते फ़िल्मी गानों को सुन-सुनकर उबकाई-सी आ रही थी। क्या इस शहर में शादियों के अलावा कुछ नहीं हो सकता था। मैं जिससे मिलने गया वह किसी शादी में गया था या जाने की तैयारी में था। सभी एक-दूसरे के लिए निमन्त्रण लिये घूम रहे थे—भेज रहे हैं नेह-निमन्त्रण प्रियवर तुम्हें बुलाने को। ओ मानस के राजहंस, तुम भूल न जाना आने को!...

शंका व्यर्थ थी। जहाँ फोकट की आइसक्रीम और गरिष्ठ मिठाइयों से भरी प्लेट की ठोस गारण्टी हो वहाँ मानस का राजहंस (भारतीय ब्राण्ड) फ़ौरन लपकेगा। हमारी सामाजिकता शादियों के सहारे ज़िन्दा है, हमारा गौरव किराये की घोड़ी पर विराजता है, हमारा वैभव दहेज में है, हमारी इज़्ज़त उसके विशाल पण्डाल में और हमारे प्रभाव की पहचान भुक्खड़ों के उस जमघट में है, जो प्लेटें लिये आलू-छोले और केसरिया हलवे पर टूटा था। लगता है शादी और धूमधाम से शादी करने के अलावा पतन में डूबे इस देश के लोगों के पास करने को कुछ नहीं रह गया है।

इन्दौर के स्वर

"'नयी दुनिया' 'जागरण'...'डेली पेपर'...!" की आवाज़ें सुबह को चीरती हुई गुज़रती हैं, तब शहर के एक ओर से मिलों की सीटियाँ गूँजने लग जाती हैं।

सारा शहर सोकर उठ जाता है। दूधवालों की कोठियाँ खड़खड़ करती हैं। 'दूध दूध' की आवाज़ें आती हैं। आधी नींद डूबे हुए गले के पास खुजलाते हुए सुन्दर चेहरे दरवाज़े से बाहर गरदन और बरतन निकाल कहते हैं—"पाव भर।"

"छह नम्बर दो चाय दो ग्लास पानी...एक नम्बर तीन पोहे साढ़े पाँच आने लो, चलो टेबल साफ़ करो!"...और यह आवाज़ लगातार आती रहती है।

धीरे-धीरे धूप चढ़ती। "राजवाड़ा, छावनी, होल्कर कॉलेज, चलो उतरो, श्रीराम प्याऊ...एक आना दीजिए साब।" शहर की नसों में नीले कीड़े घण्टियाँ बजाते, हॉर्न बोलते गुज़रने लग जाते।

तभी सारे स्कूलों की घण्टियाँ एक साथ बज जातीं। जी.एल. नीमा...यस सर, राहुल बारपुते...यस सर...चिंचालकर...यस सर।

और फिर बुलियन ऐक्सचेंज व सराफ़ा बाज़ार की आवाज़ें आतीं—तीन खाये दो बेचे व जाने क्या-क्या।

दोपहर की चुप्पी में—हाज़िर है, हाज़िर है कहते हुए बरामदे में चपरासी घूमते हैं। स्टेशन के पास में कोई बोलता है। आ जाओ एक सवारी महू...महू।

फ़िल्म फेयर, धर्मयुग, माया, मनोहर कहानियाँ, नवनीत, हिन्दी डायजेस्ट... बाऊजी।

"पॉलिश कर दूँ बाऊजी...एक आने में चमका दूँगा...अच्छा पॉलिश बाऊजी।"

दोपहर चमकती रहती है।

गोली...मीठी गोली...सिन्धी लड़के बोलते हैं।

शाम के पहले शहर की सड़कों से सुभाष चौकवाली सभा का निमन्त्रण देता हुआ ताँगा घूमने लगता है।

होटल के रेडियो रेकार्ड गाने लगते हैं। तोपखाने से कारों की आवाज़ें उठती

हैं। कार, ताँगे और सायकिलें इंजिन घण्टियाँ और हॉर्न सड़क को होशियार करते हैं।

'उसने कहा था' में अमृतसर के बम्बूकार्टवालों को बोली का मरहम लगाने को गुलेरीजी ने कहा था मगर इन्दौर में कारें और सायकिलें भी मीठी छुरी की तरह महीन स्वर करती हैं।

बालोदय समाज की किलकारियाँ चुप हो जाती हैं।

हल्का अँधेरा सड़कों पर आता है। अण्डेवाला 'वेणी वेणी' बोलता निकल जाता है। यशवन्त के दरवाज़े पर बैठा कोई कहता है—"छै आने, छै आने, छै आने।"

अलका के पास में—"बाबूजी, सायकल रख दूँ। टिकट न मिले, वापस हो जाएगी।"

और प्रकाश के सामने मूँगफलीवालों की आवाज़ें लाइनवालों को परेशान करती हैं।

सिनेमा के रिकार्ड बजते रहते हैं। गीत, ठुमका और डायलाग आँखों के सामने आकर कानों में मिठास घोलते हैं।

चालू खेल की किताब—'एक आना' की सलामियाँ सुनाई देती हैं और शहर की अँधेरी सड़कों पर सिनेमा से लौटे सड़क पर खट-खट करते हैं।

पर अभी सुभाष चौक का आख़िरी भाषण शेष रह जाता है।

पर अभी किसी कवि-सम्मेलन में कुछ कवियों का दूसरी बार आना बक़ाया रहता है।

पर अभी सत्यनारायण की कथा का अन्तिम अध्याय शेष बचता है।

और उसके बाद सारे शहर में काली ख़ामोशी बाक़ी बचती है। सिर्फ़ खण्डवा गाड़ी के ताँगे नींद खोलने को गुज़रते रहते हैं।

दूर-दूर से कुत्ते अपना मौखिक शिष्टाचार निभाया करते हैं।

पुलिसवाला पूछता है—"देख रहा हूँ, आप लोग आध घण्टे से खड़े हैं। आवारागर्दी है। कोतवाली चलिए।"

उसके बाद पुलिस की सीटियाँ शेष रहती हैं। क्योंकि प्रेस की धड़कनें बन्द हो जाती हैं। टेलीप्रिण्टर अपनी खटखट रोक देता है।

मगर मीलों की मशीनें चुपचाप रात में भी तीखे स्वरों में बोलती रहती हैं। इस तरह इन्दौर के स्वर बने रहते हैं।

जब तक कि वन्दना के इन स्वरों में एक स्वर अपना मिलाने हॉकर लोग नहीं आते।

गरज़ के मारों का तीर्थनगर

अगर कोई दोस्त या परिचित इन्दौर, ग्वालियर या जबलपुर से आकर सुबह-सुबह अख़बार की कॉपी के साथ आपके घर में प्रवेश कर जाए या विजय ग्राण्ड या कैपिटल में ठहरे और दोपहर को फ़ोन कर कहे—पहचाना या नहीं, तो आश्चर्य नहीं कीजिए; क्योंकि यह भोपाल है और गरज़ के मारों का यही मक़्क़ा-मदीना है। अगर वह पहली भेंट में बाँछें खिलाकर गले लगे और बीवी-बच्चों के दर्शनों को उतावला हो जाए तो ताज्जुब नहीं, क्योंकि यह भोपाल है। यहाँ के आदमी से दोस्ती बनाये रखना हर ज़िला और तहसील के आदमी की मजबूरी है। अगर वह मिलने पर बताए कि वह महज़ मिलने चला आया था तो जान लीजिए कि वह झूठ कह रहा है क्योंकि यह भोपाल है, और यहाँ कोई बेमतलब चक्कर नहीं काटता।

भोपाल में बसे हैं तो एक गुण आप में होना चाहिए कि मौक़े पर चार काम करवा सकें। क्लर्क और सुपरिण्टेण्डेण्ट से काग़ज़ निकलवा उसके प्रस्ताव पता लगा लेने, फ़ाइल को धक्का लगवाने, अण्डर सेक्रेट्री से अपनत्व से सम्बन्ध बनाने और डिप्टी सेक्रेट्री के कमरे में घिघियाने की कला आपको आनी चाहिए। अपने लिए और अपने उन दूर के मित्रों और रिश्तेदारों के लिए हर भोपालवासी को मौक़े पर मन्त्री या राज्यमन्त्री का पुछल्ला पकड़ना आना चाहिए। अगर तबादला कराने के लिए पौआ ज़रूरी है तो आपके पास किसी मन्त्री या सचिव के रूप में होना चाहिए और अगर प्रमोशन के लिए पूल की ज़रूरत हो एक पूल पुख़्ता की व्यवस्था होनी चाहिए।

भोपाल का आदमी जातिवाद और क्षेत्रीयता के जाने-अनजाने संगठन का सक्रिय सदस्य जाने-अनजाने ही हो जाता है। ग्वालियर का आदमी ग्वालियरवाले का और रीवा का आदमी रींवावाले का काम करवाता रहता है। कान्यकुब्ज भोपाली कान्यकुब्ज जबलपुरी का तबादला रुकवाने के लिए कान्यकुब्ज रायपुरी का सहयोग ले लेता है। भोपाल में रहनेवाले का यह फ़र्ज़ है कि वह काम निकाल लेने की प्रणाली में पारंगत हो और दूसरों की मुसीबत में काम आए। यहाँ अपने आदमियों के कई क्लब हैं और भोपाली होने के नाते आपको उन क्लबों को बनाये रखना ज़रूरी है।

बाहर से दोस्त या रिश्तेदार आता है तो कई बार रिश्वत के रुपये साथ लाता है। भोपाल स्थित हितचिन्तक होने के नाते आपका फ़र्ज़ है कि उसे ठीक से गाइड करें कि किसे कितना देने से कैसे काम होगा। इस नेक राष्ट्रीय गतिविधि के शुभ अवसर पर आप स्वयं उपस्थित रहें, यह परम आवश्यक है। बाहर से परिचित आता है, आपको ख़र्च की ज़रूरत नहीं, वह ख़ुद ख़र्च करेगा। आपका फ़र्ज़ सिर्फ़ यह देखना है उसका समय व्यर्थ नष्ट न हो, उसका रुपया ग़लत जेबों में न गिरे और उसकी बीयर का उपयोग सुपात्रों के द्वारा हो।

स्तर अलग-अलग हैं। तबादले के ही नहीं, ऊँचे स्तर हैं जहाँ ऊँचे काम होते हैं। प्रश्न यही है कि आप किस स्तर पर उपयोगी हैं। जिस स्तर के आप भोपाली हैं उस स्तर के व्यक्ति दूर ज़िलों से दर्शन को आएँगे।

मेघदूत

शहर उज्जैन मुलक मालवा के माय जन्मे भये लेखक के नाते अपन को कतई जरूरी है कि पोथी मेघदूत की जिसकू राजा बिकरम के राज में नवरतनों की लेन में बैठे कवि कालिदास ने लिखाय के रसिकजनों हेतु नकल करवाय के घर-घर बँटवाया था और जिसकू पश्चात में गढ की कान्का, छप्पन भेरू के भगत, महाकाल की संजा आरती में नेम से जाने वाले किशनलालजी वल्द राजालालजी नागनाथ की गली वालों ने भाषा हिन्दी में करके सटिक बनाय के, बम्बई के स्टीम छापेखाने में छपाया था, सो अब साल उन्नीस सौ बासठ में समय की चाल देख के, नयी फेसन के मुताबिक बिसकू फेर से लिखना एन जरूरी है कि नये जमाने की जनता भी देखे तो मार खुसी लकलक करने लगे और कविराजों के कुल में गुरु बने होय कालिदासजी की भी आत्मा खुसी हो। जनता जनार्दन की तबियत को पकड़ शहर उज्जैन में जन्मे भये का काम समझकर बीड़ा अपने हाथ लेते बेर में चारों दिशाओं में बैठे प्रकाशकों, सम्पादकों और मल्लिनाथ किसम के आलोचकों को परणाम करता हूँ और अफसोस के साथ देखता हूँ कि सिलोक सिलोक पर थैली लुटाने वाला बीर बिकरम तो मर गया और कालिदास की बड़े आनन्द से कटी पर अब देखें कि कौन मेरा यार सामने आता है कि वाह भई सरद जोसी तैने भारी करी कि क्या चीज लिखी के ले चाय पी।

—बाद इतनी भूमिका के रसिकजनों के सम्मुख मेघदूत 1962 का आरम्भ हुआ जो इस भाँति है।

मेघदूत 1962

एक तो साहब अष्टाग्रही का होना, दूसरे सरकारी नौकरी में ताबड़तोड़ तबादलों की चकल्लस और वह भी ऐसे ज़माने में कि जब कुबेर साहब को हैड का चार्ज मिला हो, यह कैसे नहीं होता। बेचारा यक्ष बिना, ज्वाइनिंग पीरियड लिये बिना प्रमोशन के चला आया और रामटेक की कॉलोनी में बमुश्किल तमाम एक कमरा किराये पर लेकर रहने लगा। इस बार जल्दी में वह अपनी फैमिली को वहीं छोड़ आया था और जैसे-तैसे दफ़्तर के पहले चार टिक्कड़ सेंककर खा लेता था।

बरसात के दिनों में जब कमरा टपटप चूने लगा और गीली लकड़ियाँ धुआँ मारने लगीं तो बेचारे को अपनी लुगाई की याद आ गयी। बिरह में दुबले हो जाने के कारण ढीले हो गये कोट के बटन लगाते हुए उसने आसमान की तरफ़ देखा। कुछ मन की मौज़ और कुछ दुखी दिल की पीड़ा में तबीयत हुई कि कौन पोस्टकार्ड भेजे और लिफ़ाफ़े का ख़र्च करे। बजाय इसके क्यों नहीं इसी बादल के साथ लगे हाथ लुगाई को भी सन्देशा भिजवा दें। यहाँ यह बताना ग़ैरवाजिब नहीं होगा कि रामटेक की कॉलोनी पर बादल कभी नहीं रुकता, पर चूँकि उस दिन किसी आउट डोर फिलिम की शूटिंग चल रही थी सो वह अटक गया।

तो यक्ष ने मेघ से कहा—यार प्यारे! जिगर के छल्ले! हम जानते हैं कि तुम कोई हमारे नौकर नहीं, न तुम्हारा किसी पोस्ट ऑफिस से वास्ता, पर भैया, तुझे देख-देखकर तो अच्छे-अच्छे कवियों और ऐक्टरों की आँख में आँसू आ जाते हैं, फिर मैं तो घर से अलग महँगाई का मारा एक नॉनगज़टेड तीसरे दर्ज़े का कर्मचारी हूँ। दूर मुलक में अपनी फैमिली यानी खटला यानी बीवी से दूर पड़ा हूँ तो मेरी आँख में आँसू आना सही है। कुटज के फूल कहाँ से लाऊँ, ले तेरे लिए सुपारी कतरता हूँ। तू कहेगा मस्का लगा रहा है पर भैया, ऐसी बात नहीं है। बादल का काम इधर का पानी उधर करना है तो इन आँखों के आँसू की बेइज़्ज़ती क्यों? मेरे भाई जब तू अलकापुरी जा ही रहा है तो मेरी ख़बर भी घरवाली तक पहुँचा देना। बोलना कि तेरे बिरह ने मुझे फिर से कुँवारा कर दिया है और तुम ख़बर सुनते यहाँ आ जाओ। मुझसे यह रोज़ की रोटी नहीं सेंकी जाती। आगे तुम सब समझती हो।

मेघ, मैं तेरे लिए एक गाइड तैयार कर देता हूँ जिसके हिसाब से जाना और इधर-उधर के चक्कर में फँसना मत।

हे मेघ, जब तुम यहाँ से आगे बढ़ोगे तो लोग तुम्हें देखकर छाती तान लेंगे, तब ऐसा लगेगा मानो पृथ्वी पर भी आकाश के समान काले बादल घिर आये हों। तुम विशाल आकार-प्रकार के हो इस कारण पचास मेगाटन से प्रभावित तथा रेडियो ऐक्टिव लगते हो। तुम्हें देखकर लड़के स्कूल, बाबू दफ़्तर और अफ़सर दौरे पर जाने का आइडिया त्याग देंगे। पत्रकारगण मौसम पर डिस्पैच बनाएँगे। जब तुम गर्जन करोगे, रेडियो में आ रहे कोकिलकण्ठी के स्वर खरखर करने लगेंगे। तुम नागपुर नगर बिना अटके हुए, महाविदर्भ आन्दोलन के चक्कर में न पड़कर आगे बढ़ जाना। फिर भी मैं जानता हूँ कि यहाँ के सन्तरे का रसपान किये बग़ैर तुम्हारा मन नहीं मानेगा। जब तुम सन्तरा लेने के लिए मार्केट में झुकोगे तो चंचल चितवनवाली मालिनें अपने स्वभाव और प्रकृति के अनुकूल खट्टा सन्तरा तुम्हें पकड़ा देंगी और दाम पूरे ले लेंगी। इससे तुम्हें हमारी बाज़ार-व्यवस्था का आइडिया हो जाएगा कि कैसे हम मौक़ा देखकर ख़राब माल बेचने से नहीं चूकते। तुम सन्तरा खाकर और छिलके कस्टम नाके पर डालकर शीघ्र आगे बढ़ना, क्योंकि इस बार पानी बरसाने

जैसे घटिया काम के अलावा ख़बर पहुँचाने का पोर्टफोलियो भी तुम सँभाले हुए हो। एक अच्छे समाजसेवी को यही प्रदर्शन उचित लगता है कि मेरे पास फ़ुरसत नहीं है।

हे मेघ, जब तुम पानी से भरे गर्जन करते यहाँ से ऊपर उठोगे तो लोगबाग तुम्हें आश्चर्य से देखकर सोचेंगे कि क्या तुम वही हवाई जहाज़ मिग 21 हो जो भारत रूस से मँगाने की सोच रहा है। तुम शान से भरे-पूरे ऊपर उठो क्योंकि तुम तीसरी पंचवर्षीय योजना के बादल हो और निश्चित ही तुम्हारा टारगेट पिछली योजना से ज़्यादा होना चाहिए। तुम बिना प्रायवेट और पब्लिक सेक्टर का ध्यान करते बर्राते चले जाओ और ध्यान रखो कि हम मिश्रित अर्थव्यवस्था पर विश्वास करते हैं।

फ़सल का होना न होना चूँकि आज भी तुम पर ही निर्भर है सो कृषि विभागवाले, बी.डी.ओ. आदि तुम्हें प्रेम से निहारेंगे और ठेकेदारगण तुम्हें गाली देंगे, क्योंकि ज़्यादा पानी से उनके कच्चे निर्माण-कार्य के खिसकने का ख़तरा है। यों तुम सभी विभागों के सच्चे सिरदर्द हो, क्योंकि तुम काम तो बिगड़वाते ही हो, कई बार इन्क्वायरी भी बिठा देते हो।

जब आम्रकूट पर्वत को पार कर तुम नर्मदा नदी का पानी पीओगे तो तुम अच्छी भारी पार्टी लगोगे और जब तुम सराफ़े पर से गुज़रोगे, दलाल तुम्हें इस विचार से घेर लेंगे कि तुम कॉटन या सोना-चाँदी का सौदा करने के मूड में हो। हे मेघ, तुम उनके बहकावे में मत आना। यदि तुम्हें देख कुछ लोग सट्टा लगाने लगें तो आश्चर्य मत करना। मानव स्वभाव है कि वह प्राकृतिक दृश्य देखकर भी शर्त बदलता है।

हे मेघ, अब तुम ध्यान रखो कि यहाँ से तुम मध्यप्रदेश नामक राज्य में प्रवेश कर रहे हो। यहाँ ज़रूरी है कि तुम भूगोल समझने के पहले राजनीति समझो और उसे समझने का श्रेष्ठ मार्ग यही है कि कुछ भी न समझो। क्योंकि हे मेघ, यदि तुम समझना चाहोगे तो इस बरस तो क्या, दस बरस भी अलकापुरी नहीं पहुँच पाओगे। यहाँ लोग तुम्हें बाहर से आता देख कुछ माँगें करने लगेंगे। वे कच्चे कुएँ, पक्की नाली से लेकर विश्वविद्यालय तक कोई भी माँग कर सकते हैं। तुम भीगे-भीगे रहकर आश्वासन देते हुए गुज़रना, नहीं तो तुम्हारी इज़्ज़त बिखेर देंगे।

प्यारे, उज्जैन नगरी का रास्ता ज़रा टेढ़ा तो पड़ेगा पर ज़रूर जाना। चूँकि तुम विदिशा से आ रहे हो सो अच्छा हो तुम बस-रूट से भोपाल जाओ। यह राजधानी है और अगर यहाँ के तालाब तुम पानी से नहीं भरोगे तो सोचो कि बाबू लोग पीएँगे क्या? हे मेघ, तुम भोपाल नगरी पर ख़ूब बरसना ताकि पान खानेवाले रसिक-जनों के थूक-पीक के निशान धुल जाएँ, और फिर से थूकने के लिए ज़मीन साफ़ हो जाए। यहाँ से जब गुज़रो तो वाह-वाह करते गुज़रना ताकि शेर और नज़्म पढ़ रहे शायरों के दिलों को सुकून पहुँचे। यहाँ पर लोग तुम्हें लतीफ़े सुनाने के लिए रोक

लेंगे जिन्हें तुम मज़े लेकर सुनना, मगर ज़्यादा नहीं क्योंकि ये लोग सारी ज़िन्दगी लतीफ़े सुना सकते हैं। यह जर्दा-गर्दा-पर्दावाली नगरी है और तुम्हारी ख़ैर इसी में है कि यहाँ से फ़ौरन से पेश्तर 'हीट' जाओ, यानी आगे बढ़ जाओ।

हे मेघ, जब तुम उज्जैन नगरी में जाओ तो यह मत समझना कि ये लोग तुम्हारी प्रशंसा करेंगे और ऐसे भाव-विभोर होकर देखेंगे जैसे कालिदास के समय में देखते थे। नहीं, बल्कि तुम्हें इनकी प्रशंसा करनी पड़ेगी। उज्जैन नगरी के लिए तुम जितने अधिक विशेषण लगाकर भाषण दे सकोगे तुम उतने ही धीर, गम्भीर और विद्वान् कहलाओगे। तुम यहाँ की जनता को उदयन, विक्रम, कालिदास, भरथरी, वाराह मिहिर, अशोक आदि अनेक पुरातत्त्व-व्यक्तियों की नगरी का वासी कहो तो वे सम्मान अनुभव करेंगे। चाहे वे महापुरुष यहाँ रहे हों या न रहे हों। यहाँ कवि-कुलगुरु कालिदास का वंश आकासीसी की तरह फैला हुआ है और चार पंक्तियों की रुबाई से लेकर चार सौ पंक्तियों की लम्बी कविता सुनानेवाले भी यहाँ मिल जाएँगे। हे मेघ, जो यात्री भोपाल की शायरी, उज्जैन की कविता, जबलपुर की कहानियाँ, रीवाँ के इतिहास ग्रन्थ और इन्दौर की टीका-टिप्पणियों से मुक्त रहकर यात्रा कर सका है, वही अपनी मंज़िल को पहुँच पाया है। हे सलोने, जय महाकाल का घोष करते हुए क्षिप्रा नदी के पास से जाते हुए यदि कोई पण्डा गुरु एक लोटा भंग पीने को कहे तो इनकार मत करना। उज्जैन की ठण्डाई दिल को तरावट देती है और चाल सुधारती है।

और जब उज्जैन आये हो तो लगे-हाथ इन्दौर भी हो आना। इस माया नगरी पर जब तू जाएगा तो अनेक सुन्दरियों के चित्र तुझे अपनी ओर खींचेंगे, पर तू फेर में मत पड़ना क्योंकि वे सब सिनेमा के पोस्टर हैं जो तेरी धारा से बहने लगेंगे। हे मेघ, यहाँ के निवासियों में आजकल प्लाट ख़रीदकर कर्ज़ से मकान बनाने की बीमारी बहुत फैली हुई है। कहीं तू भी किसी सोसायटी के मामले में मत पड़ना। यहाँ पोहे खाने, कॉफ़ी पीने, दस रुपये जमा कर बैंक में खाता खोलने, मालवी पान चबाने, सायकिल पर चक्रवर्ती बनने, कमेटियों के सदस्य होने, तीन-चार अख़बार एक साथ पढ़ने के रिवाज़ हैं, जो तुझे भी मानने पड़ेंगे। यहाँ के लड़के तुझे देखकर बोर हो जाएँगे, क्योंकि तुम उनके क्रिकेट का पिच बिगाड़ दोगे। तुम्हें देख 'नाली चूआ पतरा' आदि खाने का निर्णय सराफ़ावासी करें तो आश्चर्य मत करना कि ये क्या बोल रहे हैं। हे मेघ, तेरे जितने नामकरण इन्दौर के सराफ़ा में हुए हैं उतने कहाँ हुए होंगे। तू छोटा होगा तो 'तीतर' और बड़ा होगा तो 'हनुमान' आदि नामों से वे तुझे पुकारेंगे। तुझे देख दंगल या संगीत के कार्यक्रम इन्दौरवासी बनाने लगेंगे। हे मेघ, तू यहाँ सुबई छावनी, शामे तोपख़ाना और मल्हारगंज का सुख लेकर प्रवास करना और यदि कोई चेहरा पसन्द आ जाए तो भी रुकना मत; क्योंकि ध्यान रख—तुझे मेरी फैमिली तक सन्देश शीघ्र पहुँचाना है।

हे मेघ, जब कालिदास ने मेघदूत की रचना की थी तब उन नगरों, नदियों और पर्वतों का विस्तार से वर्णन किया था जो विक्रम के राज में पड़ते थे। भैया, जिसका खाना उसकी बजाना—यह प्रथा आज की तो नहीं, पुरानी है। अब गये भोज विक्रम और कालिदास, रह गये तू और मैं। दशपुर भी जाना और चम्बल के बाँध से पानी कम पड़े तो स्टाक कर लेना, आगे काम आएगा। रास्ते में जहाँ तू रुकेगा वहीं की ख़बरें अख़बार में छपेंगी। और तू नहीं रुकेगा तो भी बदनाम होगा। जहाँ बाढ़ आएगी वहाँ नेतागण दौरा करेंगे, राजस्ववाले लगान-माफ़ी सँभालते फिरेंगे, नगरपालिकाओं में बरसात के कारण हुई नगर की दुर्दशा के सन्दर्भ में गाली-गलौज और जूतम-पैजार होएगी, पी.डब्ल्यू.डी. वालों का एस्टीमेट बिगड़ जाएगा, कारीगरों के भाव चढ़ जाएँगे, मकान गिरेंगे, मवेशी बहेंगे। और भी जाने क्या-क्या होगा! इसलिए भैया तेरी इज़्ज़त तेरे हाथ है। तेरे लिए सब समान हैं, कोई यह भाव तो नहीं कि भाई-भतीजों के गाँव में बरसूँ और कहीं नहीं बरसूँ। सो भैया, जल्दी ही तू अलकापुरी पहुँच, वहाँ मलका तेरी राह देखेगी।

अरे मेघ, जब तू अलकापुरी पहुँचेगा तो वहाँ मेरी खटला उर्फ़ बीवी को खोजने के लिए ज़्यादा परेशान मत होना। जो सबसे मोटी हो और दोपहर को ज़ेवर लादे खर्राटे की नींद सो रही हो, वही मेरी पत्नी है। तू जब गरज-गरजकर उसे जगाएगा तो वह बड़बड़ाती हुई उठेगी। यदि तू बाहर सूखते उसके कपड़े भिगो देगा तो वह बिना यह जाने कि तू उसके पति का मित्र है, 'सत्यानास जाय' की गाली तुझे देगी। यह भी हो सकता है कि जब तू वहाँ पहुँचे, वह पड़ोसन से या भाजीवाली से लड़ रही हो। वह एक आदर्श भारतीय नारी है और मोहल्ले की उन सारी गतिविधियों में भाग लेती है जो नारी-जागरण की सूचक हैं। उसे हे मेघ, मेरा यह सन्देश कहना—ओ परमेसरी, मैं यहाँ पड़ा अपने हाथ से रोटी सेंक रहा हूँ, तू आ क्यों नहीं जाती। ये मेरे साले-ससुर अच्छे-अच्छे ओहदों पर हैं। ये लोग बड़े साब से मिल-जुलकर मेरा तबादला क्यों नहीं करवा देते। उस कुबेर के बच्चे ने ज़िन्दगी तबाह कर दी। अरी मेरी आधी पगार तो तुझे ख़र्चे का मनीऑर्डर भेजने में चुक जाती है। बरसात में छाता और गरमी में कोट बनवाने तक की बचत नहीं कर पाता। मगर अब बेफ़िकर रह, तुझे ज़्यादा दिन अकेले नहीं रहना पड़ेगा। इस बार जज साहब दौरे पर आये थे, मैंने उन्हें वह मस्का लगाया है कि उन्होंने वादा किया—मेरा तबादला अलकापुरी कर देंगे। बस धैर्य रख, सुख के दिन आए ही समझ! मुन्ना को प्यार और गुड्डो को आशीष।

हे मेघ, यह सुनकर यदि पूछे कि क्या मैंने सन्देश के साथ कुछ रुपये भी ख़र्च के लिए भिजवाये हैं तो तू कोई उत्तर मत देना। तू गरज पड़ना, तूफ़ान ला देना, और क्रोध में आगे बढ़ जाना। हे मेघ, तुझे अन्त में क्या कहूँ, थैंक्यू वेरी मच ऐण्ड सॉरी फॉर...द ट्रबल!...

इस वर्ष मुकुन्दी टॉप करेंगे

कहाँ मिल पाता है विद्वानों का ऐसा सत्संग! उस दिन मेरे भाग्य थे, हो गया। वे ज्ञान चर्चाएँ कर रहे थे। ऐसी चर्चाएँ रोज़ सुनने को नहीं मिलतीं। जब से कॉलेज छोड़ा, ऐसे बौद्धिक वातावरण से एकदम दूर पड़ गये हैं। उधर निकलना नहीं होता। जीवन कुछ ऐसा व्यस्त है कि इन विद्वानों के संग बैठकर किसी विषय पर चिन्तन-मनन का समय ही नहीं जुट पाता।

ज्ञान-चर्चा एक बड़े विद्वान् के बँगले के लॉन पर हो रही थी। ठण्ड के दिनों में दोपहर की धूप में ऐसी ज्ञान-चर्चाएँ मन के साथ तन को सुख प्रदान करती हैं। बड़ा विद्वान् अधिक बोलता था, छोटा विद्वान् कम बोलता था। इसका कारण यह था कि बड़ा विद्वान् सहायक प्राध्यापक के पद पर पहुँच चुका था, वह अब एम. ए. की कक्षाएँ ऐसी सरलता से पढ़ा देता था जैसे छठी-सातवीं के बच्चे पढ़ा रहा हो और छोटा विद्वान् अभी शिक्षा के पावन क्षेत्र में एक नम्र उदीयमान लेक्चरर था जिसकी सुषुम्ना नाड़ी एम.ए. कक्षा में प्रवेश के क्षणों में काँप जाती थी। बड़ा विद्वान् हर बात पर शर्त बदने और अपने कथन को काग़ज़ पर लिखकर दे देने के लिए तत्पर था। छोटा विद्वान् शर्त नहीं बदता था, वह अपने अग्रज और वरिष्ठ का कथन ज्यों का त्यों स्वीकार कर लेता था। यों हम जिस लॉन पर बैठे थे वहाँ काग़ज़ थे भी नहीं।

चर्चा का विषय रोचक था। मुकुन्दी उर्फ़ मनोहर बाबू इस वर्ष एम.ए. हिन्दी में विश्वविद्यालय टॉप करेंगे या नहीं? मुकुन्दी उर्फ़ मनोहर बाबू एम.ए. फाइनल के सम्माननीय छात्र थे। सम्माननीय इन अर्थों में कि वे राज्य के युवा शिक्षामन्त्री के छोटे भाई हैं। मनोहर बाबू की टक्कर में हैं सरलाजी। वे भी टॉप करने की आकांक्षी हैं। वे अतीत में भी सदैव टॉप करती रही हैं पर इस बार मुकुन्दी अर्थात् मनोहर बाबू भारी पड़ रहे हैं। सरलाजी को सारा नगर जानता है विभिन्न दृष्टियों से। वे स्वर्गीय शिक्षा संचालक की भतीजी हैं, लाड़ली क़िस्म की। लगे-हाथ सुन्दर भी हैं। ज्ञान-चर्चा के दो प्रमुख बिन्दु यही थे।

"मुकुन्दी इस साल टॉप करेंगे और करेंगे। हम शर्त बद सकते हैं, आप हमसे

काग़ज़ पर लिखवा लीजिए। जो कहिए सो हार जाएँ।"—बड़े विद्वान् के स्वरों में चुनौती-सी थी।

"सरलाजी...!"—छोटे विद्वान् ने कहा ही था कि बड़ा विद्वान् बोल पड़ा—"हाँ कुछ लोग यह भी सोच रहे हैं मगर आप हमसे शर्त बद लीजिए। माना कि सरलाजी बिसवासीशरण के घर रोज़ दोपहर जाती हैं और चरणों में सिर रख दिया है कि मेरी नैया पार लगाओ और वह बिसवासीशरण का बच्चा भी स्थिति का पूरा लाभ ले रहा है। यहाँ तक कि सरलाजी बदनाम हो गयी हैं। मगर मैं कहता हूँ कुछ नहीं होने का। टॉप तो मुकुन्दी करेंगे, मनोहर बाबू।"

बिसवासीशरण यहाँ हेड ऑफ़ द हिन्दी डिपार्टमेण्ट हैं। वे भी विद्वान् हैं। इस हिसाब से वे ही वास्तव में बड़े विद्वान् हैं और लॉन पर जो बातें कर रहे हैं, सहायक प्राध्यापक और लेक्चरर, वे मँझले विद्वान् हैं और छोटे विद्वान्। मगर हेड की अनुपस्थिति में मैं उन्हें ही बड़ा मान रहा हूँ जैसे अपेक्षाकृत बड़ी लकीर के अभाव में छोटी लकीर बड़ी हो जाती है।

"प्राचीन पद्य में तो सरलाजी को ही ज़्यादा मार्क्स देंगे, बिसवासीशरण।"—छोटे विद्वान् ने कहा।

"अरे पहले अपनी नौकरी देखेंगे या इश्क। उस दिन मुकुन्दी ने उनसे साफ़ कह दिया कि सर, अगर आपने सरला को ज़्यादा मार्क्स दिये तो मुझसे बुरा कोई नहीं होगा। आप अगर भ्रष्टाचारी हैं तो हम भी कोई कम भ्रष्टाचारी नहीं। आप मेरे गुरु हैं, हेड ऑफ़ द डिपार्टमेण्ट हैं, इसलिए आपका आदर करता हूँ मगर इतना समझ लीजिए कि आप-जैसे विद्वान् मेरी जेब में पड़े रहते हैं।" मुकुन्दी ने स्टाफ रूम में सबके सामने कहा।

"फिर क्या हुआ?"

"घिघियाने लगे बिसवासीशरण। सबके सामने क्या कहते। बोले—मेरा तो सिद्धान्त है कि उत्तर देखकर मार्क्स देता हूँ। सरला और तुम मेरे लिए बराबर हो। और मुझे यही लगता है कि वे दोनों को बराबर मार्क्स दे देंगे।"

"पायवा में भी तो बिसवासीशरण बैठेंगे!"—छोटे विद्वान् ने कहा।

"उसमें तो मुकुन्दी को हाईस्ट मिलेंगे क्योंकि इस वर्ष मौखिक के लिए डॉ. भूतनाथ मिश्र आ रहे हैं और वे मुकुन्दी को हाईस्ट देंगे। आप हमसे काग़ज़ पर लिखवा लो।"—बड़े विद्वान् ने शंका का समाधान किया। मगर छोटे की शंका समाधित नहीं हुई।

"मेरे ख़याल से सर डॉक्टर भूतनाथ मिश्र विद्वान् आदमी हैं और वे मुकुन्दी-फुकुन्दी के चक्कर में नहीं फँसेंगे।"

"शर्त बदते हो? आप चलो हमारे साथ। हम मुकुन्दी यानी मनोहर बाबू को डॉक्टर भूतनाथ मिश्र का पता दे दें, जिसमें लिखा है कि मैं आ रहा हूँ और मेरे

ठहरने की व्यवस्था अपने बँगले पर ही करना। भई वायवा के लिए भूतनाथजी की व्यवस्था तो मुकुन्दी ने ही वाइस-चांसलर से मिलकर करवायी है। और यह तुम समझ लो कि इसकी गरज मुकुन्दी को नहीं स्वयं डॉक्टर भूतनाथ मिश्र को है।"

"सो क्यों?"

"अरे डॉ. भूतनाथ मिश्र अगले वर्ष यू.पी. से रिटायर हो रहे हैं, और यहाँ राज्य के किसी विश्वविद्यालय में ठँसना चाहते हैं। मुकुन्दी को ख़ुश करेंगे यानी शिक्षा मन्त्री को ख़ुश करेंगे। वे उनको कहीं जमा देंगे। तुम हमसे काग़ज़ पर लिखवा लो। उनके फ़रिश्ते भी मुकुन्दी को वायवा में सर्वाधिक अंक देंगे। बिसवासीशरण क्या कर सकता है?"

"मिनिस्टर साहब का उधर दौरा हुआ तो मुकुन्दी साथ लग लिये। वहाँ पहुँचे तो कलेक्टर से कहा कि यहाँ कॉलेज में हिन्दी के हेड ऑफ़ द डिपार्टमेण्ट हैं डॉक्टर आचार्य, उन्हें बुलवा दीजिए। कलेक्टर ने गाड़ी भेजकर डॉक्टर आचार्य को बुलवा दिया। वहीं डाकबँगले पर मन्त्री महोदय ने डॉक्टर आचार्य से कलेक्टर के सामने कहा कि आपको मुकुन्दी को हाईस्ट देने पड़ेंगे। डॉक्टर आचार्य ने कुछ देर तो सिद्धान्त छाँटा, बाद में साफ़ बात कही। बोले—आपके मन्त्रित्व-काल में मेरे साथ घोर अन्याय हुआ है, मुझे तबादला कर यहाँ फेंक दिया गया है, मैं पीड़ित हूँ और यदि पीड़ित व्यक्ति विवश होकर पर्चे जाँचते समय अन्याय कर जाए तो आश्चर्य नहीं। मिनिस्टर साहब ने कहा—देखो आचार्य जी, मुकुन्दी को गद्य में सर्वाधिक दे दो, मैं तुम्हें मनचाही जगह पर नियुक्त कर दूँगा।"—इसके बाद बड़े विद्वान् का स्वर मद्धम हो गया और वे छोटे विद्वान् के कान में फुसफुसाये—"डॉक्टर आचार्य यहाँ आना चाहते हैं। इस सेशन के बाद बिसवासीशरण गये यहाँ से। तुम चाहो हमसे काग़ज़ पर लिखवा लो।"

उसके उपरान्त एकाएक दोनों विद्वानों का ध्यान मुझ पर गया जिसने यह रहस्य की बात सुन ली। वे मुझे घूरने लगे। फिर बड़ा विद्वान् मुझे आगाह करता बोला—"यह बात अपने तक ही रखिए, किसी से कहिएगा नहीं।"

"जी नहीं, मुझे क्या करना।"—मैंने कहा।

"आपका अच्छा है, आप व्यंग्यकार आदमी, न किसी के लेने में न देने में।"

मैं मुस्करा दिया। वे आश्वस्त हुए। फिर बड़े विद्वान् का एकाएक मुझ पर प्रेम उमड़ा और बड़े अपनत्व से बोले—"बिसवासीशरण और सरला के रोमांस पर कुछ क़लम घुमाओ। आजकल इधर बड़ा रस बरस रहा है। किसी और नाम से लिख दो। सरला की जगह कमला कर दो और बिसवासीशरण की जगह कुछ और शरण। बना दो क़िस्सा, छपा दो साले को। हम इधर कॉलेज में फैला देंगे कि बिसवासीशरण पर है। ऐं, बोलो, हम तुम्हें आइडिया देते हैं यार!"

मैं धन्यवाद-स्वरूप मुस्करा दिया।

"मुझे तो सरलाजी का अफ़सोस है। हमेशा टॉप करती रहीं, इस बार रह जाएँगी। बहुत ब्रिलियण्ट कैरियर रहा है उनका, कुछ भी हो।"—छोटे विद्वान् ने चर्चा को नया मोड़ दिया।

"देखो, वह ज़माना दूसरा था। उस वक़्त एजूकेशन में आनन्द बिहारीलाल का जूता चलता था। किसी के बाप की हिम्मत नहीं थी कि उनकी लाड़ली भतीजी को डिस्टिंक्शन से कम मार्क्स दे। उनकी मृत्यु के बाद से स्थिति बदल गयी है। स्वार्थी दुनिया है। किसी में इतनी शराफ़त नहीं कि उनकी भतीजी का ख़्याल रखे। आज बिचारी को एम.ए. में टॉप करने के लिए बिसवासीशरण जैसे नीच व्यक्ति की मदद लेनी पड़ रही है। ज़रा सोचिए। एक ज़माने में बिसवासीशरण जैसे लोग उसके चाचा के चरणों में पड़े रहते थे।"—बड़ा विद्वान् उग्र हो गया पर जल्दी ही नरम पड़ा—"हमने तो सरलाजी को सुझाया था कि इस वर्ष एम.ए. से ड्रॉप ले लो क्योंकि टॉप तो मनोहर करेगा, मगर वे मानीं नहीं। कहने लगीं कि परीक्षाओं तक गवर्मेण्ट बदल जाएगी और मनोहर के भाई मन्त्री नहीं रहेंगे। मगर उनका ख़याल ग़लत है। यह शासन इतना अच्छा काम कर रहा है कि फ़िलहाल बदलनेवाला नहीं।" मैंने कहा—"आप हमसे काग़ज़ पर लिखवा लीजिए—सत्ता में परिवर्तन शीघ्र नहीं होगा। मुकुन्दी एम.ए. में टॉप करके रहेंगे।"

अफ़सर और संस्कृति

अफ़सर संस्कृति को चॉकलेट की तरह ग्रहण करता है। थोड़ा-सा, छोटा-सा, प्यारा-सा, मुँह में घड़ी भर को मिठास ला दे, पैकबन्द हो, मामूली आदमी के गन्दे हाथों से अनछुआ हो, शुद्धता और श्रेष्ठता की सुनिश्चित गारण्टी हो, एकाध टुकड़ा, कभी-कभी, बेबी के आग्रह से, मन में इस भय को पालते हुए कि इसका आधिक्य कहीं चर्बी न बढ़ा दे। संस्कृति को वह मुँह का स्वाद बदलने के लिए ग्रहण करता है। उसके लिए संस्कृति इससे ज़्यादा माने नहीं रखती। हर अफ़सर आदमी के रूप में इस भ्रम को पालता है कि वह विशिष्ट है, उच्च है, मलाई है जो सबसे ऊपर अपने ही गुणों के कारण उभरकर आयी है। इसलिए वह जीवन को, चाहे वह उसके देश, प्रान्त या नगर का ही जीवन क्यों न हो जहाँ वह जीता है, एकदम नये सिरे से ग्रहण करता है एक सचेत प्रयत्न की तरह। सितार की गत, आलाप, भजन का भोला निश्चल मुखड़ा, पेंटिंग या नाटक के एक लम्बे वाक्य को अफ़सर तक पहुँचने के लिए रूखे अन्तर्मन का समूचा सचिवालय चीरना पड़ता है। कई बार और प्रायः ही वह विलम्बित लय दीवार के आसपास भटककर रह जाती है। मानो संस्कृति न हो ग़रीब की फरियाद हो, रागिनी न हो आवेदन-पत्र हो, जो यदि थ्रू प्रॉपर चैनल नहीं आया तो सीधे साहब तक पहुँचने का कोई रास्ता नहीं। भारतीय अफ़सर अपने अतीत, अपने अन्दर जी रहे छोटे से क़स्बे को भुलाकर अफ़सरी करता है। वह यह भूल जाता है कि उसकी माँ दादी ने भजन गाये थे, अपने मोहल्ले में किसी नृत्य से सम्मोहित वह कभी खड़ा रहा होगा, वाद्य बजते रहे हैं, जनता तक सीधे पहुँचनेवाली बोली में कथाएँ बाँची जाती हैं और यह सब एक भारतीय व्यक्ति के संस्कार की सामान्य परतें हैं, जिसके लिए कविता या संगीत से जुड़ना अपने उसी अतीत, उसी नन्हे क़स्बे से स्वयं को जोड़ना है, मूल रस के सहारे सामान्य मनुष्य बने रहने की शक्ति का संचयन करना है और एक विराट धारा में डूबकर अपने अस्तित्व की पहचान करना है। मगर अफ़सर के लिए चूँकि यह सारी बातें उसके अफ़सर, विशिष्ट और मलाई बने रहने के लिए ग़ैरज़रूरी हैं अतः वह सांस्कृतिक कार्यक्रमों में अगली कुर्सी घेर बैठे, बार-बार घड़ी देखते हुए वह जानता है कि मंच से बिखर रहे शब्द, स्वर, रंग उसके लिए ग़ैरज़रूरी हैं।

सांस्कृतिक कार्यक्रमों में अफ़सर विशेष मुद्राओं में नज़र आता है। उसके चेहरे पर प्रवेश के समय एक मुख्य अतिथि-भाव होता है। यदि वह बड़ा अफ़सर है तो आते ही वह वरिष्ठता के सरकारी सोपानक्रम को आँखें घुमाकर समझ लेता है कि उससे बड़ा कहाँ बैठा है, उससे छोटा कहाँ बैठा है और उसकी स्थिति क्या होनी चाहिए। अफ़सर की पत्नी ऐसी ही आँखों से अन्य छोटे-बड़े अफ़सर की पत्नियों का त्वरित सर्वेक्षण कर डालती है। फिर वे बैठते हैं। ज़ाहिर है बेहतर कुर्सियाँ उनकी नस्ल के लोगों के लिए पहले से ही ख़ाली रहती हैं। बैठने के बाद वे आसपास को जाँचते हैं और इधर-उधर देख व्यवस्था के स्तर को समझने की चेष्टा करते हैं। वे अपेक्षा करते हैं कि संयोजक उनके समीप आ झुककर मुस्कराकर कुछ कहेगा और वे उत्तर में एक-दो मज़ेदार वाक्य कह अपने लाइट मूड की सूचना देंगे। कुछ देर बाद वे घड़ी देखते हैं और घोषित समय और कार्यक्रम के वास्तविक समय के अन्तर के प्रति नाराज़ी प्रकट करते हैं। वही अफ़सर जिसकी मेज़ पर इस देश और समाज के विकास की फ़ाइलें हमेशा पेंडिंग पड़ी रहती हैं।

अफ़सर जब सांस्कृतिक कार्यक्रम से उठकर जाता है, उसका सीना फूला हुआ और वह गर्व से कला को रिजेक्ट करके जाता है। पीछे बैठे चमचे इससे प्रेरणा लेते हैं। वे भी उठने लगते हैं। दूसरे अफ़सरों को भी मौक़ा मिल जाता है। इस तरह प्रत्येक सांस्कृतिक कार्यक्रम में अफ़सर का आना बड़प्पन है, उसका जाना बड़प्पन है। वह मानो संस्कृति को या कार्यक्रम को प्रमाणपत्र देने आता है कि तुम ठीक चल रहे हो और चला जाता है। जाते समय अफ़सर संयोजक को व्यवस्था अथवा कार्यक्रम के स्तर के सम्बन्ध में दो नेक राय दिये बिना नहीं चूकता। अगर उसे सीट ठीक मिली है तो कार्यक्रम अच्छा होता है, अन्यथा बेकार। चूँकि इस देश में हर मामले में अफ़सर की राय अन्तिम और निर्णयकारी होती है, अतः वह कला संस्कृति को भी उपकृत किये बिना कैसे रह सकता है? समापन की द्रुत लय को उसकी कार अपनी घरघराहट के साथ रौंदती अहाते से निकल जाती है। संस्कृति का एक अदद चॉकलेट चूस वह चला जाता है।

देश का दुर्भाग्य है कि हमारी कला और हमारा साहित्य आज अफ़सरों की कृपा पर अवलम्बित हो रहा है। रजवाड़ों से निकल यह सचिवालय की गिरफ़्त में आ गया है। कलाकार और समाज के सीधे सम्बन्ध इस वर्ग की कृपा के बिना जुड़ना कठिन हो गया है। हर कार्यक्रम पर इन फ्रीपास लोभियों, सम्मानाकांक्षियों की आँखें लगी रहती हैं। बिरले ही संस्कारशील अफ़सर हैं जो टिकिट ख़रीद योग देते हैं, जहाँ जगह मिले वहाँ बैठते हैं और अपनी नासमझी को कला पर न लादने की कोशिश करते हैं। जो दर्शक बनकर बैठे, मण्डप की शोभा भर नहीं, यह स्थिति अफ़सरी मिजाज़ को माफिक नहीं आती। सरकार चलानेवालों की केन्द्रीय रुचियाँ राजनीति और प्रशासन हैं और चूँकि वे दोनों ही जनोन्मुखी नहीं हैं अतः संस्कृति में उनकी अरुचि स्वाभाविक है।

दही कटोरा हाथ में

मुझे उसका बाज़ार में दही लेने आना अच्छा लगा। मैं तब बाज़ार में खड़ा पान चबा रहा था। मैं अक़्सर वहीं या उसके आसपास खड़ा रहता था। देखा वह एक हम-उम्र अफ़सर के साथ बँगलोंवाली पहाड़ी की ढलान से चला आ रहा है। उसके हाथ में एक भगौनी थी और बार-बार सिमटने का प्रयत्न कर रही मुस्कान में संकोच भी। वह उस समय सफ़ेद पैण्ट पर नीली बुश्शर्ट पहने था और ऐसे छोकरे की तरह लग रहा था जो पिता की आज्ञा से सख़्त दोपहरी में मस्ती करते हुए दही लेने जाते हैं। वह छोटे शहर से आया था और बड़ी नौकरी मिल जाने के बाद भी उसका छोटे शहर का बना रहना बड़ी अच्छी बात थी। यों प्रभावित करने का उसका अपना ढंग था।

मेरा यों कि यदि मैं किसी से प्रभावित होना चाहूँ तो हो लूँ और मेरा वैसा मूड न हो तो न भी होऊँ। देखा जाए तो यह छोटे शहर और क़स्बों की मजबूरी है। हम आत्मीयता भरे वातावरण को चाहे वह कुछ हद तक नकली भी हो, पूरी तरह अपनी सच्चाई की हथौड़ियाँ लिये तोड़ नहीं सकते। बहसें जब सम्बन्ध टूटने के छोर पर पहुँचने लगती हैं, कोई ज़रूर कहता है कि चलो चाय पीएँ। जो सहनशीलता की सीमा तक जा रिश्तों के पुल क़ायम रखते हैं वे अक़्सर क़स्बों से आये लोग होते हैं।

वह मुझे देख संकोच में मुस्कराया। शायद उसे मेरा इस तरह एकाएक मिल जाना अजीब लगा। और उससे अधिक उस हम-उम्र अफ़सर को, जो खिंचा-खिंचा-सा साथ चल रहा था। पर अब लगभग खिलन्दड़े हो जाने के अतिरिक्त उनके पास चारा न था। या वे सचमुच सहज हों और मुझे समझने में ग़लती हो रही थी।

मैंने उनसे पूछा, "इस वक़्त आप लोग कैसे?" तब चार के आसपास बज रहे थे और यह समय अफ़सर के, चाहे वह अपेक्षाकृत छोटे ही पद पर हो, सड़क पर आने का नहीं होता।

"दही लेना है और यहाँ पता नहीं दही कहाँ अच्छा मिलेगा?" उसने पूछा, "क्या आप जानते हैं?" शायद हो सकता है इस वाक्य को उसने किसी दूसरी तरह बनाया हो।

उस छोटे से शहर में इस प्रश्न का मेरे पास उत्तर था। जीवन-भर चप्पलें घिसना कहीं तो सार्थकता प्राप्त करता है। ज़रूरी नहीं कि आप निरन्तर भटककर बौद्ध हो जाएँ। आप उससे अधिक उपयोगी हो सकते हैं। जैसे आपको पता होता है कि प्लास्टिक का सामान कहाँ अच्छा मिलता है अथवा किस होटल की उबली चाय अपेक्षाकृत पीने लायक होती है या किस सिनेमा का साउण्ड सिस्टम बेहतर है। अपनी नम्रता बनाये हुए मैं यह कहना चाहता हूँ कि उसके सौभाग्य थे कि जब वह पहली बार इस नगर में दही ख़रीदने निकला, मैं उसे सड़क पर मिला।

मुझे कई बार सपना आता है कि मैं एक धुँधली-सी सड़क पर अँगुली पकड़े एक बच्चे को दही की दुकान की ओर ले जा रहा हूँ। सपना टूटने पर मैं स्वयं से पूछता हूँ कि मैं उसे दही की दुकान की ओर क्यों ले गया?

दूसरे दिन उसने बताया कि दही अच्छा था। उसे यह बात ज़रूर उसकी पत्नी ने कही होगी या उसके ससुर ने, जो प्रायः अपने अफ़सर दामाद के सुविधा-भरे जीवन का थोड़ा अंश भोगने वहाँ आ जाते थे। मैं शर्त बदकर कह सकता हूँ कि दही के बारे में उसे कोई समझ नहीं है। बिलकुल। आप चाहें तो आज इस बात की जाँच कर सकते हैं। एक लम्बे अनुभव से गुज़रने के बाद आप दही अच्छा है या नहीं, यह पहचान पाते हैं। मुझे इस बात पर गर्व था। यों यह बेमानी-सी बात है।

मैं क्यों आज भी अक़्सर उस धुँधली सड़क पर उस बच्चे को दही की दुकान की ओर ले जाता हूँ।

मार्गदर्शक

आजकल मैंने एक नया 'पार्टटाइम' धन्धा खोजा है और वह चल भी निकला है। विश्वविद्यालयों के पब्लिक सेक्टर में शोध कराने का कारख़ाना ख़ूब काम करता है पर निजी स्तर पर एक कुटीर उद्योग के रूप में चलाकर भी मैं इसमें सफल हुआ हूँ। पारिश्रमिक के रूप में प्रारम्भ में कॉफ़ी हाउस के बिल चुक जाने तथा तीन-चार डिनर की उपलब्धि के सिवाय पचास रुपया नगद मिला था, पर इधर कुछ दिनों से तो यह हाल है कि अक्सर खटखट की आवाज़ सुन जब दरवाज़ा खोलता हूँ तो किसी दीनहीन (बुद्धि से) छात्र को सामने खड़ा पाता हूँ।

"नमस्कार।"

"कहो भई?"—मैं नमस्कार का उत्तर नहीं दे पूछता हूँ।

"मैं पी-एच.डी. करना चाहता हूँ।"

"अच्छा, फिर?"

"आप कोई विषय सुझा दें और सिनॉप्सिस बनवा दें।"

"हूँऽ।" मैं अन्दर आकर तख़्त पर बैठ जाता हूँ—"क्या लिया था तुमने एम. ए. में?"

"हिन्दी।"

—सब साले हिन्दी में ही एम.ए. करते हैं। मैं गुरुजनों की अदा से बड़बड़ाता हूँ और अपनी पिण्डलियाँ सहलाता हूँ। वह लड़का सिर झुका बैठ जाता है। हिन्दी में एम.ए. करने का अपराधी-भाव उसके चेहरे पर है।

"क्या रुपया दे रहे हो?" मैंने अभिधा शक्ति का एक उदाहरण प्रस्तुत किया।

वह गिड़गिड़ाने लगा। हाथ धोने की-सी मुद्रा में।

"हमारा समय कुछ मूल्य रखता है।"—मैंने मुग़लई अन्दाज़ से कहा।

"अभी पच्चीस रुपया ले लीजिए। सिनॉप्सिस यदि स्वीकृत हो गयी तो आपको और दूँगा।" वह बोला।

"लाओ पच्चीस।" मैंने हाथ बढ़ाया और नोट गिनने के बाद पूछा—"क्या नाम है तुम्हारा?"

"केशवलाल शर्मा।" फिर लजाकर बोला—"मैं 'पंकज' के नाम से कविताएँ भी लिखता हूँ।"

"हूँ। लिखा करो।" मैंने कहा।

वह काग़ज़-क़लम लेकर तैयार बैठ गया विषय और सिनॉप्सिस लिखने।

"लिखो।" मैंने ख़ामोशी पर बम-सा फेंका।

"जी।"

"छायावादी कविता में बुद्धि तत्त्व की खोज।"

उसने लिखनारम्भ किया।

"यह विषय है। अब सिनॉप्सिस लिखो।"

"काव्य की परिभाषा। अभिनवगुप्त, अग्निपुराण, भरतमुनि, भामह दण्डी, मम्मट, पण्डितराज जगन्नाथ, अफ़लातून, आचार्य नन्ददुलारे वाजपेयी तथा चाहो तो हमारे भी काव्य सम्बन्धी कोटेशन दे सकते हो।"

"जी!" वह लिखता रहा।

"दूसरा अध्याय होगा 'बुद्धि की परिभाषा'। कविता में बुद्धि गौण तत्त्व है, यह सिद्ध करनेवाले वाक्यों का मण्डन और 'बुद्धि' पर ज़ोर देनेवाले मतों का खण्डन। काव्य और बुद्धि में परस्पर विरोध दर्शाते हुए आदिकवि वाल्मीकि के बौद्धिक स्तर पर प्रकाश।"

"सर ज़रा धीरे-धीरे बोलिए, मैं लिख नहीं पा रहा हूँ।"

"हूँ।" मैं फिर बोला—"क्या महाकाव्य वास्तव में काव्य है, इस पर प्रकाश डालो। काव्य के विकास में अपढ़ कवियों का योगदान। घाघ भड्डुरी से लेकर कवि-सम्मेलन में भाग लेनेवाले कवियों के कतिपय उदाहरण।"

"उदाहरण का 'उ' बड़ा या छोटा?" उसने पूछा।

"छोटा।" मैंने उत्तर दिया। फिर आगे लिखाने लगा—"छायावाद के उदय-काल में देश में साक्षरता का प्रतिशत तथा साक्षरता के विकास के साथ छायावाद का पतन।

फिर अगला अध्याय होगा—छायावाद शब्द की उत्पत्ति, प्रयोग और भ्रामकता। वाद के नामकरण में विचारशीलता का अभाव, आलोचकों द्वारा परिहास अथवा व्यंग्य में किये गये शब्द का तत्कालीन कवियों द्वारा गम्भीरतापूर्वक ग्रहण किया जाना, जो कि उनकी बौद्धिक स्थिति को देखते हुए स्वाभाविक ही था।"

मैं यथावत् अपना शरीर सहला रहा था और लिखा रहा था—छायावादी काव्य का गौण तत्त्व—बुद्धि। पच्चीस-तीस पृष्ठों के उदाहरण।

अगला अध्याय—बुद्धिहीनता की इस निराशापूर्ण पृष्ठभूमि में अपवादों की खोज और उनका मूल्यांकन। जो विद्वान् इन उदाहरणों में भी बुद्धि का अभाव मानते हैं उनसे सिद्धान्ततः सहमति।

"जी, ज़रा धीरे कहिए।" वह बोला।

मैंने लम्बी साँस खींची।

"लिख लिया?"

"जी हाँ..."

"राष्ट्रीय जागृति और असमर्थ छायावाद। राष्ट्रीय नेताओं द्वारा छायावाद की उपेक्षा। छायावाद की समाप्ति और काव्य में बौद्धिकता के प्रारम्भिक संकेत। हिन्दी काव्य पर छायावाद का दीर्घगामी प्रभाव तथा फलस्वरूप काव्य में बुद्धि एक उपेक्षित तत्त्व।"

"यदि श्री जवाहरलाल नेहरू छायावादी कवि हो जाते तो देश की दुर्दशा की परिकल्पना। छायावाद का पुनर्मूल्यांकन एवं निराशा। छाया शब्द अन्धकार, विवेक शून्यता का प्रतीक। सूर्योदयी छायावाद की आधुनिक प्रवृत्ति, फलतः बुद्धिहीनता का नवयुग।"

उसने पूरा लिख लिया।

"हो गया अप-टु-डेट।" मैंने कहा।

"जी हाँ।" वह मुझे मुग्ध भाव से देख रहा था।

"भाग जाओ।" मैंने कहा।

वह प्रणाम कर चल दिया और मैं पच्चीस रुपये फिर से गिनने लगा।

आजकल कहानियाँ लिखना लगभग समाप्त हो गया है। सिनॉप्सिस बनाने से अजब रोमाण्टिक आकर्षण है, आनन्द आता है। मेरे दिये विषय और सिनॉप्सिस पर कुछ छात्रों को जब पी-एच.डी. मिल गयी तो पहले तो मैंने अपना सिर पीट लिया और बाद में मैं प्रोत्साहित हो गया। एम.ए. में निबन्ध के स्थान पर थीसिस लिखकर देनेवाले तो बाक़ायदा पेशगी लेकर आ जाते हैं। मैं कुर्सी पर बैठकर दोनों पैर फैलाता हूँ और इत्मीनान से कह देता हूँ—हाँ लिखो—हिन्दी काव्य में सुरक्षा भावना। सुरक्षा मानवीय प्रवृत्ति है, आक्रमण पाशविक। भारतीय संस्कृति में सुरक्षा के तत्त्व। पर्दा प्रथा का आरम्भ और रीतिकाल का उदय। अभिसारिकाओं में सुरक्षा की भावना। नायिकाओं का रक्षक वीरों के प्रति आकर्षण। वात्स्यायन और चाणक्य के सुरक्षा सम्बन्धी विचार, विदेशियों का आगमन और परस्पर सुरक्षा की समस्या। गोरा-बादल की कथा। स्त्री-हरण की सभ्य परम्परा का विकास और प्रतिक्रिया। कृष्ण काव्य की लोकप्रियता और राजाओं, मीराओं एवं रुक्मणियों की दुर्गति, सामन्तवादी खलनायक और किसान-पुत्रियाँ। मराठों का उदय और मुग़ल हरमों की सुरक्षा।

आधुनिक युग—आँचल की काव्य में प्रतिष्ठा। उर्दू काव्य में नक़ाब और पंजाबी काव्य का दुपट्टा—वैभव। पारसी थियेटरों में बलात्कार के दृश्य। भारतमाता की कल्पना और विदेशियों का खलनायक के रूप में चित्रण। राष्ट्रीय भावना का उदय।

स्वातन्त्र्योत्तर काल और सुरक्षा का प्रश्न। संविधान और सुरक्षा। पाक हमले और चीनी आक्रमण। हिन्दी कविता का सुरक्षा दौर। कविताओं का मूल्यांकन।

हिन्दी साहित्य में सुरक्षा, इसकी प्रतिष्ठा तथा इसमें श्री रामधारी सिंह 'दिनकर' का योगदान।

अस्तु। भाग जाओ। मैं कहता हूँ।

वह गद्गद हो गया।

यह सच है कि सिर्फ़ सिनॉप्सिस बनाने से ही पी-एच.डी. नहीं मिल जाती, छात्रों को परिश्रम भी करना पड़ता है। पर मैं उन्हें एक ठोस आधार प्रदान करता हूँ जो पच्चीस रुपयों में उन्हें विशेष महँगा नहीं पड़ता। यों तो लगभग सभी सिनॉप्सिस स्वीकार हो जाते हैं पर कई बार उनमें नये सुधार भी करने पड़ जाते। एक छात्र को मैंने विषय दिया था—'प्रेमचन्द के स्थायी पात्र।' इसमें पात्र शब्द से मेरा मतलब बरतन से था और मैंने सिनॉप्सिस में क्रमबद्ध रूप से वैदिक युग में प्रेमचन्द, महाभारत युग में प्रेमचन्द, गुप्तकाल में प्रेमचन्द आदि अध्याय देते हुए प्रेमचन्द के स्थायी पात्रों के रूप में थाली, लोटा, कटोरी, ग्लास तथा एक पीकदान के विषय में चर्चा की थी। थीसिस मोटी करने के लिहाज़ से प्रेमचन्द के साहित्य में जिन बरतनों का ज़िक्र है वह भी बताया था।

ज्योंही छात्र ने वह सिनॉप्सिस विश्वविद्यालय भेजा, वहाँ बहुत हल्ला मच गया। उनका कहना था—पात्र से तात्पर्य औपन्यासिक पात्रों से होना चाहिए। मेरे छात्र ने जो गाइड चुना था वह उसकी जाति का ही एक 'हेड ऑफ़ द डिपार्टमेण्ट' था। नतीज़ा यह हुआ कि फैकल्टी की बैठक में ख़ूब गरमागरम बहस हुई। गाइड सीना ठोंककर खड़ा हो गया और बोला—"आप न कीजिए सिनॉप्सिस मंज़ूर और हम देखे लेते हैं कि इस वर्ष आपके यहाँ एम.ए. में कितने फर्स्ट क्लास आते हैं।" इस पर फिर तू-तू मैं-मैं शुरू हो गयी और आख़िर में मामला शान्त हुआ। छात्र को सिनॉप्सिस यह कहकर वापस कर दी गयी कि भाई यदि इसमें एक अध्याय साहित्यिक पात्रों पर भी जोड़ दिया जाए तो यह सर्वांगपूर्ण हो जाएगी। प्रेमचन्द जी के पात्रों पर यह शोध-प्रबन्ध लगभग पूरा हो चुका है।

एक छात्र ने तीन वर्ष तक एक विषय पर काम कर छोड़ दिया तो मुझे उसको नया विषय देना पड़ा। मैंने उसे विषय दिया था—हिन्दी साहित्य के ब्रह्मचारी पात्र। पूरी रूपरेखा भी बना दी थी। वह बहुत निष्ठा से कार्य कर रहा था। यहाँ तक कि सिर्फ़ हनुमान पर अध्ययन करते हुए उसे डेढ़ वर्ष बीत गया। पढ़ते-पढ़ते उसकी विचित्र मनःस्थिति हो गयी और उसे सपने में बजरंगबली नज़र आने लगे। वह रोज़ बजरंगबली के दर्शन के लिए मन्दिर भी जाता और मुझे जब मिलता, कपाल पर सिन्दूर का टीका लगाये मिलता। इसी बीच उसके पिताजी विवाह के लिए ज़ोर देने लगे। उसने बहुत टाला और कहा कि विवाह से मेरे पी-एच.डी. के अध्ययन में बाधा

पड़ेगी, पर वे नहीं माने। मारा गया ब्रह्मचारी, शादी कर बैठा। शादी के बाद हिन्दी साहित्य के ब्रह्मचारी पात्रों के प्रति अजीब विरक्ति का भाव उसके मन में आ गया और वह उन पात्रों की खिल्ली उड़ाने लगा। कुछ दिनों बाद उसने विषय बदल लिया। आजकल वह हिन्दी कथा-साहित्य में संगीत तत्त्व पर अध्ययन कर रहा है। संगीत और कथा की उत्पत्ति एवं विकास के बाद मैंने उससे श्री राधेश्याम कथावाचक की कृतियाँ और आधुनिक युग में श्री निर्मल वर्मा की समस्त रचनाएँ पढ़ने पर ज़ोर दिया है। आंचलिक साहित्य में ढोल और हारमोनियम तथा अन्य कथाओं में पियानोवाले पात्रों पर वह लिख रहा है। थीसिस ज़ोरदार होगी और कथाओं में संगीतत्व की प्रतिष्ठा में सहायक रहेगी।

पर सच यह है कि हिन्दी में विषय सुझाने या रूपरेखा बनाने से आनन्द नहीं आता। अन्य विषयों में जब सिनॉप्सिस बनवाता हूँ तो उसका सुख अलग है। उस दिन कॉफ़ी हाउस में बैठा डोसा मँगवाने के लिए दोस्तों को पटा रहा था कि अर्थशास्त्र का एम.ई. मुझे खोजते हुए आ गया। इधर-उधर की बातचीत करते हुए बोला—"रिसर्च करने की सोच रहा हूँ।"

"तो डोसा मँगवाइए।" मैंने जवाब दिया।

उसने ऑर्डर दिया।

"अर्थशास्त्र में कोई विषय सुझाइए?"

"भाई, मैंने इण्टर बी.ए. में अर्थशास्त्र नहीं लिया था, पर हाँ रिसर्च में सहायता दे सकता हूँ।"

"कोई विषय सुझाइए?" वह बोला।

कुछ देर ख़ामोशी के बाद मुझे इलहाम हुआ—"प्रकाशन व्यवसाय में लेखकीय पूँजी।"

मित्रों को तो यह विषय बहुत पसन्द आया, पर वह छात्र कहने लगा कि इसमें भाग-दौड़ बहुत करनी पड़ेगी। कोई सस्ता नुस्ख़ा हो तो ठीक है।

"राजधानी नगर के ज्योतिषियों की आर्थिक स्थिति का सर्वेक्षण।"

उसे बात जमी। मैं प्रोत्साहित हुआ और विषय दिया—"स्वातन्त्र्योत्तर काल में भोंगा व्यवसाय।"

"क्या मतलब?"

"आज़ादी के बाद जो हर शहर और गाँव में माइक्रोफ़ोन की दूकानें खुल गयी हैं, उनका सर्वे।"

सब हँसने लगे। उन्हें हँसता देख मेरे अहं को चोट लगी। मैंने नया विषय दिया—"सांस्कृतिक गतिविधियों में लगा चोरबाज़ारी का धन।"

"मैं समझा नहीं।"—वह बोला।

"दो हज़ार रुपयों की पेंटिंग कौन ख़रीदता है? तुम ख़रीदते हो या मैं? ब्लैक

मार्केटवाले सेठ ख़रीदते हैं। उनका देश के सांस्कृतिक विकास में कितना बड़ा योग है। इसका मूल्यांकन होना ज़रूरी है।"

"विश्वविद्यालय इसे स्वीकार नहीं करेगा। कोई योजना सम्बन्धी बताइए।"

"भारत में कद्दू की खेती।" मैंने मज़ाक़ किया। इस पर वह उछल गया—"वण्डरफुल। नया बढ़िया विषय है। अभी तक किसी ने टच नहीं किया।"

"बताइए, कद्दू टच नहीं किया। कितने पिछड़े हुए हैं हम लोग। एक ही तो हमारे पास पूँजी है और वह भी उपेक्षित पड़ी है।"

हम लोग डोसा खाते हैं और वह बैठा हुआ कुछ सोचता रहा।

नतीज़ा यह है कि आजकल हम नगर के उदीयमान विद्वान् हैं। विषय-वासना में फँसे शोधार्थी रोज़ ही आते हैं और सन्तों के मुख से जो वचन फूट गये, सीकरी के विश्वविद्यालय को सौंप आते हैं। दूसरे विश्वविद्यालय के छात्रों के फँसने की भी उम्मीदें हैं। सप्ताह-भर हुआ, पटना से एक वीणा माथुर नामक छात्रा का पत्र और मनिऑर्डर आया था—हिन्दी में विषय बताइए शोध का। 'सूरदास की रंगदृष्टि' बताया है। सूर सागर के सहारे कविताओं में रंग-योजना एवं वर्णन पर लिखेगी। मैंने 'सूरसागर' नहीं पढ़ा पर विषय उत्तम है, यह जानता हूँ। मेरे सुझाव पर एक सज्जन सुकरमा गाँव का आर्थिक सर्वेक्षण कर रहे हैं। बहुत बड़ा रिस्क लिया है, देखें क्या होता है। मैंने उनसे, जब वे एम.ए. में थीसिस देने के लिए इच्छुक थे, पूछा था कि क्या आपकी थीसिस कमिश्नर, कलेक्टर या तहसीलदार भी जाँचते हैं, तो उसने बताया कि नहीं प्रोफ़ेसर लोग ही जाँचते हैं।

"बस तो सुकरमा गाँव पर थीसिस लिख दो।"

"कहाँ है यह सुकरमा गाँव?"

"तुम्हें इससे क्या मतलब? कहीं हो न हो।"

"फिर लिखूँगा कैसे?"

"गधे हो। अरे क्या तहसीलदार जाँचते हैं थीसिस। बस लिख दो 'इकॉनॉमिक ऐण्ड सोशल सर्वे ऑफ़ सुकरमा विलेज'—कहीं भी स्थिति बता दो, एक अध्याय भूगोल, दूसरा जनसंख्या, तीसरा जाति-विभाजन, चौथा खेती, पाँचवाँ व्यवसाय और दीगर ऐसे अध्याय और चार्ट ग्राफ वगैरा। किसानों की फ़ोटो खींचकर लगा देना यहाँ-वहाँ से।"

वह कुछ देर तो मूर्ख की तरह मुँह फाड़कर मुझे देखता रहा, फिर उसकी आँखों में समझदारी की जोत चमकी। वह मुस्कराया, मैंने आँख मारी।

"क्या बात है?"

"मिलाओ हाथ।"

वह एम.ए. हो गया, कुशल से है। कुछ दिन हुए मिला था तो बोला—"उस सुकरमा विलेज पर गुरुजी आप कहें तो पी-एच.डी. कर लूँ।"

"मुझे कोई उज्र नहीं।"—मैंने कहा।

और जब मुझे उज्र नहीं, उसे नहीं, तो विश्वविद्यालय को क्यों होने लगा? सिनॉप्सिस मंज़ूर हो गयी है और वह उस गाँव के विषय में विस्तार से लिख रहा है जो कहा है, है या नहीं है, उसे पता नहीं। ज़रूरी भी नहीं।

आवश्यकता आविष्कार की जननी है और व्यवसाय उसका पिता है। इस नये धन्धे ने बड़ा आत्मबल दिया है। अब क्या खाऊँगा। एक ठेले पर किताबें रखकर विश्वविद्यालयीन नगरों की गलियों में फेरी लगाया करूँगा—शोध करवा लो, सिनॉप्सिस लिखवा लो।...

और हॉस्टल के दरवाज़े मेरी आवाज़ सुन खुलने लगेंगे।

मौलिकता की चाह

हम सब इतिहास बदलने के चक्कर में रहते हैं। राई भर मौलिकता से पहाड़ कैसे बनाया जाए, बस सदैव यही चिन्ता। विधाता ने जैसे जीव अनेक रचे हैं पर प्रत्येक की अपनी विशेषता और वैचित्र्य है, वैसा ही होना हम कलाकृति के लिए भी आवश्यक मानते हैं, जिसके हम विधाता हैं। इसे कहिए मौलिकता की चाह जो हर क्षमतावान में होती है। इन्हीं का परिणाम है शिल्पगत प्रयोग—चित्रों में, कविताओं में, कहानियों में। प्रश्न यह है कि मौलिकता की यह चाह हमें कहाँ-कहाँ भटकाती है! शिल्पगत प्रयोगों की सामाजिक दिशा क्या है? यह प्रश्न प्रायः उठता रहा है। मासिक पत्रिकाओं के पन्नों पर इतना न उठा हो पर प्रत्येक सृजनशील ईमानदार कलाकार के मन में उठता रहा है। इस विषय में निर्णय हम न परम्परा देखकर बनाते हैं, न सामाजिक आदर्शों के विषय में सोचते हैं, बल्कि हमारे अपने अस्तित्व की चिन्ता इस विषय में निर्णय लेने को मजबूर करती है। इतना सब जो ढेरों लिखा जा रहा उसमें मेरा स्थान क्या होगा? मेरी कृति का अपनापन क्या होगा—जिससे मैं इस मेले में अलग दिख सकूँ। इसी असाधारणता के तत्त्व पर हम अपनी अमरता की बाज़ी लगाते हैं। इच्छा होती है कि ऐसा कुछ अजूबा खड़ा करें कि इतिहास का रुख बदल जाए, सब चौंक जाएँ और हमारी फ़ोटो पर सबकी नज़र पड़ती रहे।

कलाकार के लिए यह सब विचार उठना कितना स्वाभाविक है पर कितना विचित्र भी क्योंकि इसी प्रकार वह सामाजिक आदर्शों को वास्तविकता में ढालने के मानव-समाज के सुसंगठित प्रयासों से कट जाता है, अलग हो जाता है। वह अपने व्यक्ति को पथ में चलने न देकर एक घेरे में आवृत्त कर देता है। मौलिकता की प्रवृत्ति सहज होती है, पर अपने सामाजिक दायित्वों तथा साहित्यिक परम्परा के साथ उसे नवीन परिष्कार देने के बजाय हम अपने को इनसे बचाते हैं। हमें डर लगता है कि यदि कटु वास्तविकताओं के घूँट हमने बहुत अधिक पीये तो हमारी निजता मर जाएगी। परिणाम यह होगा कि हमारी रचना कलाकृति न होकर समाजशास्त्रीय विवेचन-भर बनकर रह जाएगी। इस भय से हम बिलकुल दूसरी दिशा में भागते हैं,

जिसके क्षितिज हैं सीरियलिज़्म और अनेक ऐसे कला के वाद जो शुरू में कैनवास पर रहते हैं बाद में अक्षरों में उभरते हैं।

आज का नया कलाकार इन दो स्थितियों के बीच में कहीं है। वह सच्चे अर्थों में मुक्त है कि कोई भी रास्ता अपनाए। चाहे वह अपनी मौलिकता के बल पर हमारे सामाजिक यथार्थ को नये रंग-रूपों में प्रस्तुत कर विकास के नये तत्त्वों को जोड़े जिससे सामान्य व्यक्तियों के हृदय में उद्वेलन हो अथवा वह अपने वैयक्तिक अनुभवों तक ही सीमित रहकर शिल्पगत प्रयोगों के रूप-प्रकारों को समृद्ध करे। हो यह जाता है कि जाने-अनजाने वह कलाकार जो रूपगत प्रयोगों पर अपनी क्षमता केन्द्रित करते हैं उन थके-हारे और पराजित कलाकार वर्ग का भावनात्मक नेतृत्व स्वीकार कर लेते हैं, जिन्हें समाज कोई प्रेरणा नहीं देता और जो ऊबे हुए हैं, निराश हैं। यहाँ सब-कुछ कलाकार की बलवती साधना पर निर्भर करता है। सम्पन्न प्रतिभा पर निर्भर करता है। उसके बल पर ही कलाकार वह क्लासिक उपलब्धि प्राप्त कर सकता है जो पिकासो को मिली है। कला की परम्परा को इसका भी लाभ मिलता है। नयी शिल्पदृष्टि का विकास तो होता ही है, शिल्पगत अनुभवों से सम्पन्नता प्राप्त होती है। यह भी कि अतिवाद की नीरसता से ऊबकर जो मध्यममार्ग मज्झिम पटिपदा अपनायी जाती है वह अत्यन्त सुखकर होती है तथा सामान्य जनता के एक विशाल वर्ग को अपने में बाँध लेती है।

परम्परा से बहुत-कुछ पाकर भी कलाकार अतृप्त रहता है और उसे त्यागकर कुछ कहने को आकुल और अधीर हो जाता है। ऐसी स्थिति में अभिव्यक्त सब-कुछ नया है और प्रयोग भी है, जिसका हमारे सामाजिक यथार्थ से अलग होना अनिवार्य नहीं। परम्परा से अलग होकर भी वह परम्परा को बढ़ाता ही है। इसका आकलन उसी क्षण न हो पर कालान्तर में समीक्षा की एक ही दृष्टि में वे सब आते हैं।

इस विषय में प्रायः समीक्षक कलाकार से आगे दौड़ जाता है। प्रारम्भिक प्रयोग नये मेनिफेस्टो के रूप में आते हैं और उस क्षेत्र में नया काफ़ी मात्रा में तथा विभिन्न क्षेत्रों से कहा जाए उसके पूर्व ही वह अनुशासन के नियम बना देता है और धीरे-धीरे नयी प्रवृत्ति में शास्त्रीय रूढ़ता आ जाती है। पिछले बारह-पन्द्रह वर्षों से हम यही देख रहे हैं। प्रायः एक बात पूरा रूप लेने के पूर्व अनुशासित हो जाती है। फलतः फिर विद्रोह होता है। इन सबको सामान्य पाठक मुँह बाये देखता रहता है, ऊबता रहता है और बाद में अपने कला-बोध को तृप्त करने के लिए साहित्य के अलावा अन्य कलाओं में भी शरण ले लेता है।

समीक्षक के बन्धन, व्याकरणाचार्यों के अंकुश, नैतिकता की लौह ज़ंजीरें सृजनशील कलाकार को भयभीत करती रहती हैं। उसकी मौलिकता की चाह इतने शिकंजों में कसी है कि वह सामाजिक यथार्थ का पैनापन आत्मसात करने का प्रयत्न भी नहीं कर सकता। मौलिकता का आग्रह स्वाभाविक है कि हमें उन अनजान रास्तों

पर ले जाए जो अभी तक लेखनियों द्वारा रौंदे नहीं गये। नयी पगडण्डी पर चलना तलवार की धार पर चलने के समान है, कब पैर काँप जाए और सब कुछ अकारथ हो जाए। समीक्षक की दृष्टि से जो ग़लती है वह भी कर बैठने की स्वतन्त्रता हमें है। नयापन रिस्क रहता है पर उसी में से रास्ता निकलता है। रूढ़िवाद हमें मजबूर करता है कि फ़ोटोग्राफिक रियलिटी हम आत्मसात करें पर व्यक्त न करें। चयन कीजिए फिर डेकोरेटर बन जाइए। साहित्य से सदैव मीठे की उम्मीद की जाती है ना। वे सब जो इस समाज को जर्जर और खोखला बना रहे हैं, हमारे भावबोध की एकरूपता को विकृत कर रहे हैं उन्हें भी हम यह न बताएँ कि वे क्या कर रहे हैं, सिर्फ़ इसीलिए कि साहित्य में कटुता न आए। ठोस सच्चाई के शत्रु हज़ारों हैं।

वे जो शिल्पगत प्रयोगों के लिए अधीर हैं और वे जो सामाजिक यथार्थ को व्यक्त करने में अपना धर्म मानते हैं—दोनों के हृदय में मौलिकता की चाह है, जिसके अनेक परिणाम हो सकते हैं। अतिवादी भी, गौण भी और बाह्य भी। इसके जो परिणाम कुल मिलाकर होंगे वही विशाल अर्थों में साहित्य है। नैतिकता के शास्त्रियों की दृष्टि कभी उदार नहीं होगी क्योंकि उसका तो गुण ही संकुचित रहना है, परन्तु सामान्य पाठक की दृष्टि की उदारता के भरोसे पर कलाकार सब-कुछ करता है। सामान्य पाठक जो जी रहा है, जो भोग रहा है, जो देख रहा है उसकी झलक यदि किसी कृति में है तो उसे आश्चर्य अवश्य होगा, पर रचयिता के साहस की प्रशंसा वह करेगा जो हमारे समूचे जीवन और समाज के नये अचीन्हे क्षितिजों को स्पर्श करने को आकुल है।

अनिश्चय में लटका हुआ कैजुअल का मारा

एक मन करता है जाएँ, एक मन करता है कि न जाएँ। समझ में नहीं आ रहा। कई बार सोचते हैं कि चले ही चलो। फिर सोचते हैं, क्या धरा है रहने दो। सुबह से यही सोच रहे हैं। तबीयत होती है कि न ही जाएँ। घर ही पर रहें। तानखूँटी सोएँ या मूड हुआ तो एकाध मैटिनी जमा लेंगे। दो-तीन दिनों से इच्छा हो रही है। फिर सोचते हैं, बेकार है, क्या फ़ायदा। कल यों भी छुट्टी है। दोपहर को सो लेंगे। बिना वज़ह एक दिन जाएगा।

पर छुट्टी के रोज़ तो जो सोचते हैं, वही नहीं हो पाता है। मित्र आ जाते हैं। कोई काम लग जाता है। बाहर घूमने और मिलने-जुलने जाने की बात भी उठ जाती है। जाना पड़ता है। न गये, तो कोई आ धमकता है। फिर वही। सारा दिन बेकार जाता है। आज न जाएँ तो रेस्ट हो जाए एक दिन का। दो रोज़ मिल जाएँगे। मगर ख़याल आता है, यार, बेकार में एक कैजुअल गल जाएगी। बाद में शायद ज़रूरत पड़े। क्योंकि ऐसा है कि जानते हो साल ख़त्म होने में दो महीने हैं। क्या जाने कब क्या हो? पर क्या होगा? कैजुअल पड़ी-पड़ी अचार देगी क्या? ले लो कमबख़्त को, देखा जाएगा। तीन कैजुअल बची हैं। दो फिर भी बच जाएँगी। बाद में ले लेंगे।

फिर एक विचार होता है कि उधर तीन दिन की इकट्ठी ले लेंगे। एक दिसम्बर में और अगर हुआ तो कहीं हो आएँगे।

कहाँ जाएँगे। आजकल कहीं आना-जाना हो ही नहीं पाता। घर के घर में। फिर तीन दिन का कैजुअल लेने में तगड़ा बहाना ढूँढ़ना पड़ता है। कमबख़्त पूछते हैं कि तीन दिनों का आकस्मिक अवकाश क्यों लेना पड़ा—स्पष्ट कीजिए। क्या पूर्व सूचना नहीं दी जा सकती थी। और पूर्व सूचना दो तो छुट्टी अस्वीकार कर देते हैं। परेशानी है। बात यह है कि दिसम्बर में सब अपनी कैजुअल ख़त्म करने की सोचते हैं। करें क्या! सो क्या हर्ज़ है कि एक दिन की अभी ले लें। कल छुट्टी है ही। दो रोज़ की हो जाएगी। सो लेंगे दोपहर को तानखूँटी। हुआ तो एक मैटिनी जमा लेंगे।

पर बड़ा गड़बड़ है। दफ़्तर चले ही जाएँ। घर भी क्या करेंगे। नहीं, गये तो फिर आना नहीं हो पाएगा। कल छुट्टी है ही। घर ही रहना है। कहीं जाएँगे-आएँगे

नहीं। दफ़्तर में भी क्या काम है, बैठना ही तो है। मौक़ा लगा तो वही रिकॉर्ड रूम या स्टोर में घुसकर घण्टा-दो घण्टा सो लेंगे। क्या है? कोई काम तो है ही नहीं। साहब तो दो बजे से मीटिंग में जाएगा तो यों भी कुछ होना-जाना नहीं है। सब साले कैण्टीन के चक्कर काटेंगे। गप-सड़ाके और क्या! जैसा घर वैसा दफ़्तर।

तो चले ही जाएँ। वह फ़ाइल भी आज देनी है साहब को दस्तख़त करने के लिए। कहीं माँग बैठे तो। बुलाएगा और पता लगेगा कि छुट्टी पर हूँ तो यों ही भिनकेगा। दफ़्तर चले ही जाएँ। फिर सोचते हैं, रहने दें। क्या है। कोई ज़रूरी है कि फ़ाइल पर आज ही दस्तख़त हो। शायद ही माँगे फ़ाइल आज। इसका दिमाग़ तो मीटिंग पर लगा रहेगा। ग्यारह बजे वह दफ़्तर आएगा, दो बजे मीटिंग है। इस बीच में क्या कर लेगा। हो सकता है, फ़ाइल लेकर जाओ तो भी दस्तख़त न करे। 'आइ ऐम वेरी बिज़ी।' फिर जल्दी क्या है। परसों हो जाएँगे दस्तख़त। इतने दिन पड़ी रही तो दो रोज़ और सही।

सब चलता है। और माँगेगा भी तो वर्मा दस्तख़त करवा लेगा। सामने टेबल पर ही तो पड़ी है। वह छुट्टी लेता है तो हम भी तो उसका काम कर देते हैं। क्या है उसमें। दस्तख़त ही तो करवाना है। ड्राफ्ट साहब देख ही चुके हैं। दो मिनट का काम है। मगर वर्मा बड़बड़ाएगा। हो सकता है, कह दे कि सर, फ़ाइल मिल नहीं रही। नीच। यों ही बात बढ़ेगी। दस्तख़त हो जाएँगे पर फोकट का ऑब्लीगेशन। दफ़्तर चले ही जाएँ। एक मन करता है, रहने दें। कैजुअल तो कैजुअल है। इन्सान का हक़ है। जब ज़रूरत होगी, वह लेगा। आइ ऐम सिक। कर लो, क्या करते हो? अनेबुल टु अटेण्ड ऑफिस। बस। हमारी तबीयत। नहीं आते। क्या है? यों ही क्या होता है? एक दिन नहीं गये तो कौन से काम रुक जाएँगे?

वह उठा और अन्दर चला गया। रसोई के दरवाज़े की चौखट से टिककर खड़ा कुछ देर काम करती हुई पत्नी को देखता रहा। फिर बोला–"आज दफ़्तर जाने को मन नहीं कर रहा।"

"क्यों?"

"यों ही, सोचते हैं छुट्टी ले लें। तीन दिन की कैजुअल बकाया है। बेकार जाएगी।"

"ले लो," पत्नी ने कहा और काम करती रही।

कुछ देर चुप खड़े रहने के बाद वह फिर बोला–"क्या ख़याल है, ले लें छुट्टी। मगर घर पर भी क्या करेंगे?"

"हाँ, काम तो कुछ है नहीं," पत्नी ने कहा।

"वही सोच रहे हैं। बेकार एक दिन की कैजुअल जाएगी। फ़ायदा क्या? आगे शायद लेनी पड़ जाए। चले ही जाएँ दफ़्तर।"

"चले जाओ," वह बोली।

"हूँ, यही सोच रहे हैं। क्या करें?" कुछ क्षण रुककर फिर कहने लगा—"ले लेते छुट्टी तो एक दिन का रेस्ट हो जाता। कल छुट्टी है ही। फिर ठाठ से परसों जाते दफ़्तर। तबीयत नहीं कर रही आज दफ़्तर जाने की, मगर अब घर भी रहकर क्या करेंगे। क्यों?"

वह पीछे बाड़े में चला गया और धूप में खड़ा हो गया। नल पतला बह रहा था। उसने सोचा, अगर दफ़्तर जाना ही है तो अब उसे नहा लेना चाहिए। फिर देर हो जाएगी। न भी जाना हो तो भी नहा लेने में क्या हर्ज़ है? पानी गरम करवा लेते तो ठीक रहता। जल्दी क्या है? नहीं गये दफ़्तर तो बाद में गरम करवाकर तबीयत से नहाएँगे। उसने दोनों हाथ सिर पर रखे और पैर पटकता फिर अन्दर आ गया। कुछ देर कमरे के बीच खड़े रहने के बाद वह पलँग पर बैठ गया।

क्या करें। एक मन करता है रहने दो। आज कुछ तबीयत नहीं हो रही। आलस आ रहा है। यों जाने में भी कोई हर्ज़ नहीं। वहाँ भी कोई काम तो है नहीं। साहब शायद बुलाएँ फ़ाइल के लिए। नहीं मिलेगी तो नाराज़ होंगे। यों ही इम्प्रेशन बिगड़ेगा। बिगड़े साला। हमने कोई ख़ैरख़्वाही का ठेका ले रखा है? सब मौज मारते हैं और हम एक दिन की कैजुअल भी नहीं ले सकते। हद है। आख़िर इन्सान का हक़ है। नौकरी की है तो कोई बेच दिया है अपने को। आइ ऐम सिक। क्या मतलब होता है इसका। तीन दिन की कैजुअल बकाया है। बचा के करना क्या है? बेकार है। हम ही बेवकूफ़ बनेंगे। कोई तारीफ़ करनेवाला तो है नहीं। कितनी ही ख़ैरख़्वाही दिखाओ, क्या है। घर पर रहेंगे तो दिन-भर रेस्ट करेंगे। जाएँ जिनको दफ़्तर जाना हो। इन्सान को कभी-कभी थोड़ा रेस्ट करना चाहिए।

पर कहाँ रेस्ट मिलता है। घर पर भी कहाँ रेस्ट मिलता है। बेकार सुस्ती चढ़ेगी, और क्या। जहाँ तक आराम का सवाल है, दफ़्तर में भी हो सकता है। दो बजे से मीटिंग है। साहब रहेंगे नहीं। सब मौज करेंगे। जाना, नहीं जाना एक ही मतलब है। एक कैजुअल बिना वज़ह गल जाएगी।

अपनी साड़ी से हाथ पोंछती हुई पत्नी कमरे में आयी और उसको देखकर बोली—"फिर क्या तुम दफ़्तर जा रहे हो या नहीं जा रहे हो?"

"वही सोच रहे हैं, जाएँ कि न जाएँ। एक मन करता है चले जाएँ, एक मन करता है रहने दें।"

"सोच लो," पत्नी ने कहा।

"हूँ।" उसने कहा और फिर सोचने लगा।

स्वर्ण-मृग कितने कैरेट का था?

पिछले दिनों सोने की इज़्ज़त तेज़ी से गिरी है। कुछ ऐसी नापसन्दगी का वातावरण बना है कि मानो हम सब एक सिरे से भरथरी हो गये, गौतम हो गये और कंचन का मोह त्याग बैठे। यह असार संसार है जहाँ सकल स्वर्ण चौदह कैरेट है और वह भी या तो दान दिया जाने को है या काग़ज़ के बाण्डों में बदला जाने को है। बदले में लोहे का मोल बढ़ गया। यह कहते शरम आने लगी कि देखो मैंने नया नेकलेस ख़रीदा है। तोपें ढालनेवालों का रोब नगीने जड़नेवाले सुनारों से आज ज़्यादा है। सौ सुनार की और एक लुहार की जिसे कहते हैं, आँखों से देखी। ज़ेवरात की दुकानों पर गुब्बारे बिकने लगे और भिलाई और राउरकेला के कारख़ाने दिन-रात लोहा उगलने लगे। स्वर्ण युग आने के पहले ही उसकी समाप्ति हो गयी। अब आएगा भी तो चौदह कैरेट का आएगा, शुद्ध नहीं। सोना न हुआ वेजिटेबल घी हुआ। बहनों को विश्वास दिलाया जा रहा है, स्वाद में कमी नहीं आएगी। एक बार अपने पसन्द की पूरियाँ तलकर तो देखें राष्ट्र-भक्ति की कढ़ाई में।

अब कोई कहे कि किसी सुन्दरी की देह कंचन की है तो यह पूछने की तबीयत होती है कि भैया कंचन कितने कैरेट का है? अब कोई कहे कि इतिहास में हमारा नाम स्वर्णाक्षरों में लिखा जाएगा तो सन्देह होता है कि क्या उन अक्षरों का स्वर्ण शुद्ध होगा? सोना जो खरेपन का प्रतीक था अब नहीं रहा, मनुष्य की तो बात ही क्या? यह कहना कि अमुक व्यक्ति सोने-सा खरा है, कितना ग़लत है, क्योंकि जब सोना खरा नहीं होता तो आदमी क्या? अब वाक्य होगा भैया यह आदमी भी सोने-सा अशुद्ध है। बिलकुल चौदह कैरेट समझो, विश्वास मत करना, ऊपर का मुलम्मा भर है। यानी जैसा कलयुग का आदमी, वैसा ही सोना। उपमान और उपमेय दोनों का वही प्रतिशत है—चौदह कैरेट।

प्राचीन ऋषि-मुनि कहा करते थे कि सोना मिट्टी है और इसका लालच व्यर्थ है तो निश्चित ही तब उन भविष्यद्रष्टाओं की आँखें 1962-63 की आर्थिक नीतियों की तरफ़ लगी रहती थीं, तब किसी की समझ में नहीं आता था और कोई मानता भी नहीं था। बड़ी ईंटें इकट्ठी करके रख़ते थे। ज़ेवर बनवाते थे और तहखाने की

चाबी सीने से लगा रात भर जागते रहते थे। सब व्यर्थ सिद्ध हुआ। डाकू भी आते हैं तो नकदी ले जाते हैं और सोना छोड़ जाते हैं। यह शाश्वत सिक्का बेकार साबित हो गया।

जब अँग्रेज़ों से लड़ाई लड़ी जाती थी तब कहते थे कि हमारा देश तो सोने की चिड़िया है। अब कहिए इसे सोने की चिड़िया! सोने में वह बात ही नहीं रही। सरकार ने सोने की चिड़िया बैंक के पिंजड़ों में बन्द करने का निश्चय किया है। जितना है घोषित करो। आख़िर पता तो लगे कि इस सोने की चिड़िया के कितने पंख हैं? कहाँ-कहाँ उड़ती है, किन-किन डालियों में छुपकर बैठती है, कौन इसे दाना चुगाकर अपने आँगन में रोके है, कौन इसके पीछे जाल बिछाये बहेलियों की ज़िन्दगी बसर कर रहे हैं? सरकार इसे बस में करेगी और सोने को ही सब कुछ माननेवाले लोग लोककथा के राजा की तरह अफ़सोस करेंगे—हाय, मेरी सोन चिरैया, तू कहाँ उड़ गयी री!

बड़ी मुसीबत की घड़ी है। ख़ासकर हम जैसे लोगों के लिए जिन्हें हर बात में सोना ही सोना नज़र आता था। जैसे सावन के अन्धे को हरा ही हरा नज़र आए। सूरज अपनी चाल से डूबता था तो कहते थे कि पश्चिम में सोना पिघला है। किसी का रूप भा जाता तो झट उसे सोनदेही पुकार बैंक में जमा कर देने काबिल बना देते थे। खेतों से फ़सल उगती थी, तो कहते थे मिट्टी सोना उगलती है। पहाड़ों के शिखर पर भी सोना, नदी की धार पर सोना—और अब यह सब कहते हुए डर लगता है, क्योंकि सरकार जाँच कर रही है कि सोना कहाँ-कहाँ है। कविता संकलनों से पता लगाएँ कि सोना कहाँ-कहाँ मिलता है, तो आनन्द रहे।

और मैं पूछूँ कि वह पारस पत्थर कहाँ गया, जो पहले भारत में इफरात से पाया जाता था। तेलियों के दरवाज़े पर लगा रहता था, राजा दान कर देते थे और ऋषि-मुनि उसे क्रोध से फेंक देते थे। हमने यह भी सुना था कि चील अपने अण्डे सेने से पूर्व कहीं से पारस पत्थर चोंच में दबाकर लाती है और वापस रख आती है। अब चील के घोंसले में कौन झाँके और उसकी चोंच से उसे कैसे छुड़ाया जाए? सात-आठ दिन हम भी पारस पत्थर के चक्कर में परेशान हो लिये, पर वह मिला नहीं। ज़्यादा कोशिश करते तो शायद मिल जाता। आज पारस होता तो लेकर भिलाई के कारख़ाने पहुँच जाता और फिर जो भी चमत्कार करता उसे आप अख़बारों में मेरी फ़ोटो के साथ पढ़ते।

देश की सेवा का यह सुनहरा मौक़ा यानी 'गोल्डन अपार्च्युनिटी' है। एक ऐसा मौक़ा जब आप रोब से कहें कि मेरे पास इतना सोना है और समाज में आपका सम्मान हो। मगर नहीं, इस मौक़े का फ़ायदा लोग कम उठा रहे हैं। स्वर्णमृग को जीवित पकड़ने की राम की सारी भागदौड़ व्यर्थ सिद्ध हो रही है। मैंने इस मौक़े का फ़ायदा उठाया है और जो एकमात्र अँगूठी मेरे पास थी, अँगुली में पहन ली

है। देश को ज़रूरत आयी तो दे दूँगा। मेरा छोटा भाई युनिवर्सिटी में प्रथम आने की तैयारी कर रहा था ताकि उसे गोल्ड मैडल मिले। मैंने उसे डाँट दिया है कि जब देश पर संकट पड़ा है तब तुम्हारा गोल्ड मैडल के लिए कोशिश करना ग़द्दारी है। घर में कुछ बचत के पोस्टर लाकर चिपका दिये हैं ताकि पत्नी पढ़े और उस पर अमल करे। भावुकता के किन्हीं क्षणों में पत्नी को कहा था—तुम्हें सोने की चूड़ियाँ बनवा देंगे। अब जब वह मर्द के वायदे की याद दिलाती है, मोरार जी की अपील पढ़ने को दे देता हूँ। मजबूरी का नाम महात्मा गाँधी! यों ही कभी सोना ख़रीदने की हालत में नहीं रहा, अब कतिपय आदर्श वज़हें भी हो गयीं, जिसके कारण सराफ़े से नहीं गुज़रता। मुक्त कण्ठ से भाषण देता हूँ उनके ख़िलाफ़ जो सोने की ईंट बनाकर रखते हैं और रावण की तरह सोने का 'बिल्डिंग मटीरियल' के रूप में उपयोग करते हैं।

यह तो होना ही था। सोने की इज़्ज़त गिरी तो अपनी ज़रूर उठेगी। सोना चौदह कैरेट होगा तो हम बयालीस कैरेट कहलाएँगे। एक सज्जन ने पूछा कि क्योंजी जो सज्जन लाख रुपये का सोना रखे हो उस आदमी की इज़्ज़त कितनी? उत्तर मिला कि एक लाख एक रुपया। यानी आदमी तो सिर्फ़ एक रुपये का ही हुआ, जितना सोना है उतनी ही अतिरिक्त इज़्ज़त है। मगर अब सोना गया काम से। अब आदमी को परखिए कसौटी पर और मोल कीजिए।...

पठन-पाठन का रणक्षेत्र

देश के सारे पुराने क़िलों को दुरुस्त करने का समय आ गया है। एकाएक मुझे सब उपयोगी लगने लगे हैं। दीवारों की टूटफूट ठीक की जाए, चारों ओर खुदी हुई खाइयों को पानी से लबालब भर दिया जाए और उस पानी को नावों से वंचित रखा जाए। सारा काम डेढ़-दो माह में हो जाना चाहिए। क़िले की बुर्ज़ों को ठीक करो ताकि पहरेदार वहाँ खड़े रह सकें। क़िले के दरवाज़े से खाई पर गुज़रनेवाले पुल को ज़ंजीरों से बाँध दिया जाए ताकि ख़तरे का अहसास होते ही ज़ंजीरों से पुल अपनी ओर खींचा जा सके। जो तोपें अजायबघरों और बच्चों के पार्कों में व्यर्थ पड़ी हैं उन्हें फिर क़िले की दीवार पर लगा दिया जाए। इनका आतंक पुनः स्थापित करने का समय आ गया है। दूरबीनें फिट कर दी जाएँ ताकि क़िले की ओर आते युवक या युवकों के जत्थे देखे जा सकें और उनकी गतिविधियों की टोह ले तुरन्त सुरक्षा की कार्रवाई की जा सके। माह भर में यह सारा इन्तज़ाम पुख़्ता हो जाना चाहिए। उसके बाद देश के सारे विश्वविद्यालयों को इन क़िलों में शिफ़्ट कर दिया जाए। दिल्ली विश्वविद्यालय दिल्ली के क़िले में और आगरा विश्वविद्यालय आगरे के क़िले में। जहाँ क़िले नहीं हैं वहाँ क़िले ताने जाएँ। ऊँची मजबूत दीवार, चारों ओर खाई और ठोस दरवाज़े, जिसके अन्दर उपकुलपति और उनका लवाजमा सुरक्षित रहे। आज ख़तरा चारों ओर से है, जोख़म का काम हो गया है पढ़ाना। पक्की सुरक्षा ज़रूरी है। वाइस चांसलर से लेकर कापियाँ जाँचनेवाले अदना प्रोफ़ेसर तक की सुरक्षा ज़रूरी है। पूरे विश्वविद्यालय की सुरक्षा। एक माह में सब काम पक्का हो जाना चाहिए क्योंकि सत्र आरम्भ होने के ख़तरनाक प्रहर में अब अधिक देर नहीं है।

शिक्षा मन्त्री अपने भाषणों में वीर प्राध्यापकों का आह्वान करें कि वे सर पर कफ़न बाँधकर पठन-पाठन के रण-क्षेत्र में टूट पड़ें। प्राण-रक्षा के लिए प्राध्यापकों को घातक शस्त्र रखने की इजाज़त दी जाए। सारा काम चाक-चौबन्द हो।

इस स्थिति को कदापि मानवीय नहीं कहा जा सकता कि एक अकेला प्राध्यापक छात्रों की बड़ी कक्षा में पढ़ाने के नाम पर निहत्था छोड़ दिया जाता है। हर पैंतालीस मिनट बाद उसका कक्षा से जीवित लौट आना अपने में एक चमत्कार

है। प्राचीन रोम में भूखे शेरों के बीच अपराधी को छोड़ लोग जीवन-मृत्यु का तमाशा देखते थे। मगर बाद में इस प्रथा का विरोध हुआ और उस असहाय व्यक्ति को मरने-जीने का निर्णायक खेल खेलने के लिए तलवार दी जाने लगी। हमें भी व्यवस्था में मानवीय दृष्टि से सुधार कर प्राध्यापकों को आत्मरक्षा की सुविधा देनी चाहिए। जो छात्रों का शिक्षा-बोध हो वह शिक्षकों के लिए मृत्यु-बोध क्यों हो? हो तो कब तक? आख़िर प्राध्यापकों को भी जीवन जीने का अधिकार है। निहत्थे मरने के लिए तो उन्होंने छायावाद पर पी-एच.डी. नहीं किया। प्रबुद्ध व्यक्तियों के रूप में राष्ट्र के जीवन में प्राध्यापकों की विशिष्ट भूमिका है जैसे कापियाँ जाँचना (बोर्ड और विश्वविद्यालयों की), प्रश्न-पत्र बनाना, मौखिक सवाल पूछने के लिए दूर की यात्राएँ करना, जातिवालों, रिश्तेदारों, विभाग के अफ़सरों के लड़के-लड़कियों को प्रथम श्रेणी दिला उनके तथा अपने जीवन को सार्थक बनाना, विश्वविद्यालय अनुदान आयोग की दरों पर वेतन लेना, डीन ऑफ़ फैकल्टी हो जाना, पाठ्यक्रम में हेरफेर करना आदि। अधिकाधिक पी-एच.डी. करवा शोध के जंगलों का विकास, तबादला होने पर रुकवाने का प्रयास, जिसमें असफल होने पर चले जाना और प्रयत्न जारी रखना आदि नाना प्रकार के बौद्धिक कार्य प्राध्यापक नस्ल के महानुभावों द्वारा सम्पन्न किये जा रहे हैं। छात्रों द्वारा मारे-पीटे जाने की फ़ौजदारी स्थितियों में इन कार्यों में बाधा आती है। सुरक्षा-व्यबस्था अतः ज़रूरी है। मेरा प्रस्ताव है कि शिरस्त्राण और कवच प्राध्यापकों के लिए अनिवार्य कर दिया जाए। जो नहीं पहनना चाहते वे लिखकर दें कि ऐसा वे अपनी जोख़िम पर कर रहे हैं।

शिक्षा विभाग चाहे तो मैं सुरक्षा की पूरी योजना प्रस्तुत कर सकता हूँ। हर कक्षा में प्राध्यापक की मेज़ के चारों ओर बुलेटप्रूफ़ काँच का घेरा लगाया जाएगा। प्राध्यापक भूमिगत्त सुरक्षित कक्षों में रहेंगे। पीरियड लगते ही वे ऊपर उठती कुर्सी पर बैठ सीधे कक्षा के अन्दर आएँगे। लेक्चर देने लगेंगे। समय ख़त्म होने पर अथवा छात्रों की ओर से ख़तरा नज़र आते ही प्राध्यापक बटन दबाएगा और कुर्सी ज़मीन में उतर जाएगी। छात्र रूबरू अपने प्रोफ़ेसर से प्रश्न नहीं कर सकेंगे। वे फ़ोन करें, जवाब मिलेगा। परीक्षा के लिए तैयार होने पर छात्र कॉलेज को सूचित करेगा और तभी उसकी परीक्षा ली जाएगी। प्रश्नों के उत्तर वह कम्प्यूटर में डाल देगा और कम्प्यूटर्स मार्क्स दे देंगे। उसे बता छात्र डिग्री ले लेगा। मेरी योजना पुख़्ता है और बड़ी विस्तृत। जो लोग शिक्षा के भविष्य को लेकर चिन्तित हैं, बीसवीं सदी के रामबाण नुस्खे के लिए मुझसे सम्पर्क करें। शहर में हमारा निवास कुछ ही दिनों रहेगा अतः जल्दी करें।

भावी कर्णधार

कहते हैं युवा-शक्ति चाहे तो क्या नहीं कर सकती। अर्थ यह कि वह कुछ भी कर सकती है। कुछ तो भी कर सकती है। बहुत-कुछ कर सकती है। सब-कुछ कर सकती है। इसका प्रमाण यह है कि वह कुछ-न-कुछ तो करती ही रहती है। कुछ नहीं करेगी तो वह युवा-शक्ति क्या? है, यानी कुछ करना है।

और उन्होंने किया। नागपुर में किया। नागपुर से घर लौटते हुए किया। जहाँ-जहाँ रेल रुकी वहाँ किया। जहाँ न रुकी वहाँ रेल रोककर किया। नेता हमेशा कहते हैं कि समय आ गया है जब युवा-शक्ति को कुछ करना चाहिए। समय आ गया। नागपुर में समय आया। सारे युवा समझ गये कि समय आ गया है। हमें कुछ करना चाहिए। और वे करने लगे।

उन्होंने क्या किया? उन्होंने वही किया जो युवा-शक्ति कर सकती थी। अर्थात् जो उससे हो सकता है। जैसे दुकानें लूटना, सामानों पर हाथ मारना, लड़की छेड़ना, मारना, पेमेण्ट नहीं करना वग़ैरह, जिससे युवा-शक्ति की पहचान बनती है। रेल रोकना, स्टेशनों को लूटना, पैसेंजरों को धक्के देकर नीचे उतारना वग़ैरह। मतलब आप कह सकते हैं कि युवा में शक्ति है। प्रमाण नागपुर में बिखरे पड़े हैं। नागपुर से उनके घर के रास्ते में बिखरे पड़े हैं। उन्होंने बलात्कार किये। क्या वे बिना शक्ति के हो सकते थे। युवा हैं तो शक्ति तो होगी। शक्ति है तो शक्ति का पात होगा। पात कहीं भी हो सकता है। किसी भी रूप में हो सकता है। जहाँ जैसी आवश्यकता तथा स्थितियाँ थीं वैसा हुआ। नागपुर में वे समूहबद्ध होकर वेश्यालयों में गये और वहाँ जाकर युवाओं ने अपनी शक्ति का पात किया। वे भूखे थे, प्यासे थे और इस सबसे बढ़कर वे युवा थे। उनमें शक्ति थी। भूखे रहने की नहीं, भूख मिटाने की शक्ति थी। उनमें सब क़िस्म की प्यास मिटाने की शक्ति थी। खाने की दुकान देख उनकी भूख जागती थी। वेश्यालय देख उनकी प्यास जागती थी। वे युवा थे, नागपुर में थे, रेल में थे, समूह में थे, उनमें शक्ति थी। वे जानते थे कि उनमें शक्ति है। लोग जानते थे कि उनमें शक्ति है। जिन्हें नहीं पता था उन्हें भी पता लग गया कि उनमें शक्ति है।

नागपुर उनकी शक्ति से भयभीत था, थर्रा रहा था। रेलें थर्रा रही थीं, स्टेशन थर्रा रहे थे, आसपास की दूकानें, मकान, मकानों में रहनेवाले, सभी थर्रा रहे थे। कुल मिलाकर सारा देश थर्रा रहा था। कहीं कुछ भी हो सकता था। वे कुछ भी कर सकते थे। वे शक्ति थे। युवा थे इसलिए शक्ति थे। समूह में थे इसलिए शक्ति थे। परदेस में थे इसलिए शक्ति थे। दूसरे कमज़ोर थे इसलिए शक्ति थे। वे राजनीति में थे इसलिए शक्ति थे। युवा का अर्थ ही शक्ति होता है। और शक्ति का अर्थ होता है दूसरों को पीड़ा देना, दुखी करना, मारना, बलात्कार करना। वे युवा थे। शक्ति थे। वे यह सब कर रहे थे। यही उनसे अपेक्षा थी। इसी के वे योग्य थे। वे किसी भी दुकान को लूट सकते थे, किसी भी लड़की का हाथ पकड़ सकते थे, किसी को भी पीट सकते थे। शक्ति की यही पहचान होती है। शक्ति का यही अर्थ होता है। वे युवा थे उर्फ़ शक्ति थे। यही उनका परिचय था, यही उनकी सार्थकता थी।

वे दूसरों से लड़े। आपस में लड़े। निहत्थे लड़े। शस्त्रों से लड़े। सकारण लड़े। अकारण लड़े। हर जगह लड़े। शक्ति के बिना कोई नहीं लड़ सकता। वे शक्ति थे। वे लड़ रहे थे। वे पीट रहे थे, जला रहे थे, चुरा रहे थे, छीन रहे थे। वे वह सब कर रहे थे जो कि शक्ति कराती है। युवा करते हैं। लूटमार, बलात्कार, धौंस, प्रहार, दादागिरी अर्थात् वह सब क्रियाएँ जिसमें शक्ति अपने-आपको व्यक्त करती है। युवा स्वयं को व्यक्त करता है। युवा किसी भी बूढ़े को पीट सकता है। उसके हाथों से छीन सकता है, इज़्ज़त ले सकता है। बूढ़े मानते हैं कि युवा शक्ति होती है। सारा देश मानता है कि युवा शक्ति होती है। सारे नेता जानते हैं युवा शक्ति होती है। वे शक्ति का आह्वान करते हैं। वे युवाओं का आह्वान करते हैं। युवको जागो। युवक जागते हैं और क़रीब खड़ी लड़की का हाथ पकड़ उसे अपनी ओर खींचने लगते हैं। युवकों को कुछ करना चाहिए। युवक बलात्कार करने लगते हैं। युवकों के सामने चुनौती है। युवक धौलधप्पे पर उतर आते हैं। युवकों को आगे बढ़ना है। युवक सामने की दूकान लूटने लगते हैं। युवक देश के भावी नागरिक हैं। युवक यह सुनते ही वेश्यालयों की ओर चले जाते हैं।

नागपुर में युवा-शक्ति एकत्रित हुई, केन्द्रित हुई, अभिव्यक्त हुई, प्रस्फुटित हुई, उठी, जागी, वग़ैरह और सारा नागपुर काँप उठा। युवा चेतना ने त्राहिमाम् मचा दिया। युवा आक्रोश ने सबको नचाया, यहाँ से वहाँ भगाया, रुलाया।

नेताओं ने कहा है, अवश्य ही कहा होगा कि नागपुर में जो ज्योति जली है, जाग्रत हुई है, सन्देश मिला है, प्रेरणा प्राप्त हुई है उसे अब हमें पूरे देश में फैलाना है। भविष्य युवा-शक्ति के हाथों में है। वे सब रेलों में बैठे और जहाँ-जहाँ से रेल गुज़री वहाँ-वहाँ उन्होंने ज्योति जगायी। सन्देश घर-घर फैलाया कि हम युवा हैं, शक्ति हैं। तुम्हारी तो ऐसी-तैसी करके रख देंगे।

रेलें अपने मुक़ाम पर पहुँच गयी हैं। युवा-शक्ति अपने मुक़ाम पर पहुँच गयी है। देखना यह है कि अब देश की क्या दुर्गति होती है। शक्ति का जो अहसास हुआ है वह व्यक्त होकर रहेगा। अपनी इज़्ज़त के बारह बजवाने के लिए तैयार हो जाओ। युवा-शक्ति आपके घर की ओर आ रही है।

हीरो की नियति

रचना अधूरी थी, कोई चार-पाँच पृष्ठ ही बने थे। मैंने उसे आगे लिखने का विचार लगभग छोड़ दिया था। तभी यह घटना हुई।

नयी कॉलोनी के दुमंज़िला मकानों की पीली पाँत में बड़ी देर तक ठीक नम्बर खोजने के बाद मेरे हीरो जुगल ने कुमारी पन्त का दरवाज़ा खटखटाया। मकान खोजने की चकल्लस में वह काफ़ी थक चुका था, पर जैसे पुराने ज़माने में यात्रियों की प्यास कुएँ पर घड़ा भरती सुन्दरी को देखकर ही बुझ जाती थी, जुगल भी रुक्मा पन्त का नन्हा साइनबोर्ड देख फ्रेश हो गया। कुमारी रुक्मा पन्त, जैसा कि मैंने अपनी अधूरी कहानी में बयान किया था, असली हीरे का टुकड़ा थी। साधु-सन्त जब तपस्या ज़्यादा कर बैठते थे तब राजा इन्दर ऐसी ही किसी को जंगल में कत्थक करने भेजता था। अमृत का घड़ा राक्षसों से छीननेवाली शायद यही थी। इन्हीं ने पुराने ज़माने में हातिमताई को सात सवालों के लिए दुनिया में घुमाया था। आजकल भी पत्र-पत्रिकाओं के मुखपृष्ठ पर इनका चित्र छपता है। जिस साबुन की बट्टी को छू लेती हैं, सारा देश उससे नहा लेता है। तो इन्हीं रुक्मा पन्त के दरवाज़े पर जब मेरे हीरो जुगल (पूरा नाम नहीं लूँगा, नहीं तो पीटेगा) ने दरवाज़ा खटखटाया तब वह सद्यःमेकपा बाहर आयी। मेरे हीरो ने उसे पहली बार देखा तो जो अनुभूति उसे हुई वह अपने आप में एक सुन्दर कविता और घटिया फ़िल्म का विषय है। वह वहीं क़ुर्बान गया और मुझे अधूरी रचना छोड़ने पर मन-ही-मन गाली देने लगा। अगर ऐसी हीरोइन हो तो कोई भी जवाँ मर्द कहानी छोड़ उपन्यास का हीरो बनना क़ुबूल करेगा।

"कहिए, आपकी तारीफ़–" रुक्मा ने पूछा।

"मैं हूँ जुगल। आपने नाम सुना होगा। शरद जोशी की एक कहानी में मेरी शादी आपसे तय हुई है।" वह मुस्कराया और फिर शरमा गया।

"हाँ, मगर जहाँ तक मेरी जानकारी है वह कहानी अधूरी है और मेरा आपसे कोई सम्बन्ध नहीं होता। तशरीफ़ रखिए।"

जुगल ने तुरन्त तशरीफ़ रख दी। वह कमरे के कोने में रखे कैक्टस की ओर देखने लगा, जिसका सम्बन्ध मेरी उस अधूरी कहानी के शीर्षक से था। फिर यों ही जैसे ख़ुद से ही बातें कर रहा हो, कहने लगा—"रुक्माजी, मैं कई दिनों से आपको खोज रहा हूँ। काव्य की भाषा में कहूँ तो एक युग से संगिनी! शरद अगर कहानी पूरी कर देते...।"

"देखिए—उस आदमी के कहानी पूरी कर देने से मेरे भविष्य का कोई सम्बन्ध नहीं। अगर वह पूरी भी कर देते तो सम्पादक उसे रिजेक्ट कर देता। मैं एक रिजेक्टेड कहानी की हीरोइन होने के बजाय एक अधूरी कहानी की हीरोइन होना पसन्द करूँगी।"

"आप ठीक कह रही हैं। पर मैं सोचता था कि यदि वे कहानी पूरी कर देते तो मैं उसमें ही आपसे मिलता, साथ रहता और इस अधूरेपन को पूर्णता मिलती। यदि स्वप्न में चुम्बन लेने पर होठ नीले पड़ सकते हैं तो कहानी में विवाह हो जाने पर आप मेरी पत्नी क्यों नहीं हो सकतीं। यही सोचता आज आपके पास आ गया। जो बात कहानी में अधूरी रह गयी क्या जीवन में पूरी नहीं हो सकती?"

रुक्मा हँस दी।

"आप बिला-वजह सीरियस हो रहे हैं जुगल साहब। आपकी इसी भावुकता से शायद लेखक परेशान है और कहानी अधूरी है। यों भी एक ऐसे युवक को जिसकी कोई नौकरी नहीं हो, जो बी.डी.ओ. के इण्टरव्यू में असफल रहा हो, कहानी का हीरो बनाया नहीं जाना चाहिए। मगर आप बन गये तो ख़ैर भूल जाइए। बेकार क्यों दुखी होते हैं।"

"आप तो क्लासिक पढ़ी हुई हैं, जानती हैं कि पैसा ही सब कुछ नहीं होता। पुराने उपन्यासों में प्रायः सेठ की लड़कियाँ स्कूल-मास्टरों के साथ ब्याह कर लेती थीं।"

"जुगल जी, ऐसी निरी भावुकतावाले उपन्यासों की ज़्यादा प्रतियाँ नहीं बिक सकीं। पैसा कुछ नहीं होता तो क्या हीरोइन की सुन्दरता ही सब कुछ होती है? मैंने पढ़ी हैं ऐसी किताबें और मैं उन्हें नापसन्द करती हूँ। एक फटेहाल आदमी के पीछे भटकने की आदर्शवादिता से मैं ऊब चुकी। भाड़ में जाए ऐसा हीरो जिसे नौकरी तक नहीं मिलती।"

"आप अप्रत्यक्ष रूप से मेरा अपमान कर रही हैं।"

"यानी मैं एक भारतीय एक्ट्रेस की तरह जिसे एक बार हीरो मान लूँ, ज़िन्दगी के आख़िरी सीन तक उसी के साथ गाती रहूँ? आख़िर क्यों? आप कोई फ़रिश्ता हैं? आप एक आदमी हैं, हाथ, पैर, आँखें और एक भूखी नरवस सिस्टमवाले, जिसे लड़की की तलाश है।"

"कब कहता हूँ कि मैं फ़रिश्ता हूँ। मनुष्य हूँ और इसलिए आपका घर तलाशता आपसे चर्चा करने आया हूँ।"

"क्या चर्चा करना चाहते हैं?" रुक्मा ने पूछा।

"शरद जोशी की कहानी जाने दीजिए भाड़ में। वह तो मुझे बी.डी.ओ. के लिए भी नाक़ाबिल मानता है। यह देखिए मेरा अपाइण्टमेण्ट लेटर। मुझे इस कम्पनी ने एरिया ऑफिसर बनाया है। अभी मात्र आठ सौ देंगे, पर तीन साल बाद चौदह सौ, और बँगला। कहानी तो अब बनेगी। वह साला खाक समझता है।"

नियुक्ति पत्र देख रुक्मा की उन यथावर्णित हिरनी-सी आँखों में चमक आ गयी। उसकी रीढ़ की हड्डी में मधुर छायावादी कम्पन हुआ और पिया के संग जाने को पैर गुदगुदाने लगे। वही चमक जो स्वयंवर से भाग पृथ्वीराज के घोड़े पर बैठते समय संयोगिता की आँखों में थी। वही ख़ुशी जो सीज़र को पटा लेने के बाद मिस्र की रानी के चेहरे पर रही होगी।

"बहुत-बहुत बधाई जुगल! तुम गरम लोगे या ठण्डा, मेरा मतलब चाय या शरबत।" रुक्मा चहकने लगी।

"तुम ख़ुश हो ना रुक्मा!"

"मैं बहुत ख़ुश हूँ जुगल। अगर मास्टरों का वेतन इतना हो जाए तो सेठ की लड़की को ब्याह करने में क्या आपत्ति हो सकती है।"

"उस कहानी में..."

"अजी छोड़ो भी उसे। ये कथाकार बड़े अन-रिअलिस्ट होते हैं। वह तुम्हें समझ नहीं सका। तुम्हारी क्षमताओं और सम्भावनाओं का कितना ग़लत अनुमान लगाया उसने।"

जुगल ने भावविभोर हो रुक्मा की ओर देखा और एक परम्परागत हीरो की तरह हीरोइन के हाथ अपने हाथों में ले लिये।

उस दिन कॉफ़ी हाउस में जब मैं अपने तीन-चार लेखक मित्रों से घिरा नयी कहानी के कुछ पक्षों को ले बहसबाज़ी कर रहा था, मैंने देखा कि रुक्मा पन्त और जुगल अन्दर आये और मुझे विश करते हुए कोने की टेबल की ओर बढ़ गये। जुगल नये सूट में था और रुक्मा बनारसी साड़ी धारे हुई थी। जुगल का सूट देखकर मेरी जान जल गयी। कोई भी आधुनिक कथाकार इस युग में हीरो को अपने से अच्छी अवस्था में नहीं देख सकता। जुगल इस तरह से रुक्मा के साथ घूमे और मेरी रचना अधूरी पड़ी रहे, मुझे बहुत दुःख हुआ। मैं एकाएक वह विषय ही भूल गया जिस पर बहस कर रहा था।

"यह है कथाकार की स्थिति। एक लड़की को देख सब-कुछ भूल जाता है और बातें फाँकता है निस्संगता की, अलगाव की।" किसी ने कहा।

"यार इन्हें देख मुझे अपनी एक अधूरी कहानी याद आ गयी। यह छोकरा

मेरा 'हीरो' है। तब बेकार भटकता था, आज बड़े ठाठ में है।"

"बेकार न होता तो आपका हीरो कैसे होता!"—कोई बोला। मैं हँस दिया और 'हाँ...मैं...क्या...कह...रहा...था' बोलता मैं फिर बहस पर आ गया।

बातचीत तो मैं कर रहा था पर रह-रहकर मेरा ध्यान जुगल और रुक्मा की ओर चला जाता था। वे जिस तरह घुलमिलकर बातें कर रहे थे, मुग्ध भाव से एक-दूसरे को निहार रहे थे—मैं चकित था। जो कुछ मेरी आँखों के सामने चल रहा था यदि यह यथार्थ है तो मुझे सचमुच अपने हीरो से रश्क है। एक क्षण को यदि इस कॉफ़ी हाउस में हम अपनी कुर्सियाँ बदल लेते तो मैं अभी, इसी वक़्त रुक्मा का हाथ पकड़ कहता—अगर जीवन में तुम मिल सकती हो तो मैं लेखक होने के बजाय एक ऐसा हीरो होना पसन्द करूँगा जो बी.डी.ओ. के पद के लिए अयोग्य क़रार दिया गया।

मैं मन के कोरे काग़ज़ पर व्यर्थ के पैराग्राफ़ लिखता ही रहा और वे दोनों कॉफ़ी हाउस से उठकर बाहर चले गये। लगता था जल्दी में हैं। तबीयत हुई उनका पीछा करूँ, पर मन मसोसकर बैठ गया। आधुनिक लेखक आत्मा का डिटेक्टिव होता है, शरीर का नहीं।

और बहस चलती रही।

जुगल और रुक्मा तो कुछ दिनों नहीं दिखे पर मैं उनके विषय में लगातार सोचता रहा। ये दोनों मेरे लिए अलग इकाइयाँ हैं। कहानी में मैं उन्हें पास लाता और फिर दूर कर देता। नयी कहानियों में हीरो की नियति यही है कि उसे हीरोइन नहीं मिलती। बल्कि प्रायः कहानी हीरोइन छूट जाने के बाद से ही आरम्भ होती है। मेरी कहानी में जुगल को अपना प्रेम रुक्मा भीख के रूप में देती और आगे बढ़ जाती। रुक्मा से मेरा परिचय है और कुछ दिनों मैं उसके पीछे पागल रहा हूँ। उसके पास शायद वे पत्र अभी भी सँभले रखे हों जो मैंने उसे पोस्ट किये थे। जुगल को मैं अलग से जानता था। हम एक होटल में खाना खाते थे और प्रायः वक़्त साथ ही बीतता था। मैंने उसकी बेकारी, निराशा देखी है। जुगल और रुक्मा परस्पर एक-दूसरे से कैसे परिचित हुए, मैं नहीं जानता। इस कहानी का प्रारम्भिक अंश जिसमें जुगल रुक्मा का मकान खोजने जाता है और मेरी अधूरी कहानी के सन्दर्भ में परिचय प्राप्त करता है, काल्पनिक है। मेरे मन में वे एक-दूसरे से सिर्फ़ एक कहानी के कारण ही मिलते हैं। यों जीवन में ये दोनों उसी सामान्य ढंग से मिले होंगे जिसमें एक टेरेलीन का सूट बनारसी साड़ी से मिलता है—किसी पार्टी में, क्लब में और तब से ये दोनों साथ हैं। कॉफ़ी हाउस में मैंने देखा था—रुक्मा बिलकुल समर्पित मूड में है।

आज वो पत्र, जो मैंने रुक्मा को भेजे थे, मिलें तो उन्हें पढ़कर ख़ूब हँसूँ।

रुक्मा तब हँसती थी तो ग़लती नहीं करती थी। भावुकता का एक पूरा दौर ख़त्म होने के बाद मैं रुक्मा से दूर हट गया। मेरे लिए वह एक ऐसी लड़की की तस्वीर भर शेष रही जो नहीं झुकती, जो अपने में पूर्ण है और एक पॉकेटबुक की हीरोइन बनने योग्य है। तभी से कुछ लिखने की सोच रहा था पर नहीं लिख पाया। जुगल से मिला तो मुझे अचानक उसमें एक सुप्त हीरो नज़र आया जो एक लड़की को पाने के लिए अपने-आपको शून्य के स्तर पर ला सकता है, जो रिरिया सकता है और ख़ुद को मिटाकर पति होना पसन्द कर सकता है, और इसके बावजूद वह असफल और निराश है। उन दिनों जुगल के सामने दो समस्याएँ थीं—एक नौकरी और दूसरी लड़की। कई बार वह इन दोनों समस्याओं के संयुक्त हल की कल्पना करता। वह सपने बुनता कि नौकरी कर कमानेवाली सुन्दर लड़की उसे पति बना लेती है। बड़ी जायदाद की वारिस, पाँच मंज़िल मकान की मालकिनें उसे सपनों में दिखतीं और दूसरे दिन वह सपना मुझे सुना भी देता। जुगल और रुक्मा का अध्ययन मैंने अलग-अलग दौर में किया था। लिखा तो कहानी अधूरी रह गयी। हिन्दी के दुर्भाग्य!

आख़िरी बस निकल गयी तो सोचा अब पैदल ही घर लौट जाऊँ। कोई फर्लांग भर ही चला होऊँगा कि एक टैक्सी पास आकर रुक गयी। किसी ने कहा—"ओ कथाकार, जोशी साहब, आ जाइए घर छोड़ दूँ।"

मैंने देखा टैक्सी की पिछली सीट पर बैठा जुगल मुझे बुला रहा था।

"क्यों बे, आजकल बहुत बड़ा आदमी हो गया!"

मैंने टैक्सी का दरवाज़ा खोला और अन्दर जा बैठा।

"क्या मतलब?"

"मिलता ही नहीं है। उस दिन कॉफ़ी हाउस में एक मिनट को..."

वह ठठाकर हँसा और फिर बोला—"तेरी तो जान जल गयी मुझे रुक्मा के साथ देखकर ना। तेरा बस चलता तो मुझे खा जाता।"

"नहीं, ऐसी बात बिलकुल नहीं।" मैंने सफ़ाई-सी दी..."बात यह थी कि मैं सोच रहा था कि तुम दोनों मिल कैसे गये?"

"बस, ऐसे ही जैसे तेरी कहानियों में लड़के-लड़की मिल जाते हैं।" वह फिर ठठाकर हँसा।

मैं चुप हो गया। ऐसा लगा जैसे यह जानता है कि मैंने इसे और रुक्मा को लेकर एक कहानी लिखी थी।

"मुझे हैरानी तो हुई पर साथ ही ख़ुशी भी। रुक्मा तुम्हारे लायक लड़की है। मैं उसे जानता हूँ।"—मैंने कहा।

"कैसे जानता है?"

"ऐसे ही जैसे कहानियों में एक लड़का..." मेरा घर पास आ रहा है। जुगल एकाध बार धीरे से बड़बड़ाया—हीरो की नियति। और चुप रह गया।

"यहाँ रोकना भाई।" मैंने टैक्सीवाले से कहा। मेरा घर आ गया था।

मैं टैक्सी से उतरा और दरवाज़ा बन्द कर बोला—"अच्छा, गुड नाइट प्यारे!"

"सुनो एक बात।"

"कहो।"—मैं बन्द दरवाज़े से हाथ टिका खड़ा हो गया।

"सच कहना उस कहानी का हीरो मैं ही हूँ?"

"हाँ। तुम हो।"

"कहीं तुम तो नहीं।"

मैं चौंक गया। वह फिर बोला—"मैंने वे पत्र पढ़े हैं जो तुमने कभी रुक्मा को लिखे थे। रुक्मा ने मुझे बताये। उसने तुम्हें निराश किया, तुम उसे पा नहीं सके। हीरो की नियति। है ना!"

मैं उसे देखता रह गया।

"गुड नाइट!"—टैक्सी चली गयी।

मैं घर लौट आया हूँ। ख़ाली कमरे को पार कर गैलरी में आकर खड़ा हो गया हूँ। इस समय रात है। मैंने पूरी कहानी भर कहीं प्रकृति का वर्णन नहीं किया। अब करना चाहता हूँ, पाठक क्षमा करें। प्रकृति-वर्णन की व्यर्थता समझते हुए भी जाने क्यों रह-रहकर यह सामने का यूक्लिप्टस का वृक्ष मुझे बाँध रहा है। यह पेड़ इस रात का हीरो है जिसकी नियति है यों ही हाथ-पैर फेंकना और अपनी ज़मीन में गिरफ़्तार रहना। हवा है, तारे हैं, चाँद है और रात अधूरी है। अगर कुछ सम्पूर्ण है तो एक कहानी, जिसका हीरो और लेखक लुटा हुआ खड़ा है। कॉलोनी ख़ामोश है, सिवाय मेरे हाथों के कहीं कुछ हिलता-काँपता नहीं।

"गम्भीर न बनो मेरे यार। यह तुम्हारी प्रकृति नहीं। जो नियति रिजेक्टेड बी.डी.ओ. की होती है वही लिखकर तीस-चालीस रुपल्ली पानेवाले लेखक की। दफ़्तरों में तुम्हारे आवेदन सड़ रहे हैं, लड़कियों के यहाँ प्रेम-पत्र। मैंने ख़ुद को सलाह दी और कमरे में आ गया।" पेन्सिल उठाकर दीवार पर लिखा—दर्द में जी। कहानी बना। पोस्ट कर।...

सुराही से एक ग्लास पानी निकाल यों पी रहा हूँ जैसे बीयर हो और पीनेवाला कोई और हो।

पुनश्च : कोई ग़लतफ़हमी न रहे इसलिए बता दूँ कि वह कैक्टस जिसका सम्बन्ध मेरी अधूरी कहानी के शीर्षक से था और जिसका सन्दर्भ इस कहानी में आया है रुक्मा पन्त के नहीं, मेरे कमरे के हैं।

शहर

एक था शहर।

नहीं। एक है शहर।

बहुत से लोग उसे अपना शहर कहते हैं और वे सब ग़लतफ़हमी में हैं। शहर मात्र शहर होता है। वह किसी का शहर नहीं होता। वह किसी को अपना नहीं समझता। वह निर्मम होता है। आपके सुख-दुःख के प्रति निर्विकार भाव से देखता रहता है।

शहर देखता है। ऐसा लगता है कि शहर की आँखें हैं और वह देखता है। शहर का देखना किसी रेगिस्तान में बने स्विंक्स के देखने की तरह होता है। पथरीली और बेजान आँखों से शहर देखता है। इस देखने का कोई अर्थ नहीं होता क्योंकि देखने के बाद कोई हलचल नहीं होती। सब-कुछ ज्यों-का-त्यों रहता है।

लोग हैं कि शहर को प्यार करते हैं। उसकी सुबह और शाम पर मरते हैं। उसकी रातों के दीवाने होते हैं। उसकी हर हलचल को नृत्य की एक मुद्रा मान विभोर होते हैं।

कई बार लगता है कि शहर पहले बना और आदमी बाद में जन्मा। आदमी ने शहर बनाये यह बात ग़लत लगती है। शहर आदमी बनाता है। अच्छे, बुरे, गन्दे, साफ़, सुन्दर और नफ़रत के योग्य यह सभी शहर में ढलते हैं। शहर एक निरन्तर चलनेवाला कारख़ाना है। इस कारख़ाने में पैदा करने की ही नहीं, समूचे जीवन को, सारे चरित्र को तराशने की मशीनें लगी हैं। मशीन में हज़ारों पुर्जे हैं। जो पुराने होते हैं वे निकाल दिये जाते हैं, नये लग जाते हैं पर कारख़ाना बिना ठहरे चलता रहता है। आप चाहें तो इस बड़ी भारी मशीन से प्यार कर सकते हैं। लोग होते हैं जो मशीन को प्यार करते हैं। पर क्या मशीन भी जवाब में प्यार करती है? कुछ लोग समझते हैं कि प्यार करती है। शायद ऐसा हो।

कहते हैं कभी यहाँ शहर नहीं था। जहाँ हम खड़े हैं, वहाँ जंगल था। कई बार लगता है जहाँ हम खड़े हैं, वहाँ आज भी जंगल है। पेड़-पौधों का नहीं, दीवारों, आदमियों और वाहनों का जंगल। जंगल में पौधा कब फूटता है, कब उगता है और

सिर उठा लेता है पता नहीं लगता। शहर में भी पता नहीं लगता कि कब यह इमारत इतनी ऊपर उठी, कब यह कार आकर इन सड़कों पर घूमने लगी और कब कोई नया शख़्स अजनबी इस विशाल भीड़ में आ मिला। शहर में पता नहीं चलता। जंगल में भी पता नहीं चलता। हम खो जाते हैं। खो जाने में ही अस्तित्व बना रहता है। अलग-थलग कोई नहीं रहता। वह मृत्यु है। इसमें समा जाना, इसमें डूबकर ख़त्म हो जाना नियति है।

शहर एक कॉकटेल है। कड़वा मीठा कॉकटेल जिसकी तीखी गन्ध सब ओर छायी रहती है, जिसकी तीव्रता गले को काटती है पर जिसका नशा गहरा होता है और ख़ुमारी नहीं टूटती। शहर एक नशा है। हर शहर का एक अलग नशा होता है। इस शहर का भी है। कुछ इसे नीट पीते हैं। कुछ सोडा मिलाकर। कुछ सिर्फ़ सोडा पीते हैं और कम्बख़्त समझते हैं हम नशा कर रहे हैं।

एक शहर की सम्पत्ति होती है उसकी हज़ारों दीवारें, उसकी लम्बी सड़कें और उसकी नालियाँ। लगता है यह नालियाँ इन दीवारोंवाले हर मकान के हर ड्राइंगरूम, बेडरूम और किचन से होकर जाती हैं। लगता है यह दीवारें नहीं सड़कें हैं जिनमें से गुज़रता हुआ आदमी आगे बढ़ता है। लगता है कि ये सड़कें नहीं दीवारें हैं क्योंकि यह हमें कहीं भी ले जाने में असमर्थ हैं। यह सब एक ही हैं जिनके अलग-अलग नाम हैं, घर, सड़कें या नालियाँ। कोई फ़र्क़ नहीं पड़ता। यह सब शहर की पूँजी है। शहर को इन पर नाज़ है।

शहर को शर्म नहीं आती। सब-कुछ के बावजूद उसे शर्माने का कारण समझ नहीं आता। जैसे एक बलात्कारी या पेशेवर अपराधी को समझ में नहीं आता कि उसने क्या किया, क्यों किया और ग़लत क्या किया। शहर की आत्मा होती है। कुछ कहते हैं कि होती है। शायद कलेक्टर साहब जानते हों कि शहर की आत्मा तोते के रूप में किस पिंजड़े में बन्द है। शायद कपड़ा-मिल और अख़बार के मालिक जानते हों कि वह बैंक के कौन-से लॉकर में सँभालकर रख दी गयी है। पता नहीं ये जानते हैं या नहीं। शायद कोई नहीं जानता कि शहर की आत्मा है या नहीं। वे सिर्फ़ उसके शरीर से खेलते रहते हैं। कुतिया के बच्चों की तरह उचक-उचककर उसका दूध पीया करते हैं। उन्हें इससे कोई मतलब नहीं कि आख़िर इतने इन्सानों का यह गुच्छा, यह बण्डल किसी आन्तरिक डोर से बँधा है। अब वह डोर टूट गयी है और सब लोग सिर्फ़ स्वभाववश गुच्छा बने हुए हैं।

शहर का एक भूगोल होता है। शायद शहर का भूगोल नहीं होता। भूगोल देश का होता है। शहर कहाँ से आरम्भ हुआ और कहाँ समाप्त होता है यह दोनों बातें कोई एक व्यक्ति नहीं जानता। पहले लोग कहते थे, शहर स्टेशन से आरम्भ होता है पर बाद में शहर स्टेशन की पटरियाँ पार कर उधर निकल गया। कुछ लोग

समझते थे कि शहर नदी-किनारे बसा है पर बाद में शहर ने पुल पार कर लिया और वह नदी के उस पार फैल गया। हम सब छोटे-छोटे लिलि-पुटियन-से व्यक्ति इस विशाल शरीर का आकार यहाँ-वहाँ से देखते हैं और समझ नहीं पाते कि यह सब फैलाव कितना है। समूचे शहर को कौन जानता है? वे प्रायः सोचते हैं कि हम शहर को पूरा देखेंगे, इसके एक छोर से दूसरे छोर को मिला देंगे, इसे अपने पैरों से रौंद डालेंगे और इसकी हर गली, हर सड़क का हर खम, हर अदा जान जाएँगे पर वे ऐसा नहीं कर सकेंगे। इसके पूर्व कि वे शहर को जानें उन्हें पता लग जाएगा कि इस शहर में कहीं श्मशान भी है। जी यहाँ दो श्मशान हैं, आप जो पसन्द करें। आप शहर का भूगोल नहीं जान सकते और कहते हैं कि शहर का कोई भूगोल नहीं होता। यह कहीं भी आरम्भ होता है और कहीं भी समाप्त होता है। बल्कि न यह आरम्भ होता है न समाप्त होता है। यह ज्यों-का-त्यों रहता है।

यह शहर बहुत पुराना है। किसी बूढ़े अजगर की तरह पुराना और उतना ही ख़ूँख़ार। किसी राजा ने, जो महाभारत की लड़ाई में लड़ने गया था, यह शहर बसाया। वहीं मर गया। कम्बख़्त मरने के पहले शहर बसा गया था। उसने दो बुरे काम किये। एक तो इस शहर की नींव डाल गया और दूसरा महाभारत में लड़ने गया। एक हरकत का नतीज़ा हम भुगत रहे हैं, दूसरी का उसने भुगता। कहते हैं उस राजा की आत्मा शहर के आसपास भटकती है। रात को देवी के मन्दिर में वह पूजा करने आता है। कहते हैं उसका ख़ज़ाना गड़ा है यहीं-कहीं। वह भटकता है, निगरानी रखता है कि कहीं उसका ख़ज़ाना इस शहर के लोगों को न मिल जाए। मिल जाए तो यह लोग और मकान बना लेंगे। नयी कॉलोनियाँ खड़ी कर देंगे। कारख़ाना डाल देंगे। नहीं मानेंगे और शहर और फैल जाएगा। राजा को यह बात पसन्द नहीं। उसने शहर की चहारदीवारी बनायी थी। चहारदीवारी की रक्षा के लिए देवताओं से प्रार्थना की थी और देवी के आशीष पाने के लिए आदमी की बलि चढ़ायी थी। उस साधारण से आदमी की आत्मा, जो राजा की आज्ञा से बलि किया गया, ज़रूर यहाँ-वहाँ आज भी भटकती होगी। वह चीख़कर यह प्रश्न करना चाहती होगी कि एक शहर के लिए मुझे क्यों बलि चढ़ाया गया। राजा जवाब नहीं देता होगा। उसे सिर्फ़ अपने ख़ज़ाने की चिन्ता है। वह शख़्स बदनसीब पता नहीं जानता है कि नहीं कि एक शहर की शहरियत बनाये रखने के लिए रोज़-रोज़ ही, कितनों की बलि होती है।

शहर की देवी के दर्शन करने लोग आज भी जाते हैं। चार हाथोंवाली पत्थर की चट्टान में खुदी वह देवी अपनी बड़ी-बड़ी आँखों से नीचे देखती है और उसका विराट् आकार देख बच्चे डर जाते हैं। उस भयानक देवी के हाथ में एक मुण्ड है। यह चेहरा किसका है, मैं अक़्सर सोचता हूँ। उसी शख़्स का जो बलि चढ़ाया गया था। काले घने बाल, बड़ी-बड़ी आँखें और मूँछोंवाले चेहरे पर अबोध भाव लिये एक

मुण्ड। मुझे चेहरा पहचाना लगता है। लगता है मैंने चौक में कुछ दिन हुए इस आदमी को देखा है। यह अगर बोल सकता तो मैं इससे इण्टरव्यू लेता।

कोई बताता था देवी दिन-भर में अनेक रंग बदलती है। कभी वह बच्ची की तरह कोमल, खिली हुई, मुस्कराती नज़र आती है। कभी वह क्रोध में दिखाई देती है और लगता है अभी खड्ग उठाकर नीचे खड़े भक्तों पर प्रहार कर देगी और कभी एक वृद्धा माँ की तरह वह पीड़ित और दयामयी लगती है। हर रंग में दर्शन करने का अलग महत्त्व है। मुझे बात समझ में नहीं आती। हाथ में एक मुण्ड लिये भी कोई देवी क्या एक बच्ची की तरह लग सकती है जो हाथ में डॉल लिये खड़ी हो?—मैं कहना चाहता हूँ पर शहर के लोग देवी के बारे में ऐसी बात सुनना नहीं चाहते।

देवी का रूप नया बनता है और शहर भी इसी तरह कई रंग बदलता है। कई बार मुझे लगता है कि यह हर समय उसी तरह लगता है जैसे इस शहर की वेश्याएँ लगती हैं। यह रात को उतना ही सुन्दर लगता है जितना गजरा बाँधे पॉवडर थोपकर लालटेन के उजाले में बैठी वेश्याएँ लगती हैं और यह अल्लसुबह उतना ही सुस्त और मुरझाया लगता है जैसी सुबह आँखों का कींच पोंछती और पान में सने दाँतों पर दातून मलती कोई वेश्या नज़र आती है। दोपहर को भी यह वेश्याओं की तरह लगता होगा। मैंने दोपहर की वेश्याएँ नहीं देखीं। हो सकता है तब यह वेश्या की तरह नहीं किसी दलाल की तरह लगता हो।

अपने ही अतीत के आतंक में शहर काँपता है। अमावस की रात को ही नहीं, पूनम की खिली चाँदनी रात को भी।

लोग बताते हैं, वर्ष में किसी विशेष दिन चाँदनी रात में इस नदी के बीच से एक गोरा-सा, मेहँदी-रचा सुहागन का चूड़ियोंवाला हाथ पूजा की थाली लिये बाहर निकलता था और कुछ देर पानी से बाहर रह वापस चला जाता था। महाभारत के युद्ध में जो राजा मर गया उसी की सती हुई रानी का हाथ था जो वर्षों से निकलता था और शहर के लोग उसे देखते थे। अब नहीं निकलता हाथ। कहते हैं एक अँग्रेज़ को इस दृश्य की सच्चाई पर विश्वास नहीं हुआ और उसने हाथ का निशाना साध किनारे से गोली मार दी। हाथ अन्दर चला गया और फिर ऊपर नहीं आया। वह पूजा की सोने की थाली जिसमें एक दीपक जलता था, फिर ऊपर नहीं आया।

शहर अपनी ही कथाओं से आक्रान्त है। एक नाला, एक नदी, एक मन्दिर, एक जंगल इस शहर से जुड़कर इसी के भाग बन गये हैं। शहर अपनी सीमाएँ लाँघ उन्हें अपने में समेटे है। शहर की भावनाओं का इतिहास किसी चहारदीवारी में नहीं बँधता। राजा भी अपना ख़ज़ाना कहीं दूर छिपाये है।

वर्षों में एकाध बार कुछ लोगों को आवाज़ सुनाई देती है। पहले घोड़ों के टापों की आवाज़, फिर ख़ज़ाना एक स्थान से दूसरे स्थान ले जाने की आवाज़ और

बाद में फिर घोड़ों के टापों की आवाज़। झाम...झाम...झाम...झाम, बड़े-बड़े चढ़ावों में ख़ज़ाना एक स्थान से दूसरे स्थान जाता है, घोड़े उसकी रक्षा करते हैं।

राजा की आत्मा अपने ख़ज़ाने को कुछ वर्षों के अन्तर से हटा देती है। और शहर है कि उस ख़ज़ाने की दिशा में तेज़ी से फैल रहा है।

अपने अतीत के वैभव में शहर आज भी अपने को अमीर अनुभव करता है। अधजली बीड़ियों को सड़क पर खोलकर पीनेवाले भिखारी छोकरे भी इस कथा को जानते हैं और ख़ज़ाने के एक स्थान से दूसरे स्थान जाने की आवाज़ उनके मन में गूँजती है।

हमारे शहर की हड़ताल

इधर हमारे शहर के छात्रों ने भी हड़ताल कर दी। चलो अच्छा हुआ। शहर की नाक कटने से बच गयी। सब शहरों के छात्र हड़तालें कर रहे थे और हमारा शहर नींद ले रहा था। सब कहते थे अजब मुर्दा शहर है, यहाँ कुछ नहीं होता, कोई लाइफ़ नहीं है। लड़कों ने भी इस ठण्डी स्थिति से अपने को अपमानित अनुभव किया। शुरू में उन्हें शायद पता नहीं लगा और इसी कारण देर हो गयी, नहीं तो रिकार्ड यही है कि हमारा शहर हड़तालों में सबसे आगे रहा है। हर पुराने छात्र के दिमाग़ में कम-से-कम एक शानदार हड़ताल की शानदार याद है। इधर जब उन्होंने देखा कि नयी पीढ़ी कुछ नहीं कर रही है तो पुराने छात्रों ने नये छात्रों को धिक्कारा और कहा—चुल्लू भर पानी में डूब मरो, चूड़ियाँ पहन लो, लूप लगा लो वग़ैरह तो नये छात्रों ने कहा—नहीं, हम शहर में जो हड़तालों की समृद्ध परम्परा रही है, उसे क़ायम रखेंगे।

बड़ा मज़ा आया। हड़ताल का तरीक़ा वही था और सरकार की समस्या निपटाने की शैली भी वही थी जो पहले रही थी। पहले दिन कुछ लड़के प्रिंसिपल के कमरे में गये और कुछ समस्याएँ रखीं। प्रिंसिपल साहब ने उन्हें डाँटकर कमरे से भगा दिया और कहा—यह असम्भव है। 'गो टू योर क्लासेस' और 'आय हैव नो टाइम' जैसे वाक्यों से उन्होंने व्यस्तता ज़ाहिर की। वे व्यस्त थे भी, क्योंकि उन्हें अपने एक विरोधी प्रोफ़ेसर के ख़िलाफ़ डी.ओ. शिक्षा सचिव को भेजना था।

शाम को कुछ लड़कों ने मीटिंग की और कहा—अब यह ज़ुल्म बर्दाश्त नहीं होगा और कोई क़दम उठाना ही होगा। क़दम होता है हड़ताल। एकाध प्रस्ताव (मौखिक) प्रिंसिपल की पिटाई का भी आया पर वह अवैधानिक माना गया। शाम को प्रोफ़सर शर्मा को पता लगा कि लड़के कल से हड़ताल करने की सोच रहे हैं तो उन्हें बड़ी प्रसन्नता हुई। वे सायकिल उठा डॉ. पन्त को ख़बर देने पहुँचे और दोनों काफ़ी देर तक यह सोचकर मज़ा लेते रहे कि अब इस प्रिंसिपल से बदले का अवसर आया है।

सुबह कॉलेज के दरवाज़े पर भीड़ लग गयी। लड़कों को रोका गया, लड़कियाँ

स्वयं रुक गयीं और एक जगह झुण्ड बनाकर खीं-खीं-खीं करने लगीं। एक नेता क़िस्म के लड़के ने उन्हें 'बहनजी' कहकर सम्बोधित किया तो वे एकाएक गम्भीर हो गयीं। कुछ लड़कियाँ आगे बढ़कर लड़कों से बातें करने लगीं कि आख़िर आप लोगों का प्रोग्राम क्या है? कुछ लड़के यह सुन सब बातें छोड़ प्रोग्राम बनाने लगे। इधर कुछ प्रोफ़ेसर लोग सिर झुकाये कॉलेज के अन्दर चले गये। प्रोफ़ेसर शर्मा और डॉ. पन्त भी आये और उन्होंने लड़कों से कहा—"नहीं भई, यह तरीक़ा ठीक नहीं है, आप लोगों को मेहनत कर फर्स्ट क्लास लाना चाहिए।" लड़के नारे लगाने लगे तो वे भी हँसते हुए अन्दर चले गये।

अन्दर प्रिंसिपल के कमरे में सब जमा थे और प्रिंसिपल उन छात्रों की सूची बना रहा था जो लीडर हैं और बार-बार कह रहा था कि वह इन लोगों का साल बिगाड़ कर छोड़ेगा। उसने यह भी कहा कि उसने ऐसी अनेक हड़तालें देखी हैं और वह किसी से डरता नहीं। उसके गुट के प्रोफ़ेसरों ने कहा कि हड़ताल दो रोज़ में टूट जाएगी। शर्मा और पन्त हँसते रहे मन-ही-मन।

बाहर लड़कों की मीटिंग हुई जिसमें तय हुआ कि वे अपना प्रदर्शन शान्त रूप से करेंगे और अपनी माँगें पूरी करवाकर रहेंगे। एक संघर्ष-समिति भी बनायी गयी जिसने प्रिंसिपल को अल्टीमेटम दिया कि माँगें पूरी हों। उस दिन का जुलूस शानदार रहा। रास्ते में सारे दुकानदार तारीफ़ें कर रहे थे। सभी लोगों ने बड़े चाव से जुलूस देखा। शाम को शहर में कुछ इस तरह की बातें हुईं—

"हमने ऐसा शानदार जुलूस अभी तक नहीं देखा।"

"भई वाह! तिवारीजी का छोटा भाई राधे लीडर बना हुआ था।"

"बनर्जी साहब का छोकरा भी तो था।"

"लड़कियाँ काफ़ी थीं। हमारी मुनिया भी थी—हमने देखा नारे लगा रही है। हमने कहा भई वाह!"

रात को कलेक्टर की जीप आयी और प्रिंसिपल साहब को घर बुलवाया गया। ज़िले के पुलिस सुपरिण्टेण्डेण्ट वहीं थे जिनका कहना था कि उन्होंने सुबह से वर्दी नहीं उतारी है और खाना नहीं खाया है। विधान सभा सदस्य भी वहीं आ गये क्योंकि वे मामले को समझना चाहते थे।

"कहिए प्रिंसिपल साहब, क्या करवा रहे हैं, कॉलेज में।"—कलेक्टर ने हँसते हुए पूछा।

"सर, आइ डोण्ट नो।"—प्रिंसिपल हँसकर बोले।

"आख़िर लड़के चाहते क्या हैं। मैं तो आज दौरे पर जाने की सोच रहा था मगर मैंने सुना कि हंगामा हो रहा है तो रुक जाना पड़ा।"

"यस सर, यस सर। गुण्डागर्दी है साहब। इस साल बड़ा ख़राब बैच आया है। दुनिया-भर के छँटे हुए लड़के इकट्ठे हुए हैं।"

"माँगें क्या हैं?"–विधान सभा सदस्य ने सीधे पूछा।

"सेक्शन खुलवाइए, टाइमटेबल ठीक नहीं है, बायलॉजी में कोई पढ़ानेवाला नहीं है और यूँही कुछ बेकार बातें प्लेग्राउण्ड वग़ैरह। मैंने कहा–आप लोग क्लास में जाइए, मगर वे सुनने को राज़ी नहीं।"

"मेरे ख़याल से विरोधी दल के लोग उचका रहे हैं।"–विधान सभा सदस्य ने कलेक्टर से धीरे से कहा, जैसे कोई गम्भीर रहस्य खोल रहे हों। कलेक्टर ने उनकी ओर देखा और फिर कुछ सोचने लगे।

"लीडर कौन-कौन हैं?"–कलेक्टर ने पूछा।

"मेरे पास लिस्ट है।"–प्रिंसिपल ने अपनी सूची निकाली।

"आपने इन लोगों से चर्चा की थी?"

"कोई सुनने को तैयार नहीं। मुझे ख़ुद अपनी जान का डर है। मुझ पर हमला कर सकते हैं।"

इसे सुन सब हँसने लगे।

दूसरे दिन जुलूस ज़्यादा बड़ा हो गया और शहर के दूसरे कॉलेज भी सहानुभूति में आकर शामिल हो गये। जुलूस शहर के बीच आया तो लोगों ने तनाव देख दुकानें बन्द करनी शुरू कर दीं। उस दिन सुबह यद्यपि शहर के नेताओं के वक्तव्य अख़बार में आ गये थे कि विद्यार्थियों को हड़ताल का मार्ग नहीं अपनाना चाहिए। गाँधीजी के समय बात और थी, देश गुलाम था वग़ैरह, पर उस पर किसी ने ध्यान नहीं दिया क्योंकि कोई नयी बात नहीं कही गयी थी।

उस दिन भीड़ पर काबू पाने के लिए पुलिस ने वे सब बातें कीं जो सब लोगों ने अख़बार में पढ़ी होंगी। लड़कों ने भी ख़ूब पत्थर चलाये। पुलिसवालों ने भी पत्थर चलाये। लड़के इस डर से पत्थर फेंकना नहीं रोक रहे थे कि बन्द करने से पुलिस लाठी लेकर आगे बढ़ेगी। फिर अश्रु-गैस फेंकी गयी।

दूसरे दिन प्रशासन ने कॉलेज बन्द कर दिया। शिक्षामन्त्री ने वक्तव्य में विरोधी दल को और विरोधी दल के नेता ने शिक्षामन्त्री की नीतियों को घटना का दोषी ठहराया।

शहर के सभी लोगों को यह सब देख अपना ज़माना याद आ गया। तब यह प्रिंसिपल नहीं थे और न यह कलेक्टर थे, मगर आन्दोलन का रंग यही था जो आज है। कल तिवारीजी बता रहे थे–बड़ा मज़ा था उन दिनों में। हम आठ-दस थे ख़ास-ख़ास। वह शिवप्रसाद जो इटारसी में है, यह नवल अग्रवाल, एक ज्योति आचार्य करके था, पता नहीं आजकल कहाँ है और यह अपने चन्दू ग्रामोफ़ोन वाला। हाथों में स्टिकें रखकर हमेशा चलते थे। किसी ने गड़बड़ की नहीं कि उठाकर दिया नहीं। बड़ा रोब था। तब भी बड़ी शानदार हड़ताल हुई थी साहब। आठ रोज़ तक कॉलेज बन्द रहा। जग्गू के यहाँ मीटिंग होती थी।

शाम को कॉफ़ी हाउस के कोने में ऊषा मेहता राजेश से कह रही थीं—"उस दिन मैंने पहली बार देखा कि तुम कितना शानदार बोलते हो। कितना अच्छा बोले थे, कितना बढ़िया, सच! आइ वाज़ फीलिंग सो प्राउड ऑफ़ यू।"

राजेश ऊषा की आँखों में आँखें डाले रहा—जब तक शासन ने कॉलेज बन्द करने की घोषणा वापस न ली।

कैक्टस और मैं

पिछले दिनों मेरी सदाबहार आधुनिकता गड़बड़ में पड़ गयी। विशेष रूप से कैक्टसों के मामले में मैं पिछड़ गया। आज जो थोड़े-बहुत कैक्टस मेरे पास हैं वे अँगुलियों पर गिने जा सकते हैं और मकान के पिछले हिस्से में ख़राब हालत में पड़े हैं। चूँकि बुनियादी रूप से बेशरम पौधा है इसलिए साहित्य की तरह पनप रहा है। मगर मेरा उसमें कोई योग नहीं। गमले टूट रहे हैं, मिट्टी बदली नहीं गयी और कैक्टस का जो मूल आग्रह होता है कि उसे ड्राइंगरूम में प्रदर्शित किया जाए, उसे पूर्ण करने में मैं असमर्थ रहा हूँ। मैं यदा-कदा इसके लिए शर्मिन्दा भी हो लेता हूँ जैसे पारिश्रमिक डकार जानेवाला सम्पादक मुलाकात होने पर लेखक के सामने शर्मिन्दा हो जाता है। इससे कोई फ़र्क़ नहीं पड़ता। लेखक की हालत नहीं बदलती। कैक्टस भी वैसे ही रहते हैं।

कुछ कारण हैं। और जैसी कि कारणों की श्रेणियाँ होती हैं, वे आर्थिक, सामाजिक, भौगोलिक, नैतिक वग़ैरह हैं। मैं उन कारणों पर अभी नहीं जाऊँगा, जैसा कि लोग जो कारण बताते हैं उन पर तुरन्त कभी नहीं आते। मैं अकारण ही अपनी बात कहूँगा यानी व्यक्तिगत। बात यह है...ख़ैर। मैं सोचता हूँ कि पहले मैं अपने और कैक्टस के सम्बन्धों के विकास के बारे में कहूँ। यह स्टाइल ठीक रहेगी।

मेरे पास कुछ वर्ष पूर्व अड़तालीस के लगभग कैक्टस थे और दो की झूठ बोलकर मैं लोगों से कह दिया करता था कि मेरे पास पचास कैक्टस हैं। यह सच बात है। इस मामले में सोमदत्त गर्ग के इस झूठे प्रचार से सहमत होने की आवश्यकता नहीं है कि शरदजी के पास तीस से ज़्यादा कैक्टस कभी नहीं रहे। ग़लत है। मैं हिसाब दे सकता हूँ। मैं सिर्फ़ दो की झूठ बोलता था, बीस की नहीं।

तो मेरे पास एक समय पचास कैक्टस थे। यह स्थिति बहुत बाद को आयी। आरम्भ नम्र था यानी कुल दो-तीन कैक्टसों से मैंने अपना काम शुरू किया था और धीरे-धीरे अध्यवसाय, लगन और दो-चार इसी प्रकार के गुणों से मैं पचास कैक्टसों तक पहुँचा जो मेरे कैरियर का उच्चतम बिन्दु था। दो-तीन कैक्टसों से पचास तक पहुँचना एक कड़ी मंज़िल थी जिसे मैंने बड़े धैर्य से पार की। कई बार निराशा मुझे

चारों ओर से घेर लेती थी (बादल घिरना आदि) पर मैं हिम्मत नहीं हारता था और एक के बाद दूसरा कैक्टस प्राप्त कर उस कँटीले मार्ग पर निरन्तर बढ़ता चला जा रहा था। और आज इतने वर्षों बाद जब मैं पीछे मुड़कर देखता हूँ तो संस्मरण लिखने की तबीयत होती है। जैसा कि हर पीछे मुड़कर देखनेवालों के साथ होता है।

कैक्टसों के विषय में आप यह शायद जानते होंगे कि वे माँगे से नहीं मिलते। उन्हें चुराना पड़ता है। मैंने यह किया और इस क्षेत्र में मेरे मित्रों ने मेरा बहुत साथ दिया और उत्साह बढ़ाया। कहना न होगा कि जो सफलता मुझे प्राप्त हुई उसमें एक बड़ा हाथ मेरे मित्रों का रहा था। कैक्टस चुराने के सिलसिले में मैं देश-भर में भटका बल्कि मैंने एक नियम-सा बना लिया था कि जहाँ जाऊँगा, कैक्टस ज़रूर हासिल करूँगा।

शुरुआत हमने शहर के बाग़ों से की। मैं रामविलास शर्मा (सुप्रसिद्ध कँटीले आलोचक डॉ. रामविलास शर्मा नहीं, कवि रामविलास शर्मा जो मध्यप्रदेशवासी हैं।) सोमदत्त गर्ग या घनश्याम मधुप के साथ बाग़ में घुस जाता। चेहरे-मोहरे से हम लोग प्रकृति-प्रेमी लगते थे। बाग़ में आये हैं फूल-पत्ता निहारने, थोड़ा बैठेंगे, हरी घास पर घण्टा भर, मूँगफली वग़ैरह खाएँगे और चले जाएँगे। हम यहाँ-वहाँ घूमते भी जैसे रसिक लोग उद्यान में घूमते हैं और पुष्पों की शोभा देखते हैं। हमारे चेहरों पर बड़ी कोमलता रहती। रामविलास शर्मा प्रकृति की कविताएँ लिखता है, भरा-पूरा गोल-सा शख़्स है इसलिए वह बड़ी आसानी से कोमल हो जाता। उसका गोल चेहरा अपेक्षाकृत अधिक गोल हो जाता ऐसा कि आप नाक पर सुआ रखकर जोमेट्री बॉक्स का परकार घुमा लो। उसके चेहरे की मुस्कराहट भी सिमटकर गोल होने लगती। प्रसन्नता की बात यही थी कि उसका दिल कोमल नहीं होता। उसकी आन्तरिक दृढ़ता बनी रहती जो कैक्टस प्राप्त करने की पहली आवश्यकता है। रामविलास के काम करने के ढंग में एक सहजता है और इस मामले में उसकी दृष्टि का मैं सदैव प्रशंसक रहा हूँ। उसकी दृढ़ता ही उसके साहस का मूल है। उस घटना को तो मैं भुला नहीं सकता जब मेरे पीछे कुत्ते दौड़े थे और रामविलास ने उन्हें डाँटकर भगाया था। उस दिन मेरा पाजामा उसके ही साहस के कारण सलामत रहा नहीं तो वह बच नहीं पाता। कवि की वाणी में बड़ा बल होता है, मैंने पहली बार अनुभव किया।

सोमदत्त गर्गजी ज़रा जल्दबाज़ हैं। बाग़ में घुसने के बाद वह जल्दी वहाँ से भागना चाहते हैं जैसे कैक्टस चोरी कोई सरकारी काम हो, फ़ाइल निपटाना हो। यों उनके चेहरे पर कोमलता के भाव क़रीब स्थायी रूप से फिट हैं। अपना यह मुस्कराता चेहरा कभी वे उतारते-हटाते होंगे तो झाड़ने-पोंछने के लिए ही अन्यथा कभी नहीं। बाग़ में घुसने के बाद उस चेहरे की उपयोगिता स्पष्ट होती। किसी भी अच्छे विकसित कैक्टस के पास पहुँचकर वे मुझे आवाज़ लगाते—शरदजी, शरदजी।

मुझे लगता कोई सीटी बजा रहा है। शीर्जी, शीर्जी! मैं पास जाता—"चिल्ला क्यों रहे हो?"

"कितना अच्छा कैक्टस है।"—उनकी आँखों में चमक आ जाती। वे कनखी से एक कैक्टस की ओर इशारा करते।

"यह मेरे पास है।"

"आपके पास नहीं है।"

"है भई।"

"तो आपकी आज्ञा हो तो मैं अपने लिए चुरा लूँ।"

"चुरा लो। मगर असली माल तो उधर है।"

"कहाँ?"

"मेरे पीछे-पीछे आओ।"

और हम किसी अन्य कैक्टस के पास पहुँच जाते और उसे देखकर भी सोमदत्त अपनी महँगी मगर दानेदार शक्करवाली मुस्कराहट चेहरे पर ले आते। एक 'हाय' उनके होठ से फूट जाता।

आप एक बार में किसी बाग़ के सारे कैक्टस नहीं चुरा सकते। धीरज रखना पड़ता है। सबर का कैक्टस अधिक काँटेदार होता है। जल्दी में सिर्फ़ घास कट सकती है, कैक्टस नहीं; और चोरी के कैक्टस, बिलकुल नहीं।

तब रात हो गयी थी। चाँद था मगर चमक नहीं रहा था। ऐसा हो सकता है क्या? नहीं हो सकता। तो ख़ैर हम अपना वर्णन वापस लेते हैं। चाँद था भी और चमक भी रहा था। रात के मामले में कोई सन्देह नहीं। वह थी। सबूत के रूप में चाँद चमक रहा था। यह भरोसे का सबूत नहीं। कई बार रात होती है और चाँद नहीं चमकता। कई बार चाँद चमकता है और रात नहीं होती। ग़लत। चाँद रात के अलावा सिर्फ़ तस्वीरों में चमकता है अगर वह रात की तस्वीर हो। अन्यथा सूरज चमकता है। ख़ैर माने लेते हैं। ऐसा ही कुछ दिन-रात में चलता रहता है। प्रकृति-वर्णन भी क्या बोर-सी चीज़ है।

चाँद तालाब पर चमक रहा था और उसका अक्स पानी में गिर रहा था। ऐसा होता है। आप किसी पुलिसवाले से पूछ लीजिए या किसी एक्साइज़ इन्सपेक्टर से पूछ लीजिए तो वह भी बता देगा। इसमें किसी कवि की ज़रूरत नहीं। सोमदत्त गर्ग की ज़रूरत नहीं। रामविलास शर्मा की ज़रूरत नहीं। मगर वे वहाँ थे और महज़ इस छोटी-सी बात से ख़ुश हो रहे थे कि चाँद चमक रहा है और तालाब के ऐन ऊपर चमक रहा है। वह तो ख़ैर हुई कि तालाब दो मंज़िला या चार मंज़िला नहीं था अन्यथा ये दोनों उसके ऊपर चढ़ जाते और करीब से चाँद देखते जैसा लोग-बाग़ ऊँचे मकानों पर चढ़कर करते हैं।

"आज चाँदनी रात है।"—सोमदत्त ने कहा।

"अच्छा! आइ डोण्ट नो।"—मैंने चाँद की ओर देखकर कहा।

"आपको नहीं लगता?"

"क्या नहीं लगता? छाता?"

"मेरा मतलब है चाँदनी रात।"

"देखो सोम, हम लोग यहाँ कैक्टस चुराने के लिए एकत्र हुए हैं न कि प्रकृति की शोभा निहारने। हमारा वक़्त क़ीमती है। हमें जीवन में एक नहीं अनेक कैक्टस चुराने हैं। अगर हम चाँद-तारों में अपना वक़्त गँवाते रहे तो हम कुछ नहीं कर सकेंगे। मैं जानता हूँ कि तुम कवि हो और हरियाली और गाय-ढोर देख तुम्हारे मन में अनेक भावनाएँ उठती हैं पर यह हमेशा ध्यान रखो कि अच्छे कैक्टस वे ही चुरा सके हैं जो निस्संग और अनुशासित हैं। तुम इस क्षेत्र में नये हो और अभी तुम्हें बहुत-कुछ सीखना है। तुम चाकू लाये हो?"

"लाया हूँ।"—वह धीरे से बोला।

"बेकार लाये।"—मैंने कहा।

उस रात हमने तालाब के पासवाले बाग़ से तीन कैक्टस चुराये। एक मैंने रखा और सोमदत्त और रामविलास को एक-एक दे दिया। प्राप्त करने में उलझन नहीं हुई। किसी ने हमें नहीं देखा। कुछ लोग बाग़ की बेंचों पर बैठे थे। एक परिवार भी था जिसमें एक लड़की बहुत सुन्दर थी। विशेष रूप से उसकी आँखें। उसने मेरी ओर ऐसे देखा जैसे शरीफ़ ख़ानदान के लोग शोहदों की तरफ़ देखते हैं। मुझे अच्छा लगा। नये रोमांस के लिए यह बुरी शुरुआत नहीं थी। पर समय नहीं था कि जो लड़ गयीं उसके अतिरिक्त आँखें लड़ायी जाएँ। मैं वहाँ कैक्टस चुराने आया था। वही काम मेरे सामने था। यही क्या कम था कि मैंने उस लड़की को देख लिया। उसकी आँखें सुन्दर थीं। और भी अंग सुन्दर रहे होंगे मगर मैंने नहीं देखे। जहाँ तक मेरी जानकारी जाती है जिन लड़कियों की आँखें सुन्दर होती हैं उनके अन्य अंग भी सुन्दर रहते हैं। कुछ चश्मेवालियाँ इस नियम की अपवाद हैं। उस समय मैं नियमों की पड़ताल के लिए ख़ाली नहीं था। डर था कि माली लौट न आए। वह सपरिवार शराब पीने के लिए गया था। माली जब शाम को या रात को बाग़ से बाहर जाते हैं तो वे शराब पीने के लिए जाते हैं। तब उसका परिवार भी नहीं था अतः मुझे यह जानने में देर नहीं लगी कि माली सपरिवार शराब पीने गया है। मैंने रामविलास से कहा।

"सिनेमा देखने गया होगा, सपरिवार।"—वह बोला।

"बाग़ के माली सिनेमा नहीं देखते।"

"क्यों?"

"सिनेमा में उन्हें वे ही बाग़ और फूल-पत्तों के चित्र देखने को मिलते हैं जिनसे वे बोर हो चुके होते हैं। इसकी बजाय वे शराब पीना पसन्द करते हैं।"

"माली क्या, कोई भी करेगा।"—सोम बोला।

बाग़ से बाहर निकल मैंने एक सुझाव शून्य में उछाला—"चाय पी जाए।"

"मेरे पास पैसे नहीं हैं।"—उसने कहा।

प्रस्ताव सचमुच शून्य में उछला था।

"देखो सोम, तुम्हारे पास कभी पैसे नहीं होते। तुम मन, वचन, कर्म से नंगे हो। यह तुम्हारा हमेशा रवैया रहा है। तुम समाज के साथ सहयोग नहीं करते। तुम हर प्रकार के चन्दे से कतराते हो। हम लोग कोई अनाथाश्रम नहीं हैं जिसे तुम इनकार करो। हम तुम्हारे मित्र हैं, साथ मिलकर कैक्टस चुरानेवाले।"

"मेरे पास सिर्फ़ दस पैसे हैं।"—वह बोला।

"तुम्हें शर्म आनी चाहिए। तुम किस युग में जी रहे हो। दस पैसे का इस दुनिया में क्या महत्त्व रह गया है। हमें बड़े-बड़े काम करने हैं। क़ीमती कैक्टस चुराने हैं। बिना कठिन श्रम के यह सम्भव नहीं। श्रम बीच-बीच में चाय माँगता है। तुम्हारे पास सिर्फ़ दस पैसे हैं। तुम श्रम नहीं कर सकते। और जो श्रम नहीं कर सकता उसके लिए आज की दुनिया में जगह नहीं। चाहे वह हमारा मित्र ही क्यों न हो? चाहे वह हमारे साथ कैक्टस ही क्यों न चुराता हो?"

"मैं बीस पैसे तक दे सकता हूँ।"—वह थोड़ा ढीला हुआ।

"व्यर्थ है। बीस पैसे में हद-से-हद एक कप चाय आ सकती है। हम तीन व्यक्ति हैं। तीन व्यक्ति यदि कम-से-कम चाय पीएँ तो वह तीन कप होगी। यह उनका अधिकार है। बहुमूल्य कैक्टस चुराने के बाद यह उनका अधिकार है कि वे चाय पीएँ। तुम इस अधिकार की पूर्ति में बाधक हो। तुम सदैव बाधक रहे हो। तुम मनुष्यों के बुनियादी अधिकारों की उपेक्षा करते हो। तुम भूल जाते हो कि तुम किस वर्ग के हो। तुम अपने वर्ग को बिट्रे करते हो।"

"मैं मजबूर हूँ।"

"मजबूरी शब्द का इधर अनुचित उपयोग हो रहा है। यह कंजूसी का पर्याय बन गया है। हर लखपति चन्दा देने से इनकार करते समय कहता है—मैं मजबूर हूँ। सर्वहारा की पेटेण्ट शब्दावली पर उच्च वर्ग अपना अधिकार जमा रहा है। मैं इसका विरोध करता हूँ। मैं तुम्हारा विरोध करता हूँ कि इस महत्त्वपूर्ण कार्य में सिर्फ़ बीस पैसे का योग दे रहे हो। तुम्हारी यह हरकत राष्ट्र विरोधी घोषित कर दी जानी चाहिए। राष्ट्र क्या है? इस प्रकार की विरोधी हरकतों से परेशान ज़मीन का एक हिस्सा है।"

"मैं पच्चीस पैसे से अधिक नहीं दूँगा चाहे आप कितना कहें।" इस बार सोमदत्त ने ज़ोर देकर कहा और लगता है कि बस अन्तिम बार कहा।

"ठीक है। यह तुम्हारी सीमा है। तुम उदारता के किसी भी क्षण में इस सीमा को पार नहीं कर सकोगे। मैं जानता हूँ। निकालो चवन्नी।"

सोमदत्त ने चार आने निकाल मेरे हाथ पर रख दिये।

"रामविलास, तुम्हारी स्थिति क्या है? तुम सोमदत्त की आर्थिक सीमा के इस पार हो या उस पार?"—मैंने सीधे प्रश्न किया।

"मैं सीमान्त पर खड़ा हूँ। मैं भी चवन्नी दे दूँगा।"

"कम्बख़्त साहित्य में भी तेरी यही स्थिति है। तू सीमान्त पर खड़ा है। सीमा तोड़ नहीं पाता।"

"मैं जानता हूँ।"

"मगर अब वक़्त आ गया है कि तू सीमा तोड़। साहित्य में चाहे मत तोड़ मगर यहाँ तो तोड़। कम-से-कम अठन्नी दे।"

"असम्भव है।"

"इतनी मुसीबत तो वित्तमन्त्री को दूसरे देशों से आर्थिक सहायता लेने में भी नहीं पड़ती होगी जितनी मुझे तुम लोगों से चार आने लेने में पड़ रही है। प्रजातन्त्र से लेकर समाजवाद तक सारे सिद्धान्तों का सहारा लेने के बावजूद तुम अमरीका रूस की तरह ठस्स खड़े हो। दोगे, मगर नखरे से। हद है घटियापन की। निकालो क्या दे रहे हो।"

रामविलास ने चवन्नी दी।

"आप क्या दे रहे हैं?"—सोम बोला।

"शटऽप।"

वातावरण में चुप्पी थी। जैसे किसी अन्तरंग 'शटऽप' की आत्मा हवा में बस गयी हो। हम लोग धीरे-धीरे होटल की तरफ़ बढ़े। हमारे हाथों में कैक्टस थे। रामविलास की अँगुली में कैक्टस का एक छोटा-सा काँटा चुभ गया था। वह बार-बार अँगुली सहला रहा था।

होटल की टेबल पर कैक्टस रख दिये गये और हम लोग चाय पीने लगे। कैक्टस बहुत सुन्दर लग रहे थे। हमारी नज़रें बार-बार उस पर जाती थीं। कोने की मेज़ पर बैठा मैले कपड़े पहने एक साँवला-सा व्यक्ति बार-बार हमारी तरफ़ और उन कैक्टसों की तरफ़ देख रहा था।

मुझे सन्देह हुआ कि कहीं यह उस बाग़ का माली न हो जहाँ से हम कैक्टस चुराकर लाये थे।

2

बाँस की खपच्चियों से ताजिया बनानेवालों की प्रतिभा अगर सीमेण्ट चूने के निर्माण में लग जाए तो जो इमारत खड़ी होगी वह बिलकुल सचिवालय-सी होगी। काफ़ी ऊँची, छह मंज़िला। जिन लोगों ने बनायी है वे इस पर मुग्ध हैं। ठेकेदार, इंजीनियर,

मन्त्री वग़ैरह इसकी तरफ़ ऐसे ही देखते हैं जैसे मुग़ल बादशाह अपनी बीवियों के मकबरों की तरफ़ देखते थे। जो इस इमारत में रहते हैं उन पर इस भव्यता का कोई असर नहीं पड़ता। इमारत में देखने लायक कुछ नहीं है। सिवाय एक कैक्टस के जो पोर्च के सामने बने फ़व्वारे से कुछ दूर रखा है। कैक्टस एक गमले में है जो क़तार में रखे हैं। दूसरे कुछ पौधे हैं फूलों के। जिस अफ़सर ने इन सामान्य पौधों के बीच यह कैक्टस रखने की सलाह दी वह ख़ानदानी नहीं था। उसने कैक्टस को नहीं समझा। उसने तो गमले क़तार से लगा दिये। यही अक्ल उसमें थी कि गमले क़तार से लगने चाहिए जैसे गमले न हों पुलिस के रंगरूट हों।

मैं तीन-चार बार उस कैक्टस को देख चुका था और मैंने दोस्तों से कह दिया था कि मैं इसे एक दिन पब्लिक सेक्टर से प्रायवेट सेक्टर में ले आऊँगा। इसी सिलसिले में मैं तीन-चार बार सचिवालय जाकर स्थिति का अध्ययन कर चुका था।

उस कैक्टस को प्राप्त करना सरल नहीं था। पोर्च के पास ही सन्तरी खड़ा रहता था। इस क़िस्म के दो-तीन सन्तरी उस क्षेत्र में हिलते-डुलते रहते थे। उनके नालदार जूते और बन्दूक़ के कुन्दे सीमेण्ट की चिकनी फ़र्श पर रगड़ खाकर बड़ी भोंड़ी आवाज़ करते थे। वे भयानक थे और उनकी शक्ल से लगता था कि हिन्दी नहीं समझते। ऐसे निर्मम सन्तरी तो देश की सीमा पर पहरेदारी के लिए खड़े किये जाने चाहिए। सचिवालय के दरवाज़े पर इनकी क्षमता व्यर्थ नष्ट हो रही है। मगर क्या किया जा सकता था। वे थे और कैक्टस के रक्षक थे। यद्यपि वे जानते नहीं थे उस कैक्टस का अस्तित्व भी ख़तरे में है। उनकी नज़र पोर्च में आनेवाली कारों पर और दरवाज़े पर रहती थी। अगर कोई बड़ा अफ़सर या मन्त्री कार से उतरता तो वे तुरन्त सेलूट ठोंकते थे। मुख्यमन्त्री और गृहमन्त्री भी उसी दरवाज़े से सचिवालय में जाते और आते थे। बड़े ख़तरनाक वातावरण में वह कैक्टस अपने दिन बिता रहा था।

गमलों की क़तार के पास एक लॉन था जहाँ सचिवालय के निठल्ले बाबू बैठे रहते थे। फ़व्वारे के हौद से माली पानी भरकर पौधों में डालते थे। उनकी भी नज़र पड़ सकती थी।

तय किया गया कि ऑपरेशन कैक्टस सोमवार को होगा। उस दिन दस तारीख़ थी। दल बदलने के बाद आठ तारीख़ को नये मुख्यमन्त्री शपथ लेनेवाले थे। स्वाभाविक था कि वे अपनी नयी कैबिनेट के सदस्यों सहित सोमवार को पहली बार सचिवालय जाएँगे और अपने कार्यक्रम होने का परिचय देंगे। वे सचिवों से मुलाक़ातें करेंगे, कुछ ज़रूरी फ़ाइलों पर दस्तख़त करेंगे। दफ़्तर के निठल्ले बाबू उस दिन अपनी कुर्सियों पर रहेंगे। लॉन साफ़ रहेगा। लगातार आने-जानेवाले मन्त्रियों और उपमन्त्रियों की कारों पर नज़र रखने के कारण वे बड़ी मूँछोंवाले भयानक सन्तरी कैक्टस की ओर नहीं देख सकेंगे।

मैं ग्यारह बजे के क़रीब लॉन पर बैठ गया। कैक्टस के गमले से मेरा फ़ासला कोई एक मीटर रहा होगा। मगर मेरे बैठने के कुछ ही देर बाद लॉन पर काफ़ी सारे लोग आ गये। इसकी अपेक्षा नहीं थी। वे सचिवालय के निठल्ले बाबू नहीं थे। वह भूमिहीन किसानों का एक जत्था था जो नये मुख्यमन्त्री से मिलने आया था। वे चाहते थे कि सरकार ख़ाली ज़मीन भूमिहीनों में बाँट दे। इसी डिवीज़न में ऐसी ज़मीन काफ़ी है जिसके अगर पट्टे इन लोगों को मिल जाएँ तो बेकारी कम हो। जत्थे में आये किसान दुबले-पतले और सहमे हुए थे। उन्हें विश्वास नहीं था कि ज़मीन मिल जाएगी खेती के लिए पर उनके नेता पूरी तरह से आश्वस्त थे। वे साफ़ धुले कपड़े पहने और भरे हुए शरीर के लोग सचमुच ग़रीब किसानों के नेता लगते थे। वे डिबिया खोल-खोलकर पान खा रहे थे और किसानों को समझा रहे थे कि उन्हें क्या करना है। उन्हें मुख्यमन्त्री के आते ही कार को घेर लेना है और नारे लगाना है। इस राज्य में बेज़मीन किसानों की समस्या प्रमुख है और नयी सरकार के मुख्यमन्त्री को इसे शासन सँभालने के पहले ही दिन सुलझाना है। किसानों के नेता उसी पार्टी के थे जिस पार्टी का व्यक्ति मिजीजुली सरकार में मुख्यमन्त्री बना था। सारा प्रदर्शन अपनी पार्टी के मुख्यमन्त्री की लोकप्रियता बढ़ाने के लिए आयोजित किया गया था। भूमिहीन किसान उसे घेरेंगे और माँगपत्र रखेंगे। बदले में मुख्यमन्त्री आश्वासन देंगे और उसी वक़्त कमिश्नर और कलेक्टर को बुलवाकर आदेश देंगे कि इन किसानों को ज़मीन दी जाए।

मैं कैक्टस के गमले के पास खिसक आया। मुझे उपयुक्त अवसर के लिए दस मिनट साँस रोककर प्रतीक्षा करनी पड़ी। थोड़ी-सी भी ग़लती से सारा ऑपरेशन गड़बड़ हो सकता था। वे सन्तरी लॉन पर खड़े भूमिहीनों की ओर देखते मुस्तैद खड़े थे। उन्हें लगता था कि आज सचिवालय पर आक्रमण होगा और उन्हें सुरक्षात्मक लड़ाई लड़नी होगी।

मुख्यमन्त्री की कार झण्डा हिलाती निश्चित वक़्त पर आयी। किसान और नेता उस ओर लपके। नारे लगने लगे। मैंने तुरन्त हाथ मारा और कैक्टस को जड़ सहित गमले से खींच लिया। मिट्टी ढीली और रेतीली थी जैसी कि कैक्टसों की होती है। कैक्टस गमले के नीचे था। मैंने कन्धे से झोला निकाला और कैक्टस उसमें डाल लिया। मैं अगर एक मिनट की देर करता तो उसे पाना कठिन हो जाता। नारों का स्वर सुन सचिवालय के बाबू उस ऊँची इमारत की खिड़कियों से झाँकने लगे थे। अगर मैं देर करता तो उनकी नज़र मुझ पर पड़ जाती। मुझे कैक्टस चुराता देख पता नहीं उन पर क्या प्रतिक्रिया होती। वे शायद हँसते। वे मुझे एक सामान्य स्तर का चोर समझते क्योंकि सचिवालय में जो हो रहा था उसकी तुलना में ऐसी चोरियाँ नगण्य हैं।

मैं लॉन से उठा और पोर्च की तरफ़ चला गया जहाँ भूमिहीनों का कार्यक्रम

जारी था। उस समय मुख्यमन्त्री कार के पास खड़े माँगपत्र पढ़ रहे थे। पढ़ने के बाद उनके चेहरे पर मधुर मुस्कराहट तैरने लगी। वे बोले—भाई, मैं तो भूमिहीनों की माँगों का हमेशा समर्थक रहा हूँ। आपने जो माँगपत्र में लिखा है उससे मैं सहमत हूँ। इस विषय में हमें एक प्रान्तव्यापी कार्यक्रम बनाना होगा। जहाँ तक आपकी माँगों का सवाल है, मैं आज ही सम्बन्धित अधिकारियों से उस पर चर्चा करूँगा और...!

मैं धीरे से खिसक लिया। जिनके पास कैक्टस नहीं है मैं उनकी माँगों का हमेशा समर्थक रहा हूँ। आज जो सचिवालय से कैक्टस उखाड़ा गया वह इसी दिशा में चल रहे दीर्घकालीन कार्यक्रम का एक महत्त्वपूर्ण चरण है। कहना न होगा कि हमें इसमें सफलता मिली है। यह इस मुल्क के नौजवानों के लिए और मुल्क के लिए फ़ख्र की बात है जिसका हमें हमेशा नाज़ रहेगा कि आज इस मुल्क के एक नौजवान ने जो इसी मिट्टी में पला और बड़ा हुआ, जो हमारा ही भाई है, सचिवालय के बिलकुल सामने संगीनों के साये में पलनेवाला एक कैक्टस ग़ायब कर दिया और उसका पता नहीं चल रहा। कितनी अजीब और शानदार बात है पूरी क़ौम के लिए, जिसका बहुत पुराना इतिहास है, जिसे आप सब जानते हैं। कैसे हम गुलाम रहे, लड़े अँग्रेज़ों से और आज़ाद हुए और हमारे नौजवानों को यह मौक़ा मिला कि वे कैक्टस चुरा सकें। बड़ी बात है। यह हालत एक दिन में नहीं आती। इसके लिए वक़्त लगता है। यह ख़ुशी का मौक़ा है कि कैक्टस गमलों से निकाले जाने लगे। अब जल्दी ही हम भूमिहीनों के लिए ज़मीन का मसला, जो कि पुराना मसला है, काफ़ी पुराना आप तो जानते हैं ज़मींदारी और जागीरदारी के ज़माने में देश के क्या हाल थे। आपसे कुछ छुपा नहीं है। मगर हमने...।

मन-ही-मन भाषण बनाता मैं घर लौट आया।

उस रात मुझे लगा, किसी ने धीरे से मेरा दरवाज़ा थपथपाया। बहुत सभ्य तरीके से। मैंने खोला तो देखा कि सचिवालय का प्रमुख आइ.सी.एस. अधिकारी दरवाज़े पर खड़ा मुस्करा रहा है। वह हल्की छींटदार बुश्शर्ट पहने था और मुँह में चुरुट लिये था। उसके चश्मे की फ्रेम मोटी थी। वह ऐसे खड़ा था जैसे मुझे दो मिनट के लिए डिस्टर्ब करने आया हो या उसे किसी का पता जानना हो। उसके पीछे संगीन लिये वह ख़ौफ़नाक चेहरेवाला सिपाही था जो सचिवालय के पोर्च के पास खड़ा रहकर कारों पर नज़र रखता है। कुछ पीछे वह नेता खड़ा हुआ था जो भूमिहीनों को भूमि दिलवाने के लिए किसानों का जत्था लेकर मुख्यमन्त्री से मिलने आया था।

इसके पूर्व कि मैं कुछ कहता, अफ़सर ने मेरे कन्धे पर हाथ रखकर कहा—"आज आप सचिवालय आये थे?"

मेरा चेहरा फक़ हो जाता है। भय से मेरी सुषुम्ना नीचे तक काँप जाती है।

मैं सहज होने का प्रयत्न करता हूँ। वे लोग मेरा उड़ा हुआ चेहरा देख हँसते हैं।

"जी हाँ, आया था।"

"क्यों?"

"ऐसे ही घूमने।"

वे सब हँसते हैं।

"सचिवालय घूमने की जगह है?"

मैं चुप रह जाता हूँ।

"आज सचिवालय के उद्यान से एक कैक्टस चोरी चला गया है। गवर्नमेण्ट का ख़याल है कि वह आपने चुराया है। हम तलाशी लेना चाहते हैं।"

"मैंने सचिवालय से कोई कैक्टस नहीं लिया। मेरे पास अपने कैक्टस हैं।"—मैं यह कहकर दरवाज़ा बन्द कर देता हूँ।

वे लोग दरवाज़ा खटखटा रहे हैं। मैं खिड़की से देखता हूँ—मेरे घर के सामने सैकड़ों पुलिस के जवान खड़े हैं। स्थानीय लॉ कॉलेज के कुछ प्रोफ़ेसर्स भी वहीं खड़े बातें कर रहे हैं। वे सब मेरे घर की ओर देख रहे हैं। दरवाज़ा अब तोड़ा जा रहा है। वह संगीनवाला मुछक्कड़ बन्दूक़ के कुन्दे से दरवाज़ा तोड़ रहा है। मैं घबरा रहा हूँ। मुझे समझ नहीं आ रहा मैं क्या करूँ। सचिवालय से चुराया कैक्टस पास ही टेबल पर रखा है। मैं उसका गमला उठाकर बग़ल में दाबता हूँ और पीछे के दरवाज़े से निकल जाता हूँ।

पुलिस मेरे पीछे है। सीटियाँ बज रही हैं। गोलियाँ चलने की आवाज़ सुनाई दे रही है। कुत्ते भौंक रहे हैं। अफ़सर आदेश दे रहे हैं—"पकड़ो, पकड़ो।"

मैं भागता हुआ तालाब तक पहुँच जाता हूँ और वहाँ से सहसा ऊपर उड़ने लगता हूँ। कैक्टस का गमला मेरी बग़ल में दबा है। मैं आकाश में ऊपर पहुँच जाता हूँ। नीचे तालाब है। तालाब के किनारे रामविलास और सोमदत्त गर्ग खड़े दिखाई दे रहे हैं। वे चिल्ला रहे हैं—"शरदजी, शरदजी, घबराइए मत, उड़ते रहिए, कैक्टस को मज़बूती से पकड़िए।"

मैं ऊपर-ऊपर उड़ता जा रहा हूँ। दूर, बहुत दूर से आवाज़ आ रही है—"शरदजी, शरदजी...!"

दरवाज़े पर सोमदत्त था। सुबह। वह मुझे आवाज़ दे रहा था—"शरदजी, शरदजी।" नींद में मुझे उसके स्वर सुनाई दे रहे हैं। बन्द दरवाज़े के पीछे से आ रही हल्की आवाज़ लगता था कहीं दूर से आ रही है।

है ख़बर गर्म उनके आने की

पोस्टमैन से मेरे रिश्ते नाज़ुक हैं। सारे पत्र माह के अन्त में आते हैं। हर पत्र में लिखा रहता है, आ रहा हूँ या आने की सोच रहा हूँ। क्यों आते हो मेरे भाई? जब कैलेण्डर पर तारीख़ सत्ताईस हो, तो क्यों घर छोड़ते हो। महीना आख़िरी दिन गिन रहा है और मेरा बटुआ आख़िरी साँसें ले चुका। कल यह सत्यवादी हरिश्चन्द्र अपने मान-सम्मान की शैव्या बेचने पर उतारू हो जाएगा। बरसों का शत्रु यह विश्वामित्र समय मेरी सारी पगार दान करवाकर ले जा चुका, अब तुम आओगे दोस्त की इज़्ज़त जाएगी और तुम परदेसी तालियाँ बजाओगे। हद है!

पर आज का पत्र कुछ दूसरा है। लिखा है—मैं आ रही हूँ।

बरसों का भूला-भटका कोई सन्देश सात दरिया पार कर आज किनारे लगा है। ऐसे पत्र पढ़कर गुनगुनाने का रिवाज़ है। कुछ और भी होना चाहिए। जब जूलियट का पत्र आता होगा रोमियो उस रोज़ दो पैग अधिक पीता होगा कम्बख़्त। मेरे पास भी पत्र आया है तो मुझे समारोह करना चाहिए अन्यथा प्रेमिका द्वारा स्थापित परम्परा पर कालिख पुत जाएगी। कम-से-कम इस ख़ुशी में दोस्तों के साथ एक कप चाय पीनी चाहिए। जेब में हाथ डालता हूँ और तेज़ी से निकाल लेता हूँ। माह का आख़ीर है। अभाव का बिच्छू बैठा है जेब में। डंक मारता है कम्बख़्त।

उनके आने की ख़बर से लड़कियाँ तो रवीन्द्रनाथ की काव्य-पुजारिनों की तरह पगला जाती हैं। उन्हें कुछ ध्यान नहीं रहता और मज़ेदार सीन खड़े होते हैं। जैसे आरती सजा नहीं पातीं, मेहँदी रचा नहीं पातीं, काजल अधूरा रह जाता है और सिर्फ़ यही सोचती रहती हैं कि प्रभु आ रहे हैं। और प्रभु मिलिट्री के कमाण्डर की तरह ऐन वक़्त पर आते हैं और एक क्षण को कार्टून बनी हीरोइन और उजड़ा सरकस बने मन मन्दिर में झाँकते हैं और चले जाते हैं। प्रभु ने क्या सोचा होगा, क्या रिमार्क दिये होंगे, यही विचारती पुजारिन, पर रवीन्द्रनाथ अपना गीत बिठा देते। जैसे स्कूल इन्स्पेक्टर की वापसी के बाद हेडमास्टरनी बहुत देर तक जाने क्या-क्या सोचती रहती है। ख़ैर, वे तो स्त्रियाँ हैं। उनकी अव्यवस्थाएँ भी कविता, रोमांस और प्रशासन के स्तर पर माफ़ हो जाएँगी पर मैं ठहरा मर्द। फरहाद ब्राण्ड का मर्द। जिसका फ़र्ज़

है कि शीरीं के लिए पहाड़ काट दे। यदि मेरे इर्द-गिर्द माह के अन्त की फड़तूसी मँडराती रही और इसकी कल्पना उसे हो गयी तो आज तो वे आ रही हैं, कल से पत्र भी नहीं आएगा।

इस युग की हीरोइनें प्रेम की परीक्षाएँ लेना अच्छी तरह जानती हैं। हर व्यक्ति मुनीरशामी हो रहा है और सात सवालों का गुच्छा लटकाये अपना मददगार हातिमताई खोज रहा है। पहला सवाल हुस्नबानो का यह कि सिनेमा की पहले दिन की भीड़ में टिकट ला दे। दूसरा यह कि पॉलिटिक्स का पर्चा बिगड़ गया है, मार्क्स बढ़वा दे। तीसरा यह कि माह के अन्त में कांजीवरम् की साड़ी ला दे। चौथा यह कि किसी गर्ल्स कॉलेज में लेक्चरर बनवा दे।...और सारे सवाल एक साथ। मेरा प्रेम आज ऐसे कई आनेवाले इम्पार्टेण्ट प्रश्नों के जवाब खोज रहा है। कल वे आएँगी और मेरा मौखिक लेंगी। ऐसे ही क्षणों में ग़ालिब परेशान हुआ था। "है ख़बर गर्म उनके आने की, आज ही घर में बोरिया न हुआ।" या आज ही घर में सोफ़ासेट न हुआ...या आज ही जेब में पैसा न हुआ।

अजब मुसीबत है। अपनी चहेती से कैसे मिलना चाहिए, इसके मार्ग तो सभी प्रेम-काव्यों में बताये गये हैं। खिड़की से सीढ़ी टिकाकर ऊपर चढ़ने का शेक्सपियरी-मार्ग, नौकरानी के सहारे महल में घुसने का गोगोल-तरीक़ा, कुंज में बैठ बंसी बजाकर खींच लाने की जयदेव-टेकनिक, दूती भेजकर ख़बर देने की विद्यापति-शैली और टेलीफ़ोन पर कह देने का आधुनिक उपन्यास का ढंग, सभी पता है खाविन्द को, पर माह के आख़ीर में पूरी खातिर करवाने के मूड में बैठी तुनकमिज़ाज सुन्दरी की ज़िद को कैसे टाला जाए।

"है ख़बर गर्म उनके आने की..." इस ख़बर की गर्मी जला रही है मुझे। जब से पत्र आया है, कमरा भट्ठी हो गया है। स्टेशन से उतरेंगी—और चारों तरफ़ मुझे देखेंगी। दर्शन की प्यास बुझने के साथ ही कुली तय करने की समस्या। स्टेशन से बाहर आने तक उनका रोम-रोम इतना पुलकित हो जाएगा कि टैक्सीवाले से वे बात नहीं कर पाएँगी, मुझे बोलना होगा। घर आकर वे ऐसी थक जाएँगी जैसे अपने प्रेमी से मिलने के लिए घड़े के सहारे तैरती पहुँची हों और मुझसे अपेक्षा करेंगी कि मैं गर्म कॉफ़ी उन्हें पिलाऊँ। मैं कॉफ़ी बनाऊँगा कि वह हाथ बँटाने आ जाएँगी और इसी बहाने पूरे घर का हिसाब लगा लेंगी कि डिब्बे में शक्कर कितनी है और चाय की कौन-सी ब्राण्ड ख़रीदता हूँ। मैं अच्छी तरह जानता हूँ कि वे टूथब्रश लाना भूल जाएँगी और मुझे ऐन वक़्त बाज़ार दौड़ना पड़ेगा। मैं बाज़ार जाऊँगा, इतने में वे बोरियत से बचने के लिए मेरी अलमारी की तलाशी लेंगी कि आशिक के पास कितने पैण्ट हैं, कितने कोट और कितनी टाइयाँ हैं। दोपहर का लंच उन्हें देशी ढाबे में नहीं किसी ऊँचे रेस्तराँ में देना होगा जहाँ अलग केबिन में बैठ मनुहारें की जा सकें और फिर बाज़ार। वे क्या पसन्द कर बैठें कह नहीं सकते। साड़ी, ऊन, सैण्डिल से लेकर

कार के नये मॉडल तक। इस युग में प्रेमियों को तलवार से पराक्रम दिखाने का अवसर नहीं मिलता, लेकिन बटुए से पराक्रम दिखाना पड़ता है। परी अगर हुक़्म दे कि राक्षस के बाग़ से मोती-मानिक का पेड़ ले आ तो राजकुमार घोड़ा सँभाल ले और बरछे की धार तेज़ कर रवाना हो जाए और दो-चार ख़ून कर पेड़ उखाड़ लाए, पर सामने शो-केस में रखी क़ीमती बनारसी साड़ी की ओर प्रेमिका अँगुली उठा दे तो वह क्या करे।

वे दो रोज़ रहेंगी। रीतिकाल के भैया लोग इस कल्पना से ही पागल हो जाते कि वह दो रोज़ रहेंगी। उनका अर्थ होता कि वे दो रात रहेंगी। पर मुझे इन दो दिनों की कल्पना से डर लगता है। माह आख़ीर के दो रोज़ दो साल के बराबर होते हैं। मुझे यह सोचकर कष्ट होता है कि वे दो साल रहेंगी। मैं, जो उनके बिना दो क्षण भी रह न पाने की बात पत्रों में लिखता, उनके साथ दो क्षण भी रहना कठिन पाता हूँ। कैसा वक़्त होता है माह का आख़ीर! कैलेण्डर बनानेवाले ने बड़ी चोट की है मनुष्य समाज के साथ। वह चाहता तो माह का सदैव प्रारम्भ ही करता, अन्त नहीं होने देता। प्रेमिका से तो सबसे अच्छी मुलाक़ात सपने में होती है, हाथ की अँगूठी छिन जाने का डर तो नहीं रहता। बार-बार ध्यान बटुए पर तो नहीं जाता।

सुनते हैं पहले प्रेमिका को देखते ही असली प्रेमी बेहोश हो जाते थे। बदमाश कहीं के। सौन्दर्य से कहीं गश आता है। मक्कारी करते थे। ख़र्च से बचने के लिए धम्म से गिर पड़ते थे। इतना तो पता है कि चेहरे से उठायी थी नकाब, आगे क्या गुज़री कुछ मालूम नहीं। इसी बहाने अपना प्रेम भी मज़बूत कर लेते थे और फड़तूसी भी छिपा लेते थे। उन दिनों प्रेम और कविता इतनी मिल गयी थी कि यह सब चल जाता था। अब तो प्रेम कविता-विहीन हो गया है। वह रेल के डिब्बे से उतरें और मैं प्लेटफ़ॉर्म पर बेहोश हो जाऊँ। वह समझेंगी मुझे कोई बीमारी है। फिट आता है, मिर्गी आती है और लौटती ट्रेन से वे टिकट कटाकर चल देंगी। मेरा प्रेम धरा रह जाएगा।

ग़ालिब जैसे हाल सभी के हैं। जब उनके आने की ख़बर गर्म होती है, घर में बोरिया नहीं होता। पुराने ज़माने में आदमी के पास जब पैसे की तंगी होती थी, वे शायरी करने लगते थे। आजकल पहले शायरी करते हैं, बाद में पैसे की तंगी होती है। मुझे तो माह के अन्त की ग़रीबी ग़ालिब बना रही है। वे आएँगी तो मैं उनके बालों में फूल खोंस दूँगा, जो मुफ़्त में मिलते हैं। किसी रेस्तराँ में नहीं, बल्कि बाग़ की हरी घास पर बैठने का आग्रह करूँगा। बाज़ार ले जाने के बजाय तालाब के किनारे घुमाऊँगा। सिनेमा दिखाने की बजाय उससे कहूँगा—"डार्लिंग, तुम गीत गाओ मैं हारमोनियम बजाता हूँ।" और जब वे कहेंगी कि मुझे भूख लग रही है, दीवाने ग़ालिब खोलकर बैठ जाऊँगा और कहूँगा— सुनो रानी, ग़ालिब कैसा महान् शायर हुआ है—

है ख़बर गर्म उनके आने की
आज ही घर में बोरिया न हुआ...
कि मेरे अँग्रेज़ीदाँ दोस्त ने इसे यूँ अनुवाद कर सुनाया था–
द न्यूज़ ऑफ़ हर कमिंग इज़ वेरी हॉट
देअर इज़ नायदर बेड इन द हाउस नॉर कॉट।

मौन—एक रामबाण

अभी-अभी एक विद्वान् से मिलकर चला आ रहा हूँ। मुझे ज़रा ग़ौर से देखिए कि मेरा पूरा चेहरा पसीने से तर है। यह पसीना किसी शास्त्रार्थ के कारण नहीं है बल्कि बोरियत की उपज है। दो घण्टे उसके समीप रहा, वह कुछ नहीं बोला। कुछ भी नहीं बोला और मुझे मात्र अपने दर्शन देता रहा। मैं उसकी मोटी, सुघड़, चश्मा-कुरता-धोती छवि खाता रहा और निहाल होता रहा। अन्त में मैंने उसे प्रणाम किया और चला आया। अतीत के बैंक में दो घण्टे का शुद्ध समय—चेक जमा करके—लुटा हुआ, वापस।

वह विद्वान् था चूँकि वह चुप था। मौन ही ज्ञान का असली परिचायक है। मूर्ख हूँ मैं, चूँकि बोलता हूँ, हँसता हूँ और खुले दाँतों अपनी इज़्ज़त खोता हूँ। बिगड़ा रेडियो दुरुस्त करना सरल है पर विद्वान् की चुप्पी तोड़ना मुश्किल। मुझे ग़ौर से देखें, मैं पसीने से तर हूँ। मैंने कोशिश की और असफल रहा।

आज नयी बातें सीखी हैं। चार किताबें पढ़ो और जीवन-भर के लिए चुप हो जाओ। भारत की जनता आपको एकाएक परम चिन्तक, विद्वान्, ज्ञाता, मनीषी इत्यादि मान लेगी। यदि सिन्दूर चढ़वाना है तो पत्थर बनिए। मेरे एक परिचित हैं उन्होंने चार किताबें पढ़ी हैं। डिस्कवरी ऑफ़ इण्डिया, बर्टेण्ड रसेल की एक पुस्तक, दो लेख श्री अरविन्द पर और एक मित्र का कविता-संग्रह। रोज़ साँझ वे ज्ञानियों की बैठक में पाये जाते हैं। वे चुप रहते हैं और प्रतीक्षा करते हैं। चर्चा साहित्य से आरम्भ होती है और नगरपालिका, समाजवाद, जंगल, दफ़्तर, कोर्ट के मुंशीजी के क़िस्से, पाकिस्तान से होती हुई जाने कैसे बर्टेण्ड रसेल या डिस्कवरी ऑफ़ इण्डिया तक पहुँच जाती है। मेरे मित्र उस क्षण की प्रतीक्षा करते हैं जब बात गली-दर-गली भटकती वहाँ पहुँचे। और तब मौन तोड़ वे बोलते हैं, भाषण का बैल जोतते हैं और सरपट भागते हैं और उस ठौर ठहरते हैं जहाँ उनके रोब का झण्डा लहरा रहा होता है। वे अपनी मण्डली में परम चिन्तक एवं विद्वान् हैं। कोई नहीं जानता कि उनके ज्ञान-कोश में केवल चार पोथियों का अर्क है।

बचपन में पढ़ा था 'साइलेन्स इज़ गोल्डन' और 'बँधी मुट्ठी लाख की' पर तब

सिर्फ़ वाद-विवाद में पुरस्कार पाने की लालच में उस पर अमल नहीं कर सका था। करता तो आज मेरी देश में इज़्ज़त होती। मैं चुप रहता और मेरा कमरा श्रोताओं से घिरा रहता। सारे कमरे में ख़ामोशी की ख़ुशबू फैल रही होती।

मौन एक शस्त्र है, एक नुस्खा है, उस्तादों द्वारा छुपाया गया आख़िरी गुर है। यह एक ऐसा तत्त्व है जो कई बड़ी पोथियाँ पढ़कर न समझ पाने के बाद प्राप्त होता है। मौन सबसे बड़ी अभिव्यक्ति है जो प्रायः टेलीफ़ोन पर भी उपयोगी सिद्ध हो जाती है। मौन आधी स्वीकृति है और आधी अस्वीकृति—जो दी नहीं जाती। मौन एक घोषणा है, एक मेनिफेस्टो है। आख़िर चुप रहकर क्या नहीं कहा जाता। ख़ामोशी सबसे ज़्यादा हल्ला मचाती है। चुप्पी एक रामबाण है जो राम ने न छोड़ा। मौन व्यक्ति से सत्संग सर्वाधिक सुखकर है जो केवल एक एस्पिरीन का पैकेट ज़ेब में रखकर किया जा सकता है। चुप रहनेवालों को अनहद की झंकार सुनाई देती है और ब्रह्म स्क्रीन पर नज़र आने लगता है ढाई घण्टे के लिए। मौन ही देवत्व है। फ़रिश्ता वह जो ख़ुदा की तरह ख़ामोश रहे। यह एक ऐसा गुण है जो साधुओं को एकान्तवास के बाद तथा गृहस्थों को लम्बे समय तक विदेश विभाग में नौकरी करने के बाद प्राप्त होता है। मौन मंगलकारक है और बोलना दंगलकारक। अनुशासन और शान्ति का सर्वश्रेष्ठ रूप क़ब्रिस्तान में देखने को मिलता है या परम विद्वानों की सभा में। ज्ञान-गंगा में गोते लगानेवाला मुँह नहीं खोलता। वह साँस बन्द रखता है, आँख बन्द रखता है, मुँह बन्द रखता है और दूर से भीगा-भीगा पवित्र दिखता है। हम-जैसे किनारे बैठे बोलनेवाले उसके सामने थर-थर काँपते हैं। कहाँ डिपाज़िट करें यह ज़बान—समझ नहीं आता। ख़ुद से घृणा करने लगते हैं। बाल नोचते हैं पर मजबूर हैं और निर्णय तोड़ फिर बोलने लग जाते हैं। ज़बान इज़्ज़त की दुश्मन है यह नहीं जानते। मौन के माइक्रोफ़ोन ऊँचाइयों पर लगे हैं, तालियाँ बज रही हैं और हम, ध्वनि के माध्यम से सम्मान खो रहे हैं। ख़ामोश रहना ख़ानदानी गुण है। किसी पुरखे को अँग्रेज़ बहादुर ने 'शटप यू ब्लडी फूल' कहा था और उसके बाद से पीढ़ियाँ ख़ामोश हो गयीं। चुप्पी की विरासत बाप बेटे को सौंपकर देता गया जो आज बोरियत के वटवृक्ष के रूप में फैल गयी है और इज़्ज़त बढ़ा रही है।

मौन पर एक पुस्तक लिखी जा सकती है। यदि कोई प्रकाशक तैयार हो तो मैं तुरन्त 'मौन' शीर्षक दे कोरे पृष्ठों की एक पाण्डुलिपि (वह जितने भी पृष्ठों की चाहे) तैयार कर दे सकता हूँ। यह निरक्षरों में धर्मग्रन्थ की तरह पूजी जाएगी और ज्ञानी उसका अर्थ समझने को सिर धुनेंगे। संसार के हर विषय पर वह सर्वश्रेष्ठ गाइड साबित होगी। ज्ञान के अन्तिम चौराहे पर यह शब्दविहीन पुस्तक ही पहुँच सकेगी और शेष जिनमें वाक्यों का असभ्य सिलसिला है, समाप्त हो जाएगी। केवल बीस प्रतिशत रायल्टी पर उपलब्ध इस पुस्तक में प्रकाशक को कम्पोज़िंग-प्रिण्टिंग का व्यय नहीं लगेगा। काग़ज़ का कोटा निरन्तर मिलने पर इसके नये संस्करण तैयार

किये जा सकेंगे। सर्वाधिकार लेखक के अधीन होगा और नक़ल करनेवाले को दण्ड भुगतना पड़ेगा। जो प्रकाशक चाहें, सम्पर्क करें। अभिव्यंजना के क्षेत्र में एक नया माइलस्टोन है।

मैंने ऐसी अनेक लम्बी कहानियाँ और मोटे उपन्यास पढ़े हैं जिनमें पात्रों की सबसे बड़ी विशेषता या विवशता होती है कि वे कुछ नहीं बोलते, किसी प्रश्न का उत्तर नहीं देते। वातावरण सदैव निर्जन ख़ामोश रहता है। समस्या नहीं सुलझती और पृष्ठ बढ़ते जाते हैं। जैसे—

1. मैंने उससे पूछा—"क्या तुम सचमुच मुझसे प्रेम करती हो?"

वह चुप रही।

2. "कितनी मनोरम है ना चाँदनी, कितना शीतल है यहाँ। मुझे अच्छा लग रहा है।"—मैंने कहा।

वह ख़ामोश थी।

3. "आख़िर बताओ मैं क्या करूँ, कहाँ जाऊँ! क्या है मेरा वर्तमान, क्या होगा मेरा भविष्य?"

उसने कोई उत्तर नहीं दिया। चुपचाप तालाब की ओर देखती रही।

4. कॉफ़ी हाउस में वह मेरे सामने बैठी है। वह चुप है। वह बहुत देर से चुप है। जाने क्या सोच रही है। लगता है खो गयी है कहीं। वह आज विशेष सुन्दर लग रही है।

"तुम आज बहुत ख़ामोश हो।"—मैं पूछता हूँ।

वह कुछ नहीं बोलती। सिर्फ़ मुस्करा भर देती है। वह कितनी सुन्दर लगती है जब मुस्कराती है।

मैं मौन उसकी रूप-राशि पी रहा हूँ।

मौन एक खंजर है जो जब चाहे एक पात्र दूसरे पात्र पर चला देता है। सारे उपन्यास या कहानी में ऐसी अनेक दुर्घटनाओं से लहूलुहान वातावरण बन जाता है। यही साहित्य की उपलब्धि है—साँप सूँघे पात्रों की परम्परा।

कोई बैठे कि मौन का भौतिक-विश्लेषण करें तो उसमें वे सब तत्त्व मिलेंगे जो शुद्ध वायु में पाये जाते हैं। उसका रासायनिक-विश्लेषण करें तो पोटेशियम साइनाइट में जो है वह मौन में है। उसका मनोवैज्ञानिक विश्लेषण करें तो निस्पन्दता के सभी गुण पाये जाएँगे। बेहतर है कि हम न करें और चुप रहें इस विश्वास के साथ कि हमें 'जीनियस' क़रार दिया जाएगा। उस आख़िरी मंज़िल पर जहाँ ज्ञान और व्यंजना के छोर मिलते हैं हमारी प्रतिभा की क़ब्र बनेगी पर यह शब्द लिखे रहेंगे—

"वह चुपचाप चला गया।"

जन्म—मई 1931.

मृत्यु—दिसम्बर 1993.

ज़बान की मृत्यु—जुलाई 1963.

रचनाओं की संख्या—खोज ज़ारी है।

क़ब्र की दूसरी ओर मेरे प्रकाशक का विज्ञापन—जिन महान् लेखक की यह क़ब्र है उनकी सभी पुस्तकें हमारे यहाँ उपलब्ध हैं। कृपया एक बार दुकान पर अवश्य पधारें। लेखक की अन्तिम इच्छा के अनुसार हम रिसर्च के छात्रों को विशेष कमीशन देते हैं।

नोटिस—विद्वान् की क़ब्र पर मात्र दो क्षण का मौन रखें।

यह नहीं चलेगा

"मैं बोफोर्स बोल सकता हूँ?" विपक्ष के उम्मीदवार ने पूछा।

"जी नहीं। आप बोफोर्स नहीं बोलेंगे।" अधिकारी ने कड़े स्वर से कहा।

"दलाल बोल सकता हूँ?" उसने पूछा।

"बिलकुल नहीं।"

"चोर?"

"क़तई नहीं।"

"विन चड्ढा का नाम ले सकता हूँ?"

"नहीं।"

"स्विट्ज़रलैण्ड, स्वीडन!"

"जी नहीं।"

"इटली?"

"ख़बरदार जो इटली कहा।"

"अमिताभ बच्चन, बण्टी?"

"एकदम नहीं।"

"पिटको, स्वेंस्का, ए आई सर्विसेज़?"

"नो नो। यह नहीं चलेगा।"

"महालेखापाल, सुन्दरजी, अरुण सिंह?"

"नॉट ऐट आल।"

"हिन्दू, एन.राम., चित्रा?"

"ना ना।"

"जेठमलानी, गुरुमूर्ति, इण्डियन एक्सप्रेस, गोयनका, अरुण शौरी?"

"ना बाबा ना।"

"हेलीकॉप्टर, सबमेरिन, डोर्नियर, वायुदूत?"

"ऑफकोर्स नॉट।"

"इण्डिया टुडे?"

"नहीं भई।"
"मोहन कात्रे?"
"ओह! नो प्लीज़।"
"डायरी बोल सकता हूँ। डायरी?"
"ये क्या कर रहे हैं आप! नहीं।"
"चन्द्रास्वामी, हिन्दुजा?"
"नहीं कहा ना।"
"किकबैक। वाइण्डिंग अप चार्जेस?"
"उहूँ। ऐसा न कीजिए।"
"वी.पी.सिंह, त्यागपत्र, अरुण नेहरू?"
"नहीं। नहीं। प्लीज़!"
"अन्सारी, मुक्तिदत्ता?"
"बस। बहुत हो गया।"
"भागलपुर?"
"ना।"
"इलाहाबाद–अमेठी?"

"ओह! ओह! बस! भगवान के लिए अब बस कीजिए। मैं सहन नहीं कर पा रहा हूँ।" विपक्ष का उम्मीदवार अब स्वयं को अपराधी-सा महसूस करने लगा था। उसने पीड़ित स्वर से कहा, "क्या मैं थोड़ी-सी भी राजनीति नहीं कर सकता। इससे इतना कष्ट तुम्हें होगा, यह मैंने नहीं सोचा था।"

इस पर आँसू पोंछते हुए उस अधिकारी ने लम्बी कराह ले कहा, "आप चले जाइए, प्लीज़ अब आप चले जाइए।" यह सुन विपक्ष का उम्मीदवार उठा और बिना बोले दफ़्तर से बाहर चला आया।

छोटी मछलियों के शिकारी

सतर्कता आयोग सरकार का दिखनौटा शोकेस है। गन्दी मछलियों से भरे शासन-तन्त्र की इस तलैया से एकाध मछली या चन्द मछलियाँ निर्विकार साहसिकता के प्रदर्शन के लिए काग़ज़ी जाल में फँसा ली जाती हैं, जिनमें से कुछ तन्त्र के कमज़ोर सुराखों से फिसलकर बच भागती हैं, कुछ बड़ी मछलियाँ अपने भारीपन का रोब देती छूट निकलती हैं और कुछ नन्ही मछलियाँ, लिपिक, शिक्षक, कांस्टेबल क़िस्म की, दबोच दी जाती हैं। शासन उन्हें पकड़ ऊपर उठाता है। जनता के सम्मुख प्रदर्शन करता है और अपने भ्रष्टाचार विरोधी होने की वाहवाही बटोरना चाहता है। अब यह भी वार्षिक कर्मकाण्ड हो गया है। एक रिपोर्ट टपकती है। एक दफ़्तर अपने टेबल-कुर्सियों का बचाव करते हुए क्रियाकलापों की सूचना देता है कि हमने चालू वर्ष में भ्रष्टाचार के इस विराट् दरिया में इतने अदद खस-खस डाले जो उसमें समा गये। टेबल-दर-टेबल एक रिपोर्ट तैरती हुई अनन्त की कचरा गहराइयों में खो जाती है और भ्रष्टाचार का बेड़ा जनसागर की छाती पर लंगर डाले पड़ा रहता है।

यह प्रशासकीय युक्ति है कि जब किसी प्रवृत्ति अथवा दुष्प्रवृत्ति का बचाव करना हो या स्वयं की उससे रक्षा करनी हो तो एक समानान्तर व्यवस्था उत्पन्न कर दी जाए ताकि दोष मढ़ने के लिए आवश्यकतानुसार खोपड़ियाँ उपलब्ध हो सकें। गेहूँ बेचने का एक अंश व्यापारियों को दिये रहने से सरकार को यह स्थायी सुविधा है कि वह हर घोटाले के मौक़े पर व्यापारियों को कोस सके। क़रीब यही सुविधा व्यापारियों को भी मिल जाती है कि वे महँगा बेचते हुए सरकार को कोसते रहें। आप शासन से जब भी भ्रष्टाचार की बात करेंगे, वह सतर्कता आयोग की बात करेगा। आयोग का दफ़्तर शासन को मुक्ति का अहसास देता है। फिर मज़ा यह है कि वह कोई पराया या स्वतन्त्र नहीं, शासन का ही बग़ल-बच्चा है। वही भ्रष्ट तन्त्र उसमें नियुक्तियाँ करता है और वे नियुक्त लोग उसी तन्त्र के चरणों में प्रतिवेदन प्रस्तुत करते हैं। गिड़गिड़ाती कीर्तनिया शैली में सतर्कता आयोग के अधिकारी कहते हैं कि "हम बेचारे बिना सहारे, केस खोज-खोजकर हारे। अरे इस पापी को तो सज़ा दे दो स्वामी!" मगर स्वामी शासन, जिसने चाबी आयोग को दे

ताला अपने पास रखा है, मुस्कराता हुआ व्यवस्था की भुवन मोहिनी बाँसुरी बजाता चैन से बैठा रहता है। यदि मामला तन्त्र के नन्हे पुर्जे का है, जैसे लिपिक शिक्षक या कांस्टेबल का, तो फ़ाइल में आदेश के अन्तिम हस्ताक्षर की चिड़िया बैठते देर नहीं लगती और यदि मामला किसी चार अंकों के वेतनवाले ऊँचे अफ़सर या प्राण प्यारे आई.ए.एस. का है तो फ़ाइल किसी भूल-भुलैया में खोकर रह जाती है। यदि आप सिंहों के प्राणघाती आक्रमणों की शिकायत बियाबान के राजा सिंहराज से करें तो क्या वह न्याय की रक्षा के लिए अपने प्रिय वंशजों, सहगोत्रियों, सहधर्मियों को दण्ड देगा? ऊँचे आई.ए.एस. और नन्हे-मुन्ने आई.ए.एस. के ब्रह्मजाल की यह सरकारी माया नष्ट हो जाएगी यदि अफ़सर अफ़सर को सज़ा देने लगे। शासन की यह स्थायी मान्यता है कि बड़े अफ़सर भूल करते हैं, छोटे कर्मचारी ग़लतियाँ करते हैं। ग़लती करनेवाले को बख़्शा नहीं जा सकता। भूल करनेवाले का उस ओर ध्यान दिलाना चाहिए, उसे प्यार से बताना चाहिए—मुस्कराकर कि प्यारे मित्र, तुम भूल से दुहरा टी.ए. बिल बना सात सौ ज़्यादा जेब में रख गये, आगे ऐसा नहीं करना। इस तरह सतर्कता आयोग की सबसे बड़ी उपलब्धि यह है कि उसने हर भ्रष्ट व्यक्ति को सतर्क कर दिया है कि वह भ्रष्टाचार इस सफ़ाई से करे कि आयोग उसे पकड़ न सके।

बड़ी वैचारिक कब्ज़ियत के बाद एक रिपोर्ट बाहर आती है जो उपेक्षा के चिरन्तन फ्लश में बहा दी जाती है। दफ़्तर अपनी उपयोगिता की सफ़ाई पेश करता है जो ठीक भी है। ऐसे कार्यालय क़ायम नहीं रहें तो प्रभावशाली पेंशनर्स कहाँ जाएँ? दूषित व्यवस्था से उपजा दोषों पर अँगुली रखनेवाला यह दफ़्तर, जो उसी का सेवक है जो अपराधी है और अपने मालिक को सज़ा देने की पात्रता नहीं रखता, अनन्तकाल तक गन्दे तालाब में काँटा डाले बैठा रहे और हर फँसी बड़ी मछली का अभिनन्दन करने को अभिशप्त हो, सदैव हास्य-व्यंग्य का विषय बना रहे, इस शुभकामना के साथ अध्याय समाप्त।

प्री-मानसिक टेस्ट

यदि लड़के एक साल कॉलेज नहीं गये तो विशेष अन्तर नहीं पड़ेगा। चले ही जाते हैं तो कौन फ़र्क़ पड़ता है? न गये तो शिक्षा विभाग का काम हल्का होगा, पुलिस का बढ़ जाएगा। जयप्रकाश राजनीति की कक्षाएँ लेंगे, प्रैक्टिकल की क्लासें सड़कों-चौराहों पर लगेंगी, पत्थर सन्नाये जाएँगे तो अनुशासन का काम प्राचार्य और उपकुलपति से हटकर आई.जी. पुलिस पर आ जाएगा। जो भी हो छात्रों का ज्ञान बढ़ेगा। अनुभव बढ़ेगा। कॉलेज में यह सुख कहाँ? नुकसान कुंजियाँ बेचनेवालों का होगा। सर्वाधिक लाभ में प्राध्यापक रहेंगे। अभी आधे समय बिना पढ़ाये पूरा वेतन लेते हैं, फिर पूरे समय बिना पढ़ाये पूरा वेतन लेंगे।

एक मित्र बता रहे थे कि पिछले दिनों डॉक्टरी के उम्मीदवार बननेवाले छात्रों ने साधारण ज्ञान के पर्चे में बड़े मज़ेदार उत्तर दिये। मज़ेदार से अर्थ यह नहीं कि वे कोई मज़े-मज़े में उत्तर दे रहे थे। जी नहीं। वे अत्यन्त गम्भीर थे और पूरी गम्भीरता से अपना ज्ञान दिखा रहे थे। वह ज्ञान साधारण नहीं था, असाधारण था, जो निरन्तर न जानने से मिलता है। वे सब डॉक्टर होना चाहते थे। इंजेक्शन खोंसने, चीरफाड़ करने, अपने प्रिय सेल्समैन की प्रिय कम्पनी की दवाइयाँ लिखने का अधिकार चाहते थे। मरीज़ मरते-जीते रहें, हमारा जीवन सुखी हो। बस! यही असली ज्ञान है।

प्रश्न था—साँभर झील कहाँ है? उत्तर था, मेडिकल कॉलेज की बाजू में। प्रश्न था, मक्का कहाँ है? उत्तर अनेक थे—मक्का पाकिस्तान में है। मक्का अफ़गानिस्तान में है। मक्का मदीना में है। तीसरे प्रकार के उत्तर देनेवाले के प्रति मेरी सहानुभूति है। मक्का के साथ मदीना लगा रहता है। जैसे मक्का तहसील, मदीना ज़िला हो या मक्का शहर और मदीना प्रान्त। मक्का मदीना!

प्रश्न था—माउण्ट एवरेस्ट कहाँ है? उत्तर थे, अमरीका में। तिब्बत में। पूरा भ्रम पहाड़ के अँग्रेज़ी नाम के कारण था। अँग्रेज़ी नामवाले पहाड़ अमरीका में होते हैं। छात्र को यह आशा नहीं थी कि आज़ादी के इतने सालों बाद भी सरकार ने पहाड़ को देशी नाम नहीं दिया होगा। तिब्बत में होने की कल्पना भी वाजिब थी।

पहाड़ प्रायः उसी तरफ़ होते हैं।

प्रश्न था—बिसमिल्लाह ख़ाँ कौन हैं? जवाब था, मुस्लिम लीग के एक लीडर। यदि अपने विषय में यह उत्तर बिसमिल्लाह को पता लग जाए तो उन्हें समझ न पड़े कि अपनी शहनाई लेकर इस देश में कहाँ सिर छिपाएँ? जो बिचारे ज़िन्दगी भर से शहनाई फूँक रहे हैं, वे साधारण ज्ञान की एक फूँक में उड़ गये। चोट माओत्सेतुंग पर भी कम नहीं हुई। उन पर प्रश्न का उत्तर था, एक चीनी यात्री।

—और भी गीत है, जी दिखलाता हूँ।

प्रश्न था—लाल इमली? जवाब था—खायी जाती है।

प्रश्न था—पार्क डेविस? जवाष—इंग्लैण्ड का ख़ूबसूरत पार्क।

प्रश्न—कार्डिओग्राम? उत्तर—रेडियोग्राम का एक प्रकार। मेरे ख़याल से कस्तूरबा ग्राम पूछने पर भी वह यही उत्तर देता।

प्रश्न—ब्लड बैंक? उत्तर—हृदय में होता है।

जी छन्द और बेछन्द पसन्द करें। ये अमर गीत और ये जो तुरन्त मरे। यह गीत यहाँ सूने में लिखा था और यह गीत वहाँ पूने में लिखा था। जी और भी वेरायटी हैं, दिखलाता हूँ।

आगा ख़ाँ कप? उत्तर—ओबेदुल्ला ख़ाँ हॉकी टूर्नामेण्ट का एक कप।

दक्षिणी ध्रुव किसने खोजा? उत्तर मिला—कोलम्बस ने खोजा। यह कम्बख़्त खोज की क्रिया ही कोलम्बस के साथ ऐसी चिपक गयी है कि जब किसी खोज का नाम याद न आए तो लिख दो कोलम्बस।

आप प्रश्न करेंगे कि इन सब बातों से छात्र का डॉक्टर होने से क्या सम्बन्ध? मैं कहता हूँ सही है। किसी भी बात का किसी भी बात से, कुछ भी होने से क्या सम्बन्ध? जो होता है उसे होना है। जिसे करना है, वह करेगा। चला आता है सो चला जाएगा। यह क्या, वह क्या। सब बेकार की बातें हैं। कॉलेज या कॉलेज के बाहर या दोनों जगह न होने से क्या अन्तर पड़ता है। या होने से। पार्क डेविस या माओत्सेतुंग या ब्लड बैंक, लाल इमली, माउण्ट एवरेस्ट, बिसमिल्लाह ख़ाँ या साँभर लेक सब हैं। होंगे। हमें इनके होने से क्या मतलब। हमें इनके न होने से क्या मतलब। कुछ को डॉक्टर होना है, कुछ को कॉलेज नहीं जाना है। जैसा जो भी चलता रहे। क्या मतलब।

ग्राहक की मर्ज़ी, अच्छा जाता हूँ। जी बिलकुल, अन्तिम और दिखाता हूँ।

प्रश्न था—भारत इलेक्ट्रॉनिक्स कहाँ है? जवाब—भोपाल में। और विविध भारती? जी फरमाइशी गानों का एक कार्यक्रम। शरद जोशी कौन हैं? एक स्तम्भ।

बताइए, तिरछा होकर किसके सिर पर गिरूँ? मुझे शासन के सिर पर गिरना चाहिए। जिस पीढ़ी को प्रश्न पूछने का अधिकार मिल गया है, उससे उत्तर क्यों पूछे जाते हैं?

इत्तिफ़ाक़

दयाल सिंह ने समर्थन में बैठना मंजूर कर लिया—"अब बताइए, अभी तक आपका ख़र्च कितना हुआ?"

"पचास हज़ार।"

"झूठ!"

"पैंतालीस से कम तो किसी हालत में नहीं।"

"क्यों अपनी सफ़ेदी लजा रहे हैं?"

"बेकार न बकिए। अपमान करेंगे, तो हम जा रहे हैं।"

"तुम चुप रहो। हमें बात करने दो।"

"चमचे! हमारी मानिए, इन चमचों से दूर रहिए।"

"वो चिन्ता हम पर छोड़िए। आप अपनी कहिए।"

"कहा ना, पच्चास हज्ज़ार फुँक गये अभी तक।"

"मान लेते हैं।"

"मगर मैं बैठने का डेढ़ लाख से कम नहीं लूँगा।"

"चलिए छोड़िए, इतना देने से तो अच्छा है, आप खड़े रहिए। ऐसे कितने वोट हैं इनके?"

"कहा ना, तुम चुप रहो।"

"कहावत है ना, तेली का तेल जले मशालची का जी..."

"देखिए दयाल सिंह जी, रुपये की राजनीति करने के दिन गये। अब भाईचारे की राजनीति का ज़माना आ गया है।"

"राजनीति में काहे का भाईचारा। बिना रुपया लिये हम कभी नहीं हटे चुनाव से। हमारी हिस्ट्री है। आप लोग तो जीतकर दिल्ली में पड़े रहते हैं, यहाँ जनता की रात-दिन सेवा हम करते हैं? आप जनसेवा की खाते हैं तो हम क्यों न खाएँ!"

"सो ठीक है, पर डेढ़ लाख किस बात के?"

"लड़के को धन्धे से लगाना है। लड़की ससुराल से लड़-झगड़कर आ गयी है। उसके लिए बैंक में रुपया नहीं रखेंगे, तो वो दूसरे के साथ भागेगी। घर की इज़्ज़त का प्रश्न है। हम बहुत सोच-समझकर यह सौदा करने को आये हैं।"

"पिछले चुनाव में भी आपने कुछ ऐसा ही क़िस्सा सुनाया था।"

"हमारी दो लड़कियाँ हैं। वो बड़ी की बात थी।"

"चलिए, एक लाख पर तय करते हैं।"

"डेढ़ लाख। जीत पक्की समझिए। हमारी जाति के कितने घर हैं, सो तो आपको पता है। इसके अलावा थोड़े और लोग भी मेरे पीछे हैं।"

"एक लाख बहुत है।"

"हम डेढ़ लाख पहले ही कम बता रहे हैं।"

"ज़्यादती है।"

"आपके विरोधियों की तरफ़ से ऑफ़र आया है, उनके समर्थन में बैठने का।"

"दोनों तरफ़ से कमाने की सोच रहा है।"

"आप चुप रहिए। देखिए साहब, ये बीच में चपरचपर करेंगे, तो चर्चा नहीं होगी।"

"भई, चुप रहो।"

"आप ठगा रहे हैं। डेढ़ लाख में।"

"शान्त रहो। देखिए दयाल सिंह जी, आपको मीटिंग में घोषणा करनी पड़ेगी कि आप हमारे समर्थन में बैठ रहे हैं। अपनी जाति के घर-घर जाकर डोर-टू-डोर हमारा प्रचार करना पड़ेगा। हमारे कार्यकर्ता साथ जाएँगे आपके।"

"घोषणा हम कर देंगे। भाषण कहिएगा, तो वो भी दे देंगे। घर-घर ख़बर भी पहुँच जाएगी। मैं और मेरा लड़का जाकर देगा। मगर आपके कार्यकर्ता साथ नहीं होंगे। डेढ़ लाख में हमने कोई गुलामी का पट्टा नहीं लिखवा लिया है।"

"इसमें गुलामी की कौन बात है?"

"हम सब समझते हैं। आपकी तरह बड़े नेता नहीं हैं, मगर राजनीति हमने भी की है। आपके कार्यकर्त्ताओं को साथ ले जाकर अपनी जाति के घर 'डोर-टू-डोर' घुमा दें, जहाँ हमारी पॉलिटिक्स चलती है? फिर? फिर कल से ये वहाँ जाकर हमारी जड़ें काटें? सो नहीं होगा। हमारे संग हमारे कार्यकर्ता जाएँगे, बिल्ला आपका लगेगा। यह सिद्धान्त का प्रश्न है, इस पर हम नहीं झुकेंगे। कच्ची गोलियाँ नहीं खेली हैं। वोटों का सौदा कर रहे हैं, कोई तेल-नमक नहीं बेच रहे..."

"आप बिला-वज़ह हम पर सन्देह करते हैं।"

"आप हमारा असर कम करना चाहते हैं।"

"अरे दयाल सिंह जी, हमें साला इस चुनाव-क्षेत्र से क्या करना। जीतने आये हैं, जीतकर चले जाएँगे। भविष्य में हमें यहाँ तो आना नहीं है। आपका असर बना रहे, उससे हमें क्या। हम तो अपनी जीत पक्की करने के लिए ये सब कर रहे हैं। जीतना हमें है और ज़रूर जीतना है।"

"आप जीत जाएँगे, गारण्टी..."

सौदा पक्का हो गया। रात को बारह बजे दयाल सिंह के दरवाज़े पर जीप रुकी। दो लोग थैला लेकर उतरे। दयाल सिंह उनका रास्ता देख रहे थे।

"डेढ़ लाख हैं। गिन लीजिए, चाहे।"

"दयाल सिंह ने अपने बेटे को लगाया। उसने फटाफट गिन लिये।"

"बैंक में नौकरी करता है, तभी देखिए, कैसे जल्दी-जल्दी गिन रहा है।"

सब मुस्कराये।

"थोड़ी ह्विस्की चलेगी?"

"लेकर आये हैं। इन दिनों पीना लिमिटेड कर दिया है। इलेक्शन के बाद कभी आएँगे।"

"ज़रूर-ज़रूर।"

जीप चली गयी।

सुबह-सुबह दयाल सिंह अपनी जाति के शिव मन्दिर की सीढ़ी पर बड़ा भौचक-सा चेहरा लिये बैठ गये। पुजारी ने देखा तो अन्दर से दौड़ा आया।

"दर्शन के लिए आये हैं, तो यहाँ क्यों बैठ गये दयाल जी!...अन्दर नहीं चलिएगा क्या?...आप कुछ परेशान-से दिख रहे हैं?...चुनाव की चिन्ता न कीजिए। विजय आपकी होगी। आप आज्ञा दें, तो ग्यारह दिनों का अभिषेक कर देते हैं शिव जी पर। मन्दिर आपका है।"

दयाल सिंह ने धीरे-धीरे चेहरे पर वही भाव बनाये, कहना शुरू किया–"चुनाव तो लड़ना ही था हमें, और जीत कहीं गयी नहीं थी। ये ससुरे बाहर से आये हैं और हम ठहरे लोकल। ये क्या टिकते हमारे सामने! पर कल रात अजीब इत्तिफ़ाक़ हुआ।"

"कैसा इत्तिफ़ाक़?"

"बहुत देर बख़्त सोये कल, तो गिरते ही नींद आ गयी।"

"सो तो हम देख ही रहे हैं, आजकल आपका बड़ा जागरण हो रहा है।"

"नींद आ गयी, तो नींद में क्या देखते हैं कि हम चलकर यहाँ शिव मन्दिर तक आये। आये तो बड़ी भीड़, शिवरात के मेले से भी ज़्यादा समझो। बड़ी भीड़, तो हम सोचे कि आज ये भीड़ काहे की है। तो कोई हमें जवाब ही न दे। जय शिव, जय शिव चल रहा है, बस। अइसा-अइसा चेहरा हमने देखा भीड़ में, जिन्हें पहले कभी यहाँ नहीं देखा। सब ही पूजन-ध्यान में लगे हुए, भोले शम्भू की जय-जयकार हो रही। मार शोर-शराबा।... हमने सोचा–अब चलो, आये हैं तो दर्शन कर लें। आप तो हमारा सुभाव जानते हैं कि इधर से जाते हैं, तो दर्शन अवश्य करते हैं। सो भीड़ में घुसे और जैसे-तैसे आगे गये और दर्शन किये। जाने क्या मन हुआ हमारा कि हम झुके और लिपट गये पिण्डी से कि शिव शम्भू भोलेनाथ! अब बस तुम्हीं हमारे तारणहार हो इस चुनाव में! हम तो बस आपकी सेवा के लिए

खड़े हैं। जीतेंगे तो तेरे चरणों में रहेंगे, हारेंगे तो भी रहेंगे, पर तेरे चरणों की किरपा होने पर भी हार जाएँ, तो मेरे मस्तक का नहीं तेरे चरणों का अपमान है। प्रभु शिवशंकर, अब तू ही जो उचित समझे सो कर!"...

बस यही सोचते हम पिण्डी से लिपटे पड़े थे, तो देखते क्या हैं कि कोई हमारा कन्धा पकड़कर हिला रहा है। नज़र उठायी तो एक साधु हाथ में तिरशूल लिये खड़े—मानो साक्षात् शिवशंकर हों! हमसे क्या बोलते हैं। अरे भाई, इतना सपना देखा जीवन में, पर इसे तो भूल नहीं सकते। बोलते हैं, 'अरे मूर्ख, यदि तुझे मेरी ही सेवा करनी है, तो चुनाव लड़ के दिल्ली जाने की क्यों सोच रहा है? इस मन्दिर की दशा देख, यह मेरा स्थान है और यहाँ मेरे भक्तों को खड़े रहने की जगह नहीं।'—इतना कहकर हँसे, हमारा कन्धा हिलाया और इसके पहले कि हम कुछ बोलें, क्योंकि सच कहते हैं, हम तो एकाएक सिटपिटाय गये भई, वो तो अन्तर्धान हो गये। बात भी पूरी नहीं हो पायी, बस एक ही बात में मानो सब-कुछ कह गये। हमारी नींद खुल गयी। तब ही से सोच में पड़े हैं कि क्या करें। एक तरफ़ जनता का आग्रह, दूसरी ओर शिव-शम्भू की आज्ञा। फिर तो हमने तय कर लिया कि भोलेनाथ की मर्ज़ी के ख़िलाफ़ जब पत्ता नहीं हिलता इस जगत् में, तो मैं क्या कर लूँगा।

सुबह-सुबह ललुआ को जगाया। पूछा—"चुनाव के लिए कित्ता फण्ड रखे हो?" बोला—"फिलहाल दस हज़ार हैं।" हमने कहा "लाओ। ज़ेब में डाला और सीधे यहाँ चले आये। अब आप जैसा समझो, चाहे कमेटी बना दो। हम चुनाव नहीं लड़ रहे और ये रुपया मन्दिर का। इसी में लगेगा, लगा लीजिए।"

इतना कहकर दयाल सिंह ने दस हज़ार रुपये जेब से निकाले और पुजारी जी के सामने रख दिये। अब दयाल सिंह के चेहरे पर तनाव नहीं था, पर आसपास खड़े लोगों के चेहरे भौचक थे।

दोपहर तक जाति के सभी घरों में समाचार फैल गया कि दयाल सिंह चुनाव का ख़र्च शिव-मन्दिर में चढ़ा, बैठ गये हैं। पूजन के बाद, पुजारी जी को ले, जाति की बस्ती में दयाल सिंह डोर-टू-डोर मिलने गये, तो हर जगह गले में हार पड़ा। औरतें तक बाहर निकल आयीं।

दयाल सिंह सब जगह यही कहते, "अरे हम तो आपके पहले भी सेवक थे, आज भी रहेंगे। दिल्ली जाओ, नहीं जाओ, क्या फरक पड़ता है! राजनीति बहुत भ्रष्ट हो रही है, सो आप जानते हैं। भगवान भोलेनाथ ने हाथ पकड़कर हमें कीचड़ से बचा लिया। अब आप सुतन्त्र हैं, जिसे चाहें वोट करें, मगर हमारी मानें तो जो वोट आप हमारे निसान पर दे रहे थे, सो इस निसान पर दें, क्योंकि हमारी नज़र में हमारे बाद यही अच्छी-ईमानदार पार्टी है। सबका वोट इसको पड़ना चाहिए। एकता ज़रूरी है यह ध्यान रहे। जय शिव शम्भू।"

'जय शिव-शम्भू' उचारने पर हर बार जवाब में बीसियों आवाज़ें आतीं।

आधुनिकता : एक सुविधाजनक स्थिति

कुछ न करने के लिए या कुछ भी करने के लिए जैसी सुविधाजनक हालतें आज हैं, वैसी आदमी के सामने कभी नहीं रहीं, जो वाक़ई मुसीबत में फँसे हुए हैं, उन बदनसीबों की बात छोड़िए, पर जो मुसीबत में नहीं हैं, वे चाहें तो अपने को एक मिनट में संसार का सबसे दुःखी व्यक्ति घोषित कर सकते हैं, और कोई उनकी बात को सहज उड़ा नहीं सकता। यह सच है कि 'दुःख सबको माँजता है' पर माँजते-माँजते वह कब आपको 'दिनमान' का सम्पादक बना दे, कहा नहीं जा सकता। दुःख का माँजना या दुःख का पॉलिश व्यवहार के मार्केट में आपकी क़ीमत बढ़ा देता है। दुःखी आदमी सीना ठोंककर कहता है कि मैं अनुभवी हूँ या अनुभव-सिद्ध हूँ। वह कड़ी बात बोलता है, खरी-खरी सुनाता है और यह इम्प्रेशन ग़ालिब करता है कि मैं दिल का साफ़ हूँ। मेरे मन में कोई स्वार्थ नहीं है। और अनुभवों ने मेरा आत्मविश्वास बढ़ाया है। बाज़ार में उसकी क़ीमत बढ़ जाती है। अवसरवादी के लिए दुःख एक लाभकारी अनुभव है। वह उसे कुछ भी करने के लिए लायसेंस प्रदान करता है या कुछ न करने के लिए छूट दे देता है। इसीलिए लगभग सभी दुःखी हैं। जो नहीं हैं वे भी हैं। अपने मुँह में थर्मामीटर निरन्तर लगाये हुए कोई ख़ुद ही अपना टेम्परेचर भारी घोषित करता रहे, तो आप क्या कर सकते हैं।

सिर्फ़ दुःख की बात नहीं, अकेलेपन, अपरिचय, ईमानदारी और पीढ़ियों के झगड़ों में भी ऐसा ही अजीब सिलसिला है। लोग जब जैसा चाहें सिद्धान्त निकालकर सामने रख देते हैं। बुड्ढे बाप का मामला लीजिए। जिन बुड्ढे बापों के पास भारी ज़मीन-जायदाद है, जिन्हें अच्छी पेंशन मिल रही है, जिनकी वजह से बेटे को समाज में मान या अन्य लाभ मिल रहा है या जो बुड्ढे घर के कामकाज में उपयोगी हैं और कम-से-कम एक विश्वासी नौकर का ख़र्च बचा रहे हैं, बच्चे सँभालते हैं और घर की निगरानी करते हैं, उनके साथ नयी पीढ़ी बड़े मज़े से एडजस्ट कर लेती है। दृष्टि का अन्तर आड़े नहीं आता। मैंने अपने कई मित्रों के दरवाज़ों पर बँधे ऐसे बापों को देखा है जो सब्ज़ी लाना, बगीचे की देखभाल करना, बच्चे सँभालना वग़ैरह छोटा-मोटा काम कर देते हैं और व्यस्त और आधुनिक पति-पत्नियों के लिए अत्यन्त उपयोगी साबित होते हैं। हमारे देश में आधुनिकता घरेलू नौकरों के दमबूते पर टिकी

हुई है। जिनके पास नौकर या नौकरानियाँ हैं, वे बड़े मज़े से आधुनिक हो जाते हैं। फ़ैशन केन्द्रित आधुनिकता है, वैज्ञानिक नहीं। बिना नौकरों के काम नहीं चलता। बाप इस आधुनिकता के निर्वाह में सहारा साबित होता है। जहाँ बाप की उपस्थिति परेशान करनेवाली, ख़र्चीली, अनुपयोगी और बोरिंग है, वहाँ पिता एक समस्या हो जाता है। आप उसे निकाल सकते हैं, गाँव भेज सकते हैं। मॉडर्निटी ऐसे क्षणों में आपकी सहायक होगी। कहा न कि जैसा चाहें वैसा करने के लिए जैसी सुविधाजनक परिस्थितियाँ आज प्राप्त हैं, वैसी कभी नहीं रहीं। आप टूटते परिवार, पिता-पुत्र की दृष्टि में अन्तर, महानगर की मजबूरियों का हवाला देकर बाप को लात मारकर बाहर कर सकते हैं।

लड़की या जिसे आजकल औरत कहा जाता है, उसके साथ भी यही क़िस्सा है। इस भीड़-भड़क्के में अगर वह मिल जाए तो आप अपने-आपको नितान्त अकेला घोषित कर उसके समीप आ जाइए। वह जिन परिस्थितियों में जी रही हो (आख़िर वह किसी परिस्थिति में तो जी रही होगी) उसके साथ आप बुद्धिवादी की अदा से सहानुभूति प्रदर्शित कीजिए। उसे इतना कमज़ोर कर दीजिए या इतना साहसी कि बिस्तर तक चली आए। कुछ दिन ऐसा ही चलने दीजिए। जब निर्णायक क्षण आए तब आप पुनः अकेले हो जाएँ। आप कह सकते हैं कि प्रेम या विवाह वग़ैरह सब दकियानूसी बातें हैं। सेक्स जीवन की आवश्यकता है, मजबूरी है और इसी क़िस्म का दर्शन जो गला छुड़ाने में सहायक हो, ऐसे वक़्त पर आप प्रयोग कर सकते हैं। आप चाहें तो कोई मौलिक बात कह सकते हैं। कहा न कि जैसा चाहें वैसा करने के लिए जैसी सुविधाजनक परिस्थितियाँ आज हैं, वैसी पहले कभी नहीं रहीं।

नौकरी करने और न करने के लिए आपको बराबर वज़न के तर्क मिलेंगे, जो हर तरह की हालत में मददगार होगी। जैसे आप नाक़ाबिल हैं और आपको नौकरी से निकाला जा रहा है। आप ऐसी हालत में ख़ुद त्यागपत्र दे दीजिए और कहिए कि यह भ्रष्ट संस्था (संस्था जो भी हो भ्रष्ट तो होगी ही) मेरा शोषण कर रही है। या मैं इसकी नीतियों से सैद्धान्तिक दृष्टि से असहमत हूँ या अमुक कारण से मेरे आत्मसम्मान को चोट लगी है, अतः मैं पद त्याग रहा हूँ। दोस्तों से कहिए कि मैं बजाय किसी की ग़ुलामी करने के स्वतन्त्र रहना उचित समझता हूँ और ऐसा तब तक कहते रहिए जब तक दूसरी नौकरी न मिल जाए। नौकरी चाहे आपको यहाँ-वहाँ से कई कोशिशें लगाने के बाद प्राप्त हुई हो पर उसे करते समय आप तेवर यों रखिए जैसे आपने कोई चुनौती स्वीकार की हो। बतौर नमूना किसी स्याही बनानेवाले कारख़ाने ने अपने कारख़ाने से निकलनेवाले 'स्याही-सन्देश' नामक मासिक पत्र का आपको सम्पादक बना दिया। वेतन अच्छा है, क्वार्टर मिल रहा है, आप स्वीकार कर लीजिए। करेंगे ही। इधर कॉफ़ी हाउस के बुद्धिवादियों में आप मीडियाकर साबित हो जाएँगे। आप कहिए कि मैंने यह नौकरी एक चैलेंज के रूप

में ली है। देश में और ख़ासतौर से हिन्दी में टेक्निकल मैगज़ीन आज है कहाँ? लोग समझते हैं कि टेक्निकल मैगज़ीन हिन्दी में सुन्दर नहीं निकल सकते। कैसे नहीं निकल सकते? बस इसी नारे के साथ अपनी नौकरी चालू रखिए। यदि आपकी अयोग्यतावश वह 'स्याही-सन्देश' निहायत कचरा निकला तो भी आप अपनी नौकरी बेशरमी से चालू रखिए। तब कॉफ़ी हाउस के बुद्धिवादियों में बैठकर कहिए—"साले कारख़ानेवाले मैगज़ीन के बारे में समझते क्या हैं? बजट देते नहीं हैं, स्टॉफ कम है और कहते हैं मैगज़ीन निकालो। अब बताइए, ऐसे हालात में कोई व्यक्ति कैसे अच्छी मैगज़ीन निकाल सकता है। आफ़्टर ऑल 'स्याही-सन्देश' एक टेक्निकल मैगज़ीन है, कोई कहानी कविता की मैगज़ीन तो है नहीं जो मैं दो दिन में निकाल दूँ।" ऐसा अगर न हो—अर्थात् रुपया काफ़ी हो और स्टॉफ भी ठीक हो और उसके बावजूद 'स्याही-सन्देश' आपकी कृपा और श्रम से बोर निकल रहा हो तो आप रोब से कह सकते हैं—प्यारे भाई, मैं अपना 'बेस्ट' तो इस मैगज़ीन को नहीं दे सकता। इतना रूखा काम है। कोई इन्सपीरेशन नहीं। बस मैं इन मूरखों से रुपया पीट रहा हूँ ताकि साहित्य के क्षेत्र में लिख सकूँ। कुछ कर सकूँ। मैं यह नौकरी छोड़ना चाहता हूँ, मगर क्या करूँ? सभी जगह यही हाल हैं। अब कहाँ जाएँ?

अर्थहीन जीवन का दर्शन, सन्त्रास से अभिशप्त रहने की मानवीय स्थितियाँ और रोज़मर्रा के जीवन के प्रति तटस्थ बौद्धिक उदासी का पोज़ अख़्तियार कर आप आसानी से बरसों 'स्याही-सन्देश' का सम्पादन कर सकते हैं। कहा न, जैसा चाहें वैसा करने की जैसी सुविधाजनक स्थितियाँ आज हैं वैसी पहले कभी नहीं रहीं।

वैचारिक रूप से असहमत होने की बात लीजिए, एक लेक्चरर है जो पीढ़ियों के संघर्ष में नयी पीढ़ी की ओर से पुरानी पीढ़ी पर पत्थर फेंकता है। पर अपने बुढ़ऊ हेड ऑफ़ द डिपार्टमेण्ट के (जिसकी कृपा से कॉलेज में उसकी नौकरी है) चरणों में पड़ा रहता है। बल्कि हो सकता है कि पीढ़ियों के संघर्ष में उसकी लीडरी का राज़ यही हो कि वह अपने बुढ़ऊ बॉस को ख़ुश करने के लिए उस बुढ़ऊ के शत्रुओं के ख़िलाफ़ खड़ा हो गया हो। समझ में नहीं आता कि किसका चमचा किसके गले की छुरी साबित हो। लोग उसके शौर्य की दाद देते रहेंगे और वह अपनी नौकरी को सलामत बनाये रखेगा। अगर आप उससे पूछें, (पहली बात तो आप कभी ऐसा करेंगे नहीं) कि तुम जो विरोधी हो पुरानी पीढ़ी के, फिर बॉस की जय-जयकार क्यों करते हो। वह गम्भीर हो जाएगा और कहेगा वह बुड्ढा मॉडर्न है, समय के साथ है, उसमें बुनियादी ईमानदारी है जिसका मैं क़ायल हूँ। मैं इन्हीं कारणों से उसका व्यक्तिगत रूप से प्रशंसक हूँ।

आप क्या कीजिएगा? सिद्धान्त और व्यक्तिगत भावनाओं का वह जब जैसा चाहे प्रदर्शन कर सकता है। इस मामले में आजकल सुविधा है। बहुत से मामलों में सुविधा है ऐसी सुखद परिस्थितियाँ कभी नहीं थीं, जैसी आज हैं।

आलोच्य वर्ष की उल्लेखनीय रपट

जैसा कि प्रतिवर्ष होता है, इस वर्ष भी समस्त उल्लेखनीय दुर्दशाओं के बावजूद देश ने काफ़ी प्रगति की। तबादला न हो जाए, इस भय से हर क्षेत्र और विभाग के अधिकारियों ने अपने क्षेत्र की सफलताओं के जो प्रतिवेदन भेजे हैं, उनका बिना अध्ययन किये भी आलोच्य वर्ष के विषय में यह अधिकारपूर्वक कहा जा सकता है कि सिवाय प्रगति दरसाने के कोई विकल्प राष्ट्र के पास रह नहीं गया है। तत्काल कारण आगामी चुनाव और कुर्सी पर बैठे रहने की पात्रता बनाये रखना, इन सफलतासूचक प्रतिवेदनों की मूल प्रेरणा और कारण रहे हैं। गिरावट केवल वहाँ आयी, जहाँ अभिवृद्धि के ज़ोरदार प्रयत्न किये गये और सफलता वहाँ मिली, जहाँ इसके अतिरिक्त चारा न था और वह बिना कुछ किये भी सम्भव था।

शासन के पास इरादे और प्रयत्न का अभाव रहते हुए भी धन में कमी आयी, जिसका भरपूर लाभ शासकीय कर्मचारियों को प्रति-वर्षानुसार इस वर्ष भी मिला। भौतिक लक्ष्य चाहे अपूर्ण रहे पर आर्थिक लक्ष्य पूर्ण हुए। उधारी बढ़ी, चुकारों में कमी आयी। वित्त विभाग घाटे में रहा पर निजी खातों में उल्लेखनीय बढ़ोतरी हुई। बैंकों से अधिक चेक-बुकें इशू की गयीं, जिससे राष्ट्र के आर्थिक सन्तुलन में गड़बड़ी रहने के बावजूद निजी लेनदेन में गतिविधियाँ अनुकूल बनी रहीं। सरकारी ऋण सामान्यजन तक पहुँचा, जिसे न लौटाकर व समस्त जन असामान्य जन हो, ग़रीबी की रेखा से लटकने की बजाय उस पर साइकिल चलाने लगे।

बुआई का क्षेत्र कम होने, अच्छे बीजों के उचित वितरण न होने तथा मौसम की ख़राबी के बावजूद आलोच्य वर्ष में अधिकारियों के प्रतिवेदन के अनुसार खाद्यान्न का उत्पादन बढ़ा, जिसमें आयातित खाद्यान्न भी शामिल हैं, जो सड़ने की अवस्था में उचित मूल्य की दुकानों पर बेचा गया। तत्सम्बन्धी शासकीय नीति गत वर्ष के अनुसार अकाल मृत्यु में कमी कर, ख़राब चीज़ें खिलाकर मरीज़ों की संख्या में निरन्तर वृद्धि करती रही। जिसने जो बोया, वह वही बोकर पछताया, यद्यपि जिसने न बोया, वह भी सुखी न रहा। योजना का अन्तिम वर्ष होने के कारण कृषि

के लक्ष्य निश्चित करने पर पूरा ध्यान दिया गया, जो योजना का अन्तिम वर्ष होने के कारण पूरे न हो सके।

बिजली प्रदाय करने की स्थिति न होने के बावजूद ग्रामीण उद्योगों को बढ़ावा दिया गया। भीषण सूखे के कारण शासन ने परिणामोन्मुखी ठोस क़दम उठाये, जिसका भीषण सूखे के कारण कोई परिणाम न निकला। उत्पादकों को लाभप्रद मूल्य दिलाने की नीति अपनायी और समुचित आर्थिक प्रावधान किये, जो उत्पादन न होने के कारण उपयोग न किये जाकर बचत रही। किसी क्षेत्र में रबी का उत्पादन ख़रीफ़ से कम रहा और कहीं ख़रीफ़ का रबी से कम। कुल मिलाकर रबी-ख़रीफ़ का उत्पादन विगत वर्ष से कम रहा, जिसमें होनेवाली हानि की पूर्ति भावों में उचित अभिवृद्धि कर की गयी। मिठास में कमी होने पर भी गन्ने की फ़सल बढ़ी तथा रबर के उत्पादन में कमी आने के बावजूद बढ़ोतरी रही।

सार्वजनिक वितरण प्रणाली से खाद्यान्न क्रय करने में उपभोक्ताओं की सुविधा रही। लेवी वसूली पर उत्पादन कम होने पर भी कड़ी नज़र रखकर पूरा ध्यान दिया गया। मूल्य बढ़ाकर धान की सामान्य क़िस्मों की प्रतिष्ठा में वृद्धि की गयी। चावल की अनेक क़िस्मों का बासमती नामकरण कर देहरादून में सील लगाने के केन्द्र खोले गये। देहरादून में चावल की खेती में कमी आने पर भी देश-भर में देहरादून चावल उपलब्ध रहा। इस नीति से उत्तम चावल न होने पर भी चावल के व्यापार में गिरावट नहीं आयी। शासन की उचित कड़ी नीति के कारण किसानों में आर्थिक सहायता प्राप्त करने का बोझ कम हुआ। तिलहन उत्पादन के क्षेत्र में मूँगफली का उत्पादन बढ़ा, पर तेल के उत्पादन में कमी आयी, क्योंकि समुचित भोजन के अभाव में जनता में मूँगफली सेंककर खाने की प्रवृत्ति बढ़ी। चाय-कॉफ़ी का उत्पादन कम हुआ, जिसकी पूर्ति तम्बाक़ू के उत्पादन में वृद्धि से हुई। ख़राब चाय की खपत में भारतीय रेल विभाग ने आलोच्य वर्ष में भी सभी स्टेशनों पर समुचित सुविधा प्रदान की।

शासन की कोशिश उत्पादन बढ़ाने की रही, फिर जिसमें जो भी बढ़ जाए! गोदामों में चूहे और खेतों में कीड़े अपने स्वभाव के अनुकूल सक्रिय रहे। ट्रैक्टर, हार्वेस्टर, पडलर आदि के मानकीकरण तथा उत्पादन वृद्धि पर सरकार ने पूरा ध्यान दिया। यद्यपि आर्थिक दशा ख़राब होने के कारण कृषक इस पर ध्यान न दे सके। फलों के उत्पादन के डिब्बाकरण की नीति के कारण डिब्बों का उत्पादन बढ़ा और फलों का वहीं रहा। रेगिस्तान विकास कार्यक्रम के अन्तर्गत नीतियाँ स्पष्ट की गयीं कि विकास रेगिस्तान का न किया जाकर, हरियाली का किया जाना है। चीनी का उत्पादन बढ़ा तथा हलवाइयों को मिठास की मात्रा बढ़ाने की प्रेरणा दी गयी, ताकि बफर स्टॉक में कमी आए, जिसे बनाने के लिए शक्कर का आयात किया गया। सामान्यजन की सब्ज़ी पर निर्भरता में कमी आयी तथा ग़ैर सब्ज़ी पदार्थ अर्थात्

अण्डा, चिकन, मछली पर उपलब्धता के कारण ध्यान बढ़ा। गत वर्ष के अनुसार इस वर्ष भी पुलिस विभाग ने चिकन की खपत बढ़ाने में योगदान दिया। वर्तमान वर्ष में बाज़ार को छोड़कर सर्वत्र मछलियों का अभाव रहा। महँगी होने के कारण वे दुकानों पर टिकी रहीं।

लक्ष्य के अनुसार वृक्ष लगाये गये और लगाये वृक्षों की रक्षा के लिए अन्य वृक्षों से डालियाँ काट उचित घेराबन्दी की गयी ताकि बकरी के अतिरिक्त अन्य पशु अन्दर प्रवेश न कर सकें। वृक्ष काटने की घटनाओं पर जंगलों के अतिरिक्त सर्वत्र नियन्त्रण रहा। नये लगाये वृक्षों में अधिकांश मुख्यमन्त्रियों ने लगाये। बड़, बबूल, पीपल, नीम आदि परम्परागत लगाये जा रहे वृक्षों की प्रवृत्ति रोककर जल्दी काटकर बेचे जाने योग्य वृक्ष लगाने की प्रवृत्ति को बढ़ावा दिया गया।

कृषि क्षेत्र एवं औद्योगिक क्षेत्र में किसका अधिक पतन एवं किसका अधिक विकास हुआ, इसे लेकर राज्यों में परस्पर विवाद रहा। कर बचाने एवं लघु उद्योगों के लिए प्रदत्त सरकारी सुविधाओं का लाभ लेने के उद्देश्य से मध्यम एवं बड़े कारख़ानों ने अपना कार्य-विभाजन कर कारख़ानों में ही भिन्न नामों से कारख़ाने खोले, जिसके परिणामस्वरूप आलोच्य वर्ष में पंजीकृत उद्योगों की संख्या बढ़ी। यद्यपि उत्पादन वही रहा, जो गत वर्ष था। बीमार मिलों द्वारा रुग्णता का प्रदर्शन जारी रहा और वे सरकारी सहानुभूति की पात्र बनी रहीं। विगत वर्षों की तरह उन्हें ऋण प्रदान करते रहने के कारगर उपाय किये जाते रहे, जिन्हें पाकर बीमार मिलें स्वास्थ्य-लाभ के उद्देश्य से आराम करती रहीं।

कोयले के रख-रखाव पर पूरा ध्यान दिया गया। उपभोक्ताओं में ग़ैरटिकाऊ वस्तुओं की ख़रीदी को प्रोत्साहित किया गया। रबर के जूते और चश्मों की ख़रीदी में गिरावट आयी, पर कारों की बिक्री बढ़ी, जिसका एक परिणाम यह हुआ कि बिजली के पंखे और अच्छे तराजुओं की बिक्री कम हुई। नगर निगमों द्वारा सफ़ाई का भार कम किये जाने की नीति के अच्छे परिणाम सामने आये और घरेलू कीटनाशक दवाओं की बिक्री बढ़ी। अन्य कई रोगनाशक दवाएँ अधिक बिक्री दिखाने लगीं। रेफ़्रिज़रेटर एवं वातानुकूलित यन्त्रों की बिक्री बढ़ी, पर करण्ट न होने से बिजली के तारों की बिक्री में कमी आयी। जिन क्षेत्रों में वर्षा पर्याप्त हुई, वहाँ केबल्स की माँग में इज़ाफ़ा हुआ। पिछले वर्षों में जहाज़ों के निर्माण में ज़ोर देने तथा विदेशों से पुराने जहाज़ ख़रीदने की अपनायी गयी नीति के फलस्वरूप जहाज़ मरम्मत के क्षेत्र में कामकाज बढ़ा और रोज़गार की सम्भावना उत्पन्न हुई। मानव निर्मित धागों का उत्पादन बढ़ा, परिणामस्वरूप कपास की बुआई का रक़बा कम हुआ, और खादी उद्योग को आर्थिक सहायता देते रहने की नीति जारी रही। जूट के कपड़ों के प्रति पर्याप्त आकर्षण पाया गया, यद्यपि बिक्री कम दर्शायी गयी।

पेंसिलों की बिक्री कम हुई पर बिजली के लैम्पों, टी.वी. तथा स्ट्रेप्टोमाइसिन की बिक्री बढ़ी। पंचर जोड़ने की सामग्री का उत्पादन बढ़ा पर ट्यूब-टायर का कम हुआ। छपाई मशीनों की बिक्री बढ़ी। काग़ज़ के उत्पादन में कमी आयी। आलोच्य वर्ष में साबुन और डिटर्जेण्ट के टी.वी. पर हुए विज्ञापनों की आय से सात परसेण्ट निजी कमीशन पर प्राप्त सुरक्षा सामग्री के आयात में वृद्धि हुई। सेना और पुलिस के लिए शस्त्रों की पूर्ति में आतंकवादियों से प्राप्त शस्त्रों की भारी मात्रा के कारण व्यय में कमी आयी। अख़बारों की बिक्री बढ़ने से काग़ज़ की लुग्दी बनाने के उद्योग को बढ़ावा मिला। ग़ज़ल का प्रचलन बढ़ने से सारंगी निर्माण उद्योग तथा 'रामायण' सीरियल के कारण प्लास्टिक के गदा-उद्योग में वृद्धि हुई तथा निर्यात की सम्भावना भी विकसित हुई। शक्कर उद्योग पर अधिक ध्यान दिये जाने के कारण गुड़ कितना बिका, यह जानकारी नहीं प्राप्त की जा सकी।

प्रचलित वर्ष में छोटे सिक्कों का इतना निर्माण हुआ कि वे म्यूज़ियम में रखे जा सकें। चाँदी की बिक्री में गिरावट आयी। सोने के आभूषण की बिक्री बढ़ी, जिसका अधिकांश सोना स्मगलरों द्वारा उपलब्ध हुआ। विदेशों से ऋण लेते रहने की नीति जारी रही तथा ऋणदाता देशों में द्वीपों की वृद्धि हुई। गृहनिर्माण उद्योग को बढ़ावा देने के लिए झोंपड़ी उन्मूलन की गतिविधियों में गति आयी। रिज़र्व बैंक बैंकों को ऋण देता रहा। बैंक ऋण न लौटानेवालों को ऋण देते रहे। फलस्वरूप ऐयाशी की सामग्री की बिक्री बढ़ी और पाँचतारा होटलों ने अच्छा व्यवसाय किया। व्यापारियों, ठेकेदारों और ऋण लेनेवालों के सरकारी अधिकारियों से सही तालमेल और सहयोग के कारण ह्विस्की तथा अन्य मादक पेयों की बिक्री गत वर्षों की अपेक्षा अधिक हुई। पानी गन्दा होने तथा बीमारियाँ फैलने के समाचारों के प्रभाव में मिनरल वाटर की बिक्री में स्थायित्व आया। मच्छर मारने के उपादान बनाने की नयी यूनिटें खुलीं, जिसके आगामी वर्षों में विकसित होने की सम्भावना है। विशेषज्ञों के मतों के अनुसार आगामी दो दशकों में मच्छर मारना राष्ट्र की प्रमुख निजी गतिविधि हो जाएगी, अतः तत्सम्बन्धी समस्त उद्योगों के विकास की भारी सम्भावना है।

बैंकों में व्यापक मूल्य-वृद्धि के कारण मध्यमवर्ग की जमा राशि में गिरावट आयी, पर बड़े खातों में वही राशि बढ़ जाने के कारण बैंक आर्थिक दृष्टि से सुरक्षित रहे। बैंक लुटने की बढ़ती घटनाओं को दृष्टिगत रखते हुए लुटे बैंकों की सहायता के लिए एक स्थायी कोष के निर्माण का प्रस्ताव है, जिसके ब्याज से नियमित क्षतिपूर्ति की जा सके।

कुल मिलाकर आलोच्य वर्ष उल्लेखनीय रहा। महात्मा गाँधी की नीति से हटकर धीरूभाई अम्बानी की नीति अपनाने से देश के कतिपय वर्ग की आर्थिक स्थिति में सुधार हुआ। पनडुब्बी तथा तोपों पर राष्ट्र का ध्यान बँटा रहने के कारण

अन्य विदेशी सौदों में कामकाज अच्छा रहा। आर्थिक दृष्टि से सफल वर्ष की ठोस पहचान यह है कि आगामी चुनावों में सत्तारूढ़ दल के चुनाव फण्ड में किसी प्रकार की कमी परिलक्षित नहीं हो रही है। तथा आशा है कि चुनाव उपरान्त मूल्य-वृद्धि में समुचित छूट देकर अपेक्षित लाभों की राशि पूरी तरह अर्जित कर व्यापार, उद्योग तथा दलाली के क्षेत्र में साहसिकता को बढ़ावा दिया जा सकेगा। तत्सम्बन्धी चालू कामों में बढ़ती बेरोज़गारी के कारण अपेक्षित जन-सहयोग प्राप्त हो सकेगा, जो तत्काल हमारे प्रजातान्त्रिक-राजनीतिक लक्ष्यों की पूर्ति में सहायक सिद्ध होगा।

‘ढ’ ढक्कन का

पहाड़ों के साम्राज्य में सतपुड़ा-सा मौन और गम्भीर बना, अक्षरों के बीच बना एक अक्षर है—‘ढ’! ढक्कन का ‘ढ’।

मानवीय दृष्टि और कान इसे अपमान से देखते और सुनते हैं। यह अक्षर शक्तिहीनता, निष्प्राणता, व्यर्थ की चीज़ों के लिए काम में आने लगा है।

ढ से बना ढोर—जिनका मनुष्य सम्मान नहीं करता। ढोल जो दूर से ही सुहाने लगते हैं, उसमें पोल होती है। ढाँचा जो प्राणहीन, सौन्दर्यहीन होता है। ढोंग—जो झूठ है, दिखावा है। ढीला जो अयोग्य है, चुस्त नहीं। ढचरा जो बिगड़ा हुआ रहता है।

और ‘ढ’ का मतलब है मूर्ख—विवेकहीन।

कविताओं के आचार्यों ने इसे उपयोग न करने की घोषणा कर दी। यह अपमानित हुआ। पर भाषा-शास्त्र कहता है कि सदियों से इसका रूप नहीं बदला।

प्राकृत और अपभ्रंश ने इसका उपयोग किया। शिव के उपासकों, भूत-प्रेत पर विश्वास करनेवालों ने इस शब्द को अपनाया। कापालिकों ने इसको चुना। गर्व से अपने नाम रखे—ढममणपाद, ढढूढरीनाथ आदि। और मराठी आदि दक्षिण भाषाओं में यह शब्द उपयोग होता था। आर्य भाषाओं में ‘ढ’ उपयोग कम हुआ, अनार्यों में अधिक। संस्कृत का मठ शब्द मराठी में मढ कहाता रहा, संस्कृत का पठित वहाँ ‘पढित’ बना।

शैवमत के पूजक अनार्य रहे। और यह धर्म भी सभी आर्य धर्मों में अधिक प्राचीन है। जैसे अनार्य इस धरती पर आर्यों के पूर्व थे।

आर्यों ने अनार्यों की भाषा को ठुकराया, संस्कृति को कुचला। ‘ढ’ शब्द को, जो अनार्यों को प्रिय था, उसे घृणा से देखा गया। संसर्ग के युग में ढ धीरे से आर्य भाषा में घुसा, पर अधिक स्थानों पर उसे सम्मान नहीं मिला।

आर्यों की ध्वनि थी ‘ओम्’ और ढ, जो अनार्यों को प्रिय था, उसके विरोधी थे वे। तन्त्र के उपासकों ने, शव की साधना करनेवालों ने उसका प्रायः उपयोग किया और वैष्णवमार्गी भक्तों ने कहा—यह ढोंग है।

'ढ' चुप रहा। उसका अस्तित्व मेटना आसान नहीं था। युद्धों के समय सुरक्षा में इसका उपयोग हुआ–'ढाल'।

ढ ने एक और मौक़ा मारा। और वह ढक्कन बनकर कई वस्तुओं के साथ हो गया। यों ढाके की मलमल ने भी इस अक्षर को कई दिन ज़बान पर रखा था।

आज 'ढ' जाना जाता है–ढक्कन का 'ढ'। ढक्कन जो सुपात्र अथवा कुपात्र, ख़ाली है या भरा, यह बात छिपाकर ढक्कन रखता है। यदि भरा है तो उसकी रक्षा करता है। ढाल की तरह।

श्री ढेबरभाई के चुनाव के साथ इसका सम्मान बढ़ा और अख़बारों के प्रमुख पृष्ठों पर इसे स्थान मिला।

समाजवादी ढाँचे में इस 'ढ' का क्या होगा, मैं नहीं कह सकता। जो नयी शब्दावली बन रही है उसमें तो ढ को अधिक स्थान नहीं है।

लोकगीतों में एक प्यारा नायक आया था–ढोला और गाँव-गाँव में मारूडियों ने उसका उपयोग किया। दूहे प्रसिद्ध हो गये।

क्रम-क्रम ढोला पन्थ कर,
ढाण म चूके ढाल
आ मारू बीजीं महल
आखई झूठ एवाल

ढोलामारू के गीत सारे देश ने गाये। ढोला प्रेमी का पर्याय बना।

'ढ' ढोल बजाता विवाह-स्थल पर दरवाज़े पर खड़ा रहा। वधुओं को उसके शब्द मधुर लगे–"मीठे लागे वाके बोल। ए सखि साजन, ना सखि ढोल।"

'ढ' के जीवन के यह अच्छे अवसर हैं पर फिर भी उसे समृद्धि, सुख व सम्मान नहीं मिला। वह 'ढ' ही रहा और रहेगा भी।

आलसी की डायरी

मर जाऊँगा पर एक आस अधूरी रह जाएगी—हाय, उषाकाल के दर्शन नहीं कर सका।

प्राचीन ग्रन्थों में लिखा है, कवियों में बड़ी चर्चा रही है कि चौबीस घण्टों में एक घड़ी ऐसी भी आती है, जब आकाश का पूर्ववाला भाग पके टमाटर-सा हो जाता है और यदि कोई देखनेवाला रहे तो उसे बड़ा अच्छा लगे। सुना तो पहले मुझे विश्वास नहीं हुआ कि ऐसा होता होगा पर बाद में मान लिया। इतने लोग कहते हैं तो झूठ नहीं कहते होंगे। किताबों में लिखा है तो देखभाल कर लिखा होगा।

जब सोकर उठता हूँ या सोते से उठाया जाता हूँ तब सवेरा अच्छा-ख़ासा होता है और रेडियो से ख़बरें आ चुकी होती हैं। ये रेडियोवाले भी अजीब हैं। कहते हैं, बड़े सबेरे से प्रोग्राम शुरू हो जाता है। कौन सुनता होगा! मैंने एक भाषण में सुना था कि रेडियो और अख़बार जागृति के माध्यम हैं। कुछ समझ में नहीं आया। जब तक देशवासी जागेंगे नहीं, रेडियो कैसे सुनेंगे! जागृति पहले होगी, रेडियो फिर सुना जाएगा। कार्यक्रम नौ बजे आरम्भ होना चाहिए। उस समय तक हमारा मुँह धुल जाता है और एक-दो कप चाय पीने से इतनी स्फूर्ति आ जाती है कि क्या आवाज़ आ रही है—समझ सकें।

जल्दी उठना कोई उद्देश्य नहीं है। कुछ लोग इस बात पर अकड़ते हैं कि वे सबेरे पाँच बजे उठते हैं। मगर उन्हें भी ऐसे लोगों के सामने शर्मिन्दा होना पड़ता है, जो चार बजे उठते हैं। व्यर्थ की बात है। जैसे कोई तीन बजे उठ जाए! असभ्यता है। सब सो रहे हैं और आप आँखें फाड़े अँधेरे में देख रहे हैं कि कोई दाद देनेवाला मिले। यदि आपको तीन बजे उठना है तो आप सोते ही क्यों हैं? कृपया न सोइए। यह भी रेकार्ड रहेगा। आपकी जीवनी में लिखा जाएगा कि जब सारा आलम सोता था तब आप मार ठहाका हँसते थे।

एक मेरे पड़ोसी हैं। वे दो मील रोज़ पैदल चलते हैं। क्या लाभ? सिटी बस का एक आना बचाते हैं। माह-भर में दो रुपये की बचत होती है। मैं इसे कंजूसी

मानता हूँ। इन दो रुपयों में से एक रुपया तो जूते की सुधरवाई पर ख़र्च हो जाता होगा!

अजीब लोग पड़े हैं दुनिया में और ख़ासकर इस भूभाग में। हाथ से कपड़े धोनेवाले, रोटी स्वयं बनाकर खानेवाले, दोनों टाइम नहानेवाले, दही जमाकर छाछ निकालनेवाले। मुझे हँसी आती है। ये लोग अपने जीवन में कुछ नहीं कर सकते। इनका सारा दिन तो ऐसे कामों में बीत जाता है। ये राष्ट्र की क्या सेवा करेंगे?

विज्ञान की जितनी प्रगति होगी, उतना काम करने का समय बचता जाएगा। उतना समय सोने का बढ़ता जाएगा। ज़्यादा सोना और देर तक सोना यह विकसित सभ्यता की देन है। आदिम युग में हम चौंककर रात को उठ जाते थे और चारों तरफ़ देखते थे। वैदिक ऋषियों ने ऐसे ही किसी क्षण में उषा के दर्शन कर लिये होंगे। अब कोई ज़रूरत नहीं रही, ख़ूब सोइए और सबेरे नौ बजे उठिए, बिलकुल ताज़े, फ़ुर्तीले, कर्मठ और चाय पीने को उत्सुक। सारा दिन पड़ा है काम करने को। आज कीजिए, चाहे तो कल कीजिए। कल भी इतना ही बड़ा दिन मिलेगा।

काम करने से मान बढ़ता है। मेरे मन में उस व्यक्ति के लिए बड़ा स्नेह है, जो मेरा काम करता है। "लल्लू ज़रा लपककर सिगरेट ले आना—कैंची।" और लल्लू भागे जा रहे हैं। वह न होता तो सिगरेट कौन लाता? जो काम करता है उसे यश मिलता है। कुछ लोग इसी कारण डायरी में लिखते हैं रोज़ कि आज उन्होंने क्या-क्या काम किया। ख़ूब सोचते हैं, याद करते हैं कि आज उन्होंने क्या काम किया। फिर पूरा पेज रँगते हैं। कुछ-न-कुछ काम हर व्यक्ति करता ही है। जैसे कोई मुझसे पूछे कि आज आपने क्या काम किया तो मैं झट उत्तर दूँगा कि आज मैंने डायरी लिखी।

डायरी लिखना कला है, क्योंकि उसमें कल्पनाएँ करनी पड़ती हैं, तिल को ताड़ और बात का बतंगड़ बनाना होता है। ऐसा है कि यश कमाना हो तो काम करो और काम किया है तो डायरी लिखो। यानी यश कमाना हो, तो डायरी लिखो!

हमें यश नहीं कमाना। यशस्वी जनों के सिर दुनिया ज़्यादा काम डाल देती है और विचारों का सारा जीवन समाज की सेवा करने में बीत जाता है। वे आराम से हैं, जिन्हें कोई नहीं जानता। मैं भी आराम से रहना चाहता हूँ। मुझे हाथ से कपड़े नहीं धोना, दही जमाकर छाछ नहीं निकालना, मुझे उषाकाल के दर्शन नहीं करना।

आज लिखी सो लिखी, अब डायरी नहीं लिखूँगा। व्यर्थ काग़ज़ क्यों बिगाड़ूँ? इस पर प्रार्थनापत्र लिखूँगा तो दफ़्तर से चार रोज़ की छुट्टी मिलेगी। चैन से घर में सोऊँगा तो सही ग्यारह बजे तक। दफ़्तरों का समय साढ़े दस कर दिया है, इसलिए मजबूरन भारतवासियों को जल्दी उठना पड़ता है। कब इस देश की हालत सुधरेगी!

दुबली-मोटी किताबें

आज से चार-पाँच वर्ष पूर्व जब गर्म राख, मैला आँचल, बूँद और समुद्र, झूठा सच, कब तक पुकारूँ, बीज जैसे बड़े आकार-प्रकार के उपन्यास प्रकाश में आये थे तब गद्यकारों में मोटी किताब लिखने का चस्का जागा था। एक सिरे से दूसरे सिरे तक चर्चा थी कि जीवन के व्यापक अनुभव और युग सत्य औपन्यासिक रूप में यदि बाँधे जाएँ तो आजकल पाठकों को बड़े पसन्द आते हैं। 'जहाज़ का पंछी', 'भूले बिसरे चित्र' भी तभी की देन है और मोहन राकेश का मोटा उपन्यास 'अँधेरे बन्द कमरे' तभी लिखा जाना शुरू किया गया था। अभी पिछले दो सालों में जब से पॉकेट बुकें प्रकट हुई हैं, साहित्यिक कृतियों के आकार-प्रकार के मापदण्ड फिर बदल गये हैं। अब लेखक यह कहते हैं कि एक घटना, एक व्यक्ति और एक विषय को अपनी सम्पूर्ण समग्रता के साथ रखना चाहिए यानी जिसमें डेढ़ सौ पेज़ मैटर तैयार हो सके और जो पॉकेट बुक के लिए बिक सके। कारण यह कि आजकल छोटे उपन्यास बहुत चलते हैं।

यह 'आजकल' क्या है? यह कौन-सी शक्ति है जो किताबों को मोटा दुबला करती रहती है? सब जगह आनन्द-सा मनाया जा रहा है कि हिन्दी में पॉकेट बुक की बाढ़ आ गयी है। हर लेखक दूसरे से छोटी किताब लिखने के विषय में बातें कर रहा है। वे ही लेखक जो कल मोटी किताब का प्लान बना रहे थे आज अपनी योजना बदल रहे हैं। छोटा होना मानो उपन्यास का ही निजी गुण हो गया है।

तो क्या सचमुच में लघु उपन्यास लिखा जा रहा है? यानी जो लघु उपन्यास की विधा पर सौ टका ठीक बने। उदाहरण दूँ तो जैनेन्द्र का 'त्यागपत्र', कमलेश्वर का 'एक सड़क सत्तावन गलियाँ', कृष्णा सोबती का 'डार से बिछुड़ी', भारती का 'सूरज का सातवाँ छोड़ा', नागार्जुन के 'वरुण के बेटे' व 'बाबा बटेसरनाथ' और कुछ हद तक अश्क की 'एकाध किताब'। ये लघु उपन्यास पॉकेट बुक आन्दोलन के पूर्व के हैं। और ये अपने में इतने सम्पूर्ण हैं कि सामयिकता की मजबूरी से उपजे नहीं होकर साहित्यिक कृति के रूप में ही माने जाएँगे। जबकि पॉकेट बुक की बाढ़ आने के साथ जो लिखी गयी रचनाएँ हैं वे इनके बराबर नहीं ठहरतीं। हुआ यह

है कि या तो लम्बी कहानियाँ लिखी गयी हैं, यानी कहानियों को अनावश्यक रूप से लम्बा किया गया है ताकि वे डेढ़ सौ पेज़ की बन जाएँ या किसी बड़े उपन्यास को काटा-छाँटा गया कि वह उस आकार में आ जाए। यह स्थिति खेदजनक है। खेदजनक इन मानों में कि हम आकार पर ही केन्द्रित हो रहे हैं। जैसे छोटी कहानी की परिभाषा दी जाती है कि वे छोटी हों और पन्द्रह मिनिट में पढ़ी जा सकें। ग़लत है। छोटी कहानी छोटी चाहे न हो पर कहानी तो अवश्य हो ही। उसी प्रकार उपन्यास पहले उपन्यास हों फिर चाहे लघु हों न हों।

प्रकाशकों का कहना है कि पॉकेट बुक सस्ती होने के कारण बहुत बिकती है। प्रकाशकों का यह भी कहना है कि उपन्यास सबसे अधिक बिकते हैं। पॉकेट बुक सस्ती होने के कारण बिकती हैं तो उनमें क्लासिक ही क्यों नहीं प्रकाशित किये जाते हैं? कविता संग्रह क्यों नहीं पॉकेट बुक में छापे जाते? सूरदास के श्रेष्ठ पद, कबीर, याकि बच्चन, पन्त, निराला जी और नये कवि भी यदि पॉकेट बुक फ़ार्म में दिये जाएँ तो नहीं बिकेंगे? प्रकाशक सस्ते उपन्यासों के पीछे ही क्यों पड़े हैं? 'चाँद' में छपी 'चौबे की चिट्ठियाँ', निराला जी का 'बिल्लेसुर बकरिहा', 'भारतेन्दु की श्रेष्ठ रचनाएँ', गोपालराम गहमरी के उपन्यास, मिर्ज़ा अजीमबेग चुगताई की किताबें सरस्वती सीरीज़ में कभी छपी श्रेष्ठ पुस्तकें क्यों नहीं एक रुपये में मिल जातीं? हिन्दी साहित्य का इतिहास पॉकेट बुक में क्यों नहीं आता? जिसे हर विद्यार्थी एक बार पढ़ ले और उसे परम्परा का हल्का आइडिया मिल जाए। वास्तव में प्रकाशक बिलकुल रिस्क लेना अपनी ओर से नहीं चाहता। नहीं तो सबसे पहले उसकी निगाह हिन्दी की उन श्रेष्ठ कृतियों की ओर जानी चाहिए थी जो अलभ्य हैं, आउट ऑफ़ प्रिण्ट हैं और जो हिन्दी की समृद्ध परम्परा का परिचय देती हैं।

दूसरी बात कि उपन्यास बड़ी संख्या में बिकते हैं। यदि बिकते हैं तो लेखकों से छोटे उपन्यास ही क्यों बटोरे जाते हैं? फिर बड़े उपन्यासों के संक्षिप्तिकरण की बात क्यों सोची जाती है? यहाँ मैं फिर कहूँगा कि प्रकाशक रिस्क लेना नहीं चाहता। वह हर मामले में लेखकों को व्यावसायिक माँगों का शिकार बनाना चाहता है। और अफ़सोस कि लेखक शौक़ से बन जाता है। हिन्दी में ज़्यादा पुस्तकों के लेखकों को ही बड़ा लेखक माना जाता है न! पहले दो वर्षों के परिश्रम के बाद उपन्यास सामने आया था और अब एक माह में एक उपन्यास के लिए आवश्यक काग़ज़ काले कर दिये जाते हैं।

आज की स्थिति में सब ठीक दिखाई देता है, पर कल ऐसा नहीं होगा। जैसा विदेशों में हुआ है, पॉकेट बुक का फ़ार्मूला बन जाएगा। एक लड़की दो लड़के या दो लड़की एक लड़का। पहले अध्याय में कॉफ़ी, दूसरे में हाथों का स्पर्श, तीसरे में चुम्बन, चौथे में दूसरे लड़के की जलन, पाँचवें में शारीरिक सम्बन्ध की मनोवैज्ञानिक मजबूरियाँ, छठे में बलात्कार अथवा ख़ून की स्थिति, सातवें-आठवें में समाज की दशा

पर गाली-गलौज, नौवें में लड़की की लड़के से साफ़ बात कि बोल शादी करता है या नहीं और दो-तीन पत्र, दसवें में पिताजी से गर्मागर्म बातें और शादी। हर उपन्यास ऐसे ही होंगे, माह भर की साधना के शाब्दिक परिणाम। सिर्फ़ स्वाद बदलता रहेगा। कभी यह कहानी जहाज़ की डेक पर होगी और कभी दार्जिलिंग के होटल में।

इस ख़तरे का अभी से अनुभव किया जाना चाहिए। इसके पूर्व कि पॉकेटबुकी पागलपन हमारी साहित्यिक विरासत को विकृत कर दे, लेखकों को सोचना होगा। प्रकाशन-व्यवसाय की गाड़ी को दलदल में लाकर न छोड़ दे। यहाँ उन लेखकों की ओर से जिनके उपन्यास पॉकेट बुक में निकलते हैं या निकलनेवाले हैं, यह उत्तर दिया जाएगा कि नहीं, लघु उपन्यास के इस प्रवाह में श्रेष्ठ कृतियाँ भी आयी हैं—जैसे राजेन्द्र यादव, शानी आदि की पुस्तकें और उनकी ख़ुद की। ठीक बात है। यह तो प्रतिभा का परिणाम हुआ। पर जब गति बढ़ेगी तब श्रम के नाम पर शून्य होता जाएगा। पठनीयता और साधारण पाठकों की रुचि का ध्यान रखकर क्या-क्या खेल न खेले जाएँगे। इस ख़तरे का क्या जवाब है?

प्रकाशक वर्ग के पास इन प्रश्नों के कोई उत्तर नहीं होते। मैंने कुछ वर्ष पूर्व एक प्रकाशक से पूछा था कि क्या कारण है कि कथा-संग्रह छपना आजकल कम हो गये और मोटे उपन्यासों की माँग ज़्यादा है? उन्होंने उत्तर दिया—"हें हें...शरदजी, यह तो ऐसा है कि कभी बड़ी मोहरी का पैण्ट ज़्यादा चलता है, कभी छोटी मोहरी का।"

मैंने माथे पर हाथ रख लिया। क्या जवाब दिया गया था! आज लघु उपन्यासों के विषय में पूछेंगे तो वे कहेंगे कि छोटी मोहरी ज़्यादा चल रही है, क्या करें।

प्रेमचन्द के बासी आलोचक

हिन्दी में केवल सृजनशील लेखक भर बन जाने से काम नहीं चलता, साथ-ही-साथ लेखक को महापुरुष भी बनना पड़ता है। पूँजीयुग की जिन थोथी नैतिकताओं में हम रहते हैं वहाँ व्यक्तित्व प्रदर्शन का विशेष महत्त्व है। प्रायः हम लेखक अथवा कवि की कला के विषय में निर्णय उसके व्यक्तित्व से बनाते हैं। अमुक व्यक्ति बड़े सीधे, सरल, मिलनसार और भावुक हृदय हैं तो निश्चित ही साहित्यिक भी बड़े ऊँचे ही होंगे या अमुक व्यक्ति बड़ा गुस्सैल, मुँहफट, स्पष्टवादी है तो निश्चित ही उनकी रचनाएँ भी बड़ी तीख़ी और असरकारक होती होंगी। प्रायः हिन्दी का लेखक या कवि अपनी कला के बजाय अपने निजी व्यक्तित्व को सँवारने-सुधारने में ज़्यादा ध्यान देता है। छैला अपने स्वभाव के बावजूद सरल बनता रहता है और हीनभाव से पीड़ित व्यक्ति रंगीन बुश्शर्ट में रमता है। रवीन्द्रनाथ-सी प्रतिभा कोई न हुई पर शॉल सबने लपेटी। शहर से दूर मकान रखा और बाल बढ़ाये, दाढ़ियाँ बढ़ायीं।

ख़ैर! इसी सम्बन्ध में हमने प्रेमचन्द पर भी अत्याचार किये हैं। प्रेमचन्द की कला पर लिखे जानेवाले नब्बे प्रतिशत लेख, जो प्रेमचन्द-कालीन तरुणों ने लिखे हैं, सदैव कला की चर्चा छोड़ व्यक्तित्व की ओर झुक जाते हैं। जैसे यही कि उनका प्रेमचन्द से पत्र-व्यवहार कब हुआ, कब-कब वे मिले तो क्या-क्या चर्चाएँ हुईं और उनके कितने लेख उन दिनों 'हंस' में छपे। अथवा लेख में यह रहता है कि प्रेमचन्द की पहली रचना पढ़ी तो मेरे मन में कैसी हलचल हुई अथवा जब गोदान छपकर आया तो हिन्दी-जगत् में कैसी धूम मची। हम लोग स्वभाव से चोला-पूजक हैं। मैं यह नहीं कहता कि प्रेमचन्द कोई दिखावा करते होंगे अथवा बनते होंगे, मगर वे लोग जिनसे आशा की जाती है कि प्रेमचन्द के विचार और कला पर उनके युग की परिस्थिति पर चर्चा करेंगे, सदैव बहककर कुछ और तरफ़ गुडक जाते हैं। यही बात जैनेन्द्र, उग्र और निराला को लेकर होती है। शायद यह सारी पीढ़ी ही व्यक्तिगत सम्बन्धों, व्यवहारों और अर्जित यश के आधार पर निर्णय लेती थी। अब जो नयी पीढ़ी आयी है उसने तो प्रेमचन्द को देखा नहीं है, 'हंस' में उनके लेख नहीं छपे हैं। फिर क्या होगा? प्रेमचन्द पर चर्चा बन्द हो जाएगी। मेरे ख़याल से प्रेमचन्द के

साहित्य के वास्तविक और नये मूल्यांकन का नया दौर प्रारम्भ होना चाहिए जिसमें हम अधिक तटस्थ, अधिक गहन दृष्टि से उनकी समस्त रचनाओं पर सोचें-विचारें। प्रेमचन्द आदर्शवादी थे, यथार्थवादी थे, आदर्शोन्मुख यथार्थवादी थे, वे ग्राम-जीवन के चतुर चितेरे थे, गोर्की थे, टाल्सटॉय थे, ऐसे नारों से काम नहीं चलेगा।

हिन्दी में प्रेमचन्द पर दूसरा अत्याचार यह हुआ कि हमने उनसे अधिक अपेक्षाएँ कीं। उसमें चेखव, टाल्सटॉय, गोर्की, शरत्चन्द्र आदि को तलाशा। प्रसाद-सी प्रांजल भाषा चाही, यानी उनकी साहित्यिक ईमानदारी से हमें सन्तोष नहीं हुआ। कोई लिखता है कि नारी-जीवन का जो गहन अध्ययन शरत्चन्द्र का था वह प्रेमचन्द के किसी पात्र में नहीं है। गोर्की ने समाज के लुच्चों-लफंगों का जो यथार्थ चित्रण किया है वह प्रेमचन्द में नहीं है। प्रेमचन्द में गहराई नहीं, विस्तार है।

मैं सोचता हूँ कि यह प्रेमचन्द की विशेषता है कि उनमें टाल्सटॉय की अन्ना नहीं है। शरत्चन्द्र बनने के प्रयास उन्होंने नहीं किये। हर लेखक का साहित्य उसके निजी अध्ययन और अनुभूतियों का परिणाम ही होता है। दूसरे को अपने में इम्पोर्ट करने की वह सोचने क्यों लगा, जो स्वयं अपने में भरा-पूरा है। किसानों और शहरी मध्यवर्ग के जीवन का व्यापक कथानक जिसके पास है वह नारी-मन की छिपी भावना का क्रोशिया क्यों करे? मगर हम जैसे चोलापूजक हैं, वैसे ही पुस्तक-पूजक भी तो हैं। कहते हैं न कि संसार का सारा ज्ञान गीता में है, सारा शृंगार और रस शाकुन्तल में है, सर्वोच्च भावनाएँ रामायण में हैं, उसी प्रकार हम चाहते हैं कि संसार की समस्त अच्छी रचनाएँ प्रेमचन्द में दिख जाएँ। चेखव की कहानी-कला उनमें हो, टाल्सटॉय की 'वार ऐण्ड पीस' उनमें हो, शरत् के नारी पात्र उनमें हों, गोर्की का व्यंग्य उनमें हो, तुर्गनेव की कलात्मक अभिरुचियाँ वहाँ दिखाई दें, यानी कुछ ऐसा हो कि हम प्रेमचन्द की किताब उठाकर संसार के साहित्यकारों के सिर पर मार सकें, कि लो, जगद्गुरु जम्बूद्वीप भारत की नयी देन है। है तुम्हारे पास इसका जवाब? हम शेक्सपियर का उत्तर कालिदास से देने में व्यस्त रहे हैं। हम क्यों नहीं चाहेंगे कि टाल्सटॉय का जवाब प्रेमचन्द दें।

यह भी हमारा प्रेमचन्द पर अत्याचार है। जो बेचारा उर्दू के क़िस्से-कहानी से लिखना सीखा हो, जिसने बहुत कष्टमय जीवन जिया हो और अपनी आँखों से देखी सच्चाई को लिखने में भी सहज भाव से सदा व्यस्त रहा हो, वह आपकी हर सनक निभाए, ऐसी दुकानदारी वृत्ति की अपेक्षा उससे क्यों की जाती है? और माना कि नहीं कर सका तो हज़रत आप कीजिए। आपने क्या हिन्दी में भुट्टे सेंके हैं। गोदान के आकार के उपन्यास ज़रूर लिखे हैं, गोदान का प्रकार तो नहीं लिखा।

प्रेमचन्द की परम्परा को लेकर भी बड़ी बातें हैं। पिछले दस सालों में हमने प्रेमचन्द के बजाय परम्परा पर अधिक चर्चा की है। उसके अनेक भाष्य किये हैं और हर किसी को पकड़कर वहाँ बैठाया है। सबने अपने को प्रेमचन्द से तौला है

और कुछ आगे बढ़ा हुआ मन में मान अहं की तुष्टि की है। प्रेमचन्द की कमियों से अपनी उपलब्धियों को तौला है। प्रेमचन्द की उपलब्धियों से अपनी कमियों को नहीं देखा।

अजीब बात है कि हम प्रेमचन्द के कारण सदैव हीन भाव से पीड़ित रहें और दिवालियों की तरह बैठे हुए मन-ही-मन हिसाब लगाते रहें। हम क्यों नहीं अधिक विश्लेषणात्मक और वैज्ञानिक दृष्टिकोण अपनाएँ। उसे तराजू का पलड़ा नहीं बनाकर अपने दिल का हिस्सा बनाएँ। उसे प्रेम करें और पढ़कर प्रेरणा लें। यदि प्रेमचन्दोत्तर उपन्यास पर दस लेख लिखकर यह साबित भी हो जाता है कि फणीश्वरनाथ रेणु प्रेमचन्द से आगे हैं तो इससे क्या होता है? आगे तो वे हैं ही। प्रेमचन्द बिचारे फ़िल्म में इतने प्रसिद्ध होने पर भी नहीं जमे। रेणु की कहानी पर फ़िल्म बन रही है। उससे क्या सिद्ध कीजिएगा। वे दो बैलों की कहानी को 'हीरा-मोती' कर देने की कला नहीं जानते थे। अगर जानते होते तो सोना-चाँदी में तुलते।

पुरानी पीढ़ी प्रेमचन्द पर अपनी राय ज़ाहिर कर चुकी। अब वह बदलेगी नहीं, बल्कि उसे ही बार-बार सिद्ध करने और मनवाने की ज़िद में लगी रहेगी। उनसे उम्मीद बेकार है। प्रकाशकीय व्यवसाय के झमेले दूसरे हैं। एक प्रकाशक ने मुझसे कहा कि साहब प्रेमचन्द साहित्य पर ज़्यादा चर्चा करने से क्या लाभ? प्रेमचन्द की बात होती है तो उनकी बिक्री बढ़ती है और फ़ायदा जाता है अमृतराय और श्रीपतराय को। यह शुद्ध कमीनापन है, इस प्रकार सोचना। प्रेमचन्द साहित्य का व्यावसायिक पक्ष है अवश्य, पर सिर्फ़ इसी कारण हम अपनी ईमानदारी नहीं खो सकते।

हमारी प्रेमचन्द से समय की दूरी बढ़ रही है, और यही मौक़ा है मानसिक सामीप्य का जब उन पर विचार हो, और लगातार हो। जितनी आलोचना होगी उतना ही प्रेमचन्द निखरेंगे। शेक्सपियर की चर्चा कहाँ समाप्त होती है। यों यह भी है कि कहाँ कल के प्रेमचन्द और कहाँ आज की नयी कहानी। जो गहराई, जो ऊपर-उठाई, जो आगे-बढ़ाई, जो फैलाव, जो सीढ़ी-चढ़ाई नयी कहानी में की गयी है वह उस प्रेमचन्द में कहाँ। बाज़ार हुस्न और प्रेम बत्तीसी जैसे शीर्षक अब हिन्दी में कहाँ रहे। उनकी बात करना इण्टलेक्च्युअलिज़्म नहीं है। कैथरिन मेक्सफील्ड, आन्द्रेज़ीद और निर्मल वर्मा की बातें कीजिए। साहब, कभी देखा है आपने 'कल्पना' में प्रेमचन्द पर लेख छपा हुआ!

साहित्य-गोष्ठी में पुलिसवाला

नगर के साहित्यिक जीवन के हरे-भरे लॉन पर तीन कहानियों और दो स्केच के बलबूते पर वे रूमाल बिछाकर बैठ गये तो हम सबको ख़ुशी हुई कि चलो एक आदमी और जाति में आ मिला। पत्रकारों में से साहित्यिक बनते, मास्टरों में कवि उभरते हमने कई बार देखा था पर ख़ाक़ी वर्दी में अपनी अनुभूतियोंवाले मन को ढके एक सब-इन्स्पेक्टर पुलिस जब कथा-कहानी की क्यारी में बेंत हिलाता चक्कर लगाने लगा तो शुरू में हम कुछ डरे, पर बाद में—पुलिसवाला भी आख़िर मनुष्य है—इस दर्शन का विकास कर उनसे मिलने-जुलने लगे। उन दिनों में हमारे इस नगर के नये-नये कवियों और कहानीकारों में इस बात की बड़ी ज़िद थी कि जल्दी-से-जल्दी हर जन अपनी पगडण्डी तय करे। कुछ लोग मुलेठी चबा-चबाकर गीतकार बन रहे थे और कवि-सम्मेलनों में उनकी प्रतिभा का नया दीया टिमटिमाने लग गया था, कुछ लोग कॉफ़ी हाउस में बैठे प्रयोगवाद की बात करते और कुछ भी आड़ा-टेढ़ा लिखते रहते। कहानीकारों के भी दो दल थे, एक मज़दूर-बस्ती में हाँकता फिरता था और दूसरा शाम को गर्ल्स हॉस्टल की तरफ़ घूमने जाता। यों मिलते रहते पर विशेष चर्चा होती थी रविवार की सबेरेवाली गोष्ठी में। गोष्ठियाँ बड़ी सफल होती थीं, काफ़ी साहित्यिक-असाहित्यिक आ जुटते थे। कुमारी वासन्ती चौधरी के सौन्दर्य का असर!

तब यदि कोई नया कवि या कहानीकार आ जाता और लम्बे-लम्बे पन्ने फैलाये प्रेमकथा बाँचने बैठ जाता तो काफ़ी देर तक हम लोग बैठे यही सोचते रहते कि यह वास्तव में उदीयमान लेखक है या यों ही वासन्ती चौधरी के रूप पर रीझ कहीं से आ उसे प्रभावित कर रहा है। कोई माने या न माने, सुन्दर लड़की कहानी-कविता पर ही नहीं, आलोचना पर भी गहरा असर डालती है। वासन्ती चौधरी के पंखुरी-जैसे होठ साहित्य की कसौटी बन गये थे। वासन्ती को हँसी आ जाए वह हास्य रस, और जिसे सुन वह रुँआसी हो जाए वह करुण रस। रचना सुनानेवाले उसकी दो आँखों में अपना कैरियर देखते थे। वे प्रभावित हो जाएँ तो देवी सरस्वती सर्टिफिकेट इश्यू कर देंगी, यह पूरा विश्वास था।

पर वर्माजी जब पहली बार अपनी पुलिसवाली पोशाक में आये तो हैट एक तरफ़ रख कालीन के कोने पर बैठ गये। तब यह बिलकुल नहीं लग रहा था कि वासन्ती चौधरी को प्रभावित करने आये हैं। बल्कि मुझे यह डर था कि गोष्ठी के बाद ये कुछ गिरफ़्तारियाँ करेंगे। कुछ समय बाद जब उन्होंने कहा कि वे एक कहानी सुनाना चाहते हैं तो सब ओर से 'अवश्य अवश्य' की आवाज़ें आयीं और पैण्ट की ज़ेब से कुछ काग़ज़ात निकाल वे किसी मुसम्मात के साथ गुण्डे की हरकतें और बाद में गुण्डे के हृदय-परिवर्तन हो नेक बन जाने और शादी हो जाने का क़िस्सा बयान करने लगे। हम लोगों को हँसी आ रही थी उनकी पुलिसवाली धज और उर्दू अँग्रेज़ी मिश्रित अजीब भाषा सुनकर। वासन्ती चौधरी कहानी ख़त्म होने पर व्यंग्य से मुस्करायीं और खिड़की के बाहर देखने लगीं एकटक—जैसे हर दूर आकाश से कोई वार्तालापों से सजा-सँवरा कहानी का प्लाट उतरकर उनके दिमाग़ में आ रहा हो।

वर्माजी ने रूमाल से पसीना पोंछा और कहानी पर हम सबकी राय माँगी। मुझमें इतनी शराफ़त है कि नये लेखक की आरम्भिक रचना की कभी बुराई नहीं करता हूँ, पर कुछ मित्रों के मन में बैठा आलोचक वासन्ती चौधरी के रूप देखकर जाग गया था, सो चर्चा चलने लगी।

"अन्त आदर्शवादी है, बनावटी लगता है।"

"ऐसा होता नहीं कहीं।"

"भाषा बड़ी गड़बड़ है, पढ़नेवाले को नहीं जमेगी।"

"प्रारम्भ ठीक है, पर अन्त कुछ सिनेमा की तरह हो गया।"

"ठीक है। पहली रचना है शायद आपकी। और लिखिए।"

मैं देख रहा था वर्माजी ने फिर रूमाल से पसीना पोंछा। सारे आलोचकों को घूर-घूरकर उन्होंने देखा। शायद तबीयत हुई लाठी चार्जिंग करवा दूँ। कुछ क्षणों के बाद वासन्ती चौधरी धीरे से बोलीं—"अत्यन्त साधारण कहानी है, बल्कि कहानी है ही नहीं। जब तक अध्ययन न हो...!" और इसके पूर्व कि वे वाक्य पूरा करतीं वर्माजी कड़क आवाज़ में बोले—"क्या कहा आपने, यह कहानी नहीं है?"

"जी, मुझे तो नहीं लगती," वासन्ती ने आँखें चौड़ी करके कहा।

"मैंने अपनी आँखों से यह घटना देखी है और लिखा है। आपको समझ नहीं है।"

"देखिए वर्माजी, नाराज़ न होइए," किसी ने तब कहा।

"जनाब, मैं लिपस्टिक छाप रचनाएँ नहीं लिख सकता। मैं डण्डा छाप लिखता हूँ। मैंने जितनी किताबें पढ़ी हैं, इन कुमारी जी ने उतनी देखी भी नहीं होंगी। यह इसे कहानी नहीं मानतीं!"

"पुलिसवालों के लिए पढ़ना कब से अनिवार्य हो गया?" वसन्ती ने उद्दण्डता से प्रश्न किया।

"जब से नासमझ लड़कियाँ आलोचना करने लगीं," वे बोले।

सबको हँसी आ गयी। गोष्ठी के संयोजक ने हल्ला-गुल्ला बन्द करवाया और एक लम्बा-सा भाषण दे डाला, जिसका सार यह था कि साहित्य चर्चा टु द पाइण्ट होनी चाहिए, कभी विषय से कूदकर व्यक्ति पर नहीं आना चाहिए और वर्माजी से हिन्दी साहित्य को बड़ी-बड़ी आशाएँ हैं।

बात आयी-गयी हो गयी, पर वर्मा के मन में यह तीर-सी बात चुभी रही कि वासन्ती चौधरी नामक यह शरीर लड़की (सुन्दर लड़की) उसे साहित्यकार नहीं मानती और उसकी रचना को कचरा समझती है। मुझे वे प्रायः मिल जाते और कहते यार वह लौंडिया बड़ी बदतमीज़ है। एक दिन मुझे पूछने लगे, "वासन्ती आख़िर ख़ुद क्या लिखती है?"

"गद्य काव्य लिखती है। महादेवी वर्मा टाइप गीत लिखती है।" मैंने कहा।

वे खिलखिलाकर हँसे और अपने ख़ाक़ी पैण्ट पर डण्डा मारते हुए बोले—"इन लड़कियों को सिर्फ़ लव लेटर लिखना चाहिए। कहानी-कविता में बेकार घुसती हैं ये लोग।"

"लव लेटर भी लिखेंगी तो आपको थोड़े लिखेंगी।"

"क्यों साहब, हमें क्यों नहीं लिखेंगी?"—बारीक मूँछों पर उन्होंने अँगुलियाँ फेरीं और एक विशेष कोण से मुझे देखने लगे।

"आपको वह साहित्यिक नहीं मानती। पुलिसवाले में क्या प्रेम और क्या कविता।"

"आपने देखा जनाब, एक दिन यही लड़की, क्या नाम है इसका वासन्ती चौधरी, मेरी क़लम का लोहा मान जाएगी।"

"थाने पर बुलवा के मनवाएँगे उससे यह बात?"

"थाने पर नहीं, साहित्य-गोष्ठी में मानेगी। अभी मेरी क़लम के चमत्कार सामने आये कहाँ हैं।"

"मनवा के छोड़िएगा उससे?"

"बिलकुल। मैंने ऐसी बहुत लड़कियाँ देखी हैं। अगले रविवार को और सुनिए मुझसे एक कहानी।"

"ज़रूर! उस कहानी का अन्त भी हीरो-हीरोइन की शादी से करवाइए।"

"शादी से, अजी दो-चार बच्चों के जन्म से करवाऊँगा अन्त उसका।" सायकिल पर पैडल मार वे बढ़ लिये मुझे आदाबअर्ज़ करते।

इधर वासन्ती चौधरी कॉलेज में मिलतीं तो कहतीं—"देखिए भाई साहब, ऐसे नहीं चलेगा। साहित्य-गोष्ठी कोई हाट-बाज़ार तो नहीं है कि सब अपना माल बेचने आ जाएँ। कैसे-कैसे बोर लोग आ जाते हैं।"

"आपका मतलब वर्मा सब-इन्स्पेक्टर से है?"

"और नहीं तो क्या। अब वो पुलिस का काम छोड़ साहित्य में क्यों घुसते हैं?"

"मिस चौधरी, पुलिस की तो नौकरी है। सब-इन्स्पेक्टर के दिल में भी कालिदास का वास हो, क्या आश्चर्य!"

"बेकार बात है जी, हर कोई थोड़े कवि हो सकता है।"

"अब उन्हें आने से तो नहीं रोक सकते," मैंने कहा।

"क्यों, पुलिसवाले से डर लगता है?"

"बहुत डर लगता है, हम ग़रीब आदमी।"

वे दुपट्टा सिर पर डालती मुँह बिचकाती चली गयीं।

दूसरी गोष्ठी में समय से पन्द्रह मिनट पूर्व सब-इन्स्पेक्टर वर्माजी ने अपनी हाज़िरी की रिपोर्ट संयोजक साहब को दी और एक फ़ाइल में नत्थी किये हुए कहानी के काग़ज़ात पेश करते हुए बताया कि आज वे कहानी पढ़ेंगे।

वासन्ती चौधरी देर से आयीं और फलस्वरूप गोष्ठी भी देर से प्रारम्भ हुई। संयोजक ने शायद सोचा कि बोरियत पहले छँट जाए इसलिए वर्माजी से पहले कहानी पढ़ने के लिए कहा। वासन्ती धीरे से मुस्करायीं और खाँसने के बाद वर्मा ने कहानी शुरू की, जो कुछ इस तरह की थी कि एक मुसम्मात को, जो ख़ूबसूरत और बेवा थी, अर्जी दाख़िल करने कोर्ट जाना पड़ा जहाँ मुंशीजी ने उससे रिश्वत माँगी। बेवा पैसेवाली थी और पाँच रुपया देना उसे कुबूल हुआ पर इसी बीच हीरो आ गया और रिश्वत की बुरी आदत पर उसने मुंशीजी को एक लेक्चर दे दिया और मुसम्मात से कहा कि आप इसे रिश्वत न दें। उसी से दोनों की बातचीत का सिलसिला बढ़ा और हीरो ने अपने कोर्ट में आने का मकसद खोलते हुए कहा कि उस पर इल्ज़ाम चोरी दफ़ा चार सौ बीस लगा है जो झूठा है। वह ग़रीब है और मुसीबत का मारा है। बेवा मुसम्मात के दिल में उस आवारा शाहज़ादे के लिए, जिसे समाज घृणा की निगाह से देखता है, प्रेम और ममता की भावना उमड़ आयी और उसने बटुए से पैसे निकाल तुरत बढ़िया वकील हीरो की मदद के लिए बुलाया। इजलास की बेंच पर बैठी कठघरे में बन्द प्रेमी के लम्बे-लम्बे डायलाग वह सुनती रही और जैसा कि होता था, दूध-का-दूध पानी-का-पानी हुआ, हीरो बाइज़्ज़त बरी किया गया। कुछ दिन बाद लोग-बाग अख़बार उठाके क्या देखते हैं कि बेवा मुसम्मात ने, जिसके पास काफ़ी पैसा था, उस ग़रीब इन्सान से शादी कर ली जिसे समाज घृणा से देखता था।

कहानी लम्बी थी, हम सब चुपचाप सुनते रहे। कहानी पढ़कर वर्मा ने रूमाल से पसीना पोंछा और चारों ओर गर्व से देखा, जैसे कह रहा हो—मानते हो मुझे कहानी लेखक!

सबने मत दिये—अलग-अलग।

"अच्छी कहानी है मगर लम्बी हो गयी," एक ने कहा।

"प्लाट ही लम्बा है, मैं क्या करूँ," वर्मा ने तड़ से उत्तर दिया।

"आदर्शवादी कहानी है।"

"मैं साहित्य में आदर्शवाद का हामी हूँ," वे बोले।

"भाषा उर्दू है।"

"कोर्ट-कचहरी की यही भाषा है," वे बोले।

"इस कहानी से आपका उद्देश्य क्या है, बताएँगे वर्माजी?"

"गुदड़ी में भी लाल रहते हैं। बेवा के भी दिल होता है। जिसे समाज चोर समझता है वे दरअसल चोर नहीं होते। रिश्वत बुरी चीज़ है।" उन्होंने जैसे रटा-रटाया उत्तर दिया।

मैंने देखा अपने हिसाब से सब-इन्स्पेक्टर महोदय बिलकुल लैस होकर आये थे। उत्तर का तमंचा उनकी बग़ल में था। किसी ने प्रश्न किया कि वे तड़ से गोली दाग़ देते। थोड़ी देर की उनकी फायरिंग ने सब तरफ़ शान्ति स्थापित कर दी। आख़िरी तोप के रूप में थी कुमारी वासन्ती चौधरी जिसकी ओर सब देख रहे थे। संयोजक ने पूछा—"आपकी क्या राय है, इस कहानी पर चौधरीजी?"

"कोई आवश्यक तो नहीं कि हर कहानी पर राय दी ही जाए।" वासन्ती ने टका-सा जवाब दिया और सब जगह वर्मा के प्रति नाराज़ी के स्थायी भाव की जानकारी हो गयी।

गोष्ठी के बाद वे हम लोगों को कॉफ़ी हाउस में ले गये और इतना खिलाया और ऐसी बढ़िया कॉफ़ी पिलायी कि सबने स्वीकार कर लिया कि वर्माजी की कहानी बहुत सुन्दर है और कुमारी वासन्ती को साहित्य की, विशेषकर कहानी की विधा के सम्बन्ध में कोई समझ नहीं।

"यार आज वो मेरी कहानी पर कुछ बोली नहीं।"

"क्या बोलती वर्मा साब, आपका रोब खाती है।"

"नहीं, मुझसे कुछ चहकी हुई है। बड़ी गुस्ताख़ है।"

"अभी आपको पहचाना नहीं है। पहचान लेगी तब रुख बदल जाएगा।"

"सच कहते हो! भई मुझसे भी ग़लती हो गयी। पिछली गोष्ठी में मैं वर्दी पहने चला आया, मुझे कुरते-पाजामे में आना चाहिए था।"

"जी हाँ, कुरते-पाजामे में आप साहित्यिक लगते और यह झगड़ा ही खड़ा नहीं होता।"

उस दिन हमने वासन्ती चौधरी के रजिस्टर में एक और प्रेमी का नाम लिखा : बृजेन्द्र नारायण वर्मा, सब-इन्स्पेक्टर पुलिस सदर कोतवाली और मीडियम ऑफ़ एप्रोच—साहित्य।

कॉलेज में वासन्ती चौधरी मिलीं तो हम लोग घुमा-फिराकर सब-इन्स्पेक्टर वर्मा की बात ले आये।

"वासन्ती जी, आपने उसकी कहानी पर राय नहीं दी। टाल गयीं बात?"

"मेरी समझ में नहीं आता कि आख़िर वो पुलिसवाला क्यों अपने को कहानीकार समझे है। उसे लिखना नहीं आता तो क्यों लिखता है।"

"आप अकारण क्रोध करती हैं बिचारे पर, अच्छा-ख़ासा लेखक है, अपनी समझ से कहानी लिखता है। धीरे-धीरे अच्छी कहानी लिखने लग जाएगा।"

"ख़ाक़ लिखेंगे वे कहानी। मैं शर्त बदकर कह सकती हूँ कि वह आदमी कभी ज़िन्दगी-भर कहानी लेखक नहीं हो सकता।" वे बड़े जोश में बोल गयीं।

"देखते हैं।"

"देख लीजिए।"

उस दिन की बात ख़त्म हो गयी पर अजीब-सा तनाव आ गया। हम लोग प्रायः सोचते रहते कि इस प्रतियोगिता में कौन जीतेगा। इधर वर्मा ने कहानियाँ लिखने के लिए एक माह की छुट्टी ले ली और जब वे मिलते चार-छह नयी लिखी कहानियों की चर्चा करते। स्थानीय दैनिक के साहित्य संस्करण में उनकी वो कहानियाँ छप भी गयीं। देखते-देखते नगर के साहित्य गगन पर धूमकेतु की तरह वर्माजी छा गये। उनकी लिखी कहानियाँ अगर सुनी जाएँ तो साहित्य-गोष्ठी का माह-भर के लिए दैनिक रूप से आयोजन आवश्यक था। रह-रहकर सोचते कि देखो प्रेम का दीया थाने की कोठरियों को कैसा प्रकाशित कर रहा है कि सब ओर कहानियाँ ही कहानियाँ दिखने लगीं दरोगाजी को।

घटना ने नया मोड़ लिया और कथानक के सारे सूत्र साहित्य-गोष्ठी से उठकर सदर कोतवाली और सिविल लाइन्स की ओर चले गये। उस रात वासन्ती चौधरी के घर पाँच सौ रुपये की चोरी करने जो चोर आये थे वे तो आकर चले गये पर उस सम्बन्ध में तफ़तीश करने सब-इन्स्पेक्टर वर्मा जो चौधरीजी के यहाँ जाने लगे थे, वे जाते ही रहे। जिस फुर्ती से आठ रोज़ में वर्माजी ने चोरी का पता लगाया और मुलज़िम को मय माल पकड़ा वह पुलिस के और प्रेम के इतिहास में अविस्मरणीय घटना है। वासन्ती चौधरी ने इस बार उनके रोब को मान लिया और वर्माजी के शब्दों में कहा जाए तो—"जनाब, बहुत अपने को होशियार लगाती थी, इस बार मान गयी कि मैं भी बढ़िया लेखक हूँ।"

"आपने क्या उसे थाने में बन्द कर कहानी सुनायी?"

"अजी नहीं। चोरीवाले मामले में हमने मुलज़िम पकड़कर बता दिया। उसने और उसके बाप ने मेरा आभार माना है।"

"तो इससे यह कैसे सिद्ध हुआ कि आप अच्छे लेखक हैं?"

"तुम औरत की सायकोलॉजी नहीं समझते। अगर वह आदमी पसन्द कर ले

तो उसकी कहानी भी पसन्द करेगी, उसकी पोशाक भी पसन्द करेगी। उसकी हर हरकत पसन्द करेगी।"

"तो आप पसन्द आ गये वासन्ती चौधरी को?"

वे कुछ सोचने लगे फिर बोले—"पूरी तरह से कह नहीं सकते, पर अब वह नाराज़ी नहीं रही जो पहले थी।"

वर्माजी के इस कथन की पूरी जाँच करने के लिए हमने फिर साहित्य गोष्ठी का आयोजन किया। इस बार वर्माजी ने जो कहानी पढ़ी उसे वे ही समझते हैं। जाने क्या-क्या बातें गुँथी थीं और अन्त कुछ ऐसा था कि हीरो आज भी ज़िन्दा है, हीरोइन आज भी ज़िन्दा है और वे चाहे दूर-दूर हों पर एक-दूसरे की याद उनकी आँखों में आँसू ला देती है। स्पष्ट था कि वर्मा के हृदय-गमले में वासन्ती के प्रेम का जो पौधा था उसने जड़ें गहरी पकड़ी हैं। कहानी में हीरो जो हीरोइन की याद में रो रहा था, उसका कारण वर्माजी की यही कल्पना थी कि वे वासन्ती से बिछड़ गये हैं और न वह इन्हें भूल पाती है और न उसे आप।

कहानी पढ़ने के बाद उस पर चर्चा हुई और हम सब लोगों ने पूर्व निर्णय के अनुसार उस कहानी की बड़ी प्रशंसा की। किसी ने कहा कि यों तो हिन्दी में कहानी के नाम पर बड़ा कचरा लिखा जा रहा है पर जो ताज़गी वर्मा भाई की कहानी में है वह और कहीं नहीं। योगेन्द्र भाई ने फ्रांस के एक लेखक से वर्माजी की कहानी की तुलना कर दी। जब अच्छा वातावरण बन गया तब संयोजक महोदय वासन्ती चौधरी की ओर उन्मुख हुए। वे आधे मिनट सोचती रहीं और फिर कड़े स्वरों में बोलीं—"मेरी समझ में कहानी ज़रा नहीं आयी। बड़ी उलझन है इसमें। वर्माजी ने इसे दुखान्त बनाकर समझा है प्रभाव बढ़ जाएगा, पर हो उल्टा गया। यह कहानी ही नहीं रही।"

आहा! उनके पंखुरी जैसे होठों को साहित्य का निकष जिन्होंने माना था वे धन्य हैं।

वर्मा उस रोज़ बड़े क्रोधित रहे। गोष्ठी के बाद बोले नहीं। हमें कॉफ़ी भी नहीं पिलायी। उनका बस चलता तो वासन्ती को हवालात में डाल देते और साहित्य गोष्ठी पर बैन लगवा देते।

हमें कुछ नहीं पता आगे। कहते हैं वासन्ती ने वर्मा को लम्बी चिट्ठी लिखी। कुछ कहते हैं वर्मा वासन्ती के घर जाकर ख़ूब रोये। परिणाम यह हुआ कि एकाएक हृदय-परिवर्तन हो गये। वे मैटिनी शो में साथ-साथ जाते देखे गये। सिटी बस में कई बार उन्हें पास-पास बैठे देखा गया। शाम के अँधेरे में घने पेड़ के नीचे वे बातें कर रहे थे, ऐसी भी अफ़वाह थी। मैंने वर्मा को रास्ते में रोककर पूछा—"कहिए वर्माजी, आजकल क्या सीधे वासन्ती जी के घर जाकर कहानी सुना आते हैं।"

वे हँसे—"अजी मनवाकर रहूँगा कि मैं अच्छा लेखक हूँ।"

उस रोज़ जब यह ख़बर मिली कि सब-इन्स्पेक्टर वर्मा और वासन्ती विवाह कर रहे हैं तो पहले हमें आदत के अनुसार घटना के इस आदर्शवादी अन्त पर विश्वास नहीं हुआ। जब विश्वास हुआ तो हम सब कॉफ़ी हाउस से उठकर सीधे सदर कोतवाली गये और वर्माजी को बधाई दी, इसलिए कि वे हिन्दी के अच्छे कथाकार सिद्ध हुए।

पुलिसवालों, पत्रकारों, लेखकों और प्रोफ़ेसरों का जो जमघट विवाह के रोज़ था वह हमें कभी नहीं भूलेगा। विवाह के बाद जब दुल्हन के रूप में खड़ी वासन्ती को घेर हमने पूछा—"कहिए, अब तो आप वर्माजी को अच्छा कहानीकार मानेंगी?"

"न वो पहले लेखक थे, न आगे लेखक रहेंगे। तब भी उन्होंने अच्छी कहानी नहीं लिखी और आगे भी लिख नहीं सकते।"—वासन्ती ने कड़ककर कहा, "यह आदमी ज़िन्दगी-भर कहानीकार नहीं हो सकता।"

तब वर्मा वासन्ती के वक्तव्य पर ठहाका मारकर हँसे थे, क्योंकि वे समझते थे कि वासन्ती उन्हें मन-ही-मन में बहुत बड़ा कहानीकार मानती है और कहानी की सबसे ऊँची सीढ़ी पर बिठा उनकी पूजा करती है, पर अब वे हँस नहीं सकते। बाद के वर्षों में हमने सब-इन्स्पेक्टर वर्मा को डी.एस.पी. बनते देखा, नये-नये तमगे लटकाये देखा, बाज़ार से साड़ियाँ ख़रीदते देखा, प्रसूतिगृह के बाहर थरमस लेकर खड़े देखा, मुसम्मात से रिश्वत लेते देखा। लेकिन वे कभी कहानी के बाबत रँगे काग़ज़ों को एक फ़ाइल में नत्थी किये साहित्य-गोष्ठी में दाख़िल नहीं हुए न उन्होंने कभी कुछ लिखा। वासन्ती अब काफ़ी मुटा गयी हैं। ऊपर से नीचे तक ज़ेवरों से लदी हुई जब वे भारी-भरकम बाँह उठाकर कहती हैं—"नमस्ते भाई साहब," तो हमें आदर्शवादी कहानियों के प्लाट सूझने लगते हैं। इनके पंखुरी-से होठ...आह!

साहित्य-प्रसार और मुद्रा या मुद्रा-प्रसार और साहित्य

अर्थशास्त्र विषयक मेरी ठोस धारणाओं के सीधे व्यावहारिक परिणाम ये हैं कि हर प्राध्यापक मुझसे कतराता है। दुकानदार महँगाई की समस्या पर खुली चर्चा करते समय मुझे मुँह नहीं लगाते, वित्तमन्त्री का चपरासी बँगले में नहीं घुसने देता और सम्पादकों ने मुझे साफ़ कह दिया है कि आप कृपया इस विषय में सम्पादक के नाम मौलिक सूझ-भरे पत्र न भेजें। और मेरे प्रति ऐसी उपेक्षापूर्ण दृष्टि अपनाने के ठोस परिणाम ये हैं कि संकट दिन-प्रति-दिन गहरा और चौड़ा होता जा रहा है, जिसमें धँसना अथवा उसे उलाँघना आज राष्ट्र के लिए कठिन है।

जब अर्थशास्त्री पिछले दिनों राष्ट्र की आर्थिक समस्याओं का हल खोजने के लिए जमा हुए थे, तब वे मुझे लिफ़्ट देने के लिए राज़ी नहीं हुए। उनका कहना था कि आप अर्थशास्त्र के नहीं, साहित्य के व्यक्ति हैं। यह मेरा और मुझसे भी कहीं अधिक देश का दुर्भाग्य है कि लेखन के साथ अर्थशास्त्र जुड़ा होने के कारण साहित्य में और अर्थशास्त्र के साथ लेखन जुड़ा होने के कारण अर्थशास्त्र में मेरी परख न हो। अजी कमाल है यह। जबकि साहित्यिक मित्र किसी कॉलेज में या सरकारी दफ़्तर में सुरक्षित नौकरी पाने के बाद लेखन में मार्क्सवादी मारपीट करते रहते हैं और अर्थशास्त्री लेखक के रूप में ख्याति अर्जित करने के लिए परेशान रहते हैं। पर यह अलग लेख का मामला है। मैं इस समय देश के आर्थिक सवालों को लेकर गम्भीर हूँ।

यह बात बड़े दिनों से जगज़ाहिर थी कि रुपयों का प्रचलन बढ़ गया है और कहा जाता था कि भाव इसीलिए बढ़ रहे हैं। लगता यों था कि दुकानदार तो कम भाव पर बेचने को राज़ी हैं, पर चूँकि पब्लिक की जेब में धन ज़्यादा है, तो वह आग्रह कर रही है कि हमसे ज़्यादा माँगो, और लो। दुकानदार को धर्मसंकट में जनता के आग्रह पर भाव बढ़ाने पड़ रहे हैं। रुपयों का प्रचलन जो बढ़ गया। ज़्यादा रुपया होने से लोग रेडियो या रिकार्ड या इत्र ख़रीद रहे हैं। और रेडियो या रिकार्ड या

इत्र बेचनेवाला प्रसन्न है, तो वह फल और मिठाई ले रहा है। और फल और मिठाईवाले गेहूँ स्टॉक करने की सोच रहे हैं, इसलिए गेहूँ के भाव बढ़ रहे हैं और उसे बढ़ता देख फल और मिठाईवाले भाव बढ़ा रहे हैं और उसे देख रेडियो, रिकार्ड या इत्रवाले।

यदि रुपयों का प्रचलन ज़्यादा न होता तो ऐसा कोई गतिविधिक्रम नहीं चलता, भाव कम बने रहते। मगर मैं आपको बताऊँ कि रुपयों की बाज़ार में अधिकता के समाचार सुन, चाहे मैं अर्थशास्त्री के रूप में दुखी रहा होऊँ, पर हिन्दी लेखक के रूप में अत्यन्त प्रसन्न था। सोचता था कि जब रुपया ज़्यादा है ही, तो वह आज नहीं कल, इस या उस रास्ते से मुझ तक अवश्य पहुँचेगा। करोड़ों रुपये बहुत ज़्यादा हैं। सब तो मुझे चाहिए ही नहीं। मुझे तो प्रचलन की अधिकता के इस युग में कुछ हज़ार मिल जाते, बस।

मगर राष्ट्र के इन कर्णधारों से यह नहीं देखा गया। उन्होंने रुपया बाज़ार से खींच उसे निष्प्राण करने के लिए अध्यादेश निकाले। बाज़ार से रुपयों की वापसी की महाप्रयाण वेला आरम्भ हो गयी है। रुपया लौट रहा है। वह मुझ तक आने के पूर्व लौट रहा है। मैं निराश हूँ। राष्ट्र गया भाड़ में, मुझे मेरा भविष्य अन्धकार में लग रहा है। जब देश में अधिक रुपया था, तब तो मुझे मिला नहीं। अब जब होगा ही नहीं या कम होगा, तो कौन देगा? मुझ तक आएगा कहाँ से।

आर्थिक प्रश्न सुलझते ही पुनः वही साहित्यिक प्रश्न खड़ा हो गया। देखिए ग़ौर से कि रातों-रात आन्दोलनों का स्तर गिर गया है। जब लेखक से बेहतर स्थिति में जी रहा सर्वहारा भाई नारे लगाता, अपना वेतन और महँगाई-भत्ता बढ़वाने के लिए आन्दोलन करता, लाठियाँ खाता, हड़ताल करता, जेल जाता, तो उससे भी गयी-बीती स्थिति में जी रहे हम लेखकों और कवियों को बड़ी प्रेरणा मिलती थी। हम सोचते थे, या तो क्रान्ति हो जाएगी अथवा इनका वेतन बढ़ जाएगा और दोनों ही स्थितियाँ साहित्य के लिए लाभप्रद रहेंगी। जब इनका वेतन बढ़ेगा, तो फिर हम अपनी रचनाओं का पारिश्रमिक भी बढ़वा लेंगे। पर लाभ की ये स्थितियाँ साहित्य तक पहुँचतीं, उसके पूर्व ही अध्यादेश निकल गये। सरकार ने कहा हम भत्ते का एक अंश अनिवार्य जमा कर देंगे और आपके उजाड़ हाथों में नहीं देंगे, जिससे आप सिनेमा देखो या बुश्शर्ट ख़रीदने की ग़लती करो।

ज़ाहिर है, इससे असन्तोष होगा। ट्रेड यूनियन लीडर चुप नहीं बैठेंगे। वे पूरा वेतन माँगेंगे, अनिवार्य जमा के ख़िलाफ़ आन्दोलन चलाएँगे। वे सफल या असफल जो

भी हों, मगर आन्दोलन का स्तर तो गिर गया। कल तक जो वेतन बढ़ाने का आन्दोलन चलाते थे, महँगाई-भत्ते में वृद्धि चाहते थे, वे इस बात के लिए कोशिश करेंगे कि हमें जो भी वेतन भत्ता मिले, पूरा मिल जाए। सौ से सवा सौ होना भाड़ में गया। सौ से पचहत्तर न हो, इसी फेर में फँस जाएँगे। ऐसे में वे क्रान्ति के संवाहक बड़े समझौतावादी और इस्टेब्लिशमेण्ट की पूर्ण कृपा के आकांक्षी नज़र आएँगे। इससे साहित्य की मूल प्रेरणाओं को धक्का लगेगा। उस शख़्स की शान में कविता लिखना तो वाजिब था, जो वर्तमान ज़िन्दगी को कोसता ऊँची ज़िन्दगी की कोशिश कर रहा हो। पर उस पर क्या कहा जाए, जो पूरा वेतन भर मिल जाए, इसी के लिए परेशान हो। साहित्य के स्थायी हीरो की तस्वीर एकाएक ऐसी घामड़ और लिजलिजी हो गयी। यह गम्भीर समस्या है।

और लेखन की मुद्रा बदले या न बदले, अफ़वाह यह है कि किसी सुनहरी शाम रेडियो करेंसी बदलने की ख़बर देगा। जिनके हृदय आघात के कारण उसी शाम निस्पन्द न होंगे, वे दूसरी सुबह अपनी मुद्राएँ बदलवाने बैंक दौड़ेंगे। काले से सफ़ेद, सफ़ेद से काला, इस तेज़ी से बदलेगा कि चारों ओर राधा श्याममय और श्याम राधामय दिखाई देंगे।

उस सुबह साहित्य का मान फिर गिरेगा। जब देश के सारे वर्ग अपने नोट बदलवाने के लिए काउण्टरों के सामने क्यू लगाये खड़े होंगे, तब मैं मुद्रा के अभाव में क्या बदलवाऊँगा? हमारी ट्रैजेडी यह नहीं है कि जितनी मुद्राएँ दिखानी थीं, हमने लेखन में दिखायीं। बैंक के काउण्टर पर कभी न दिखा सके। उस प्रातः हमारे पास न काला होगा, न सफ़ेद। सब समझ जाएँगे कि साहित्यकारों के अस्तित्व से सिर्फ़ साहित्य में संकट उत्पन्न होते हैं, अर्थशास्त्र या राजनीति में नहीं। सारी पोल खुल जाएगी।

यह सच है कि लेखन ही क्या और लेखन का अर्थशास्त्र ही क्या? पर मैं उनमें से हूँ, जो लेखन को सीधे अर्थशास्त्र से जोड़ने का नम्र प्रयास करते रहे हैं। मैं अर्थव्यवस्था के संकट को दूर करने की सरकारी कोशिशों से उत्पन्न साहित्य में संकट को गहरे अनुभव कर रहा हूँ। वे लोग, जो नौकरी से अर्थशास्त्र को जोड़े हैं और उसकी सुकोमल छाया में बैठे साहित्य रचते इस भ्रम में मगन हैं कि लेखन से अर्थशास्त्र का कोई ताल्लुक नहीं। बेचारे नहीं जानते कि उनके निष्काम सैद्धान्तिक लेखन से पहली तारीख़ को प्राप्त वेतन का कैसा गहरा सम्बन्ध है। यदि वह निरन्तर न मिलता, तो दूसरे के ईमान पर शक करने के सुयोग कैसे प्राप्त होते?

आज अर्थशास्त्री चीख़कर कह रहे हैं कि रुपये को उत्पादन, रचनात्मकता और श्रम से जोड़ा जाए और निष्क्रिय ऐयाशी से अर्थव्यवस्था की रक्षा हो। अन्यथा देश

रसातल को चला जाएगा। देश चाहे न जाए, साहित्य तो चला। मुझसे पूछो, मैं गम्भीरता से महसूस कर रहा हूँ। राष्ट्रपति यह पूछ सकते हैं, मुफ़्त में लिखना और गाँठ से नामा लगा पत्रिकाएँ निकालने के मूल में यदि कोई व्यावसायिक या आर्थिक उद्देश्य नहीं है, तो क्या यह सब शुद्ध ऐयाशी है? वे यह प्रश्न कर सकते हैं कि जिस काम से राष्ट्र की आर्थिक पूँजी नहीं बढ़ती, उसमें रुपया खपाकर इन्फ्लेशन को, मुद्राप्रसार को बढ़ावा क्यों दिया जाए? तब साहित्य का उत्तर क्या होगा? हम कहेंगे, जी साहित्य समाज का दर्पण है। हम भी अतिरिक्त पैसे को बर्बाद करने की समस्या से पिछले वर्षों परेशान रहे। हमने विदेशी साबुन नहीं ख़रीदा, पर मुफ़्त में रचनाएँ लिखीं, पत्रिकाएँ निकालीं और बिना ग्राहकों के वितरित कीं। हमने काग़ज़ बेचनेवाले और प्रेस के माध्यम से रुपयों का प्रचलन बढ़ाया। हम अभाव के दर्द पर लिखनेवालों का चीज़ों के भाव बढ़ाने में योग रहा। साहित्य क्या उत्तर देगा?

और तब 'साहित्य' नामक अर्थशास्त्र की इस दुष्प्रवृत्ति पर रोक लगाने के लिए अध्यादेश निकालने की बात होगी। एक 'सेमीबमबोला' हम पर भी लागू होगा। उस समय साहित्य को मार्गदर्शन देने का नम्र भार मुझ पर आएगा। यह पतित मानव, जो लेखन और अर्थशास्त्र के ताने-बाने जोड़ता रहा, उस दिन साहित्य की धुरी उठाये रखेगा।

और जैसी कि हवा चल रही है, वह दिन दूर नहीं।

समीक्षा की 'छेड़खानी शैली' के समर्थन में

अगर कोई दूध-का-दूध और पानी-का-पानी करे भी तो उससे कोई ख़ास मतलब नहीं निकलता क्योंकि हम दूध भी जानते हैं, पानी भी जानते हैं और यह भी जानते हैं कि दोनों मिले हुए हैं। जिसने दोनों को अलग करने का कष्ट किया है उसकी 'हंसाई' की हम दाद दे सकते हैं जो समीक्षा के क्षेत्र में आगे जाकर 'कौवा महन्ती' बन जाती है। उदीयमान समीक्षकों में यही विश्लेषकवाला अन्दाज़ रहता है। अपनी प्रतिभा की लेबोरेटरी में छोटे-मोटे टेस्ट कर नमूनों से वे यह साबित कर देते हैं कि फलाँ कविता में गड़बड़ का कारण वह छायावादी लट्टू है जो ड्राइंगरूम में कवि के सिर पर लटका हुआ है या प्रेमगीतों के सतही होने का कारण रूमानियत का वह सस्ता नुस्ख़ा है जो पंजाबी स्टोरों पर मिलता है वग़ैरह, इससे सिवा विश्लेषण के कुछ नहीं होता। दूध-पानी की तरह एक जाना-माना तथ्य बताकर एक शरीफ़ आदमी गिरकर समीक्षक हो जाता है। दूधवाला उससे बार-बार पूछता है कि आलोचक मालिक, मानता हूँ कि दूध और पानी मिले हुए हैं पर स्वाद कैसा है? पर अपनी 'हंस-वृत्ति' में मुग्ध समीक्षक इसका कोई उत्तर नहीं देता। साहित्य में ऐसी विभिन्न परिस्थितियों से गुज़रने के बाद अन्ततोगत्वा वह एक स्थायी कार्टूनी मुद्रा अख़्तियार कर लेता है। जब देखो यह मुद्रा नये ढंग से मज़ा देती है।

सभी साहित्यों में समीक्षा एक अनिवार्य बोरियत है जिससे कवियों को कभी मुक्ति नहीं। साहित्य पढ़ने और समीक्षा करने का नाता खाने और जुगाली करने का-सा है। होता रहता है। चलता रहता है। स्वाद भाँपनेवाली कानी आँख से लेकर, जिसे दृष्टि कहते हैं, रस-बोध का पुराना सलाइवा तक सभी इसमें अपना काम करते हैं। एक प्रवृत्ति के समाप्त होने के बाद जब समीक्षक डकार लेता है वह साहित्य की उपलब्धि बन जाती है। हिन्दी में इस मामले में जल्दबाज़ी ज़्यादा है। फलस्वरूप ज्ञान के अपच के मारे समीक्षक कम नहीं। इनके चेहरों का सन्त्रास देखते ही बनता है। रस-प्रक्रिया से जन्य 'ग्रैस्ट्रिक ट्रबल' का सीने पर दबाव रहता है जो चेहरे को गम्भीर बना देता है। बेचारे नम्रभावी कवि इस गम्भीर मूरत को देख झुके-झुके जाते हैं। इसी कारण साहित्य में समीक्षक को ज़रूरत से ज़्यादा सम्मान प्राप्त है। वह

अनजाने ही हमारा अध्यक्ष, मुख्य अतिथि, रेफरी, न्यायाधीश और रिंग मास्टर हो गया है। इसमें ग़रीब समीक्षक की कोई हिकमत नहीं रही। असली असर उसके सन्त्रस्त चेहरे का रहा। संवेदनशील लेखकों और नाज़ुकमन कवियों में वह बड़ा बन गया। बेचारों के मन में एक अपराधी-भाव घर कर गया कि यह बेचारा समीक्षक हमारे किये का दण्ड भुगत रहा है, हमारे कसूरों के बावजूद पैरवी में व्यस्त है। सो चोरों में जो आदर वकील को मिलता है वही आदर सहज ही समीक्षक ने कवियों में प्राप्त कर लिया।

मुझे तो एक लपलपाती समीक्षा से व्यंग्य लेख की महक आती है। समझदारों में चूँकि बुद्धि-तत्त्व कोई अजूबा चीज़ नहीं होती अतः मैं उस अकल से नहीं डरता जो आलोचना में बघारी जाती है। चूँकि मनुष्य की अन्तिम परिणति उपदेशक होना है अतः मुझे समीक्षा का धीर-गम्भीर मार्गदर्शनी मर्ज़ सहज स्वाभाविक लगता है। इन दोनों तत्त्वों को छाँटने के बाद जो बच रहता है वह शुद्ध शिल्प है, निबन्ध-रस—जो अपने मज़े अलग देता है। सफल समीक्षा से यही महक आती है जो सुख देती है। बेचारे समीक्षक के लिए पढ़ी हुई रचनाएँ ही उसका 'भोगा हुआ यथार्थ' हैं। पढ़ने के बाद वह तीव्रता से अपने को व्यक्त करता है। इसी स्तर पर वह मुझ-जैसा व्यंग्यकार है, बन्धु है और उसकी सहायता एवं प्रोत्साहन मेरा धर्म है। वह इस अवस्था को तुरन्त नहीं प्राप्त करता। इस शिल्प-साधना के उस लम्बे मार्ग पर घिसटते हुए मुझ तक पहुँचता है। सिर्फ़ इसी कारण या यों भी साहित्य में बड़े-छोटे को भेदकर उसे अपने से दूर बनाये रखना एक व्यंग्य लेखक की उदारता के प्रतिकूल होगा। यह सच है कि उसका क्षेत्र व्यापक नहीं, वह अपनी क्षमता का गुड़ साहित्य की कुलिया में ही फोड़ता रहता है, फिर भी एक समानता है जो हमें क़रीब रखती है। अधिक कहना बड़बोलापन होगा। (बड़बोलापन उसका शब्द है, जो मैंने उपयोगी समझ इधर ले लिया है)

इसी व्यंग्यधर्मिता के कारण समीक्षा की सर्वश्रेष्ठ शैली वह छेड़खानी शैली होती है जो विलासखानी तोड़ी की तरह विलम्बित और द्रुत दोनों में मज़ा देती है। व्यंग्य हो या समीक्षा, इसका आनन्द अलग ही है। यों समीक्षक वक़्त-वक़्त पर अपना रुख बदलता रहा है। कभी वह गाईडाना अन्दाज़ में साहित्य के टूरिस्टों को दर्शनीय अर्थात् पठनीय स्थलों की सैर कराने का धन्धा करता है, कभी वह सफल रचना की अँगुली पकड़ ख़ुद खड़े होने की चेष्टा करता है और कभी नितान्त घसियारी वृत्ति अपना छोटे-मोटे झाड़-झंखाड़ उखाड़ फेंकने का जोख़िम उठाता है। यह तीसरा अन्दाज़ इधर ख़ास तौर से चर्चा का विषय रहा था। ऐसे समय आलोचक राममूर्ति पहलवान-सा बलशाली लगने लगता है और लेखन-सरकस के सारे दर्शक एक साथ वाह-वाह कर मारे ख़ुशी के सीटी बजाने लगते हैं। हिन्दी में समीक्षक व्यक्तित्व का दबदबा ऐसी ही उखाड़ू समीक्षाओं के आधार पर फैला है जो समय-समय पर होती

रही हैं। अब यह साबित हो चुका है कि साहित्य में उखाड़ने से कोई नहीं उखड़ता बल्कि जम जाता है। बेशरमी साहित्य में संजीवनी का काम करती है। कटने पर सवाया बढ़ जाती है। सो उखाड़ू समीक्षा का दौर चला गया। सब जान गये कि ढोल-नगाड़ों के शोर में तलवार घुमाना वीरता नहीं मात्र एक प्रदर्शन-वृत्ति है जिसका जुलूस की उत्सवधर्मिता के निर्वाह के अतिरिक्त कोई उपयोग नहीं। सो अपने आधुनिक दौर में हिन्दी समीक्षा ने 'छेड़खानी' शैली अपना ली है। ताज्जुब यह है कि जो उखाड़ने से नहीं उखड़ते थे वे छेड़खानी से उखड़ने लगे हैं। नुस्ख़ा कारगर साबित हो रहा है। समीक्षकों को इस सन्दर्भ में व्यंग्यकारों की जय बोलनी चाहिए।

हिन्दी में आचार्यत्व अपेक्षाकृत शीघ्र प्राप्त होता है। कठिन तो है उसे बनाये रखना। एक बार पहलवानी छोड़ दो तो तोंद बढ़ते और हँफनी आते देर नहीं लगती। ऐसे समय पुरानी लोकप्रियता और चेले-चपाटी काम आते हैं। नामी पहलवान को चुनौती दो तो बोलता है—"पहले मेरे चेलों से लड़ लो।" साहित्य में भी यही होता है। (साहित्य के सब्ज़ी बाज़ार में तीन क़िस्म के आलू पाये जाते हैं—श्रद्धालू, कृपालू और ईर्ष्यालू) तर्कवालों से निपटने श्रद्धावाले आगे आते हैं। देशी कुश्ती और फ्री-स्टाइल का जोड़ नहीं बैठता और नतीज़ा सामने नहीं आता। पिछले वर्षों में यही हुआ है। विश्वविद्यालयों के हिन्दी विभागों की कृपा से ज्ञान, स्वार्थ और श्रद्धा बल्कि अक़्सर ही मात्र स्वार्थ और श्रद्धा की मिली-जुली मूर्तियाँ हर मठ के बाहर घूमती मिलती हैं। इनके मारे स्वतन्त्र चलना-फिरना मुश्किल है। यों भी परम्परा से हिन्दी के साहित्य-प्रदेश पर हमेशा लामाओं का कब्ज़ा रहा है जिनके क्षेत्र बँटे हुए हैं। किसी ने तुलसी दाब रखा है, किसी ने रस, किसी ने संस्कृति और किसी ने आधुनिकता। आप उनका कुछ नहीं बिगाड़ सकते। ऐसे में बेचारे शुद्ध समीक्षक की बड़ी मुसीबत है। या तो वह मठ की 'शरणं गच्छामि' हो जाए या दादा किसिम के शिष्यों से पिटे। उखाड़ू टाइप समीक्षा की इसी कारण हिन्दी में गुंजाइश कम है। आचार्य और समीक्षक की लड़ाई हो तो ज़्यादा चान्स आचार्य की विजय के हैं। देश के माहौल में श्रद्धा का तत्त्व यों भी ज़रूरत से ज़्यादा है।

ऐसी हालत में छेड़खानी शैली ही एकमात्र मार्ग रह गयी है। पिछले दिनों से इस अन्दाज़ ने ज़ोर पकड़ा है। सन्दर्भ से हटकर भी पीट देने का जो स्कोप व्यंग्य ने बनाया है उसका उपयोग समीक्षक कर रहे हैं। इसकी बात करो और उस पर टिका दो। खुली लड़ाई की बजाय यह गुरिल्ला टेकनिक ऐसे मामलों में हमेशा बेहतर रहती है। सीधे लड़ने जाओ तो पूरी अमरीकी फ़ौज से मुक़ाबला कौन करे? शत्रु पिटेगा कम मगर शहादत की क्रेडिट ज़्यादा लेगा। सिर पर पट्टी बाँध मोहल्ले में घूमेगा और इतनी सहानुभूति बटोरेगा कि उसमें ख़ुद के काले करम छिप जाएँगे। चेले उचकेंगे और ताल ठोंककर खड़े होंगे। लड़ाई हो-न हो, गुरु के प्रति श्रद्धा प्रकट करने का अवसर क्यों छोड़ें? बेचारे समीक्षक को लेने के देने पड़ जाएँगे 'प्रामाणिक

अनुभूति' का गण्डा बाँधे लोगों का यों भी साहित्य में कोई क्या बिगाड़ सका है?

हम क्या कर सकते हैं? हम सिवा हूटिंग करने के क्या कर सकते हैं? जो वक्ता बोल रहा है सो तो बोलेगा। जब उसे निमन्त्रित किया गया था, हमसे पूछा नहीं गया था। हम मंच के पीछे कार्यरत उस व्यवस्था के अंग नहीं जो वक्ता को निमन्त्रण देती है। हम तो सिर्फ़ हाल में गिरफ़्तार भाषण सुनने को मजबूर हैं। हमारा असन्तोष सिर्फ़ सीटी, हूटिंग और अकारण बजायी गयी तालियों में व्यक्त होता है। इसे कोई बदतमीज़ी कहे या व्यंग्य। यह एक सामान्य छेड़खानी है। इसका विश्लेषण करने से क्या होगा? इस पर वक्तव्य भी व्यर्थ है। आपकी सहमति-असहमति को कौन पूछता है? आप शोर मचाएँगे तो उसका व्यक्तित्व विवादास्पद होकर उभर आएगा और नये सिरे से कष्ट देगा। उपेक्षा आप कर नहीं सकते। वह अपनी मौत मरेगा और आपको हत्या का अपराधी बना देगा। अतः आप स्वीकारिए और जहाँ वह कमज़ोर हो वहाँ मारिए। व्यंग्य के इस धर्म को समीक्षा का धर्म बना लीजिए। व्यंग्य तो अनेक उपेक्षित सरहदों पर दुश्मन से जूझ रहा है। आप जाने-पहचाने क्षेत्र में अपनी सुरक्षा कर लें तो ये शस्त्र व्यर्थ नहीं होंगे।

किन्तु समीक्षक मित्र, छेड़खानी-शैली और आचार्यत्व की मुद्रा साथ-साथ नहीं आती। हिन्दी में समीक्षक को आचार्य होने का मर्ज़ है और व्यंग्यकार वक़्त-बे-वक़्त पत्रकार तक लगने लगता है। आप सोच लीजिए। शैली से इमेज बनता है। आपका पुराना इमेज टूटेगा। क्या ख़्याल है? टूट जाने दीजिए। अन्यथा यह काम कभी हमें हाथ में लेना पड़ेगा।

आषाढ़ का दूसरा दिन

मुझे पता नहीं आषाढ़ कब आता है। जिस दिन पहली बरसात होती है, मैं उस दिन को आषाढ़ का पहला दिन घोषित कर देता हूँ। बड़े सुखद अपसेट का वह ठण्डा-सा दिन मिट्टी की गीली सुगन्ध फैलाता बीत जाता है। वह कवियाने का कालिदासी दिन होता है। मेरी समस्या तो दूसरे दिन खड़ी होती है। आषाढ़ का दूसरा दिन मेरे लिए हर साल समस्याओं पर चिन्तन का बड़ा दर्शनसना दिन होता है।

समस्या यह कि छाता ख़रीदूँ या नहीं ख़रीदूँ? बादल-ढँके टपकते चूते आकाश के नीचे एक अदद काला आकाश हाथ में उठाये चले जाना ज़रूरी भी लगता है मगर जमता नहीं। छाता हाथ में लिये चाहे वह बन्द हो या खुला, मैंने अक़्सर अपने को उल्लू का पट्ठा महसूस किया है। बादल छँटते ही वह एक मूर्ख वज़न हो जाता है। छाता हाथ में रखने से लगता है हमारा मन डरा हुआ और आशंकाग्रस्त है। भीगने का डर, पानी गिरने की आशंका। लोग उसे समझदारी मानते हैं और जब वाक़ई पानी गिरता है तब कुछ देर को छाता वाक़ई समझदारी का प्रतीक नज़र आता है। कई बार मुझे लगता है कि जब सारे लोग समझदार हो जाएँगे और राष्ट्र में एकता आ जाएगी तब वे अपने छातों को आपस में जोड़ लेंगे और पानी से पूरी तरह सुरक्षित वे आसमान देखने से वंचित हो जाएँगे। आज बहुतों के पास छाते नहीं हैं इसलिए आसमान की पहचान बनी हुई है। ज़रूरत सिर्फ़ छाते की नहीं, इस देश के हर निवासी के पास एक अपनी नाव भी होनी चाहिए। पता नहीं कब बाढ़ आ जाए। पिछली बाढ़ों में कितने लोग पास में अपनी एक अदद नाव न होने के कारण परेशान हुए हैं। देश का मौसम रिमझिम से बाढ़ तक शण्ट करता रहता है। ज़रूरत तो है कि पास में हमेशा एक फोल्डिंग नाव हो। जैसे हो, बाढ़ आनी चाहिए। पता नहीं कब बाढ़ आ जाए। भय और आशंका की इन्तिहा है। हमारे पुरखे डण्डा-लाठी लेकर चलते थे। उन्हें हर वक़्त दुश्मन से हमले का भय बना रहता था। हमारे बच्चे भी कल ऐसे ही चलेंगे। जैसी हालत बन रही है, डण्डा या लाठी इन्सान की नियमित ज़रूरत बनती जा रही है। सिर्फ़ छाते से काम नहीं चलेगा। भील आदिवासी यात्रा पर निकलने के पूर्व अपने छाते की फुनगी को पत्थर पर

घिस-घिसकर नुकीली बना लेते हैं, ताकि मौक़ा आने पर पैना वार कर सकें। वे छाते से भाले का काम लेते हैं। हमें भी यही करना पड़ेगा मित्रो। बरसात कब बाढ़ में बदल जाएगी, कह नहीं सकते। उससे गुज़रता शख़्स कब छुरा तानकर खड़ा हो जाएगा, कह नहीं सकते। आशंका का इलाज तो करना ही पड़ेगा।

ख़रीदूँ या नहीं ख़रीदूँ? आषाढ़ के दूसरे दिन बैठा हुआ सोच रहा हूँ। जिन्होंने ख़रीदे वे बाज़ार गये उसे लेकर। छाता हाथ में ले दुकान के सामने खड़े हो गये और चीज़ों के दाम पूछने लगे ताकि ज़रूरत भर ख़रीद सकें। भाव बहुत बढ़ गये थे। उन्होंने दुकानदार से कहा—हमारे पास इतना पैसा नहीं है, क्योंकि छाते ख़रीद लिये हैं हमने अपने लिए, पत्नी, बच्चों के लिए। दुकानदार ने मजबूरी बतायी कि वह क्या कर सकता है। वे बिना कुछ ख़रीदे निराश लौट आये। तब तक पानी भी बन्द हो गया था। उन्होंने छाते बन्द किये और हाथ में हिलाते चलने लगे। मुझे तब वे वैसे ही उल्लू के पट्ठे लग रहे थे जैसा छाता हाथ में ले मैं ख़ुद अपनी नज़र में लगता हूँ। सारा वेतन छातों में लुटाने के बाद वे बादलों के नीचे खड़े अपनी समझदारी को कोस रहे थे। उनकी हालत उस व्यक्ति की तरह थी जिसने क़ीमती बटुआ ख़रीदने में अपनी ज़ेब का सारा पैसा ख़र्च दिया और फिर परेशान रहा कि बटुआ में रखने को रुपया कहाँ से लाए।

मैं ऐसे अनेक सन्दर्भों में यह तय नहीं कर पा रहा हूँ कि छाता ख़रीदूँ या नहीं? बड़ी बेज़रूरत-सी ज़रूरत है छाता। एक ज़रूरी बेज़रूरत है छाता। आदमी इसे हाथ में लेकर भीगता है। आदमी इसके बिना सूखा रह जाता है, अगर बरसात न हो। घर में बैठे हों तो छाते का क्या फ़ायदा। कोई सिर्फ़ इसीलिए तो बाहर नहीं निकलेगा कि उसके पास छाता है। वे दिन गुज़र गये जब सभ्य लोग छाता हाथ में रखते थे जैसे स्कूल का हेडमास्टर, सेठ का मुनीम या दफ़्तर का हेडक्लर्क। अपने नम्र और सुसंस्कृत होने की इमेज बनाने के लिए स्थानीय कवि छतरी लेकर चलते थे। बरसात ख़त्म होने पर छाता बाक़ायदा धो-पोंछकर, ताड़ियों पर तेल लगा बाँध लपेटकर रख दिया जाता था। सहेजकर रखा छाता घर-घराने की व्यवस्था और ऊँचाई की पहचान होता था। अब तो ऐसा है कि छाता है तो है और वह तब तक रहेगा जब तक वह खो न जाए या मौसम ही बदल जाए।

झूठ का महापर्व

चुनाव की हवा चली और भारत में झूठ बोलने का मौसम शुरू हो गया। कमोबेशी यह मौसम इस देश में हमेशा चलता रहता है। पहली मंज़िल पर सच बोलनेवाला चौथी मंज़िल पर झूठ बोलने लगता है। सड़क पर सच बोलनेवाला घर पहुँचते ही झूठ बोलने लगता है। लोग ऐसे कलाकार हैं जो सच में से झूठ निकाल लेते हैं और झूठ को सत्य का-सा दर्ज़ा दे देते हैं। सच्चाई सिर्फ़ अपनी और अपने लिए होती है, झूठ सबके लिए और सार्वजनिक होता है। इसलिए झूठ इस देश में एक महत्त्वपूर्ण सामाजिक भूमिका अदा करता है। चुनाव के इस मौसम में चूँकि सामाजिक भूमिका जैसी कोई चीज़ रह नहीं जाती, केवल राजनीति और ख़ालिस राजनीति रह जाती है, इसलिए झूठ एक बड़ी राजनीतिक भूमिका अदा करता है। अभी हवा चली है। फिर जीपें चलेंगी, हवाई जहाज़ और हेलीकॉप्टर उड़ेंगे और उनमें बैठे लोग पूरे देश में झूठ का स्प्रे कर सत्य के कीटाणुओं को नष्ट कर देंगे। सत्य बहुत ख़तरनाक चीज़ है, इससे राजनीति की फ़सलें बिगड़ती हैं। इसलिए चुनाव लगते ही देश के राजनीतिक किसान अपने-अपने खेतों में झूठ के बीज बिखेरने लगते हैं! मौसम शुरू हो गया है। आज झूठ की महज़ हवाएँ चल रही हैं। कल आँधियाँ आएँगी।

चुनाव असत्य भाषणों का कुम्भ पर्व है। हर व्यक्ति की ज़िद है कि वह नहाएगा। गन्दे पानी में मैला बदन धोने की ज़ोरदार कोशिश में पूरा देश जुट जाता है। इसीलिए चुनाव के बाद वह वही रहता है जो वह पहले था। हम एक झूठ से प्रेरित चुनाव में उतरते हैं; वहाँ दूसरी झूठ से युद्ध करते हैं और तीसरी झूठ को प्राप्त कर विजयी भाव से मुस्कराते हैं। हर चुनाव में गन्दगी-दर-गन्दगी अपने को धोने की कोशिश में अब हम पूरे गन्दे हो चुके हैं। यह चुनाव भारतीय मानस और आत्मा को नयी झूठें देकर जाएगा। हम ख़ाली हाथ नहीं रहनेवाले। अभी तो शुरुआत है।

अब वे दिन गुज़र गये जब हमें झूठ प्रिय नहीं लगता था, ख़ासकर सामाजिक और राजनीतिक मामलों में। बच्चों की बहानेबाज़ी, शरारतें, स्त्रियों को सुन्दर या मरीज़ों को स्वस्थ कहने के अतिरिक्त हमारी ज़िन्दगी और घर के आसपास झूठ की

कोई ख़ास उपयोगिता नहीं थी। झूठ हमें कविताओं में बहुत ख़ूबसूरत शक्ल में मिलता था और हम उसे इतना चाहते थे कि सच की तरह प्यार करते थे। स्त्रियों को सुन्दर कहने का झूठ या मरीज़ को स्वस्थ कह देने का झूठ हमारे गहन अन्तर से उपजता था और उसे बोलते हुए हमें इस बात का तनिक भी दुःख नहीं होता था कि हम झूठ बोल रहे हैं। फिर यह भी कि स्त्रियाँ ज़्यादातर सुन्दर लगती ही थीं और मरीज़ स्वस्थ होते या होते जाते थे। कुल मिलाकर इस सत्य के स्तर का झूठ बोलते थे। फिर चुनाव शुरू हुए। चूँकि प्रजातन्त्र आ गया और पहली बार हमने बेडरूम की खिड़की खोलकर देखा कि बाहर भी काफ़ी झूठ बोला जा रहा है।

अब तो कितने साल हो गये। आजकल लोकतन्त्र निरन्तर चुनाव के भय से काँपता है, इसलिए झूठ लगभग निरन्तर बोला जाता है और सत्य लगभग निरन्तर नकारा जाता है। ऐसा लगता है कि हमारा लोकतन्त्र अपनी रक्षा झूठ के सहारे करता है। इन दिनों ख़ासकर, सच और झूठ एक ही सिक्के के दो पहलू हो जाते हैं। एक सत्य बोलता है, दूसरा उसे सरासर झूठ घोषित कर देता है। दोनों के लिबास एक, चाल एक, अन्दाज़ और भाषा एक होती है। एक ही सीमा के भूगोल में साथ-साथ चलने से दोनों इतने क़रीब हो जाते हैं कि आप बड़ी आसानी से सच को झूठ या झूठ को सच कह सकते हैं।

सतही तौर पर चुनाव के इस मौसम में सरासर सच अथवा सरासर झूठ का जो ब्राण्ड सड़कों पर मिलता है जिससे हमें कभी एलर्जी नहीं होती, वह कुछ यों होता है। एक, यह कोई भी किसी के बारे में कह सकता है कि उसने इस मामले में रुपया खाया है। दो, यह कोई भी किसी के विषय में कह सकता है कि इस बारे में फलाँ-फलाँ दोनों मिले हुए हैं, मिलीभगत है आदि। तीन, यह आसानी से कहा जा सकता है कि जो बात हुई, उसमें विदेशी ताक़तों का हाथ रहा है या विदेशी रुपया बाँटा गया है। चार, वह ग़रीब-सा दिखनेवाला शख़्स वाक़ई में लाखों-करोड़ों का मालिक है। पाँच, यह जो कह रहा है, चुनाव जीतने के बाद करेगा थोड़े। छह, देश-सेवा के मूल में कुर्सी का लालच है और इसी तरह के कुछ और झूठ, या कहिए सच। क्योंकि वाक़ई रुपया खाया जाता है, विदेशी ताक़तें हेराफेरी करती हैं और वादे ग़लत साबित होते हैं। ये बातें किस सन्दर्भ में झूठ का सच हैं, चुनाव के इस घटाटोप में कभी पता नहीं लगता। अख़बार पढ़कर इतिहास लिखनेवाला यदि कोई शख़्स इस देश में है तो इस मौसम में वह ज़रूर पागल हो जाता होगा।

विद्युत् का आविष्कार कर मानव-जाति प्रसन्न थी कि इससे अँधेरे पर प्रकाश पड़ेगा, सत्य उजागर रहेगा, हम लगातार सच्चाई देखते रह सकेंगे। तब क्या पता था कि विद्युत् से लाउडस्पीकर भी चलेंगे और जितना सत्य आप आँखों से देखते हैं उससे कहीं अधिक झूठ वातावरण को ढक देगा। चुनाव कुल मिलाकर ऐसे झूठे लाउडस्पीकरों का महापर्व है।

बसन्ती के रक्षक

ढलुआ गली के समाप्त होते ही छोटा-सा चौराहा है, जहाँ काशी माँ मूँगफली की दुकान करती है। पास ही एक पानवाला है। इधर एक भाँड़, बाजू हटकर एक बैण्डमास्टर और पास ही एक पनचक्की आवाज़ करती रहती है। काशी माँ को इस गली में रहते और कोने में बैठ सिंकी मूँगफली बेचते बरसों हो गये। आसरा एक बेटी बसन्ती का है जो पाँच घरों में बरतन माँज चालीस-पचास कमा लेती है। गेहुआँ रंग है और टुइयाँ-सी नाक। काशी माँ उस पर कड़ी नज़र रखती है क्योंकि जवान चमड़ी, कौन जाने कब किसका हाथ फिसल जाए।

दोपहर का समय। बाजेवाले के यहाँ से स्वर गूँजने के सिवाय सब जगह चुप्पी थी। रामलाल, जो स्थानीय मिल के बाइण्डिंग-ख़ाने में काम करता था, एकाएक बसन्ती को देख ठिठक गया। वह उसे जानती थी। पीछे के मुहल्ले में रहता था और सवेरे जब वह नल पर पानी भरने जाती, तब प्रायः वह भी बाल्टी हिलाते आ जाता था।

बसन्ती ने उसे देखा पर ध्यान नहीं दिया। एकाएक वह पास आ गया और बोला—"बाई, पानी पिला दो।"

अन्दर गयी, लोटा भर लायी। ओटले पर बैठ उसने एक हाथ में लोटा ले ओक से पानी पीया और 'बस' कहता हुआ गीले हाथ मूँछों पर फेरता आगे बढ़ा।

"और तो नहीं चाहिए?"—बसन्ती ने पूछा।

"नहीं।"—वह टोपी सँभालता चल दिया और बसन्ती घर में आ गयी।

निबोली को पकते और छोकरी को जवान होते देर नहीं लगती। बसन्ती इसी मुहल्ले में बड़ी हुई और यहाँ के सारे अधेड़ और वृद्ध स्त्री-पुरुषों से मामा, काकी जैसे नाते जोड़ रखे हैं। बचपन में कितनी बार यहीं मुहल्ले-टोले के लोगों के सामने बसन्ती पिटी होगी, अब वह देखते-देखते जवान हो गयी है तो उसे सहेजकर रखना और ब्याह कर पति तक पहुँचाना, यह केवल काशी माँ की ही चिन्ता नहीं है, सारा मुहल्ला इसे अपना कर्तव्य समझता है।

उन दिनों काशी माँ गुना गयी थी, भाई के लड़के की शादी में जाना ज़रूरी था और दूसरे, आशा थी कि बसन्ती के लिए कोई अच्छा वर भी खोज लेगी। माह भर का काम था। बेटी को साथ नहीं ले गयी क्योंकि जिन घरों में बसन्ती बरतन माँजती थी, वे सब छूट जाते और यों ही साठ रुपये से हाथ धोना पड़ता। बसन्ती यहाँ अकेली थी।

रामलाल गली के बाहर पहुँचा होगा और वह अन्दर लोटा माँज रही थी कि दरवाज़े पर सत्तो ने क़दम रखा।

"क्यों री, ये कौन था?"

"कौन?"—बसन्ती ने पूछा।

"अरे जो अभी पानी पीकर गया।"

"बराबर तो नहीं पता, रामलाल या रामप्रसाद ऐसा ही कुछ नाम है। पीछे के बाड़े में रहता है।"

"तू कैसे जानती है उसे।"

"मैं नहीं जानती। वहाँ नल पर पानी भरने आता है सो जानता है मुझे। कहने लगा, बाई पानी पिला दो, तो मैंने पिला दिया।"

"हूँ, मैंने पिला दिया...! अरी ये सब तेरी जवानी देख मँडराते हैं। तैने ज़रा आँख ढीली की और इनका काम बना।"—सत्तो ने कहा।

"मुझसे तो कुछ नहीं बोला।"

"शुरू में तो रंग भाँपने आते हैं। अकेला देखकर हाथ पकड़ लेते हैं। होशियार रहना।"

बसन्ती ने मुँह बिचकाया—"मेरा हाथ पकड़ेंगे! गला दाब दूँगी।"

सत्तो मुस्करायी और दरी पर बैठ गयी।

"बखत कहकर नहीं आता बिटिया। आज के ज़माने में सगे भाई का विश्वास नहीं कर सकते।"

"क्या हुआ?" सल्ले एक हाथ में हुक़्क़ा लेकर माचिस की तलाश में बसन्ती के घर आया था।

"आओ।"—बसन्ती बोली। "दद्दा, राम राम।"

सत्तो ने उत्तर दिया—"अरे कुछ नहीं जी। रामलाल कौन है, जानते हो? वह जो अभी यहाँ से पानी पीकर गया।"

"नहीं, जानता तो नहीं, पर शक्ल से बड़ा गुण्डा लगता है।"—सल्ले देहरी पर बैठ गये।

"जवान छोकरी देखी तो ओटला चढ़ गया। अभी पानी पीकर यहाँ से गया है।"

"अब आए तो दुतकार देना, नहीं मुझे कह देना। मैं साले की हड्डी-बोटी एक कर दूँगा।"

"ऊँह, मुझसे कुछ करेगा तो मैं क्या छोड़ दूँगी उसे!"—बसन्ती बोली।

"अरे तू समझती नहीं बेटी। और पाँच दोस्त को साथ लाए तो तू अकेली जान क्या कर सकती है?...मौक़ा-बेमौक़ा, जवान छोकरी, कुछ हो जाए तो काशी माँ तो हमारा नाम लेगी ना।"—सत्तो ने कहा, "वह आ जाए तो हमारी ज़िम्मेदारी ख़त्म।"

"हूँऽ।" सल्ले गम्भीरता से सोचने लगे।

"तुम दोपहरी में क्या करते हो? अपना हुक्का और रामायण लेकर यहीं पड़े रहा करो।"

"पर शाम को तो मैं चौकीदारी पर जाऊँगा।"

"तब मैं यहाँ सो रहूँगी। गरमी के दिन हैं। ओटले पर सो लूँगी। बसन्ती गर्मी के कारण दरवाज़ा खुला रखकर सोती है। कल को रात-बिरात कोई घुस जाए, जवान छोकरी, दुनिया जानती है।"

"ठीक है। हमारा क्या, यहीं पड़े रहेंगे। माह भर में तो काशी माँ आ ही जाएगी।"

उस दिन से सल्ले दोपहर को वहीं रहने लगा और रात को सत्तो आकर सो जाती। सल्ले की आयु अधेड़ थी। काला रंग और चेहरे पर चमक। छावनी के किसी पारसी साहब के बँगले पर चौकीदार था। घर में कोई था नहीं। हाथ से सेंककर खा लेता था। सत्तो मुहल्ले की जानी-पहचानी स्त्री। विधवा हुए चार बरस हो गये। तैंतीस-पैंतीस उमर होगी। दूकानों से सामान लादकर, घर-घर पहुँचाना, नाज बीनना और पिसवा लाना ऐसे कुछ छोटे-मोटे काम कर गुज़ारा कर लेती थी। अकेली, न बाल न बच्चा।

रोज़ शाम जब सल्ले चौकीदारी को जाता तब घर के काम-काज से निपटी सत्तो से उसकी थोड़ी देर के लिए बातचीत और हँसी-मज़ाक़ हो जाती।

"काशी माँ अभी तक नहीं लौटी?"

"कारड-लिफ़ाफ़ा भी नहीं है कुछ?"

"आ जाएगी। बसन्ती का वर खोजकर ही आएगी।"

बसन्ती नाराज़ सी-होती।

"हाँ जी, हाथ पीले हों तो छुट्टी होय। किसी का घर सँभाले जाकर।"

सत्तो सल्ले की बात पर हँसती ज़ोर से।

"रामलाल तो नहीं निकलता है अब?" सल्ले पूछता।

"अरे अब निकले, टाँग तोड़ दूँगी उसकी।"—सत्तो जवाब देती।

सल्ले उठता और सीढ़ी की तरफ़ बढ़ता।

"तुम जा रहे हो।"—वह पूछती।

"हाँ, जाऊँ अब।"—लट्ठ लेकर सल्ले चल देता। कुछ देर उसे जाता देखने के बाद सत्तो ठण्डी साँस लेकर कहती—"अकेला है बिचारा।"

"और क्या मस्तराम। अपने रामायण बाँचा करें।"—बसन्ती टेक लगाती।

उस रोज़ साढ़े दस के ऊपर हो गये थे। सत्तो सामान लेकर छावनी में उसी साहब के घर डालने गयी जहाँ सल्ले चौकीदार था। साहब चले गये थे। घर में केवल सल्ले था जो बाहर बाग़ की क्यारियों में पानी डाल रहा था।

"आओ जी, आओ।"—सत्तो को देख उसने झारा ज़मीन पर रख दिया।

"ये सँभालो, शक्कर, दाल, घासलेट।"

"अन्दर रख दो, आ जाओ। साहब तो हैं नहीं।"—दरवाज़ा खोलते हुए सल्ले बोला।

पीछे किचन में सल्ले ने सारा सामान रखवाया और सत्तो वहीं थककर बैठ गयी।

"गये नहीं अभी घर?"

"माली है छुट्टी पर, तो साहब बोले कि सल्ले पानी डाल देना बाग़ में। वही डाल रहा था।"

"मैं तो थक गयी। तीन जगह सामान रखा।"

"थोड़ी देर बैठ जाओ, बदन टूट रहा होगा।"

"पानी पिला दो।"

सल्ले उठे। साहब के रेफ्रिज़रेटर से बोतल निकालकर लोटे में ठण्डा पानी डाला और मुट्ठा शक्कर घोलकर ले आये। एक घूँट लेकर सत्तो मुस्करा दी।

"ये क्या शरबत बनाया है?"

"बस पी लो चुपचाप।"

"वाह जी, यहाँ आये तो मीठा पानी पीने को मिला।"

"हमारे पास तो मीठा ही मीठा है। पीनेवाला चाहिए।"—सल्ले ने साँस छोड़कर ऐसे कहा कि सत्तो लजा-सी गयी।

"अच्छा, चलूँ।" वह उठने को हुई।

"बैठो ना, काम क्या है। हम भी तो बैठे हैं।"

"हूँ, रोटी बनानी है।"

"मेरी तो भूख ही भाग गयी है सत्तो तुझे देख।"

वह मुँह देखने लगी।

"सत्तो, देखो इस उमर का ख़्याल कर लो। यों ही क्या मर-पचकर दिन बिताओगी? अभी तो सुख लेने के दिन हैं।"

"हमारे भाग में कहाँ है सुख।"

"कैसी बातें करती हो? देखो, हमारी राय है, घर कर लो।"

वह चुप रही।

"बोलो ना। हमेशा एक से दो अच्छे होते हैं।"

"मुझे तो इनकार नहीं।"

"और नहीं तो; कुछ दिन और काटना है, फिर तो राम-नाम जपने के दिन आ जाएँगे।"

"क्यों जी।"

"बोलो।"

"लोग-बाग़ क्या कहेंगे—इस बड़ी उमर में?..."

"अरे छोड़ो, कहेंगे तो मिठाई ही खाएँगे ना! एक से दो भले! घर बसाकर बैठ गये, क्या बुरी बात है उसमें?"

तीन-चार दिन में मोहल्ले के लोगों ने आश्चर्य से देखा कि रामलाल की बरछा आँख के लिए ढाल की तरह बने सत्तो और सल्ले बसन्ती के दरवाज़े पहरा देना बन्द कर, एक घर में आ गये। सल्ले ने मसखरी की तो पेड़ा खाने को मिला। बसन्ती मन में हँसती थी रखवालों के जीवन में आया फेर देखकर।

उस दिन जब रामलाल गली में से टोपी सँभालता निकला तब बसन्ती बाहर खड़ी थी। रामलाल ने आँखें गड़ा उसकी ओर देखा और आगे बढ़ गया।

दो-तीन घर दूर सल्ले के दरवाज़े बैठी सत्तो दाल बीन रही थी। उसने देख लिया।

"देखा जी तुमने, यह आ रहा है मुआ।"

"कौन?"—सल्ले बाहर निकले।

"रामलाल है।"—वह खुसपुसायी।

सल्ले देखता रहा और रामलाल सीना ताने निकल गया।

"गुण्डा है पक्का!" वह बोला।

"बदमास!" वह बोली—"अरे बसन्ती को देखो, बाहर खड़ी है।"

"बात हुई क्या दोनों में?"

"नहीं, उसे देखता चला गया।"

बसन्ती पीली साड़ी पहने खम्भे से टिकी खड़ी थी। सिर खुला था और गुलाबी चेहरा भावहीन।

"बसन्ती!" सल्ले अपने ओटले से चिल्लाये—"ये बदमाश जब निकले तो तुम घर में चली जाया करो, समझी?"

"हाँ, सल्ले काका।"—उसने उत्तर दिया।

"सिर क्यों नहीं ढँकती? दो-चार दिन में काशी माँ आएगी तो शिकायत करूँगी। सिर ढँक।"

"हाँ, सत्तो काकी!"—बसन्ती ने उत्तर दिया।

जब वे दोनों अन्दर गये तो सत्तो ने धीरे से कहा—"काका-काकी कहकर मसखरी करती है चुड़ैल!"

"हाँ" सल्ले ने दाँत निपोरे—"नये जोड़े को शुरू में सब छेड़ते हैं।"

सत्तो शरमा गयी।

मुझे एन.आर.आई. बनाना प्रभु

हे प्रभु, अब इस देश में रहकर इस देश की सेवा करना मुझे कठिन जान पड़ रहा है। मेरा निवेदन है कि अब जब तू मुझे फिर से जनम दे तब मुझे यथाशीघ्र एन. आर.आई., नॉन रेजिडेण्ट इण्डियन और तुझे अँग्रेज़ी न आती हो तो कहूँ कि अनिवासी भारतीय बना देना, ताकि मैं देश के बाहर रहकर देश की सेवा कर सकूँ। मेरा हृदय, आशा है, विदेश चले जाने के बावजूद राष्ट्र-प्रेम से लबरेज रहेगा। मुझमें भारत में न हो पर विदेश में पैसा कमाने की योग्यता रहेगी और चाहे यहाँ मैं बचत न कर सकूँ, विदेश में रहकर बचत कर सकूँगा। हे प्रभु, मैं भारत में रहकर अपनी बचत का पैसा राष्ट्रीयकृत बैंक में जमा न कर शेयर बाज़ार में लगाऊँ या ज़्यादा ब्याज पर बड़ी कम्पनियों के फिक्स डिपाज़िट में जमा करूँ। भारत की आर्थिक दशा पर तड़पता मेरा अनिवासी भारतीय हृदय हे प्रभु, विदेश में की मेरी बचत को भारत की दिशा में प्रवृत्त करेगा और मैं राष्ट्र के आर्थिक विकास अर्थात् उधारी और ब्याज चुकाने की शक्ति में नम्र योगदान कर अन्तर्राष्ट्रीय मुद्राकोष की वन्दना के इन स्वरों में एक स्वर अपना मिला सकूँगा।

यों प्रभु, तू उचित समझता तो इस जन्म में भी मुझे अनिवासी भारतीय कर सकता था, मेरा यह राष्ट्रभाषा हिन्दी का अध्ययन और हिन्दी में लिख पाने की मेरी सीमाएँ तेरे निर्णय में आड़े आ गयी होंगी। मैं आपकी प्रॉब्लम समझ रहा हूँ प्रभु। यदि आज मैं अनिवासी भारतीय होता तो अपने देश में मैं सम्मान का पात्र होता। अदना बैंक से लेकर वित्त मन्त्री और प्रधानमन्त्री तक मेरी ओर आदर से देखते। मैं देश में रहकर रोटियाँ तोड़ता। बढ़ती जनसंख्या की एक इकाई का जीवन जीते वह ऊँचाई कैसे अर्जित कर सकता हूँ जो प्रभु मुझे एन.आर.आई. होने पर प्राप्त होती। देश में रहना, अवमूल्यित रुपया ज़ेब में तथा प्लास्टिक की थैली हाथ में ले महँगी सब्ज़ी ख़रीदने की दुश्वारी से गुज़र एक उपेक्षा भरा जीवन जीने की अपेक्षा कितना अच्छा होता यदि मेरे पूर्वजन्म के अर्जित पुण्य वैसे होते और आज मैं एक एन.आर.आई. होता और डॉलर ज़ेब में रख ज़रूरतमन्द जन्मभूमि की देहरी पर खड़ा तिलक-चन्दन लगवा रहा होता।

आज मैं अपने ग़ैर एन.आर.आई. जीवन पर दृष्टि डालता हूँ तो मन आत्मग्लानि से भर आता है। हे प्रभु, मैं देश की क्या सेवा कर सकता हूँ और आज तक क्या किया है मैंने। 1931 में जन्मा और होश सँभालते ही गाँधी जी का चरखा मेरे हृदय में घूमने लगा, जो अच्छे-ख़ासे एन.आर.आई. होने के बावजूद देश-सेवा में लगे। पौण्ड छोड़, सूत कात, सात पैसा रोज़ कमानेवाले ग़रीबों की श्रेणी में आये। एक फूल की चाह की तरह मेरी चाह रही। मैंने कभी नहीं कहा कि हे वनमाली, तू मुझे गुलाब का फूल बना एक्सपोर्ट कर देना ताकि मैं अपनी मातृभूमि के लिए डॉलर या डॉलरांश कमा सकूँ। मैंने इसी अवमूल्यित रुपये का पारिश्रमिक पाने के लिए क़लम चलायी और जीवन जिया। आज मैं अपने जीवन को धिक्कार रहा हूँ। इस देश को एन.आर.आई. की आवश्यकता है, हम बहुमूल्य विदेशी मुद्रा नष्ट करनेवालों की नहीं। पर अब मैं अपने वित्तमन्त्री और प्रधानमन्त्री के लिए क्या कर सकता हूँ। मेरे पुत्र भी नहीं हैं जिन्हें मैं कह सकूँ कि बेटे विदेश जाओ, डॉलर कमाओ और उसे भारत भेज इस देश की सेवा करो। वह समय गया जब गाँधीजी की पुकार समय की पुकार होती थी। अब रिज़र्व बैंक की पुकार समय की पुकार है जिसे सिर्फ़ एन.आर.आई. ही सुनता है।

हे प्रभु! इस जन्म में तो तूने मुझे अकारथ पैदा किया। अगले जन्म में मुझे एन.आर.आई. बना मेरे भारतीय होने को सार्थक करना प्रभु!

नासमझी के क्षितिज

हमारे मुल्क में कुछ नहीं होता। न कोई अच्छी बात होती है और न बुरी बात होती है। गुलाब वहाँ खिलते हैं, क्रान्तियाँ वहाँ होती हैं, लड़कियों से यथोचित प्रकार का प्रेम वहाँ होता है। जो कुछ क़ाबिले तारीफ़ होता है, किसी दूसरे देश में होता है।

यह सड़ा हुआ हीनभाव देश के प्रधानमन्त्री से कॉफ़ी हाउस के बैरे तक में सामान रूप में समाया हुआ है कि अन्य मुल्क हमसे बेहतर हैं। इस भाव से मुक्ति की कोई चेष्टा नहीं होती, बार-बार यह दुहरा दिया जाता है कि दूसरे मुल्क हमसे अच्छे हैं। आज़ादी के आन्दोलन तक अँग्रेज़ बुरे थे और आज़ादी मिलने के बाद वे बहुत ही अच्छे हो गये। हमारे क्रान्तिकारी बाहरी स्वरूप के अन्दर छिपा हुआ पुराना खानसामा जाग्रत हो गया और तुरन्त सलाम कर साहब से बख़्शीश माँगने लगा। लम्बी हड़ताल के असफल होने और टूटने के अन्तिम दिनों में जिस तरह किसी मालिक के लिए हड़तालियों के मन में सहानुभूति और आदर का भाव जाग्रत होता है और दफ़्तर में जाकर वे ज़रूरत से ज़्यादा ख़ैरख़्वाही दिखाते हैं। कुछ उसी ख़ैरख़्वाही से हम आज़ादी के बाद कॉमनवेल्थ में चले गये। हमारी नम्रता देखने क़ाबिल हो गयी।

जब अमरीका में सरकार के ख़िलाफ़ नारा उठता है तब हमारे नेता कहते हैं—यह अमरीकी जनता की आवाज़ है और जब हमारे देश में आन्दोलन होता है तो वे ही नेता कहते हैं—यह कुछ सिरफिरों का तमाशा है। जब विदेश में छात्र हड़तालें करते हैं, हम समझते हैं वहाँ का युवक जाग्रत हो रहा है और जब हमारे यहाँ छात्र आन्दोलन करते हैं तो हम उसे ऊधम मानते हैं और उन्हें कोसते हैं। जैसे असन्तुष्ट होना कोई विदेशी फ़ैशन है जो भारतीयता की भावना से मेल नहीं खाता। पाकिस्तान में जो हो रहा है अयूबशाही के ख़िलाफ़ वह जन-आन्दोलन है और हमारे यहाँ यदि ऐसा ही हुआ तो वह कतिपय राजनीतिक दलों की स्वार्थी करतूतें हैं।

चेकोस्लोवाक में एक छात्र ने शरीर पर आग लगाकर आत्महत्या कर ली। प्रधानमन्त्री श्रीमती गाँधी ने उस छात्र की तुलना महात्मा गाँधी से कर दी। वे बोलीं

कि वह चेक छात्र उन शहीदों में से है जो अपने देश की आज़ादी के लिए प्राण देते हैं। यदि कल तेलंगाना या कश्मीर या किसी अन्य क्षेत्र में कोई सिरफिरा व्यक्ति कलेक्टर के दफ़्तर के सामने बदन पर केरोसीन डालकर अपने को जला ले तब उसे श्रीमती गाँधी क्या कहेंगी? अमर शहीद महात्मा गाँधी या कोई ऐसा ही दिव्य नाम? तब शायद वे उसकी इस हरक़त से असहमत होंगी। विदेश में शहीद होते हैं और हमारे देश में पागल। चेक छात्र की आत्महत्या को वे साहसिक कार्य मानते हैं। क्या वे चेक की स्वातन्त्र्य-प्रिय जनता को इसी रास्ते पर चलने के लिए इशारा कर रही हैं। क्या वे राजनीतिक संघर्ष के लिए आत्महत्या को उचित मानती हैं? क्या वे चाहेंगी कि भारत में उनके विरोध में आन्दोलन चलानेवाले ऐसी हरक़तें करें?

हमारे नेता बिना समझे बोलने के मामले में सारे संसार में अद्वितीय हैं। कृष्णचन्द्र की तुलना ग़ालिब से करने तक ही इस अद्वितीयता का प्रदर्शन होता रहे तो बात आगे नहीं बढ़े पर इस प्रकार की नासमझी के क्षितिज दिन-प्रति-दिन व्यापक होते जा रहे हैं। अपने को होशियार लगाना बहुत पुराना मर्ज़ है। दूसरों पर मत देने में भी अपन देरी नहीं करते। हरिजनों की हालत ठीक न कर पाये पर नीग्रो आन्दोलन पर राय देने में सवाया ही ठहरते हैं। आदिवासियों पर लाठी-गोली चलाते हैं और अफ्रीका के मामले में स्पष्ट भाषण दे सकते हैं।

दक्षिण अमरीका का कोई कवि जब ज़ोरदार कविता लिखता है तो हमारे नेता उसकी भावना की प्रशंसा करते हैं और जब हमारे देश का कोई कवि लिखता है तो वे ही नेता उसे पढ़ना तक नहीं चाहते। क्योंकि जो कुछ श्रेष्ठ है, तीव्र है, वास्तविक है वह सब कहीं अन्य है। यहाँ हमारे देश में तो सिर्फ़ नेता सत्य है, अन्य सब असत्य है, भ्रम है, जो नहीं होना चाहिए। हीनभाव से पीड़ित देश की यह सजगता कितनी मज़ेदार है और स्थिति से उबरने के मामले में ग़ैर-ज़िम्मेदार नेताओं का बड़बोलापन देख सिर ठोकने को जी चाहता है।

एक घिरी हुई फ़ौज के पास एक किलोग्राम प्रति-व्यक्ति प्रति-दिन के हिसाब से चार माह का राशन था। यदि प्रति-व्यक्ति छह सौ ग्राम प्रति-दिन व्यय किया जाए तो वह राशन कितने दिन चलेगा?

गणित का मास्टर बोर्ड पर सवाल को हल करता है और उत्तर निकालता है छह माह बीस दिन। वह अपने उत्तर से सन्तुष्ट है पर मैं कहता हूँ कि सवाल यह नहीं है, सवाल इससे बड़ा है और राष्ट्र के सम्मान से सम्बन्धित है, क्या इस मामले में वही मूल्य चलेंगे जो गणित में चलते हैं? एक घिरी हुई फ़ौज़ है, वह छह माह बैठी खाती रहेगी और एकाएक एक दिन पूरी फ़ौज़ भूख से मर जाएगी? नहीं, उसे लड़ना होगा। उसे आज ही घेरा तोड़कर लड़ना होगा क्योंकि पराजय और निराशा के छह सौ ग्राम राशन से संघर्ष की भूख अच्छी। यदि वे इसी तरह से बैठे खाते रहे तो वे अपने देश के साथ गद्दारी करेंगे। कम-से-कम मैं इसे सहन नहीं करूँगा, गणित का शिक्षक चाहे इसे सहन कर ले। वह बिचारा तो सब-कुछ सहन करता है।

मुर्गियाँ घूरे के ढेर पर चुगनेवाली हर मुहल्ले में दर्जनों और हंस एक ठाठदार प्राणी। के हंसा मोती चुगे के भूखों मर जाए! उसकी इन कम्बख़्त मुर्गियों से क्या तुलना! पर गणितवालों में इतना सौन्दर्यबोध कहाँ कि इसे पकड़ सकें। उनके लिए सब बराबर हैं। कल वे पूछ रहे थे कि एक गर्ल्स हॉस्टल के चारों ओर, जिसका क्षेत्रफल पच्चीस हैक्टेयर है, काँटों के तार चार चक्कर से एक मीटर, डेढ़ मीटर, दो मीटर और ढाई मीटर ऊँचाई पर लगाने हैं। बताओ इसके लिए कितने किलोमीटर तार चाहिए जबकि प्रत्येक चक्कर में तार मैदान के घेरे का तीन प्रतिशत अधिक लगता है? यह सवाल लड़कों से पूछा गया और वे कक्षा में बैठे इसे हल कर रहे हैं। पर एक और सवाल उनके मन में उठ रहा है। वह है कि गर्ल्स हॉस्टल के चारों ओर काँटों के तार क्यों लगाये जा रहे हैं? इन्हें उलाँघने के लिए हमें या लड़कियों को क्या करना होगा? अगर साहस कर अन्दर कूदा ही जाए तो इसके लिए कितने दिनों की प्रैक्टिस पर्याप्त होगी? यह सभी प्रश्न उन्हें परेशान कर रहे हैं, उन्हें झँझोड़ते

हैं। वे गणित के सवाल का जवाब निकालते हैं—8 किलोमीटर 240 मीटर तार पर उनके सवाल का उत्तर उन्हें कहीं नहीं मिलता कि गर्ल्स हॉस्टल के चारों ओर यह काँटेदार तार क्यों लगाये जा रहे हैं?

वह पूछता है कि एक मनुष्य ने चौंतीस पैसे के दस के हिसाब से सन्तरे ख़रीदे तो बताओ कि...और मैं बीच में टोकता हूँ कि भैया इतने सस्ते सन्तरे किस दुकान पर मिलते हैं, हमें बताओगे? गणित के पूरे बाज़ार की चीज़ें सस्ती हैं और व्यापारी घोटाले किया करते हैं। वे किसी भाव से दूध ख़रीद इतने प्रतिशत पानी मिलाते हैं कि इस भाव पर बेचने से उन्हें इतने प्रतिशत लाभ हो जाता है। वे अच्छी शराब में ख़राब शराब मिलाते हैं, आटे में चोकर का मेल करते हैं। अजब दुष्ट हैं और मिलावट करने के हमारे राष्ट्रीय गुण के सच्चे प्रतिनिधि हैं। गणित के पात्र मरते समय अपनी पूँजी दो लड़कों और एक लड़की में इस तरह बाँटते हैं कि बिचारी लड़की को चार सौ ही रुपये मिलते हैं और वह अपने पति के साथ सिर पीटती हिसाब लगाती है कि अगर मृत बाप ने बड़े लड़के को जितना दिया उसका आधा छोटे लड़के को और उसका आधा लड़की को दिया, जिसे चार सौ मिले तो बड़े को क्या मिला। मैं कहता हूँ बहन तू ख़ैर मना कि तेरा बाप परिवार नियोजन पर चला और 'दो या तीन बच्चे होते हैं सबसे अच्छे' के सिद्धान्त को मानता रहा, अगर वह अपनी वाली पर उतर आता तो इस हिसाब से छोटे बच्चे के पल्ले बीस रुपया भी नहीं पड़ता।

क्या करें, समझ नहीं आता। गणित की दुनिया में हर पानी की टंकी में तीन नल लगे रहते हैं। दो नल चार घण्टे में जिस टंकी को भरते हैं उसे तीसरा नल तीन घण्टे में खाली कर देता है। फिर तीनों नल खोलकर पता लगाया जाता है कि टंकी कब भरेगी? अजब बोरियत है। गणित की घड़ियों के काँटे सुस्त होते हैं। वे प्रति दिन आधा घण्टा सुस्त होते हैं और घड़ी शनिवार को चार बजे मिलाई गयी तो अगले शनिवार को उतने ही समय घड़ी क्या बजा रही होगी, यह अनुमान लगाना पड़ता है। इसके कमरों में रहनेवाले अक़्सर कमरे का क्षेत्रफल और चौड़ाई जानते हैं और लम्बाई का पता लगाते रहते हैं। ज़रा भी चैन से नहीं बैठते। हमेशा परेशान रहते हैं। जैसे इन्हें दीवार की मोटाई पता रहती है, अन्दर का क्षेत्रफल नहीं जानते। मैं कहता हूँ बोर मत करो, ज़रा शान्ति से बैठो। पर वे नहीं मानते। उनकी अजीब समस्याएँ और शिकायतें हैं। वे कहते हैं कि क और ख जिस काम को एक दिन में कर देते हैं उसे ग तीन दिन में करता है। मैं पूछता हूँ उसे करने दो ना, जल्दी क्या है। फिर उस बिचारे 'ग' की हेल्थ देखो अभी बीमारी से उठा है। पर वे नहीं मानते और 'ग' के भरोसे काम छोड़ क और ख चल देते हैं। बाद में वे एक व्यापार में साझेदारी करते हैं जिसमें उनको इस तरह नुकसान होता है कि उन्हें प्रत्येक को सिर्फ़ तेरह सौ रुपये मिल पाते हैं और वे यह नहीं जानते कि उन्होंने पूँजी क्या

लगायी थी सो वे लड़कों की जान खाते हैं। मैं कहता हूँ इन दुष्टों का कोई भरोसा नहीं।

एक मज़ेदार क़िस्सा है कि एक मनुष्य 3800 रुपये छोड़कर मरा और अपनी गर्भवती पत्नी को निर्देश दिया कि यदि लड़का उत्पन्न हो तो 2280 रुपये उस लड़के को दे और शेष 1520 रुपये स्वयं ले ले, किन्तु यदि लड़की उत्पन्न हो तो उसको 1520 रुपये दे और स्वयं 2280 रुपये रख ले। किन्तु ईश्वर की इच्छा से उसके दो बच्चे पैदा हुए—एक लड़का और एक लड़की, तो बताओ वह स्त्री अपने धन को कैसे बाँटे?

अब यह स्पष्ट है कि मरनेवाला शख़्स ज़रूर गणित का मास्टर रहा होगा जो अपनी पत्नी को समानुपाती भाग के एक प्रश्न में जीवन-भर उलझने को छोड़ गया। उस स्त्री को इस गुत्थी के हल के लिए कितनी माथा-पच्ची करनी पड़ी होगी कि तब तक बच्चे बड़े हो गये होंगे और बुढ़िया से बाप की जायदाद माँगने लगे होंगे। एक तरफ़ मृत पति का निर्देश और दूसरी ओर बच्चों के प्रति प्रेम। उसे पता होता कि उसके गर्भ से जुड़वाँ होंगे तो वह मरते पति से पूछ लेती कि हे नाथ, यह तो बता जाओ कि अगर एक लड़का और एक लड़की हो तो कितना रुपया दूँ, दोनों लड़के हों तो कितना दूँ और दोनों लड़कियाँ हों तो क्या करूँ? निश्चित ही मृत व्यक्ति, चाहे वह गणित का शिक्षक ही क्यों न हो, यह सुन चिन्ता में पड़ जाता और प्रश्न के हल में इतने दिनों जीवित रहता कि बच्चे उसकी आँखों के सामने पैदा होते और कमज़ोर जच्चा गणित के सिरदर्द में नहीं पड़ती।

कई प्रश्न हैं जिनके उत्तर दिये जाने के बावजूद वे ज्यों-के-त्यों बने रहते हैं। वे प्रश्न नहीं हमारे आईने हैं। मिलावट करनेवाले व्यापारी, दिवाला घोषित करनेवाले पूँजीपति, रेल को सुस्त चाल से ले जानेवाले ड्राइवर, टंकी के तीनों नल एक साथ खोलनेवाले शरारती, वे क ख ग जो ठीक काम नहीं करते, वे फ़ौज के कमाण्डर जो अधिक दिनों तक क़िले का भोजन चलाने के लिए स्त्रियों और बच्चों को निकाल देते हैं और वे जो अशुद्ध तराजू का उपयोग कर साढ़े बारह प्रतिशत लाभ लेते हैं। ये सभी सवाल गणित के नहीं राष्ट्रीय चरित्र के हैं। साहित्य ही समाज का दर्पण नहीं होता, एक गणित की पुस्तक भी समाज का दर्पण होती है। मेरे क्रोधित होने से कुछ नहीं होता क्योंकि मैं गणित में कमज़ोर हूँ और कमज़ोर का गुस्सा भारी। लँगड़ी भिन्न और चक्रवर्ती ब्याज के इस देश में जहाँ सारे अनुपात गड़बड़ हैं और मूलधन का पता नहीं लगता, मुझ-सा व्यक्ति सारी ज़िन्दगी भी परेशान रहे तो उसे यह नहीं मालूम होगा कि किस भाव से शेष माल को बेच दें कि इतना धन मिले कि मासिक आय में सौ रुपये की वृद्धि हो जाए।

किसी दिन दिमाग़ ने सहयोग किया तो नया गणित तैयार करूँगा, जिसे हल करने में एक व्यक्ति नहीं समूची पीढ़ी व्यस्त रहेगी, पर हल नहीं निकल पाएगा :

—एक साढ़े चार फ़ुट का आदमी जो नौ फ़ुट चौड़े और बारह फ़ुट लम्बे कमरे में रहता है। वह कितनी बड़ी चादर ख़रीदे कि कमरे में बिछने के अलावा उसके कफ़न का भी काम दे जाए?

—एक देश जिसकी जनसंख्या चालीस करोड़ है और प्रति व्यक्ति भोजन आधा किलो है, विदेश से चार करोड़ टन अनाज मँगवाता है। यदि उस देश में कृषि उत्पादन न बढ़े और प्रति व्यक्ति भोजन की खपत पौन किलो हो जाए तो उस देश को तीन वर्ष बाद विदेश से कितना अनाज मँगाना होगा, जबकि उस देश की जनसंख्या प्रतिवर्ष दस प्रतिशत बढ़ती है?

—एक अफ़सर का नियम है कि वह हर टेण्डर पर व्यापारी से एक प्रतिशत भ्रष्टाचार के रूप में खाता है। एक व्यापारी ने उसे एक बार दस हज़ार रुपये खिलाये तो बताओ टेण्डर कितने का था?

—एक राजनीतिक दल दूसरे राजनीतिक दल के विधायक को दल बदलने पर पचास हज़ार रुपया देता है। एक वर्ष में उस राजनीतिक दल ने साढ़े सात लाख इस कार्य पर व्यय किये तो बताओ उस दल के विधायकों की संख्या कितनी हो गयी जो पहले 107 थी?

—एक व्यक्ति को प्रत्येक बच्चे के जन्म पर अपने धनी ससुर से दस हज़ार रुपया मिलता है। बताओ वह कितने बच्चे पैदा करे कि लखपति हो जाए?

मुर्ग़ाबीती

परिवार बढ़ा तो ऐसा जैसे बीही के बगीचे में बहार आयी। फूली-फूली मुर्गियाँ अण्डों पर बैठने लगीं। आमलेट में रूपान्तरित हो जानेवाली ज़र्दी शरीर में बदलने लगी। सफ़ेद क़ैदख़ाने की गोल दीवारें फटने लगीं और नन्ही-नन्ही चोंचें, गबदू-गबदू शरीर धरती पर चुगने आये। माँ ने जीने का मन्त्र सिखाया—संघर्ष करो, धरती चुगो, मस्त रहो। जहाँ कहीं जाती उसकी कोमल फ़ौज के चुन्ने-मुन्ने सिपाही पीछे रहते। बिचारी ख़ुद नहीं चुगती, अपनी औलादों का बदन मज़बूत हो जावे इस फ़िक्र में। मुर्ग़ा दड़बे में और आसपास ऐसा चहकता वातावरण देखता तो प्रसन्न हो जाता। मुर्गियों को अपने बच्चों से फ़ुरसत नहीं कि उस पर ध्यान दे। पर उसे कभी बुरा नहीं लगता। अण्डे होते हैं चले जाते हैं, माँ को अपनी ममता बिखेरने का अवसर ही कहाँ मिलता है। आज मिला है तो चार दिनों अपनी आँखें ठण्डी कर लें! इतरायी हुई भरे-भरे मन उन्हें दुलार कर लें।

साहब और बीवी इन दिनों अण्डा नहीं ले रहे हैं। सब बिकने चले जाते हैं। कुछ बच्चे भी हो गये हैं यानी चिकन पर उन्हें उठाया नहीं गया। पता नहीं दया है या मजबूरी। मेमसाब ख़ुद बच्चे की माँ बनी हैं कुछ दिनों हुए। घर में ढोलक बजता है बाहर कुंकड़ूँकूँ! मुर्ग़ा सोचता—हमेशा ऐसा ही हरा-भरा बना रहे तो कितना अच्छा हो। मुर्गियों ने अपने बच्चों के नाम देने शुरू किये। उन्हें अकल की बातें समझाने लगीं, क़िस्से-कहानियाँ सुनाने लगीं कि कैसे एक मुर्ग़ा एक बार सारी दुनिया से लड़कर धरती का बादशाह हो गया था और कैसे एक मुर्ग़े ने राजा के महल में रख ली गयी अपनी मुर्ग़ी को छुड़ाया और कैसे एक बार किसी मुर्ग़े ने ग़लत समय बाँग देकर सूरज को बेवक़ूफ़ बनाया कि सूरज जल्दी उग गया और कैसे एक बार घर में चोर घुसने पर मुर्ग़े ने मालिक को जगाया कि उसने ख़ुश होकर दूसरे दिन मुर्ग़े को पकाकर खाने का आयडिया कैन्सल कर दिया आदि।

मुर्ग़ा नयी पीढ़ी को सशक्त बनाने के मूड में उन्हें लड़ना सिखाता, नये-नये दाँव-पेंच बताता। उनमें साहस जगाता कि डरना कभी मत, दुश्मन भी एक मुर्ग़ा ही होता है—राक्षस नहीं होता। रसोईघर में मरने से बेहतर है कि मैदाने-जंग में मरें।

यह कलग़ी ख़ानदान की शान है, इसमें अम्मा का प्रेम और बाप का रोब सब समाया हुआ है, इसे झुकने मत देना। नन्हे-मुन्ने मुर्ग़ो, तुम ही देश के भावी गौरव हो, तुम्हारे ही बाजुओं पर सब भार आवेगा!–फिर रुककर सोचता कि वह तो जीवनजी की तरह चौराहे का भाषण देने लगा। धीरे से समझाने लगता–देखो पहली चीज़ है ताक़त और दूसरी ज़रूरी चीज़ है अक़्ल। अगर ये दोनों मिल जाएँ तो इसका मतलब होता है फ़तह।

चिकन समूह जाने किस ख़याल में डूब जाता।

पर सवाल आता है मेरे बच्चो कि फ़तह क्यूँ और फ़तह की ज़िद क्यूँ? तो उसका समय होता है कि जब इन्साफ़ मरने लगे। सिर्फ़ तुम्हारी आँखों में ही नहीं जब सौ-सौ और हज़ार-हज़ार आँखों को यह लगे कि इन्साफ़ ख़त्म हो रहा है तब बग़ावत करो, फ़तह करो। यह मत भूलो मगर कि अगर इन्साफ़ को अपने पंजों में तुमने कभी कस लिया तो तुम भी फ़तह कर लिये जाओगे।

बच्चों ने मन में गठान-सी बाँधी।

एकाएक मुर्ग़ा मन में हँसा। उसके बाप ने भी ऐसी ही कुछ बातें उसे समझायी थीं, पर कौन वह दुनिया का सबसे बहादुर मुर्ग़ा हो गया। मुहल्ले का साधारण-सा प्राणी है। अन्याय तो निश्चित ही इस धरती पर हो रहा है लेकिन उसे अपना पेट भरने से कहाँ फ़ुरसत! समय ऐसा भी आता है जब अन्याय हमें सहज लगने लगता है, उसे पीने का स्वभाव पड़ जाता है। इससे अच्छा है कि मर जाएँ क्योंकि तब हम संसार को भला बनाने के लिए कर क्या सकते हैं। मरें भी क्यों, अगर आप ही यह दुनिया रसवन्ती हो गयी तो मज़ा लूटेंगे।

मुहल्ले से विभिन्न आकार-प्रकार की नारियाँ इकट्ठी होने लगीं इसलिए कि मुर्ग़े की मालकिन के घर ढोल बजाएँ, गाना गाएँ, बच्चा कलेक्टर बने ऐसी कामना करें और बटोरकर बताशे घर आ जावें। भुआजी, बंगाली बाबू की दुर्बल पत्नी, भगत की घरवाली और जीवनजी की भाभी सब। अब्बास मियाँ ने इतनी औरतों को आते-जाते देखा तो मारे शराफ़त ख़ुद पर्दे के भीतर चले गये। रब्बो और अख़्तर मना रही थीं–जल्दी जावें तो अज़ीज़ हवलदार के लिए बाड़े का दरवाज़ा खोलें। जब ढोलक बजने लगी तो उसी की ताल पर धीरे-धीरे अब्बास मुहल्ले से बाहर उर्दू की ट्यूशनें करने चल दिया। ढोलक व गीतों के ही पृष्ठ-संगीत में बाड़े का दरवाज़ा खुला और बारीक़ पतली मूँछों और लचलचाती बेंतों को मटकाता अज़ीज़ अन्दर आ गया। उसी संगीत की धारा में तैरता-डूबता मुर्ग़ा भी बाड़े में पहुँच अपनी भोली अदाओं के साथ गरदन मटकाने लगा।

रब्बो अंग-अंग सिहरती, आँख-आँख लजाती दीवारोन्मुख खड़ी हो गयी। अज़ीज़ ने पहले अख़्तर को परेशान करना प्रारम्भ किया, जैसे उदाहरणार्थ–उसकी चोटी खींचना, रिबन खोल देना, सिर पर धप्पी मारना, नाक पकड़ लेना, गरदन

दबाना, गला घोंटने लगना, हथेलियों से उसका सिर दाब ज़मीन से ऊपर उठा देना, चकरघिन्नी देना, शकल को हुक़्क़ा बनाना, पीठ में कोमल घूँसा मारना आदि और अन्त में उसे एक ग्लास पानी लाने को कहकर रंगमंच और रस मंच से भगा देना। अख़्तर इस नियम-धर्म को समझती थी कि जो व्यक्ति दूसरे के रोमांस में विघ्न डालता है ईश्वर उसके रोमांस में विघ्न डालता है। सो पानी भरने जाती तो मटके में समाकर रह जाती सिर्फ़ कान पानी के ऊपर रखती ताकि सनद रहे और वक़्त पर काम आए।

मुर्ग़ी ने देखा—शेष बचे दोनों सीढ़ी के पायदान क्रमांक तीन पर बैठ गये हैं।

"रुपयों का इन्तज़ाम हो गया है।"—अज़ीज़ ने घोषणा की।

"रिश्वत ली है?"

"तुझे हरामज़ादी इससे क्या करना, अरे रिश्वत लूँ या सेंध लगाऊँ। सिर्फ़ यह जान ले कि रुपयों का इन्तज़ाम हो गया है।"

"हो गया होगा, मुझे क्या करना।"

"शादी करनी है।"

"मुझे नहीं करनी शादी। क्या करूँगी तुझसे शादी करके। मैं तो यहीं अच्छी।"

"अरे शादी करके तुझे बच्चों की अम्मा बनना है। मुझे कम-से-कम एक दर्जन बच्चों की सख़्त ज़रूरत है। टीम बनाऊँगा फुटबाल की। सबको थानेदार बनवा दूँगा। ज़माने भर पर रोब झाड़ेंगे।"

रब्बो का मन मीठा हो गया। उसे लगा—दो बच्चे गोदी में, दो कन्धे पर, एक सिर पर, दो कपड़ा पकड़े, दो पीठ पर और तीन आसपास खेल रहे हैं और अज़ीज़ हवलदार सामने बैठा मस्त-मस्त बेंत हिला रहा है।

"मैं सब बच्चों को थानेदार नहीं बनने दूँगी।"

"हाँ हाँ, एकाध को अपने बाप की तरह मास्टर बना देना।"

"मास्टर भी नहीं। उसे बहुत बड़ा आदमी बनाऊँगी, बहुत बड़ा—" जाने किस ख़याल में डूबकर बोली—"बहुत ही बड़ा।"

"तेरा मतलब आई.जी. साहब से है?"

"नहीं, उससे भी बड़ा।"

"तो तेरा मतलब मिनिस्टर साहब से है?"

"नहीं, उससे भी बड़ा।"

"तो तेरा मतलब नेहरूजी से है?"

"नहीं, उनसे भी बड़ा।"

"तब तेरा मतलब ज़रूर ख़ुदा से है।"—वह खिलखिलाकर हँसा, ठहाका लगाने लगा और राबिया बेगम का कचूमर बनाने लगा। जब अच्छे परिमाण में कचूमर बन गया और मुर्ग़ी के दिल में भी कुटती-पिसती रब्बो के लिए दया उमड़ने लगी तब

अख़्तर को पानी ले जाने की, अज़ीज़ को थाने जाने की याद आयी। वह चिल्लाया—"अख़्तर, तू क्या कुआँ खोद रही है, पानी नहीं लायी।"

"ऊपर की मंज़िल में कुआँ नहीं खुद सकता पुलिसवाले!"—अख़्तर पानी भरकर लाते हुए बोली। बिखरी रब्बो ने अपने को समेटा और भाग गयी ऊपर। अज़ीज़ ने पानी पीया, डिबिया से पान निकालकर खाया और शान से बाहर निकला जैसे शीरीं के घर का चोर दरवाज़ा नहीं, अपने बाप का फाटक हो।

यह सब कब हुआ, कैसे हुआ, हीरो-हीरोइन केहि भाँति स्टेज से खिसके, मुर्ग़े को पता भी नहीं लगा। वह अभी तक रब्बो और अज़ीज़ के भावी घर की भावी फ़सल के विषय में सोच रहा था। बारह बच्चे और एक-से-एक थानेदार! और सचमुच जब वे बच्चे पैदा होंगे तब अज़ीज़ उन्हें बचपन से थानेदार बनना सिखाएगा कि सौ गालियाँ निरन्तर कैसे बकी जा सकती हैं, बेंत हिलाकर कैसे डराया जाता है, वर्दी कड़क रहना कितना ज़रूरी है और हाकिम को सैल्यूट कैसे मारना चाहिए। फिर बारह सूबेदार बारह अब्बासों के घर बारह रब्बो खोजेंगे और उनसे फिर बारह-बारह थानेदार जनम लेंगे और इस तरह एक दिन इस सारी दुनिया में थानेदार ही थानेदार हो जाएँगे। धरती न हुई रब्बो-अख़्तरों की लायब्रेरी हुई, अपने नाम एक इश्यू करा लीजिए और जुट जाइए संसार को नये-नये थानेदार देने के लिए।

मुर्ग़े के मालिक के घर सारे दिन ढोलक कुटता रहा। नया जन्मा बच्चा राजा बने, मन्त्री बने, कमिश्नर बने, कलेक्टर बने की स्वर-संगीतमय कामनाएँ व्यक्त करने का रंगारंग कार्यक्रम चलता रहा। साड़ी के पल्लू में बताशे बाँधकर औरतें घर चली गयीं। घड़ी जहाँ होगी पाँच बजा रही होगी। सूरज सीढ़ियाँ उतर रहा था कि अण्डेवाली ने अब्बास का दरवाज़ा खटखटाया।

अब्बास मियाँ अलीगढ़ी पाजामा और कुरता पहने, चश्मा हटा आँखें मसलते बाहर निकले। समझे थे कोई महत्त्वपूर्ण जीव होगा पर निकली वह बुढ़िया—बोरियत की साकार प्रतिमूर्ति—मुँह पर शिकायत के उभरते-गिरते भाव लिये।

"आदाबर्ज़ मालक।"

"क्या हुआ भई?"

"क्या हुआ के ये तो मेरे करम फूटे...येज हुआ के हुआ क्या के वो कस्टम की नौकरी से निकाल दिया मेरे बेटे को सरकार ने। अब जऊँ किसके पास रोने झींकने के मेने एसे क्या पाप किये थे, विस जनम में के मेरे बेटे ग़नी की नौकरी छूटी इस जनम में।"

"क्यों निकाल दिया, कुछ उसने हरकत की होगी?"

"ए लो अब हरकत केसी के...बिचारा टेम पे जाय टेम पे वापस आय, ओर दिन-भर धूप में खड़ा चलती-फिरती मोटर में घुस-घुस के चेकिन करे, इमान क़ी खाय

और केसी खाय के कदी पावली अठन्नी बक्सीस की मिले तो। वो भी नी लेना क्या?"

"रिश्वत लिया करता था आठ-चार आने की?"—अब्बास ने पूछा।

"वा मालक। के चार-आठ आने की भी कदी रिस्बत होय? अरे सौ पाँच सौ की रिस्बत होय तो को के रिस्बत। पान खा के थूक दे इन्सान जित्ते पेसे के उत्ते पेसे की क्या रिस्बत! अरे रिस्बत तो वो के कदी सोने के बाजूबन्द बन जाएँ।"

"ख़ैर अब तो निकल गया ना वहाँ से, अब वापस नहीं लिया जावेगा।"

"तो मत लो के वापस, आग लगे एसी नोकरी को, के ये नोकरी के आज लगे न कल छूटे में तो कूँ मर जाना पन एसी नोकरी नी करना इन्सान ने! अरे खड़े चोक दाड़की करो तो रुपया रोज़ कूटो, अपने रोटी दाल लाओ न सुख से सोव!"

"बस तो अब फ़िक्र क्या है, जवान आदमी है कमा खाएगा।"

"अरे नी मालक, ये रोज़ हाथ पे लाना न हाथ पे खाना, ये कोई जिनगी हुई? केसी बात करो? ज़रा सरिस्ते की नोकरी लगे, म्हेने के म्हेने पेसे मिलें तो..."

"अच्छा ग़नी को भेज देना, स्कूल में चपरासी बनवा देंगे। बस अब तो ख़ुश!"

"अरे भारी की तुमने तो। मेरा मन जदीज केरा था के तुमीज सुनोगे मेरी, ओर कोई नी सुनेगा। एक बात पूछूँ—रब्बो का ब्याव कब करोगे, देखो खड़ी-खड़ी खजूर होय वो तो।"

"कर देंगे भई। अभी तो बच्ची है।"

"बाप को तो बेटी जद देखे, बच्चीज लगे, पर एसे सोचो तो क्या काम चले? पराया घर का माल कब तक गले बाँधो।"

अब्बास अन्दर जाने लगे।

बुढ़िया भी धीरे से उठी—"अच्छा चलूँ मालक के कल नी तो परसूँ ग़नी को भेजूँगी।"

"भेज देना, सलाम।"

मुर्ग़ा सोचने लगा इधर अज़ीज़ बेटों को थानेदार बनाने के सपने देख रहा है और अण्डेवाली अपने ग़नी की नौकरी के लिए परेशान है। एक ही धरती और इतने चुगनेवाले मुर्ग़े और दाना बाँटनेवाले कभी दिखाई देते कभी नहीं देते। यदि यह सब हो जावे तो अच्छा हो कि सबको दाना मिले पर होता नहीं और परेशानी रहती है। अँधेरा हो रहा था। मालिक के घर ढोलक पीटनेवाली, मीठे सुर में गानेवाली औरतें सब चली गयी थीं।

दूसरे सबेरे जब अलसायी आँखों में मासूम सपने लेकर रब्बो खिड़की में गरदन टिका जाने क्या सोच रही थी और ख़ाक़ी कोट और ख़ाक़ी पैण्ट पहने बुढ़िया का बेटा ग़नी अब्बास के दरवाज़े चुपचाप बैठा था तब मुर्ग़े की नन्ही-मुन्नी फ़ौज़, मुर्ग़ावंश के उज्ज्वल आधा दर्ज़न दीपक अपने गबदू तन और साहसी मन से बाप

के पास घिर आये। मुर्ग़ा प्रसन्न हो गया और कलग़ी ठुमकाकर सबको उसने देखा। फिर कड़क आवाज़ में उसने पूछा—"मेरे बच्चो, तुम बताओ कि बड़े होकर क्या बनोगे?"

"मैं असील बनूँगा।"

"मैं भी असील बनूँगा।"

"मैं भी असील बनूँगा।"

"असील बनूँगा।"

"असील।"

"असील बनूँगा।"

मुर्ग़ा ख़ुश हो गया—"शाबास! शाबास! तुम सब असील यानी बहादुर, लड़नेवाले मुर्ग़े बनोगे। जहाँ तुम रहोगे वहाँ किसी की चोंच उठ नहीं पाएगी। एक ही कलगी रहेगी, वह तुम्हारी। शाबास। मैं भी यही सोचता हूँ कि तुम सब असील मुर्ग़े बनोगे। हिम्मत से लड़नेवाले! हमारे मालिक के घर जो बच्चा पैदा हुआ है उसके बारे में यह चर्चा है कि वह बहुत बड़ा आदमी—कलेक्टर बनेगा। इस रब्बो को, जिसकी शकल तुम उस खिड़की में देख रहे हो, अज़ीज़ हवलदार से जितने बच्चे पैदा होंगे वे सब थानेदार बनेंगे। तुम सब असील बनोगे, मेरे ख़ानदान की शान यानी तुम्हारी बहादुरी से मुर्ग़ा नस्ल की इज़्ज़त बढ़ेगी।"

बच्चों के सीने फूल गये और उनकी आँखों में एक महान् भविष्य दिखाई देने लगा। सब तरफ़ मदभरी चुप्पी छा गयी। वे एक ऐसे समय की कल्पना में डूब गये जब उनकी कलगियाँ आसमान चीरेंगी और उनके पंजे पहाड़ खोदेंगे। उनके नायलॉनी पंख में प्रेरणा की लहर फैल गयी।

मालिक का खाना बनानेवाला नौकर आया और उन असील बनने का सपना लिये खड़े शिशुसमूह में से तीन को उठाकर ले चला।

अब्बास मियाँ ने होठों पर ज़बान फेरकर कहा—"चिकन बनेगा आज तो, क्यों ठाकुर साहब।"

मालिक दातून करते हुए बोले—"दोपहर को खाने पर कुछ मेहमान आनेवाले हैं।"

काँपता हुआ, दुखी और मजबूर मुर्ग़ा देखता रहा। उसके तीन बच्चे, सुन्दरता और साहस के अवतार बच्चे—काल की डेकची में समा गये और नायलॉनी पंख रसोईघर की खिड़की से बिखरते मुहल्ले में उड़ते रहे।

बच्चों ने अपने पिता से पूछा—"वे लोग कहाँ गये, हमारे भाई कहाँ गये?"

बाप जवाब नहीं दे सका।

रब्बो ने अज़ीज़ से पूछा—"थानेदार क्यों नहीं बने, मेरे बेटे थानेदार क्यों नहीं बने?"

अज़ीज़ जवाब नहीं दे सका।

मालकिन ने साहब से कहा—"कलेक्टर बनाओ, मेरे बेटे को कलेक्टर बनाओ।"

साहब अपनी शिकार की बन्दूक़ देखता रहा।

अब्बास के दरवाज़े पर बैठा ग़नी झपकियाँ लेने लगा।

मुर्ग़े ने सोचा, बहुत सोचा, फिर एक विचार अपनी गिरह में बाँधा—सुखी समाज की स्थापना नयी पीढ़ी में आकांक्षाएँ और महान् कल्पनाएँ जाग्रत करने से नहीं अपितु उनके लिए जीने के अवसर विकसित करने से होगी।

सरकस का भोजन

कारख़ाने का लेबर आज छुट्टी पर था। सारी दोपहर उनकी पत्रिकाओं के पन्ने पलटते बीती। सुबह एक साधु महाराज आ गये थे। उनसे भोजन के पूर्व ज्ञान-चर्चा की घण्टा भर तो बोर हो गये हैं। रात को जब बच्चों और पत्नी ने सरकस देखने को कहा तो जल्दी राज़ी हो गये। तोप में से आदमी निकलता है, मौत के कुएँ में मोटर सायकिल दौड़ती है—यह जिज्ञासाएँ चाहे उनकी मर गयी हों पर ढाई घण्टा किसी शगल में बीत जाए तो क्या बुरा है।

गये। जोकर ने मज़ाक़ की तो बच्चे लोटपोट हुए, जब शेर आया तो सेठानी डर गयी पर वे चुपचाप पैर हिलाते बैठे रहे। हर अच्छी आयटम के बाद सरकस का रोबीले चेहरेवाला मैनेजर रिंग के पास से जाता और इनकी ओर देखता। यह जानकर कि कारख़ाने का मालिक देखने आया है, उसने लेमन के ग्लास भिजवाये। "मैनेजर साहब की ओर से पेश हैं"—लड़के ने झुककर कहा। वे चुपचाप पैर हिलाते पीने लगे।

सोचने लगे—विदेश से मशीनें मँगाकर डाल देना और हर मशीन पर एक आदमी खड़ा कर माल तैयार कर लेना इतना कठिन नहीं है जितना यह सरकस सँभालना। शेर, चीते, घोड़े, आदमी, बन्दर, बकरी, रीछ और जाने कितने जानवर, पचासों आदमी, इतना बड़ा तम्बू, कुर्सियाँ, गैलरी के पटिये और जाने कितना सामान एक जगह से दूसरी जगह ढोना, सबको सँभालना, व्यवस्था करना, प्रचार करना, टिकिट बेचना, सबके नखरे सहना, नये-नये कमाल सिखाना, फिर अलग-अलग मौसम—ठण्ड, गरमी और बरसात, सिनेमा से काम्पीटीशन, ओह हो कितना कष्ट सहना पड़ता होगा इन लोगों को।...सेठजी सोचते रहे और धीरे-धीरे सरकस के मालिक के प्रति बड़ी श्रद्धा उनके मन में उपज आयी। खेल ख़त्म होने के पहले वे उठे और रोबीले चेहरेवाले सरकस के मैनेजर से उन्होंने हाथ मिलाया। उसे कड़े परिश्रम के लिए, सुव्यवस्था के लिए अनेक बधाइयाँ दीं। पूछा—"जनाब आप इतने प्राणियों के भोजन के लिए क्या व्यवस्था करते हैं। बड़ा कष्ट होता होगा, सबका अलग-अलग खाना।"

सरकस का मैनेजर मुस्कराया और एकाएक दार्शनिक की तरह अपनी बात को बहुत छोटे में समझाने के लिए मन-ही-मन वाक्य बनाने लगा। फिर बोला—"भाई साहब, ईश्वर के बनाये प्राणी तीन चीज़ें खाते हैं—गेहूँ, गोश्त और घासचारा। मैं तीनों ख़रीदकर डाल देता हूँ। इन्सान गेहूँ खा लेता है, शेर-चीता गोश्त खा लेते हैं और बैल-बकरी घास।" और फिर वह हँस पड़ा।

कार से लौटते समय सेठजी यही सोच रहे थे कि सारा भोजन तीन भागों में बँटा है—गेहूँ, गोश्त और घासचारा। सब प्राणी उसी पर टिके हुए हैं। आदमी है जिसे पचास चाव है, दही, चटनी, छाछ, अचार, मुरब्बा, मक्खन और जाने क्या-क्या।

बँगले पहुँचे तो तीन स्थानीय नेता बरामदे में टहलते दिखाई दिये। सेठजी ने समझ लिया कि आज इन लोगों की कोई विशेष आर्थिक गरज अटकी हुई है इसीलिए इस व्यग्रता से ये लोग प्रतीक्षा कर रहे हैं। बच्चे और सेठानी अन्दर चले गये और सेठजी अब तीनों को लेकर ड्राइंगरूम में चले आये।

"कहिए साहब, आज कैसे रास्ता भूल गये?"—सेठजी ने उनके नम्र नमस्कारों का उत्तर दिया।

"आपके दर्शन करने!"—एक नेता ने दबे स्वरों से कहा।

"फिर भी?"

"बाबा आ रहे हैं नगर में भूदान का काम आगे बढ़ाने।"

"हाँ, मैंने पढ़ा अख़बार में। मेरे पास तो कोई भू है नहीं जो दान कर दूँ। कारख़ाना है, आप कहो तो वो डाल दूँ बाबा की झोली में।"

"हें हें हें!"—वे तीनों हँस दिये।

"बताइए मुझे—फिर क्या आज्ञा है?"

एक नेता ने बढ़कर कहा—"बाबा के आने के पहले उनके सौ कार्यकर्ताओं का दल नगर में एक माह पहले से आएगा। सबके ठहरने की और भोजन की व्यवस्था करनी है। वे लोग एक माह तक भूदान और जीवनदान के लिए वातावरण बनाएँगे और पश्चात् बाबा का आगमन होगा। सो ठहरने की व्यवस्था तो दाल कारख़ानेवालों ने अपनी ख़ाली पड़ी कोठी देकर कर दी है। भोजन की व्यवस्था करना है। इस चिन्ता से आप हमें मुक्त कीजिए। सौ कार्यकर्ताओं के भोजन की व्यवस्था करना है। बहुत कम भोजन करते हैं वे लोग। कुछ केवल दही खाते हैं, कुछ केवल दूध और फल पर जीवित हैं, कुछ कार्यकर्ता ज्वार की रोटी पर और कुछ केवल चावल या दलिया ही लेते हैं। सबका भोजन सस्ता है। ज़्यादा व्यय नहीं आएगा। हमारा निवेदन था आप यह व्यवस्था सँभाल लें तो कृपा होगी।"

"आशा ही नहीं वरन् विश्वास है।"—दूसरे ने कहा।

सेठजी सुनते रहे, फिर सोचने लगे और बाद में चश्मा निकालकर आँख

मसलते हुए उन्होंने कहा—"देखो भई, यह जो सरकस यहाँ शहर में चल रहा है ना, उसके सारे हाथी-घोड़े और आदमियों के खाने की व्यवस्था कहो तो मैं एक महीने क्या दस महीने कर सकता हूँ, पर इन भूदानी कार्यकर्ताओं की व्यवस्था कठिन है। उन प्राणियों का तो निश्चित है कि वे गेहूँ, गोश्त या घासपात खाएँगे पर इन कार्यकर्ताओं में हर एक की अलग-अलग माँग, मैं कहाँ से पूरी करूँ। मुझसे यह सध नहीं सकता। क्षमा चाहता हूँ।"

तीनों नेता निराश हो गये।

कुछ क्षणों के बाद वह नेता, जिसने आशा ही नहीं बल्कि विश्वास है, कहा था, नम्रता से झुककर बोला—"सेठ साहब, यह व्यवस्था हाथ में ले लीजिए। बड़ी कृपा होगी। इन भूदानी कार्यकर्ताओं को भी एक सरकस ही समझिए।"

भीख की भारतीय शैली...

भीख माँगने की सर्वश्रेष्ठ शैली भारतीय शैली है। जिस तरह इस देश में जो श्रेष्ठ है वह सब द्विज वर्ग की, ब्राह्मण वर्ग की देन है, उसी तरह भीख माँगने की भारतीय शैली पर भी ब्राह्मण वर्ग का प्रभाव स्पष्ट है। हमारा देश उसी अदा से भीख माँगता है।

शूद्र का पेट कुलबुलाता है और वह हाथ पसारता है। तब वह जानता है कि वह भीख माँग रहा है जो नीचा काम है। मगर मजबूरी है। यदि न माँगी गयी तो जीना कठिन है। वह अपनी हेय स्थिति स्वीकार करता है। वह एवज में सेवा करने के लिए भी तत्पर रहता है। वैश्य भीख नहीं माँगता। वह सौदा करता है। आप मुझे अभी दे दें, मैं आपको भविष्य में लौटा दूँगा, और अपेक्षाकृत अधिक लौटाऊँगा। यदि आपने उसे भीख दी और उसने चुपचाप ले ली, तब भी वह मन-ही-मन निर्णय करता है कि मैं इसे इसी रूप में या किसी रूप में वापस करूँगा। क्षत्रिय भीख नहीं माँगता। वह या तो तलवार के बल पर वसूल करेगा अथवा स्वाभिमान क़ायम रख भूखा मर जाएगा। भीख उसके जीवन-दर्शन में नहीं आती।

पर ब्राह्मण जब भीख माँगता है तब वह स्पष्ट होता है कि भीख उसका अधिकार है। जो दे रहा है, उसका कर्तव्य है कि वह मुझे भीख दे। मुझे भीख देना अन्ततः देनेवाले के लाभ की बात है, और यह मेरी कृपा है कि मैं उसकी भीख स्वीकार कर रहा हूँ। यद्यपि मैं भूखा हूँ, मर रहा हूँ, पर ब्राह्मण हूँ। ऊँची शख़्सियत है मेरी, और मुझे भीख देते समय दाता को अपनी निम्न स्थिति भूल नहीं जानी चाहिए। (बल्कि स्वीकार करनी चाहिए) मैं भविष्य में भी माँगूँगा। अभी, अतीत में अथवा भविष्य में भीख लेने से मैं छोटा नहीं हो जाता। यदि कोई मुझे इस भीख की याद दिलाएगा अथवा भिखारी सम्बोधित करेगा तो मैं क्रोधित होने का अधिकार रखता हूँ। इसलिए मुझे भीख देनेवाले की ख़ैर इसी में है कि वह मुझे भिखारी न कहे और निरन्तर भीख देता रहे।

विदेशों से अनाज माँगने की भारतीय शैली यही है। हमें अनाज की सख़्त ज़रूरत है। पर इसका आप यह अर्थ न लें कि हम भूखे हैं। आप हमें अनाज देंगे

तो हम लेंगे, यद्यपि हम कह नहीं रहे। पर हम अपेक्षा करते हैं कि आप स्वयं अनाज देने की बात उठाएँगे और देंगे। हम आपको बता देना चाहते हैं कि हम आत्मनिर्भर हैं। और रहना पसन्द करते हैं, परन्तु यदि आप हमें अनाज देंगे तो हमें स्वीकार होगा। साथ ही यह जान लें कि यह हमारी आप पर कृपा और आप पर प्रकट हमारे विश्वास का सूचक है कि हम आपका दिया अनाज स्वीकार कर रहे हैं। आपको हम सुपात्र मानते हैं जो हमें भीख दे सकता है। यह सब अब आप पर निर्भर है कि आप हमें भीख देकर सुपात्र सिद्ध करें।

हम लगभग इसी प्रकार आजकल अमरीका से अनाज माँग रहे हैं। हममें इतना क्षत्रिय गौरव नहीं कि हम न लें और पचास हज़ार एक लाख आदमियों को मर जाने दें, और इस बात पर डटे रहें कि हम माँगेंगे नहीं, ख़ुद पैदा करेंगे। हममें यह वैश्य-गुण भी नहीं कि अनाज के बदले कोई सौदा करें। हम न अपनी भिखारी अवस्था को शूद्र की तरह स्वीकार कर हाथ फैलाते हैं। पूरे अहं के साथ रोब के साथ दाता को हिकारत से देखते हुए हमें लाखों टन अनाज चाहिए। जिसे हमारी नज़र में ऊँचे उठने की गरज़ होगी वह देगा। और एक पिछड़े भूखे ग़रीब देश की नज़र में अच्छा बनने की गरज़ किसे नहीं होगी?

किसिंजर आएँगे। यजमान स्वयं आएगा। वह दान देने की बात उठाएगा। यदि ऐसी बात उठी तो हमें उसका दान स्वीकार होगा, हम उससे माँगेंगे नहीं, पर वह स्वयं देगा। हम मन-ही-मन मना रहे हैं, अपने भूखे पेट पर हाथ रख कामना कर रहे हैं कि वह स्वयं अनाज की बात उठाएगा और देगा। यदि वह बात नहीं उठाता तो आख़िर वह यजमान इधर क्यों आ रहा है? क्या वह अपना कर्तव्य नहीं पहचानता? इसके अलावा यहाँ आने का उसका उद्देश्य हो क्या सकता है? यजमान, आओ। हमें भिक्षा देने के लिए करबद्ध निवेदन करो यजमान।

एक होता है योजना आयोग

अर्थशास्त्र के क्षेत्र में मेरी समझ बहुत कम है और यह बात मैं नम्रतावश नहीं कह रहा। आजकल यह शरीफ़ आदमियों का विषय नहीं रह गया है। मैं जब अख़बारों में अर्थशास्त्र विषयक लेख पढ़ता हूँ तो मुझे सनसनीपूर्ण रोमांचक अनुभूति होती है और मैं भय से काँप उठता हूँ। डॉलर का गिरता स्तर या सोने की राष्ट्रों द्वारा ख़रीदी से लेकर स्मगलिंग और कालाधन की कहानियाँ महँगाई, घाटे की अर्थव्यवस्था आदि से लेकर गेहूँ स्टॉक करने और माल छुपाने तक की अनेक बातें कुल मिलाकर बड़ी डरावनी लगती हैं। पूरा विषय इतना ख़ूँख़ार और जंगली हो गया है कि उस पर तटस्थ अन्दाज़ से विचार करने के लिए अपराधशास्त्री-सा दिल चाहिए और बढ़कर बोलने के लिए चोर-डाकू या पुलिसवालों-सा निर्मम साहस। फिर भी मैं जब योजना आयोग के अर्थशास्त्रियों के विषय में सोचता हूँ तो इतने भोले, दुधमुँहे, निश्छल, स्वप्नजीवी लगते हैं कि मुझे लगता है कि यदि मैं अपेक्षाकृत भला आदमी होता तो अर्थशास्त्री चाहे कभी न हो पाता पर इतना क़स्बई अवश्य होता कि योजना आयोग में चला जाता।

मेरे विचार से वे सब लोग जो पूरा अनाज न मिलने की आशंका से एक नक़ली राशनकार्ड बनवाते हैं, पाँच किलो शक्कर मिलने की उम्मीद में दस किलो का आवेदन कलेक्टरेट में करते हैं और एरियर मिलने की सूचना प्राप्त होने से ही दोस्त से उधार ले लेते हैं, योजना आयोग के सदस्य होने की पूर्ण योग्यता रखते हैं और इसके लिए उन्हें किसी बड़ी सिफ़ारिश की ज़रूरत नहीं। योजना आयोग का सदस्य पुराने आँकड़ों को मुरझाये फूलों की तरह फेंक नये आँकड़ों से नित नये शृंगार कर झाँकी सजाने की कला जानता है। यह निरे शून्य से अंकों को टकरा देता है और उपलब्ध टूट-फूट को यथार्थ के रूप में स्वीकार करता है। वह खुरचन को गम्भीरता से ले उसकी जोड़ी राष्ट्रीय नैतिक आदर्शों से करता है और आये फल को प्रयोगों में व्यय करने की सलाह देता है। उसे गुब्बारों से ठोस अनुभूति होती है और रोज़ नये सपने लॉकर में जमा कर साल भर किराया चुकाता है। आश्वासन की पोली नींव पर वह सुरक्षा की दीवारें इतनी ऊँची उठाता है जिसे हर कोई कूद

जाए। पूरा योजना आयोग अजायबघर में रखने लायक है या अजायबघर योजना आयोग में। वह चालीस प्रतिशत उम्मीद के सहारे साठ प्रतिशत की कल्पना गढ़ता है और ऐसे शत-प्रतिशत में से यथार्थ-भरी आकांक्षाओं का तीस प्रतिशत काट सत्तर प्रतिशत राष्ट्र को सौंप दूसरे दिन पुनः विचार के लिए वापस ले लेता है। योजना आयोग मोटी पुस्तकें छापने के राष्ट्रीय आन्दोलन का दूसरा नाम है। यह महत्त्वाकांक्षी भारतवासियों को अपना किताब-कर देने की प्रेरणा देता है। आँकड़ों का परीलोक है, आशंकाओं का तिलस्म है, असफलताओं की ऐसी लम्बी अबूझ रहस्य-कथा है जिसके हर दृश्य में जासूस सोया नज़र आता है। योजना आयोग के अर्थशास्त्री बाज़ार से भाव पूछ रोज़ दफ़्तर जाते हैं और योजना तैयार करते हैं। शाम को दफ़्तर से छूट उन्हें यह जान अचरज होता है कि भाव बढ़ गये और उनकी योजना दिन-भर बेकार बनी। इससे बड़ा अचरज उन्हें यह जानकर होता है कि भाव बढ़ने का कारण उनकी योजना थी जिसे वे दिन-भर बना रहे थे। वे और उनके करोड़ों दर्शक और भुक्तभोगी वर्षों बाद अब समझ गये हैं कि योजना बनाना मूलतः विज्ञान नहीं बल्कि एक कला है। प्रदर्शनधर्मी मॉडर्न कला! वह ग़लत जन्मपत्री के आधार पर सही भविष्य जानने का प्रयत्न है।

नियम है कि तोप का लायसेंस माँगो तो तमंचे का मिलता है और योजना के ऊपर से नीचे का ढाँचा इसी क़स्बाई मोलभाव की प्रथा पर आधारित है। कलेक्टर या विभागाध्यक्ष को दस लाख की ज़रूरत होती है तब वह पन्द्रह लाख की माँग करता है, यह जानकर कि वित्त विभाग उसे काटकर बारह लाख कर देगा। राज्य केन्द्र से बीस करोड़ की ज़रूरत होने पर तीस करोड़ माँगता है, यह जानकर कि जो माँगेगा वह उसे नहीं मिलेगा। ज़्यादा भाव बोलकर कम करने, ज़्यादा घबराहट दर्शा कर छोटा लाभ प्राप्त करने, ख़ाली पेट की गुहार मचा अति भोजन की गारण्टी करने की जो भारतीय नीयत है, वही योजना को कल्पना और वास्तविकताओं को फुलाया-पिचकाया करती है। व्यक्ति हो, परिवार, नगर, राज्य या पूरा देश हो, सबको राशनकार्ड के समानान्तर अतिरिक्त राशनकॉर्ड की तलाश रहती है। जिस सुर में राज्य अपनी माँग रोते हैं उसी सुर में भारत विश्व संस्थाओं में अपनी माँग रोता है और लक्ष्य और कटौती का यह आरोह-अवरोह, जिसका टेक समाजवाद और अन्तरा पूँजीवाद है, कुल मिलाकर हमारा निर्माण संगीत बन गया है। जिसके विलम्बित में बोल आशावाद और द्रुत में सिमटते हुए निराशावादी हो जाते हैं। हमारी राष्ट्रीय स्क्रीन के पीछे वही बैकग्राउण्ड म्यूज़िक बरसों से बज रहा है। भाषा के क्षेत्र में यह योजना आयोग की ही देन कही जानी चाहिए कि अभाव, महँगाई, बेकारी आदि शब्द रोज़मर्रा उपयोग के हो गये हैं और वे उतनी गहरी तकलीफ़ बोलनेवाले या सुननेवाले को नहीं पहुँचाते जो उनके अर्थों में निहित हैं। है ना बड़ी बात। तो आप भी मेरी तरह योजना आयोग को दाद दीजिए।

बॉर्डर पर गोलियाँ

पाकिस्तानी सरकार अपनी अक़्ल का दो तरह से इस्तेमाल करती है। या कहिए कि वह अपनी समझ को दो दौर में ज़ाहिर करती है। अब इसमें समझ है या बेवक़ूफ़ी, यह इतिहास बताएगा, हम नहीं बताएँगे। फ़िलहाल, हम उसे पाकिस्तान की समझ मानकर चलते हैं।

उनकी समझ के पहले दौर में वे अमरीका से शस्त्र हासिल करते हैं। अमरीका जब उनसे पूछता है कि आपको कौन-कौन आधुनिक शस्त्र चाहिए तो पाकिस्तान जवाब देता है कि हमारे पास चाकू है, बाक़ी सब हमें चाहिए। अमरीका पाकिस्तान की ज़रूरतों को पाकिस्तान से ज़्यादा समझता है और जितना भी अल्लम-गल्लम उसने रूस से कभी भविष्य में लड़ाई लड़ने की मधुर कल्पना में बनाया होता है, वह सब वह पाकिस्तान को दे देता है—ले प्यारे, ले जा।

यह हुआ समझदारी का पहला दौर! अब दूसरा दौर, वह यों कि सारे शस्त्र एक लाइन से हिन्दुस्तान की तरफ़ रुख़ करके लगा दिये और जिस तरह भारतीय बच्चे एक के बाद एक दिवाली के पटाखे छोड़ते हैं, उस तरह लगे छोड़ने। छोटे-छोटे पटाखे। बॉर्डर पर सिपाहियों को बन्दूक़ें लेकर बिठा दिया कि छोड़ो गोली भारत की तरफ़। ठाँय-ठाँय चालू।

आजकल वह दौर चल रहा है। सीमा पर बैठे हैं और अमरीका से मिली हराम की बन्दूक़ें चला रहे हैं। हिसाब यह मिलाया कि अगर सौ गोली मारेंगे तो भारत जवाब में दस-दस गोली तो मारेगा। बस काफ़ी है। आज की उपलब्धि यह हुई कि भारत की दस गोलियाँ ख़त्म कीं।

अब भारत चाहे तो सौ गोली के जवाब में दो सौ गोलियाँ चला सकता है। मगर यहाँ हर गोली गाढ़ी कमाई की और वहाँ हर गोली मुफ़्त की भीख से मिली। अपनी हर गोली गाँठ से जा रही है और उनके लिए और गोलियाँ बनाने में अमरीका धन्धे से लगा हुआ है। पाकिस्तान को जल्दी है कि कब शस्त्रों का स्टॉक ख़त्म हो तो नया लेकर आएँ यहाँ यह संकोच कि ये ख़त्म हो गयीं तो नयी बनानी पड़ेंगी।

मुझे एक साहब बता रहे थे कि पाकिस्तान के स्कूल में इतिहास के कोर्स

में पढ़ाया जाता है कि बाबर से वाजिद अली शाह तक भारत पर पाकिस्तान का कब्ज़ा रहा है। फिर हमने अँग्रेज़ों से मिलकर षड्यन्त्र रचा और पाकिस्तानियों को हिन्दुस्तान से बाहर निकाल दिया। मगर वे बहादुर निकले नहीं। सिन्ध क्षेत्र में डटे हैं और अपना मुल्क वापस हासिल करने की जी-तोड़ कोशिश में लगे हैं। लेकर रहेंगे।

वही पाठ्यक्रम पढ़े छात्र सैनिक बनकर बॉर्डर पर अमरीका के शस्त्र ले भारत की तरफ़ रुख़ करके बड़े धार्मिक भाव से गोलियाँ चलाते इतिहास की पाकिस्तानी किताब में पढ़ा दायित्व निभा रहे हैं।

वे सब दया के पात्र हैं। ग़लत हिस्ट्री के छात्र हैं। उनकी गोलियों के जवाब में गोली चलाने की ख़बर कोई अच्छी ख़बर नहीं होती। उन्हें जवाब में इतिहास की सही किताब की ज़रूरत है ताकि वे समझें कि पाकिस्तान की जनता का भला बन्दूक़ का रुख़ भारत की तरफ़ करने में नहीं इस्लामाबाद की तरफ़ करने में है। वे जानते नहीं वे क्या कर रहे हैं। अतः हे प्रभु, उन्हें क्षमा कर!

क्या चमचे बदलेंगे?

इस देश में सुख-सुविधा से जीवन जीने के दो ही रास्ते हैं—दादागिरी या चमचागिरी। चूँकि दादा भी कहीं-न-कहीं चमचा ही होता है, इसलिए रास्ता एक ही है—चमचागिरी। हम सब चमचे हैं। कहीं-न-कहीं, किसी-न-किसी के चमचे हैं। हमारी झुकी हुई रीढ़ ही वह मज़बूत बल्ली है जिस पर जीवन की सुरक्षा का तम्बू तना है। जब देश स्वतन्त्र हुआ तो हम सब स्वतन्त्र हो गये, यह निर्णय लेने के लिए कि हम किसके चमचे बनें? जब जिसका जहाँ मौक़ा लगा वह वहीं किसी का चमचा हो गया। चमचागिरी का आधुनिक इतिहास तीस वर्ष का है। चमचागिरी के तीन गौरवशाली दशक बिताने के बाद अब हम इस स्थिति में आ गये हैं कि चमचागिरी पर अधिकारपूर्वक कुछ कह सकें।

इस बार आम चुनाव के जब परिणाम आने शुरू हुए तो काँग्रेस ही नहीं हिली, देश के सारे चमचे भी अन्दर-ही-अन्दर हिल गये। चुनाव-परिणामों की उस रात चमचा सो नहीं पाया। अब क्या होगा? मैं चमचा रह सकूँगा या नहीं? रहूँगा तो किसका? हो सकता है मैं हटा दिया जाऊँ और मेरी जगह कोई दूसरा चमचा ले ले। क्राइसिस का मूमेण्ट जिसे कहते हैं। चमचा सोच रहा था। चमचा बहुत परेशान था।

मैं आपसे प्रश्न पूछना चाहता हूँ मित्रो! क्या गवर्नमेण्ट बदलने के साथ चमचा बदलता है? बहुत गम्भीर प्रश्न है। चमचागिरी का समूचा जीवन-दर्शन इस प्रश्न के उत्तर में समाहित है। क्या नयी सत्ता नये चमचे लेकर आती है अथवा वे ही चमचे अपना रंग बदलकर नयी सत्ता के चमचे हो जाते हैं? तीस साल में पहली बार यह सवाल राष्ट्र के सामने उठा है।

जैसा मैंने कहा, हमारे देश में चमचागिरी की एक महान् गौरवशाली परम्परा रही है। चमचों के जितने स्वरूप हमने देखे हैं उसके अनुसार एक क़िस्म उन चमचों की होती है जिन्हें आप सहज चमचा कह सकते हैं। वह यों कि मन्त्री के बँगले में घुसकर भाँगड़ा करने लगे, जो मन्त्री बना उसकी शान में तुरन्त एक ग़ज़ल पढ़ दी, या चित्रकार हुसैन की तरह रातोंरात दुर्गामाता के तीन पेण्टिंग बना सुबह हाज़िर

हो गये। ये सब सहज चमचे होते हैं। इनसे गहरे वे चमचे होते हैं जो विद्वान् होते हैं, रेडियो टेलीविज़न पर बोलना जानते हैं, अख़बारों में विश्लेषण करते हैं। ये बड़ी सफ़ाई से अपने मुहावरे बदलते हैं, अन्दाज़ बदलते हैं और नये दौर के चमचे हो जाते हैं। तीसरे वे हैं जो यह मंजूर ही नहीं करते कि हम चमचे थे या हैं मगर हर वक़्त फ़ौरन रंग बदलकर दूसरे के चमचे हो जाते हैं। मगर इस आम चुनाव में जब सत्ता हिल गयी तो चमचों को भी आत्मचिन्तन करना पड़ा।

मैंने इस विषय में एक चमचे से बात की। वह बड़े-बड़े काँग्रेसी मन्त्रियों का चमचा रह चुका था और सभी बँगलों पर आता-जाता था। मैंने कहा—"भाईसाहब, अब आप हटिए, दूसरे चमचों को मौक़ा दीजिए। काँग्रेस के राज में आप चमचे थे, जनता पार्टी के राज में हमें चमचा बनने दीजिए।" वह तमककर बोला—"मैं कभी काँग्रेस का चमचा नहीं रहा, मैंने हमेशा काँग्रेस की ग़लत नीतियों का विरोध किया है। मैं नेताओं के मुँह पर बोलकर आया था कि आपकी नीतियों के कारण काँग्रेस चुनाव में कभी नहीं जीत सकती।"

दरअसल, मैं उससे देर से मिला। मैंने प्रश्न देर से किया था। वह उसके पहले ही काँग्रेस की चमचागिरी छोड़ चुका था और जनता पार्टी के नेताओं की चमचागिरी करने लगा था। असली चमचे आत्मचिन्तन में वक़्त नहीं गँवाते। वे दूसरे ही क्षण काम चालू कर देते हैं। हमारे देश में कभी दूध-दही की नदियाँ बहती थीं। वे चाहे अब नहीं रही हों, पर मक्खन के पहाड़ आज भी खड़े हैं और काम में आते हैं। वह पुराना अनुभवी चमचा था जिसने हर दौर में फ़ायदा लिया था।

तब सवाल यह है कि नये चमचे कहाँ जाएँगे? यदि हमारे नये नेता पुराने चमचों से ही घिरे रहे तो चमचों की उभरती नयी पीढ़ी का क्या होगा? युवा चमचों का क्या होगा? समान्तर चमचों का क्या होगा? यह एक गम्भीर राष्ट्रीय समस्या है। एक तो यह कि नये नेताओं से कहा जाए कि वे पुराने चमचों से सावधान रहें और अपने इर्द-गिर्द नये चमचों को ही जगह दें। पुराने चमचों की लिस्ट बनाकर मन्त्रियों के बँगलों पर भेज दी जाए ताकि उनका प्रवेश रोका जा सके। मैंने एक शख़्स को यह योजना बतायी तो वह बड़ा उत्साहित हुआ। बोला—"चलो जल्दी से लिस्ट बनाकर बँगलों पर चलते हैं, चलो जल्दी करो।" वास्तव में वह शख़्स भी पुराना चमचा था और नये माहौल में जगह बनाने की कोशिश में लगा था। उसने सोचा इसी बहाने सही बँगले में घुसने का मौक़ा तो मिलेगा।

एक सज्जन ने मुझसे कहा, आप इतने परेशान क्यों होते हैं? नये चमचे संघर्ष करके अपना स्थान बना लेंगे। चमचागिरी तो मेरिट की लड़ाई है, जिसमें ज़्यादा दम होगा वह टिकेगा। चमचे बनने के लिए प्रतिभा चाहिए। यदि प्रतिभा होगी, आपको कोई नहीं रोक सकता। पुराने चमचे जल्दी नहीं हटेंगे। नये नेताओं को यह देख प्रसन्नता होती है कि दूसरों के चमचे आजकल उनकी तरफ़ झुक रहे हैं। इस देश

में राजनीति क्या है? चमचों के विराट् समूह पर अपने प्रभाव की जाँच करते रहना ही तो राजनीति है। मक्खन के आईने में लगातार शक़्ल देखते रहना ही तो राजनीति है। नेताओं को चमचे देखकर ख़ुशी होती है। वे इसे अपना प्रभाव मानते हैं। नये चमचों के लिए संघर्ष कड़ा है, पर वे जगह बना सकते हैं। किरायेदार बदलते रहते हैं, बिल्ली बँगला नहीं छोड़ती। दूध-दही और चूहों का मोह उसे बँगले से बाँधे रखता है। आप जब जाएँगे, पुराना चमचा आपको घुसने नहीं देगा। मगर डरिए मत, भिड़े रहिए। अस्तित्व की लड़ाई में अन्ततः शुद्ध चमचे ही शेष रहते हैं। विजय आपकी होगी, शर्त बद लीजिए विजय आपकी होगी।

चुनाव के पहले चमचे काँग्रेसी नेताओं के बँगलों पर गये थे और यही वाक्य बोल आये थे। फिर वे जनता पार्टी के नेताओं से मिले और यही वाक्य बोल आये। विजय आपकी होगी, शर्त बद लीजिए—विजय आपकी होगी। चुनाव हुए। किसी-न-किसी की तो विजय होनी ही थी। जो जीता, चमचे दौड़ते हुए उसके यहाँ गये—"देखिए श्रीमन्, हमने कहा था ना जीत आपकी होगी।" जीता हुआ नेता यह सुनकर मुस्कराता है। बस वही मुस्कान चमचे की बेस है, आधार है।

हमारे नेताओं को चमचे अच्छे लगते हैं। उनसे वातावरण में जान रहती है। चमचों के उत्साह से नेताओं का आत्मविश्वास बढ़ता है। चमचा पास रहता है तो नेताओं को लगता है सारे देश की जनता उनके साथ है। एक चमचा सारी जनता का, सारे देश का प्रतीक बन जाता है। उसके चेहरे में पूरे देश की झलक नज़र आ जाती है नेताओं को। चमचा झुका रहता है, हाँ में हाँ और नहीं में नहीं करता वहीं खड़ा रहता है, पीछे-पीछे चलता है। नेताओं को लगता है सारा देश उनके पीछे चल रहा है।

हमारी राजनीति में चमचों की जड़ें बहुत गहरी हैं। उसका मुँह उसी दिशा में रहता है जिधर हवा बहती है। वह जो कहता है ठकुर-सुहाती कहता है। इस देश में चमचे हैं और उन्हें प्रेम से अपनानेवाले भी हैं। अपनानेवालों का पतन होता है, चमचों का पतन कभी नहीं होता। जो भी उभरेगा, चमचा उसी का होगा। चमचा हर हाल में चमचा है, चमचा हर दौर में चमचा है।

कुर्सियाँ छीनने का मौसम

यह तनकर खड़े होने का मौसम है। चारों ओर गर्दन घुमाओ और कुर्सी छीनने की कोशिश में लग जाओ। चुनाव होने में काफ़ी देर है। यह मौसम काँग्रेस के आपस में लड़ने का मौसम है। नंगापन अख़्तियार कर लो, कोई कुछ नहीं बिगाड़ सकता।

पिछले वर्षों ऐसे ही मौसम में दल-बदल हुए थे। झमाझम पानी बरस रहा था और पदाभिलाषी कुकुरमुत्तों की तरह फूट रहे थे। इस बार बहुमत ज़्यादा है इसलिए दलबदल तो सम्भव नहीं मगर आपस में सैद्धान्तिक और ग़ैर-सैद्धान्तिक धींगामुश्ती करने के लिए पर्याप्त कीचड़ उपलब्ध है। चल रही है।

सब हाई कमाण्ड के दरवाज़े हाय-हाय करते पहुँच रहे हैं। काँग्रेस अपनी वाली पर आ रही है। यही काँग्रेस का सच्चा स्वरूप, पार्टी चरित्र है। बरसों से लोगों ने काँग्रेस को इसी रूप में देखा है। एकता मजबूरी में, कमज़ोरी में या भय से होती है। जब जनता से, केन्द्रीय नेताओं से भय होता है तब इनमें परस्पर प्रीति उपजती है। जब वोट मिलने का डर सताता है, ये एक-दूसरे के गले में हाथ डालते हैं।

आजकल कोई डर नहीं। चुनाव दूर हैं, कुर्सियाँ पास हैं। हर मुक़ाम लड़ने के योग्य लगता है। समाजवाद लाने की फ़िक्र करे इन्दिरा गाँधी। जिसने नारा दिया उसकी जिम्मेदारी। दूसरे काँग्रेस-नेताओं ने तो कुर्सी के चक्कर में टिकिट माँगा था। बिना उसे पाये जीता जाना असम्भव लग रहा है। यों भी राजनीति में कल किसने देखा है। आज जो मिले समेट लो। बहुत हो गया आदर्शवाद, समाजवाद। असली चीज़ है काँग्रेसवाद, अर्थात् पदों के लिए खींचतान। सब जुट गये हैं। वज़ह हो-न-हो, मुख्यमन्त्री उखाड़ रहे हैं। यहाँ उखाड़ा, वहाँ उखाड़ा। ये मारा, वो मारा। नेता पिट रहा है, पार्टी अमर है। दिन हो या रात, बात या बेबात, बिहार या गुजरात काँग्रेसियों का काम जारी है।

हर काँग्रेसी मुख्यमन्त्री बनने की योग्यता रखता है। इस भारतभूमि में उसका जन्म मुख्यमन्त्री बनने के लिए ही हुआ है। बहुत से काँग्रेसी अपनी इस आकांक्षा को प्रकट कर चुके हैं। कुछ बन चुके हैं, कुछ बननेवाले हैं। जो चुप हैं वे मौक़े के इन्तज़ार में हैं। वक़्त आएगा और वे स्वयं को प्रस्तुत कर देंगे। वे स्वयं जानते

हैं कि मुख्यमन्त्री बनने की पूरी योग्यता उनमें है। वे आज भी हो जाते मगर दो चीज़ें आड़े आती हैं। एक हाई कमाण्ड की मंज़ूरी, दूसरे बहुमत। चारों ओर जो समस्याएँ हैं वे तभी सुलझेंगी जब वह मुख्यमन्त्री बनेगा। वह तब तक चुप बैठा है। प्रतीक्षा करता है मौक़े की। कौन जानता है इन ढीले कुरतों में राष्ट्र के कितने पटेल, कितने घिया, कितने अब्दुल गफ़ूर छिपे हुए हैं और कौन जानता है कि कब इनका सुप्त मुख्यमन्त्री फूटकर समाने आएगा?

हाई कमाण्ड कितने ही हाई कमाण्ड हों, आख़िर वह काँग्रेस की हाई कमाण्ड है। कभी वह एकता और अनुशासन पर ज़ोर देती है और कभी ऐसी ढीली प्रजातान्त्रिक हो जाती है कि सिर-फुटौवल उसे सहज लगता है। कल तक समाजवादी क़दम उठाने पर ऐसा ज़ोर था कि दिल्ली से ले जाकर उसने जहाँ-तहाँ मुख्यमन्त्री रोप दिये थे। आज वह उसी के उखड़ने का तमाशा देख रही है और उसे यह सब ठीक लगता है। ठीक भी है क्योंकि उखाड़-पछाड़ काँग्रेस के चरित्र के अनुकूल होती है और हाई कमाण्ड का फ़र्ज़ है कि ऐसी हालत पनपने दे। नारे मूर्ख जनता के लिए होते हैं और कुर्सियाँ चतुर काँग्रेसियों के लिए। जनता का काम है सिद्धान्तों के नाम पर वोट देते रहना, और नेताओं का काम है पदों के लिए लड़ते रहना। पिछड़े हुए देश में जनता और नेता के बीच यह समझौता लगातार लम्बे समय तक चलता रह सकता है। और इसे स्थायित्व देने के लिए देश ज्यों-का-त्यों बना रहे यह देखना हाई कमाण्ड का फ़र्ज़ है। अविकसित देश में घटिया तत्त्वोंवाले दल की स्थिति सदा सुरक्षित है।

और पद प्राप्त करने के लिए, मरणान्तक संघर्ष करने के लिए काँग्रेस के शतरंज खिलाड़ियों ने मौसम भी क्या ख़ूब चुना। जब सारा देश महँगाई, बेकारी, अभाव से परेशान राहत की तलाश में नेताओं की ओर आँखें गड़ाये था, तब काँग्रसियों ने कहा—प्यारे भाइयो, तुम क्यों असन्तुष्ट होते हो, लो तुम्हारी बजाय हम ही असन्तुष्ट हुए जाते हैं। बजाय इसके कि तुम संघर्ष की सोचो, हम आपस में संघर्ष चालू कर देते हैं, तुम तमाशा देखो। इससे तुम्हारा मन बहलेगा और कुछ समय के लिए असली समस्याओं से तुम्हारा ध्यान हट जाएगा। परिस्थितियाँ नहीं बदली जा सकतीं, मगर मुख्यमन्त्री अवश्य बदले जा सकते हैं। रोज़गार की सम्भावनाओं का विस्तार नहीं किया जा सकता, मगर मन्त्रिमण्डलों का विस्तार तो किया जा सकता है। परिवर्तन न हो, परिवर्तन का भ्रम तो पैदा किया जा सकता है। मुख्यमन्त्री का बदलना भी तो एक परिवर्तन है। और कुछ न हो, इसी से काम चलाओ।

इसीलिए झमाझम पानी बरस रहा है और राजनीतिक महत्त्वाकांक्षाओं की कनखियाँ फूट रही हैं। जब तक मुख्यमन्त्रित्व की स्वाति बूँद नहीं टपकेगी, काँग्रेस का असन्तुष्ट पपीहा गरदन ऊपर उठाये हाई कमाण्ड को ताकता रहेगा, चिल्लाता रहेगा। यह स्वार्थों में समूहबद्ध होने का मौसम है, तनकर लड़ने का मौसम है, एक दूसरे को गिराने का मौसम है। कुल मिलाकर यह एक सामान्य काँग्रेसी मौसम है।

विश्वविद्यालय और गुरुजन

कोई आश्चर्य नहीं किया जाना चाहिए, यदि कुछ ही माह में देश की ग्राम पंचायतें यह प्रस्ताव करने लग जाएँ कि उनके गाँव में एक विश्वविद्यालय होना सख़्त ज़रूरी है और सरपंच महोदय वाइस चान्सलर बनने के सपने देखने लग जाएँ। आज सभी लोगों को बिना विश्वविद्यालय के नगर सूना-सूना लगने लगा है। कुछ दिनों बाद यही स्थिति गाँवों में हो जाएगी और फिर देखिए कि देश में 'हेड ऑफ़ द डिपार्टमेण्ट' इकन्नी के चार मिलेंगे, और आश्चर्य न कीजिए अगर आपका पड़ोसी कहीं का 'डीन ऑफ़ फैकल्टी' हो जाए।

सोचिए ना, जिस गाँव में पक्का कुआँ है, चार मौसमी सड़कें हैं, जागीरदार का ख़ाली मकान है, जहाँ का कद्दू ज़िला कृषि प्रदर्शनी में प्रथम आया है, जहाँ की पंचायत में दो राजनीतिज्ञ बैठे हैं, एक कवि-दो पहलवानों का जिस पावन भूमि से सम्बन्ध रहा है, सिर्फ़ दो मील दूर से रेल गुज़रती है, पोस्ट ऑफ़िस है, कोआपरेटिव है, भजन-मण्डली है, साल-भर में एक शानदार मेला लगता है और हर शनिवार को हाट लगती है, जहाँ के लोकनर्तक दिल्ली हो आये हैं, जहाँ के पण्डित शिवरात्रि पर रेडियो के ग्रामीण कार्यक्रम में लेख पढ़ चुके हैं, जहाँ गहरी बातें कहनेवाला एक साधु चिलम फूँकता बैठा है, जिस गाँव के 'फोटू' अख़बार में छप चुके हैं—उस गाँव में विश्वविद्यालय क्यों न हो? होना ही चाहिए। जनता चाहती है तो होना चाहिए। बार-बार माँग की गयी है, समर्थन में हड़तालें तक हुई हैं, तो क्यों न उस गाँव में विश्वविद्यालय हो! वहाँ की जनता सरकार पर भेदभाव का आरोप लगा सकती है। जब हर शहर में विश्वविद्यालय खुल गया है तो गाँवों में क्यों नहीं? क्या यही प्रजातन्त्र है? समाजवाद है? जनता की माँग ठुकरायी जा रही है!

और कोई आश्चर्य नहीं, कुछ वर्षों बाद हर तहसील, हर मोड़, हर टप्पा एक विश्वविद्यालय संजोये बैठा हो।

और विश्वविद्यालय का अर्थ होगा—एक प्रभावशून्य वाइस चान्सलर, चतुरों में चतुर रजिस्ट्रार, म्युनिस्पाल्टी का वातावरण उत्पन्न करनेवाली सीनेट, कन्धे उचकाते, अपना सूट निहारते प्रोफ़ेसर, दुपट्टा सँभालती लड़कियाँ और सीटी बजाते लड़के।

आज यदि कोई व्यक्ति मूर्ख है (और साथ ही एम.ए. भी) तो आश्चर्य नहीं कीजिए अगर वह 1928 के जनवरी माह में प्रकाशित हिन्दी उपन्यासों के नारी पात्रों' पर पी-एच.डी. करने की टोह में लगा हो और इस कार्य के लिए किसी 'विभागाधक्ख' अर्थात् 'हेड ऑफ़ द डिपार्टमेण्ट' का अभय वरदान भी पाये हो। कक्षा में चार वाक्य बोलने में असमर्थ प्रोफ़ेसर सिर्फ़ इसी कारण सम्मान का पात्र बन जाए कि उसकी गाइडी परीक्षा-वैतरणी में गैया की पूँछ-सम सहायक सिद्ध होती है, वे सभी चतुर जन जो बाँका बख़त पड़ने पर गधे को भी काका पुकारने पर विश्वास करते हैं, सम्मान में झुककर उसे 'सर' कहते हैं और सिर्फ़ हाज़िरी भरवाने के पावन उद्देश्य से उसका भाषण सुनते हैं, वही भाषण, जो पिछले दस वर्ष से उसके कमल-मुख से घिसे रेकार्ड की तरह इस कक्षा में बजता रहा है और बजता रहेगा। इसी प्रकार के अनेक विद्वान्, अनेक कक्षाएँ तथा अनेक छात्र मिलने पर कॉलेज बन जाता है। ऐसे ही कॉलेज से जब राजनीति आ जुड़ती है तो वहाँ युनिवर्सिटी हो जाती है। ऐसी युनिवर्सिटियाँ अब हर आबादी में बन रही हैं, जहाँ नहीं हैं, वहाँ बन जाएँगी। (धन्य है! इस देश का यारो क्या कहना, यह देश है दुनिया का गहना!)

हमारे गाँव या हमारे शहर में विश्वविद्यालय हो जाएँ तो कितना आराम रहे। कल जो किताबवाला पट्टी-पहाड़ा बेचता था, डायनामिक्स और स्टेटिक्स पर ग्रन्थ छापने लगे और 'काव्य सौरभ' या 'काव्य प्रसून' का तीसरा संस्करण तैयार करवाने में जुट जाए। कल जो सज्जन तुलसी की चौपाई ठीक से अनुवाद न कर पाते थे, आज महज गुटबन्दी के दमजहूरे पर वाइस चान्सलरी के ख़्वाब देखने लग जाएँ। जिन्हें शेक्सपियर के सारे नाटकों के नाम पता नहीं; वे अँग्रेज़ी के गिरते स्तर पर चर्चा करें। जो हर विषय से कपड़े बचाता गुज़र गया वह विद्वान्, जो बात न समझे सो आलोचक, जो अन्धे की कुशलता से रेवड़ी बाँटे वह परीक्षक, और जिन्होंने कभी पुस्तकें न देखी हों वे छात्र। प्रतिवर्ष चार विषयों की परीक्षा देनी है। काश वे विषय होते—सीलोन रेडियो, सिने-संसार, हूटिंग कौशल और प्राध्यापक को नवनीत-लेपन! तब कौन-सा छात्र फेल होता। विषय दूसरे हैं तो भी कौन फेल होता है! कैण्टीन में बैठे-बैठे जिन्होंने इण्टर, बी.ए. और एम.ए. किया, वे लेक्चरर बनकर पुस्तकालय में कैसे बैठ पाएँगे—समझ में नहीं आता। उनसे ऐसी अपेक्षा करना क्या अत्याचार नहीं है?

वह गुलामी का ज़माना था, ज़ब विश्वभारती के लिए बेचारे टैगोर को सपना सँजोने से दीवार खड़ी करने तक श्रम करना पड़ा था। वह कितने बुरे दिन थे, जब बनारस हिन्दू युनिवर्सिटी के लिए मालवीय जी दर-दर भटकते थे और वह ज़माना, जब वाइस चान्सलर का मतलब होता था आचार्य नरेन्द्र देव! और अब कितनी सहूलियत है कि कहीं एक ख़ाली मकान मिल जाए तो आज हम चमगादड़ें साफ़ करें, कल चूना पोतें और परसों विश्वविद्यालय क़ायम कर दें। पहले जितनी निष्ठा

और त्याग-भावना पुस्तकालय स्थापित करने में होती थी, आज उतना भी तो इस पावन कार्य में नहीं लगता!

दो रोज़ हुए एक प्रोफ़ेसर जन बस स्टैण्ड पर खड़े मिले। मुझसे पूछ रहे थे–"आपकी किसी प्रकाशक से जान-पहचान है?" मैंने कहा, "क्यों?" कहने लगे–"गर्मी की छुट्टियों में दो पुस्तकें अर्थशास्त्र पर लिखी हैं। पैसा मैं गाँठ से लगाने को तैयार हूँ, कोई छाप भर दे।" मैंने कहा, "अपने पास से पैसा क्यों लगाते हैं, ऐसा भी क्या उत्साह!" कहने लगे, "पैसे की कोई बात नहीं, दो-एक किताबें छपी हुई हों तो ज़रा रोब रहता है। पब्लिक सर्विस कमीशन में बताने को रहती हैं। हें हें....!"

मैंने विषय बदला, "सुना आप रिसर्च कर रहे थे?" "हाँ।"–वे ऐसे बोले जैसे उन्हें कोई भूली बात याद आयी, "सिनॉप्सिस मंजूर हो गया है। क्या करें ट्यूशनों से फ़ुर्सत नहीं मिलती। फिर भी ईश्वर ने चाहा तो इस साल कुछ कर लेंगे। धरा क्या है जी उसमें? हमारे गाइड ने कहा है–"बस लिख भर डालो, डॉक्टरेट दिलाना मेरा काम है।"

मैंने फिर विषय बदला–"कॉलेज जा रहे हैं?"

"हाँ, एकाध पीरियड लेना है! हाज़िरी भरकर छुट्टी दे दूँगा। फिर ज़रा ऑफिस जाऊँगा। सुना है तीन-चार नये कॉलेज खुल रहे हैं, मेरे प्रिंसिपल बनने का चान्स है। पता लगाऊँगा।"

मैंने महामूर्ति को मन-ही-मन प्रणाम किया। फिर वे मेरी हाथ की पुस्तक ग़ौर से देखने लगे, "क्या है यह?"

"तीसरी योजना!" मैंने कहा।

"छप गयी?" वे आश्चर्य से बोले।

"कभी से, दो साल हो गये! आपके पास तो होनी चाहिए, अर्थशास्त्र पढ़ाते हैं न आप!"

"शायद कॉलेज में आयी हो! अब कितना पढ़ें! हर पाँचवें साल तो योजना बदल जाती है।" वे चिढ़कर बोले और मुँह फेरकर दूसरी ओर देखने लगे। मैं भी क्या करता! इधर-उधर देखने लगा। कुछ गधे आ रहे थे मिट्टी लादकर, वे उस ओर देख रहे थे।

तो ये शिक्षक हैं, जो कॉलेज में प्रमाण बटोरते हैं। दो माह का अवकाश एक माह का दीवाली-दशहरा अवकाश, फिर राखी, पन्द्रह अगस्त, गणेश चतुर्थी, ईद, मोहर्रम व जन्माष्टमी की छुट्टियाँ, अतिथियों के भाषण के कारण पीरियड सस्पेण्ड, बरसात की छुट्टी, मूड नहीं होने की छुट्टी, परीक्षा की तैयारी की छुट्टी, आकस्मिक छुट्टी, योजनाबद्ध छुट्टी, अकारण व सकारण, अकर्मक व सकर्मक छुट्टियों में समय बिताते बड़े व्यस्त हैं। पाँच साल में छपी पुस्तकें जिन्हें भारी पड़ती हैं, अनजान लड़कों में जानकारी का थोथा अहं ले जीते हैं।

ये गुरु हैं। अजी आदिकाल से इनका यही रवैया रहा है। वेद की चार किताबें समझाने के सिलसिले में लड़कों से पैर दबवाते थे, लकड़ियाँ कटवाते थे, खेतों में रात-भर जगवाते थे, साफ़-सफ़ाई, लिपाई-पुताई वग़ैरह जाने क्या-क्या धन्धे करवाते थे। फिर भी मूड ख़राब हो जाए तो शाप दे देते थे, आजकल ऐब्सेण्ट लगा देते हैं। पहले गुरु-दक्षिणा के नाम पर लूट-खसोट करते थे, आज ऊँची तनख़्वाह, ट्यूशन, कोर्स में लगी पुस्तकों व गाइडों की रॉयल्टी, और उत्तर-पुस्तिका जाँचने के दाम वसूल कर लेते हैं।

गुरुदेव! इसी कारण जब गुरु-गोविन्द दोनों में से किसके पैर छूने का प्रश्न आता है तो ख़ाली पॉकेट भक्त तुम्हारे ही पैर छूता है। इसी कारण जब ईश्वर प्रसन्न होकर तपस्वी ध्रुव से पूछते हैं कि "माँग—क्या वरदान माँगता है", तो ध्रुव काँपती वाणी में कहते हैं—"हे प्रभु, मुझे परीक्षाओं से बचाओ!...त्वमेव माता, पिता त्वमेव—मंझ आमचा माई-बाप तुमीज हो सर!"

गोरखनाथ ने कहा है—

गुरु कीर्ज गाहिला, निगुरा न राहिला।
गुरु बिन ज्ञान न पाइला रे भाइला ॥

अतः पढ़े बिना गति नहीं। दत्तात्रेय ने तो मक्खी को गुरु बनाया था, हम यदि इस सूट पहने लकड़ी के खोकों को नमस्कार करें तो क्या हर्ज़ है!

नये दशक का घोषणा-पत्र

इस पहली तारीख़ से भगवान की कृपा से नया दशक आरम्भ हो गया, सो छोटे-बड़े सभी साहित्यकार जानते हैं। बड़े साहित्यकारों का तो वही ढर्रा जारी रहेगा कि इस विश्वविद्यालय में सुराख कर, उस कुर्सी पर जगह जमा, मगर नया दशक सच में आरम्भ हुआ है उन भाई लोगों के लिए जो पिछले दस साल से हिन्दी के नक्कारख़ाने में छोटी पत्रिकाओं की मधुर तूती बजा रहे हैं। मन्त्री और गुट-बन्दी की क्यारियों में आन्दोलन के पौधे पनपा रहे हैं और उन पौधों पर चढ़कर भविष्य की ओर आशापूर्ण दृष्टि से निहार रहे हैं। निहारते-निहारते दस साल बीत गये।

दस साल अर्थात् दशक जिसे कथा-दशक कहिए या व्यथा-दशक, बहुत घटनापूर्ण रहा। वारदातें और लगातार वारदातें। बदनामी जिनसे नाम हुआ। नयी धारा के नामकरण के साथ ऐसे हाथकंगन चमके जिनके लिए आरसी की कोई आवश्यकता नहीं थी। नाई से जिन बालों की संख्या के विषय में पूछा था, वे बाल स्वयं सामने आये और चाहकर भी गिने नहीं जा सके। साँच को आँच के प्रमाण-पत्र मिले या कहिए कि जो कुछ आँच के आसपास था सब साँच करार दिया गया।

ऐसी कठिन वेला में नया दशक आरम्भ हो रहा है। हिन्दी के पुराने काम-बिगाड़ू सेवक के नाते मेरी ज़ो भी बदनामी रही हो, उसे कुछ देर के लिए भुलाते हुए मैं आजकल नये दशक का घोषणा-पत्र तैयार करने में व्यस्त हूँ। लगभग तय है कि मैं इस दशक को वैसा व्यर्थ नहीं जाने दूँगा जैसा कि मेरे सन्दर्भ में प्रायः माना जाता है। ख़ुद के लिए भी नहीं और दूसरों के लिए भी नहीं। ख़ुद के लिए तो बिल्कुल नहीं।

सबसे पहली बात है मित्रो, अपने गुट की। देश की बदलती राजनीतिक और स्थानीय परिस्थितियों को देखते हुए चालू गुर में थोड़ा हरेफेर करना ज़रूरी होगा। एक मंशा तो यह है कि गुटबन्दी का स्तर उठे अर्थात् अपेक्षा-कृत अच्छी स्थिति के लोग गुट में आएँ। दूसरे, गुटबन्दी का आधार पूर्वापिक्षा ठोस हो। महज़ कॉफ़ी हाउस मैत्री या निष्कपट भाव से परस्पर पीठ ठोंकने और एक-दूसरे के कृतित्व को टिप्पणियाँ लिखकर सहारा पहुँचाने के साहित्यिक सत्कार्य से अधिक कुछ करना

होगा, जो महज पत्रिकाओं के प्रकाशन तक सीमित न होगा। कुछ लोग, जो व्यर्थ हमारे कन्धों पर चढ़े हुए हैं, उन्हें उतारकर फेंकना होगा और जिनके कन्धों पर हम चढ़े हुए हैं, उन्हें थोड़ा दाबकर रखना होगा।

गुट में नयी वृद्धि यश के नये आयामों का ध्यान रखते हुए आर्थिक लाभ को देखकर की जाएगी। नये दशक के अन्त में हमें साहित्य में अपनी स्थिति सुधारने के अलावा बैंक-बैलेन्सं भी बढ़ाना होगा। गुट में समीक्षकनुमा टिप्पणीकारों की संख्या बढ़ानी होगी। फिलहाल उनका औसत एक साहित्यिक गुट में एक का आता है। इसे बढ़ाकर दो करना होगा। रचनाधर्मी और चर्चाधर्मी साहित्यकारों का अनुपात हर गुट में बराबर हो जाना चाहिए। जैसे किसी गुट में तीन कवि या लेखक हों तो कम-से-कम तीन टिप्पणीकार अवश्य होने चाहिए, जिनका काम हो सशक्त हस्ताक्षरों की रचनाओं को सशक्त दस्तावेज़ साबित करना। पिछले दशक में ऐसे सशक्त क़िस्म के काफ़ी हस्ताक्षर और दस्तावेज़ हिन्दी में हो गये हैं जिनकी संख्या इस दशक में बढ़ानी होगी। टिप्पणीकारों को समीक्षक का दर्ज़ा दिलवाना, समीक्षक को चिन्तक और आचार्य वाली मुद्रा में प्रस्तुत करने का काम जहाँ लाभकर हो, वहाँ यथावत् किया जाना चाहिए। विश्वविद्यालयीन आचार्यों को पिछले दशक में हमने काफ़ी बुरा-भला कहा है, इस दशक में उनसे समझौता किया जा सकता है, बशर्ते वे हमें कोर्स में ले लें। कुल मिलाकर हमें इस दशक का उपयोग विगत दशक के आक्रोश को फ़ायदे में भुनाने में करना है।

संस्थानों के प्रति नाराज़ी के रवैये को इस दशक में तब तक बरक़रार रखना होगा, जब तक स्वयं हमें वहाँ नौकरी न मिल जाए। बेरोज़गारी के दौरान विद्रोही व्यक्तित्व और रोज़गार के दौरान कला की हिन्दी ऊँचाइयों को स्पर्श करने का सहज साहित्यिक चरित्र हमें खोना नहीं है। पुराने संस्थानों से लड़ाई जारी रहे पर यह आशा करके चलना चाहिए कि हिन्दी के विकास के साथ नये संस्थान खड़े होंगे जिनसे सहमत हुआ जा सकता है। उन्हें मदद दी जा सकती है, उनसे कमाया जा सकता है, उन्हें असफल किया जा सकता है। और यदि वे हमसे सहयोग प्राप्त करने के बावजूद सफल हो गये तो उनका विरोध किया जा सकता है। यद्यपि तब तक यह दशक समाप्त हो जाएगा।

जिन संस्थानों में साहित्यकार पदों पर बैठे हैं, उनसे विरोध जारी रहे, जब तक वे दबाव में न आएँ। मगर शेष ऐसे संस्थानों से, जहाँ साहित्य के निर्णय असाहित्यिक करते हैं, समझौते करने में कोई हर्ज़ न पिछले दशक में था और न अगले दशक में रहना चाहिए। पुस्तक-प्रकाशन करनेवाले संस्थानों के प्रति सहयोग की नीति चालू रहे। अपना संकलन छपाने के लिए उन्हें रुपया भी देते रहना चाहिए। व्यावसायिक पत्र-पत्रिकाएँ प्रकाशित करनेवाले संस्थानों के लिए जो परिभाषा मानी गयी है, वही पुस्तक-प्रकाशकों पर लागू नहीं होती। अतः हिन्दी लेखक का

ऐण्टी-इस्टेब्लिशमेण्ट रुख यथावत् लोचदार बना रह सकता है।

छोटी पत्रिकाओं की कटार-सी उपयोगिता इस दशक में सर्वमान्य हो चुकी है और हिन्दी के रणांगण में हर साहित्यकार एक ऐसी कटार बग़ल में दाबे रहे तो वह आवश्यकता होने पर आत्मरक्षा के लिए तथा दूसरों की यदा-कदा हत्या करने के लिए बड़ी उपयोगी सिद्ध हो सकती है। मिनी पत्रिका हो या सामान्य छोटी पत्रिका, एक तरह से आईने का काम देती है। स्वयं तथा मित्रगण मुग्ध भाव से अपना चेहरा उसमें निहार सकते हैं और सृजन के क्षेत्र में नारिसस वृत्ति के सभी तकाज़े इसमें पूर्ण होते हैं। अब यह स्पष्ट हो चुका है कि हिन्दी में दो क़िस्म की छोटी पत्रिकाएँ रह सकती हैं। एक वे हैं जो विज्ञापन और ग्राहकों की मोहताज नहीं हैं और दूसरी वे हैं जो सिर्फ़ उनकी ही मोहताज हैं और किसी की नहीं। दोनों प्रकार की पत्रिकाओं का विकास होना चाहिए। जैसे-जैसे हिन्दी-लेखक और हिन्दी पाठक के मध्य कोहरा बढ़ता जाएगा, ऐसी पत्रिकाओं की उपयोगिता नये सन्दर्भों में प्रमाणित की जा सकेगी। तब सम्पादकों को ग्राहक न मिलने के आधार पर लेखकों से मुफ़्त और अच्छी रचनाएँ प्राप्त करने में होनेवाली असमर्थता का बोध करा कर ग्राहक बना लेना सरल हो जाएगा।

नये दशक के आरम्भ में साहित्य में दो धाराएँ साफ़ हैं। एक उन लोगों के साहित्य की उदार, मानववादी, राष्ट्रप्रेम वाली धारा जो अपनी योग्यता अथवा तिकड़म के अनुसार बड़े अथवा छोटे पदों पर बैठे हुए हैं तथा दूसरी उन लोगों की स्पष्टवादी विद्रोही धारा जो योग्यता अथवा तिकड़म से ऐसे पद प्राप्त करने की दिशा में प्रयत्नशील हैं। साफ़ टक्कर इन दो धाराओं में है। स्पष्ट है कि इस दशक में एक ओर यदि चिन्तन और विमर्श के स्तर पर तू-तड़ाक की साफ़गोई का हम स्पर्श करेंगे तो लेखन के स्तर पर निजी विशिष्टताएँ स्थापित करने के दंगल भी जारी रहेंगे। नया दशक उपलब्धियों का दशक रहेगा। वह चाहे किसी कृति के रूप में हो अथवा नौकरी के रूप में।

नौकरी में लगा एक बड़ा साहित्यकार वर्ग इस दशक में रिटायर होगा और यदि उसे पुनः कोई नौकरी नहीं मिली तो वह विद्रोही और सत्यभाषी होकर ख़तरे के रूप में उपस्थित हो जाएगा। मैं इस दशक में ऐसे अनेक साहित्यकारों से मिला हूँ जो इस प्रतीक्षा में हैं कि कब रिटायर हों तो सत्य बोलें। सही माने में यथार्थवादी बनें और कुछ ऐसे सरकारी कर्मचारियों से भी मिला हूँ जो लेखक बनने के लिए ही रिटायरमेण्ट की प्रतीक्षा कर रहे हैं। इस दशक में वह स्वर्ण-घड़ी आ जाएगी और उसके जो परिणाम होंगे, वे स्पष्ट हैं।

पुरस्कारों पर ध्यान देना है। इस बात पर गम्भीरतापूर्वक विचार किया जाना चाहिए कि ये पुरस्कार हमें क्यों नहीं मिल पाते। इस दशक में मिलना चाहिए। इसके लिए दुतरफ़ा कार्यवाही करनी होगी। एक तो जिन्हें पुरस्कार मिल रहे हैं, उन्हें

निरन्तर बदनाम करना होगा और, दूसरे, पुरस्कार देनेवालों से उच्चस्तरीय सम्पर्क साधने होंगे। बिना सक्रिय हुए काम नहीं चलेगा। आकाशवाणी और टेलीविज़न का भी इस दशक में काफ़ी विकास होगा। हमारी अपनी आत्मविकास की योजना उक्त विकास की समानान्तर एवं सहयोगिनी-योजना होनी चाहिए अन्यथा यह सारा कुछ कोई माने नहीं रखता।

कुल मिलाकर हमें हिन्दी का यह सत्तरोत्तर काल अपने लिए सार्थक बनाना है। आन्दोलन करने होंगे, टाँगें खींचनी होंगी, मठ और गद्दियाँ हड़पनी होंगी, कोर्स में लगना होगा, चर्चा में आना होगा, पुरस्कार पाना होगा, हाथों-हाथ बिकना होगा, मंच पर दिखना होगा। नया दशक व्यस्तता का दशक होगा, लाभ का वर्ष होगा, शत्रु की पराजय का वर्ष होगा और शत्रु कौन है, इसके निर्णय परिस्थिति अनुसार बदलने होंगे। जीवन की गति बढ़ गयी है, मित्र को शत्रु और शत्रु को मित्र होते समय नहीं लगता। उन्हें भी समय नहीं लगता, हमें भी समय नहीं लगता।

मैं नये दशक में साहित्यकारों के कार्यक्रम का पूरा घोषणा-पत्र उक्त आधारों पर तैयार कर रहा हूँ और शीघ्र ही प्रारूप प्रस्तुत कर दूँगा जिसे स्थानीय एवं प्रान्तीय परिस्थितियों एवं निजी कुण्ठाओं के अनुसार फेरबदल कर उपयोग किया जा सकेगा। विगत दशक कतिपय उपलब्धियों का दशक रहा है और समय निकालकर लेखकों और कवियों ने कुछ पठनीय लिखा भी है। अगले दशक में इसके लिए तो समय निकालना कठिन है कि कोई कुछ लिख सके, पर अन्य क्षेत्रों में हम पिछड़ जाएँ, यह हिन्दी के हित में नहीं होगा। घोषणा-पत्र तैयार करने के कार्य में आजकल इसी उद्देश्य से जुटा हुआ हूँ। मित्रों से मदद की अपेक्षा है। अपने अनुभव से सलाहें दें।

छत्तीसवीं ठण्ड

ठण्ड बजने लगी। मेरे देश के अधनंगे लोग अब अधिक देर खड़े नहीं रहते। वे बैठने लगते हैं। उनके घुटने सिमटकर पैरों के पास आते हैं। उनकी मुट्ठियाँ बन्द होने लगती हैं। वे मौसम को अन्दर-ही-अन्दर से इनकार करते हुए ठिठुरते हैं। आप ठण्ड को पूरी बस्ती से गुज़रते देख सकते हैं। उनके अधढँके शरीर को चीरते महसूस कर सकते हैं। ठण्ड उनमें से बीत रही है। जैसे अभी बाढ़ बीती थी, सूखा बीता था।

आज़ादी के बाद की यह छत्तीसवीं ठण्ड है। उन लोगों ने अपने साफे या पगड़ी से पिछले साल की तरह इस साल भी कानों को ढँक लिया है। बड़े-बूढ़ों ने कहा था, कान ढँक लेने से सर्दी नहीं होती। पता नहीं कब कहा था। शायद अल्तुतमिश के शासनकाल में या मौर्यों के पूर्व या मोहनजोदड़ो के समय। कान ढँक लेने से सर्दी नहीं लगती। आज़ादी की छत्तीसवीं ठण्ड से रक्षा करने का आज भी यही उपाय है। सूरज अब भी सबसे बड़ा सहारा है, बशर्ते किसी भ्रष्टाचार से नज़र बचा वह बादलों के पीछे न छुप गया हो। आज भी रात की कड़कड़ाती ठण्ड में आग की दिशा में रेंगने के अतिरिक्त कोई रास्ता नहीं है ठण्ड से बचने का।

अलाव अब भी जलते हैं, पर सूखी लकड़ियाँ बटोरना चोरी का काम है। जंगल आज भी कहने को घर है आदिवासियों का, पर वृक्ष उसके नहीं रहे। पेड़ों पर सभ्य समाज की नज़र पड़ गयी है इन छत्तीस वर्षों में। फलों की नहीं, तने और डालियों की महत्ता समझ गये हैं बड़े लोग। वृक्ष से फर्नीचर बनता है। कुरसी, डबलबेड, डायनिंग टेबल, रिसेप्शन डेस्क, वुड पेनलिंग। वृक्ष हमारी सद्यःप्राप्त अमीरी के प्रदर्शन में सहायक हैं। जरूरी हैं। वृक्ष अब ग़रीबों के चूल्हों के लिए नहीं हैं। ठिठुरते लोगों की ठण्ड दूर करने के लिए नहीं हैं। वृक्ष उनके हैं जिनके बदन पर स्वेटर है, शाल है, जो एअरकण्डीशण्ड बेडरूमों में इम्पोर्टेड कम्बलों में लिपटे हुए आज़ादी के बाद की इस छत्तीसवीं ठण्ड में सर्वाधिक सुरक्षित हैं।

ठण्ड बढ़ रही है। औरतें ऊन की तलाश में निकल पड़ी हैं। औरतें ऊन लेने

जा रही हैं। वे बिना ऊन लिये नहीं लौटेंगी। वे बाज़ार में हैं। वे परेशान हैं। उनकी पसन्द का ऊन उन्हें मिल नहीं रहा। पर वे निराश नहीं हैं। चूँकि वे औरतें हैं। वे जैसा चाहती हैं वैसा ऊन ख़रीद कर रहेंगी। आज़ादी के बाद से भेड़ें दूध के लिए नहीं, केवल ऊन और स्वेटरों के लिए पाली जाती हैं। लोग फिर भी ठण्ड में काँपते, खाँसते बीमार रहते और मरते हैं। जंक्शनों पर भीख माँगते बच्चे, देर रात होटल के बाहर कड़ाही धोते, गलियारों में ठिठुर कर सोये बच्चे। भेड़ें उन्हें स्वेटर नहीं देतीं। वृक्ष उन्हें तापने को लकड़ियाँ नहीं देते। छत्तीस साल की आज़ादी आड़े आ गयी है। स्वेटर भी उसी के पास है, जिसके पास फर्नीचर है। सूखी डालियाँ बटोरना अपराध है। समूचा पेड़ काटकर ट्रक में लाद देना उद्योग है।

हम कुर्सियों को कुर्सियाँ बनने से नहीं रोक सकते। हम वृक्षों की नियति नहीं बदल सकते। जहाँ कान्फ्रेन्स टेबल होना है, वहाँ तो कान्फ्रेन्स टेबल होगा। चेअर्स लगनी है तो लगेगी। यह सब नहीं होगा तो हम वृक्षों के कटने की समस्या पर विचार कैसे करेंगे? लकड़ी के टेबल नहीं होंगे, तो हम किस पर कुहनियाँ टेक चिन्तित होंगे, पेड़ों के लिए। आज़ादी की छत्तीसवीं गौरवशाली ठण्ड में हम क्या पेड़ों से टिककर, पेड़ों के नीचे बैठकर चिन्तित होंगे? बड़ा टेबल नहीं होगा, तो वृक्षों की रक्षा करने का आन्दोलन करनेवाली समितियाँ अपना सालाना भोज आयोजित करते समय बिरियानी और चिकन के डोंगे कहाँ रखेंगी? पेड़ों को अपने हित में कटना है। अपने हरियाले भविष्य के लिए मूल से उखड़ना है। पेड़ों की फ़िक्र अब पेड़ों को नहीं, आदमियों को है। पेड़ों का काम सिर्फ़ पेड़ हो जाना भर है। उन्हें उगना है, खड़े हो जाना है और आदेशों की प्रतीक्षा करनी है। पेड़ों की उम्र कितनी हो यह मामला ठेकेदार और अफ़सर की बातचीत में तय होगा। अफ़सर नेता से पूछकर बताएगा कि पेड़ों को कब काट देना राष्ट्र के लिए आवश्यक है। अब न पेड़ सहज रूप से उत्पन्न हो सकते हैं और न लम्बी उम्र जी सहज मृत्यु को प्राप्त होंगे। वे अब एक आन्दोलन के तहत उगेंगे, एक राजनीतिक उपलब्धि के रूप में क़ायम रहेंगे और विकास, उद्योग या विदेशी मुद्रा की ख़ातिर काट डाले जाएँगे।

आज़ादी की छत्तीसवीं ठण्ड में आदमी आज भी काँप रहा है, पर वृक्ष अपनी भूमिका बदल चुके। वृक्ष अब शोभा हैं, वृक्ष एक राजनीतिक सफलता हैं, वृक्ष विरोधियों की नाक पर जूता हैं। वृक्ष अब वृक्ष भर नहीं हैं। अपने होने पर वे वृक्ष होने के अतिरिक्त अहसास देते हैं। अपने होने पर वे सामान्य जन के काम आएँ-न आएँ, अपने न होने पर वे राजनेताओं में आक्रोश और कार्यकर्ताओं में एक क़िस्म का तनाव उत्पन्न करते हैं। राजनेता चीख़कर पूछता है कि वृक्ष वहाँ क्यों नहीं है, जहाँ वृक्षों को होना चाहिए। सुनकर अफ़सर नाटकीय अन्दाज़ में काँपने लग जाता है, जैसे ठण्ड में काँप रहा हो। राजनेता को कोई नहीं बताता कि चूँकि लकड़ियाँ

वहाँ हैं जहाँ लकड़ियों को होना चाहिए, फर्नीचर वहाँ हैं, जहाँ फर्नीचर को होना चाहिए, इस कारण वृक्ष वहाँ नहीं है जहाँ वृक्ष को होना चाहिए था। राजनेता इस बात को जानना भी नहीं चाहता। वृक्ष नहीं, वृक्ष की बात राजनीतिक फल देती है। शहरी नेतृत्व की जड़ें मज़बूत करती है। वृक्ष की प्रमुख डाल राजनीति में चली गयी है। अब बच्चे उस पर ऊधम नहीं मचाते। अब सत्ता उसकी रक्षा कर रही है। जैसे फ़ाँसी पर चढ़नेवाले क़ैदी की रक्षा की जाती है। तुम नहीं मरोगे, हम तुम्हें मारेंगे।

ठण्ड बज रही है। एक सारंगी के स्वर की तरह वह हमें अन्दर-ही-अन्दर भेदती बज रही है। अनजाने में कुड़कुड़ाते दाँत उसे ताल दे रहे हैं। हड्डियाँ काँप रही हैं, बदन काँप रहा है। ग़रीब आदमी ने अपनी मुट्ठियाँ भींच बग़ल में दाब ली हैं। छत्तीस वर्ष पूर्व यही मुट्ठियाँ थीं और यही बग़ल थी। यही संगीत था। राष्ट्रीय संगीत था। दाँत कोरस में बज रहे थे। आज़ादी के बाद यह छत्तीसवाँ आयोजन है। वही ध्रुपद, वही गायकी, वही राष्ट्रीय कार्यक्रम। एक परम्परा है, करोड़ों वाद्य हैं। कितना विराट् आयोजन है! विण्टर फेस्टीवल पूरे देश के ग़रीबों का! कुड़कुड़ाते बच्चों का, अपनी हड्डियों की रक्षा करते बूढ़ों का। लोग षड्ज के तार की तरह काँप रहे हैं। बिना डाँट पड़े काँप रहे हैं। निरपराध काँप रहे हैं। बाहर ठण्ड है, अन्दर कँपकँपी।

अन्तर और बाह्य में ऐसा साम्य कब देखने को मिलता है। ग़रीब काँप रहा है। अधिकतर देश काँप रहा है। उसे एक सूखी डाल की ज़रूरत है, जिसके टुकड़े जला वह बदन सेंक ले। आज़ादी की छत्तीसवीं ठण्ड में सम्भव नहीं रहा। वृक्षों के मूड बदल गये हैं। कल फटी धोती से बदन ढाँपे बूढ़ी माँ जंगल से लकड़ियाँ बटोर जब लौट रही थी, नाके के आदमी ने उसे रोक लिया। चल थाने। किसकी परमीसन से लकड़ी उठाया? बूढ़ी माँ गिड़गिड़ाती रही। नहीं भैया, मैं तो नीचे से बीनी रे, मैं कहाँ तोड़ने लगी। नहीं माना। पूरे दिन की मेहनत छोड़ के रुआँसी बड़बड़ाती लौट आयी। लड़की को अकेली जंगल भेज नहीं सकते। ठेकेदार के आदमी घूमते रहते हैं। 'यहाँ काहे आयी छोकरी' कहकर हाथ पकड़ा जाता है। बाद में जो होता है उसकी रपट भी नहीं लिखी जाती। सरकार को लकड़ी से ज़्यादा अपनी बदनामी का डर रहता है।

सब-कुछ पराया हो गया। शहर तो पराये थे ही। गाँव कब पूरी तरह अपना था! जंगल अपने थे, तो वे भी अब अपने नहीं रहे। आज़ादी की महिमा! बाग़ जंगल हो गये, जंगल बाग़ हो गये। वहाँ फूल तोड़ना मना है, यहाँ लकड़ी तोड़ना। जंगल अब होते नहीं, लगाये जाते हैं। पूरे इरादे के साथ एक बाग़ की तरह। पहले बाग़ लगाकर शहंशाह यश बटोरते थे, अब जंगल लगाने की घोषणा कर सरकार यश बटोरती है। जंगल भी पहले-जैसे लोगों की तरह सहज, आत्मीय और विविध नहीं रह गये। आम, बबूल, पीपल, खैर, शीशम, अब मनचाहे जहाँ नहीं उग जाते।

जाति-भेद था, पर जाति-भेद का ज़िन्दगी पर असर नहीं था। अब वर्ग-भेद घुस गया है और जातियाँ नष्ट हो रही हैं। अमीरों और ग़रीबों की तरह पेड़ों के भी दो वर्ग हैं। वे पेड़, जिनकी लकड़ियाँ महँगी बिकती हैं। वे पेड़ जिनकी लकड़ियाँ सस्ती बिकती हैं। देश को अपनी आमदनी बढ़ानी है, इसलिए सरकारी नीतियाँ कहती हैं कि वे पेड़ लगाइए जिसकी लकड़ी ऊँचे दामों में उठे।

नया वर्ष

नया वर्ष!

नया वर्ष आवेदन-पत्रों का वर्ष हो! जो जहाँ है, वहाँ से कहीं अन्यत्र के लिए आवेदन करे। नया वर्ष सुखद इस्तीफों का वर्ष हो। नया वर्ष नौकरी छोड़ने का वर्ष हो। क्रान्ति असम्भव है, स्थितियाँ नहीं सुधरेंगी, मनुष्य सिर्फ़ स्थान बदल सकता है। नया दुःख खोजने में कम-से-कम परिवर्तन का सुख मिलेगा। अतः स्थान बदलिए, इस्तीफे दीजिए और नये आवेदन कीजिए। नया वर्ष आवेदन-पत्रों का वर्ष हो!

नया वर्ष वायदों का वर्ष हो, आश्वासनों का वर्ष हो। चाहे वे वायदे झूठे निकलें और आश्वासन, आश्वासनों की परम्परा के अनुसार, थोथे हों, पर हों अवश्य! वायदे और आश्वासन जीवन के मरुस्थल में मरीचिकाओं के समान हैं। आदमी हिरन की तरह एक वायदे से दूसरे वायदे तक चौकड़ियाँ भरता है। आदमी ही नहीं, सारा समाज, सारा देश वायदों और आश्वासन के दम पर दौड़ता है। वायदे हमें आस्थावान बनाते हैं। घोर अँधेरे में सिर्फ़ वायदे की किरन आती है और आँखों में चमक दौड़ा देती है। प्रेमिका प्रेमियों से, प्रेमिका के पिता जी प्रेमी से, बॉस अपने बाबू से, नेता समाज से और बड़े देश छोटे देश से वायदे करें, आश्वासन दें। नया वर्ष वायदों का वर्ष हो!

नया वर्ष उधार का वर्ष हो। सब परस्पर उधार लें और उन्हें मिल भी जाए। क ख से और ख ग से उधार ले। टाम डिक से, डिक हेरी से और लल्लू जगधर से उधार ले। दुकानें ग्राहकों को, कारख़ाने दुकानों को, सरकार कारख़ानों को और बड़े देश छोटे देश की सरकार को उधार दें। आदमी हो या देश, समस्या का हल सिर्फ़ उधार लेने में मानता है। अर्थशास्त्र की महान् प्रतिभाएँ दीर्घ चिन्तन के उपरान्त इसी निष्कर्ष पर पहुँचती हैं कि कहीं से उधार ले लिया जाए। उधारी हमारे राष्ट्रीय जीवन का अंग है। बिटिया ब्याहने से लेकर कारख़ाना खड़ा करने तक हमारे सारे सपने उधारी के दमबूते पर टिके हैं। नया वर्ष उधार का वर्ष हो! नया वर्ष उधार न लौटाने का वर्ष हो!

नया वर्ष परस्पर हितों का वर्ष हो! चाचा अपने भतीजों को, ब्राह्मण अपने

समाज के जन को, कायस्थ कायस्थ को और प्रान्त वाले अपने प्रान्त के लोगों को लाभ पहुँचाएँ। हमारा घर भरे, हमारे लोगों का घर भरे। जो भी हमारा है सुखी रहे। हमारे ज़िले में अन्न ख़ूब हो, हमारे राज्य में चीज़ें सस्ती मिलें और हमारे घर में स्टॉक बना रहे। हमारे लोगों को नौकरियाँ मिल जाएँ! हमारा व्यक्ति ऊँचे पद पर हो। हमारा आदमी नेता हो, हमारा आदमी वाइस चान्सलर बने, हमारा आदमी जज बने, हमारा आदमी कलेक्टर हो—सर्वत्र हमारे ही लोग हों जो हमारा हित करें। संसार की तुलना में हमारा देश ऊपर उठे, देश की तुलना में हमारा प्रान्त, प्रान्त में हमारा ज़िला, ज़िले में हमारा गाँव और गाँव में हम सबसे सम्मानित और सुखी हों। सुखदायी संकीर्णताएँ, लाभदायी भाई-भतीजावाद का यह वर्ष हो। नया वर्ष परस्पर हितों का वर्ष हो!

नया वर्ष आलोचनाओं, प्रत्यालोचनाओं अर्थात् बुराइयाँ करने का वर्ष हो। जब अकेले बैठें तो सैद्धान्तिक आधारों पर दोषारोपण करें। हमारे चिन्तन-मनन की परिणति दोष खोजने में हो। हमारे विवादों का आरम्भ-अन्त किसी की बुराई करने से हो। 'खूब बुराइयाँ होंगी जब मिल बैठेंगे सयाने दो'—और जब तीन सयाने मिलें तो चौथे की और चार मिलें तो पाँचवें की बुराइयाँ करें। जब चार में से एक उठकर चला जाए तो हम उसकी भी बुराइयाँ करें, मज़ाक़ उड़ाने लगें। नेता जनता में कमियाँ बताएँ और जनता नेता के दोष खोजें। कविताओं में किसी की आलोचना हो और ऐसी कविताओं की आलोचना हो और फिर उन आलोचनाओं से भी असहमति हो। हर ख़बर का खण्डन हो, हर खण्डन को चुनौती दी जाए और हर मन्तव्य पर सम्पादक के नाम पत्र भेजे जाएँ। निजी कक्ष से सार्वजनिक क्लब तक यही रस व्याप्त हो। बुराइयाँ की जाएँ और बुराइयाँ करनेवालों की बुराइयाँ की जाएँ। नया वर्ष आलोचनाओं, प्रत्यालोचनाओं अर्थात् बुराइयाँ करने का वर्ष हो! छिद्रान्वेषण का वर्ष हो!

नया वर्ष बोरियत का वर्ष हो। हम दूसरों को बोर करें और प्रतिबोरित हों। हर व्यक्ति हर जगह बोर हो। रेडियो के पास, सिनेमा में, भाषणों में, चित्रकला प्रदर्शनी में, पत्रिकाओं में, अख़बारों में, किताबों में, नाटकों में सर्वत्र सब बोर हों। जो यहाँ से उठे, बोर होकर उठे। जो जहाँ जाए बोर करने जाए। एक बोरियत से दूसरी बोरियत में फँसने का नाम ही दिनचर्या हो। कवि-सम्मेलनों में बोरियत हो और घर जाएँ तो श्रीमती बोर सिद्ध हों। वह अकेली बोर हों और जब पति पहुँचे तो ज़्यादा बोर हों। बोर होने के बाद लोग कॉफ़ी हाउस जाएँ और वहाँ से बोर होकर लौटें। बोर लिखा जाए और पढ़कर सब बोर हों। 'वाह वाह' की ध्वनियाँ वातावरण से चली जाएँ और 'बोर बोर' की आवाज़ें गूँजने लगें। नया वर्ष 'बोरों' का वर्ष हो!

नया वर्ष उघड़ने और सिकुड़ने का वर्ष हो। हर व्यक्ति कुछ और तंग हो। दिमाग़ तंग से तंगतर होते चले जाएँ। पैण्ट की मोहरियाँ और सलवार के पाँयचे

भी और तंग हों। नया वर्ष अधिक उघड़े। पीठें, गले, कमर, बाँहें, खिड़की के परदे, ब्लैकमनी, चोरी का स्टॉक—सब ज़्यादा उघड़ें। सब पोलें सार्वजनिक हों। नया वर्ष उघड़ने और सिकुड़ने का वर्ष हो। नया वर्ष 'टॉपलेस' वर्ष हो, 'नैरो' वर्ष हो!

नया वर्ष मियाँ मिट्ठू बनने का वर्ष हो। एक-दूसरे को शुभकामनाएँ देकर नुकसान पहुँचाने का वर्ष हो। ऊँची-ऊँची बातें करके टुच्चे काम करने का वर्ष हो। नया वर्ष औपचारिक मुस्कराहट और परस्पर प्रशंसा का वर्ष हो। नया वर्ष केले खाकर छिलके फेंकने का वर्ष हो। पैर कुचलकर 'सॉरी' कहने का वर्ष हो। लड़कियाँ घूरने और छेड़खानियाँ करने का वर्ष हो। सौन्दर्य-प्रदर्शन और युवकों को पागल बनाने का वर्ष हो। यह विश्वामित्र की तपस्या भंग करनेवाला मेनका वर्ष हो!

जो होता चला आया है वही होते रहने का वर्ष हो। स्वार्थों पर जुड़ने और सिद्धान्तों पर बिखरने का वर्ष हो। मीठी ग़लतफ़हमियों और थोथी शुभेच्छाओं का वर्ष हो!!

आकाश देखते हुए

छतरियाँ सुधरवाने के दिन क़रीब आये लगते हैं। दो-तीन दिन से हवा बड़ी सन्ना रही है। लगे कि अब टपके और तब टपके। लालबुझक्कड़ी भविष्यवाणियाँ करनेवालों के लिए ऐसे दिन बड़े मज़े के बीतते हैं। सारा गाँव पूछता है कि क्यों साब, क्या कहना पड़ता है कि इस बार पानी कैसा रहेगा? ताज्जुब तो यह कि इस साल पूछनेवालों में काँग्रेसी नेता ज़्यादा हैं। वक़्त पर छतरियाँ न खुलीं तो पार्टी को मुँह छिपाने की जगह नहीं मिलेगी। प्रगति की जो थोड़ी-बहुत खुरचन देशवासियों के हाथ पल्ले पड़ जाती है वह भी जाती रहेगी। अपने जल द्वार सूख जाएँगे तो वाटर-गेट के करिश्माकारों से ज़्यादा गेहूँ माँगना पड़ेगा। वहाँ इस साल ख़ूब आया है। मगर हम कोई योजना आयोग के सदस्य तो नहीं जो इतनी जल्दी निराश हो जाएँ। खुले में सोते हैं तो निश्चित करके सोते हैं कि रात को बिस्तरा लपेट अन्दर भागना पड़ेगा, हालाँकि तीन दिनों से पूरी रात में चार-सात बूँद टपकी होंगी।

काँग्रेसी जन जानते हैं कि अपोजीशन फिर धीरे-धीरे अपनी पोजीशन में आ रहा है। दुर्घटनाएँ, हड़ताल, शहर बन्द, महँगाई की ज़मीन बराबर मिली तो पनप जाएगा। इसलिए किसान से ज़्यादा फ़िक्र नेताओं को बरसात की है। हे मेघ, तू दक्षिण की बड़ी आँखोंवाली मुनेत्र कष्ग़म सुन्दरियों की पॉलिटिक्स में फँस मत जाना। यहाँ आकर भी बरसना, क्योंकि इधर चुनाव-परिणाम बड़े ख़राब गये हैं मेरी पार्टी के लिए। तू बरस तो मंच से भाषणों की बौछार की फ़िज़ाँ बने और विरोधियों से निपटा जाए। तू जानता है कि विरोध का कैक्टस सूखे में पनपता है और काँग्रेस के गुलाब को पानी चाहिए। निराशा में जनता की तबीयत झाबुआ हो गयी तो पुलिस और सूचना विभाग मिलकर कुछ भी नहीं कर सकेंगे। और पानी कम बरसने का आरोप तो सी.आई.ए. पर भी नहीं लगा सकते। अपनी क़िस्मत को रोना पड़ेगा।

उस दिन एक काँग्रेसी नेता ने कहा कि भूखे-नंगे ही समाजवाद लाएँगे तो मुझे बड़ा अजीब लगा था। इतने दिनों कहते रहे कि काँग्रेस समाजवाद लाएगी और एकदम छिटककर सारी ज़िम्मेदारी भूखे-नंगों पर डाल दी। उनका यह विश्वास तो नहीं है कि देश के असली भूखे-नंगे काँग्रेस में ही हैं, जो निरन्तर खाने-पहनने में

लगे रहते हैं। अगर उनका मतलब ग़रीब भूखे-नंगों से है तो इस बार बरसात भविष्य का निर्णय करेगी। अगर पूरा पानी न बरसा, फ़सल ज़्यादा न आयी तो भूखे-नंगों द्वारा समाजवाद लाने का ख़तरा दरवाज़े पर ही समझो। मगर काँग्रेसी नेता कुछ कहें, उनका समाजवाद से तात्पर्य हरियाली से ही रहता है। ख़ूब सरकार से कर्ज़ लो, ख़ूब उगाओ, ख़ूब खाओ, लेवी बराबर दो, सभाओं में भीड़ लगाओ, वोट बराबर हमें दो, बस यही सच्चा समाजवाद है जो बरसात की वजह से आता है। अतः सर्वोपरि है बरसात, जिसमें देश की राजनीति भीगती है। नेतृत्व फूलता-फलता है। फ़ायदे के फल टपकते हैं।

आम काँग्रेसी इन दिनों प्रार्थना कर रहा है—हे राजा इन्दर, तू इन्दिरा का ध्यान रखकर बरस, इण्डिया का ध्यान रखकर बरस। हे सकल मटकों-बाल्टियों के भरैया, अपने गीले पोस्टर आसमान में चिपका दे और सालाना कोटा रिलीज कर, वितरण की लड़ाई हम लड़ लेंगे। इतना कीचड़ कर कि अपोजीशन का पैर फिसल जाए। पॉलिटिक्स तेरे हाथ है प्रभु! सारी म्युनिसपाल्टियाँ हाथ से निकल जाएँगी स्वामी, स्वागत-सत्कार को तरस जाएँगे। अगले चुनाव के पहले थोड़ा-सा समाजवाद तो लाकर दिखाना है! इतनी भर ग़रीबी हटानी होगी कि भाषण का मंच बनाने को जगह निकल आए।

माच के पात्रों की तरह जब तक भूपाली भिश्ती नहीं आएगा, फ़र्राश जाजम कैसे बिछाएगा? जब तक जाजम नहीं बिछेगी काँग्रेसी नेता कहाँ बैठेगा?

एक पौरुषेय खेल का यों रसबदल

जब बड़ी लड़की ने मुझसे सीधे क्रिकेट के बल्ले की माँग की और छोटी लड़की कपड़े पीटने का धौना ले आँगन की दीवार से पटा टिका गावस्करी शैली में नन्हे-मुन्ने चौके ठोंकने लगी तो इस ख़बर की पुष्टि हो गयी कि लड़कियों में क्रिकेट आ गया। क्रिकेट वातावरण की सफ़ेदी में इन रंगीन कोमल धब्बों की शुरुआत इस बार पहले प्यार की गम्भीरता लिये है, अतः कहना कठिन है कि मामला कितनी गहराई तक जाएगा। बड़ी सम्भावनाओं वाला प्रहर मैदानों पर बीत रहा है और यदि ऐसा ही चला तो ट्रांजिस्टर कालान्तर में व्यर्थ हो जाएँगे, क्रिकेट आँखों से देखने लायक़ हो जाएगा और मैं रंगीन टेलीविज़न के तीव्र विकास की भारतीय माँग पर हस्ताक्षर कर दूँगा। कल एक लड़की ने मुझसे प्रश्न किया कि अंकल गुगली क्या होती है, तो अपनी निरुत्तरी चुप्पी के क्षणों में मुझे अपने निरे शरद जोशी होने पर पुनः गम्भीर अफ़सोस हुआ और इस बार चन्द्रशेखर न होने के कारण। अन्नुजी बता रहे थे कि लड़कियाँ अपनी कोमल उँगुलियों के कारण लड़कों की अपेक्षा बेहतर स्पिनर्स बन सकती हैं। मैं एक मिली-जुली भारतीय टीम की रूमानी कल्पना में खो गया, जब बल्लेबाज पटौदीगण चन्द शर्मिलाओं को बॉलर्स के रूप में ले ओवल्स और ब्रिसबेनों की यात्राएँ करेंगे और अपनी प्रेरणा की तलाश में उन्हें मैदान के बाहर नहीं जाना पड़ेगा। क्रिकेट जिसे मैं आल्हा क़िस्म के वीर-काव्यों का विषय समझता रहा, एकाएक यों रसबदल कर शृंगार की ओर पलटी मार निकल जाएगा, आशा नहीं थी। पिछले एक सप्ताह से इस खेल की अनुभूति मुझे समूचा नरम किये है। तत्सम्बन्धी फड़कन अपना स्तर बदल रही है।

मैदानों पर सिवाय तीव्र आकांक्षा और अत्यधिक कोमलता के सब-कुछ अनिश्चित है, जो क्रिकेट के और युद्ध के अतिरिक्त सभी मामलों में एक सुनिश्चित शुरुआत मानी जा सकती है। वे लोग आ गयी हैं। यह उनके दरवाज़े तक रन करने से बेहतर स्थिति है। व्यर्थ की फील्डिंग कर शामें गँवाने वालों के लिए दोपहर का समय एकाएक उपयोगी हो जाना निश्चित ही माने रखता है। क्रिकेट का न हो पर बहुतों का भविष्य मुझे उज्ज्वल, रसमय एवं अपने में पूर्ण नज़र आता है। अभी

पक्का नहीं है कि इन क्रिकेटिकाओं के घुटने खुले रहेंगे या ढँके? और ढँके रहेंगे तो वे साड़ी, सलवार, स्ट्रेच, बेलबॉटम, गरारा, शरारा आदि किससे ढँके रहेंगे? कितनी दूसरी तक गेंद जाने पर चव्वा मान लिया जाना लड़कियों की दृष्टि से न्यायपूर्ण रहेगा? विपक्षी खिलाड़िन के आउट होने की प्रसन्नता को कितनी चीत्कार, किलकारी, उछलकूद द्वारा व्यक्त किया जाना शोभनीय एवं महिलोचित होगा? क्या बल्ला उतना ही भारी होगा जैसा निगोड़े मर्दों में चला आता है? चूँकि अधिकांश गेंदें नो बॉल रहेंगी, अतः अम्पायर अथवा अम्पायरनियों द्वारा उन्हें नो बॉल घोषित करना क्या महिला क्रिकेट के विकास की दृष्टि से उचित रहेगा? गेंद फेंकते समय कलाई (मैं फ़िलहाल नाज़ुक विशेषण नहीं लगा रहा) में मोच आने, बल्लेबाजनियों के शरीर पर यत्र-तत्र गेंद लगने, कड़ी धूप में फील्डरों के प्रायः बेहोश हो जाने के निरन्तर ख़तरों को दृष्टिगत रखते हुए क्या किसी डॉक्टरनी का निरन्तर बैग ले फील्ड में रहना उचित नहीं होगा? इन समस्याओं पर गम्भीरता से उन लोगों को विचार करना होगा जो गम्भीरता से विचार करने का धन्धा करते हैं। मैं यह निश्चित चाहूँगा कि सूरज की तरफ़ मुँह कर खड़ी फील्डर कन्याएँ धूप के बड़े चश्मे ज़रूर लगाये रखें तथा कैच लेने के उत्साह में इतनी भागदौड़ न करें कि लंच के बाद पेवेलियन से आना उनके लिए कष्टप्रद हो जाए। आउट होने पर वे निराश न हों। कपड़े बदलने के कक्ष से आती जल्दी आउट होनेवालियों की सुबकियाँ तथा एक्सट्राओं (अतिरिक्ताओं) और बारहवीं कन्या (पानी की गाड़ी के साथ जानेवाली) का उनके आँसू पोंछते रहना अच्छी बात नहीं है। इस मामले में वे लड़कों से सीखें जो लगातार जल्दी आउट होते रहने के बावजूद टीम में बने रहते हैं।

महिला क्रिकेट यदि सामूहिक नृत्य में तब्दील न हो तो भी नयी सम्भावनाएँ खोलता है। कॉलेज के अतिरिक्त भी घर से बाहर रहने की एक वज़ह और लड़कियों के पास अब आ गयी है। मैं इसे एक सामाजिक क्रान्ति कहूँगा। क्योंकि इस मौक़े पर ज़ोरदार कुछ कहना चाहिए। पुरुष खिलाड़ियों की कन्याओं, बहनों और प्रेमिकाओं के अतिरिक्त भी कुछ अच्छी खिलाड़ी विदेश जा सकेंगी, यह उम्मीद है। बीस-पच्चीस वर्षों बाद देश के कुछ उदीयमान क्रिकेट खिलाड़ी अपने परिचय में गर्व से कह सकेंगे कि मेरे पिता और माता दोनों क्रिकेटियर थे। नयी रसमय शुरुआत है ना यह!

वह पिछला विश्व कप

इस बार विश्व कप होगा और सम्भव है वह रगों में सनसनी उत्पन्न करे। शायद कुछ घट जाए जो बरसों तक याद रखने लायक हो। पर कई बार क्रिकेट ऐसा होता है जो हम-जैसे खडूस दर्शकों को सिवा सूचना के कुछ नहीं देता। अमुक की सेंचुरी बन गयी, वह शून्य पर गया। इतने रन से हार गये। एकदिवसीय का मज़ा तब है जब शुरुआत में रन-गति बढ़ाने का जोख़िम मोल लेनेवाले खिलाड़ी कुछ करिश्मा दिखाएँ। वे हर आती हुई गेंद को अपने बल्ले से रनों में भुनाने की कोशिश करें। वे टेस्ट खिलाड़ियों की तरह शरीफ़, सुरक्षात्मक बचाव का 'विकेट-सेवी' खेल न खेल थोड़ी हिम्मत दिखाएँ। पर सबको अपने कैरियर की पड़ी रहती है। वे कम रन बनाकर एक छोर को सकुशल बनाये रखने की वाहवाही दिन डूबने पर अपने साथियों और दूसरी सुबह अख़बारों में लूटना चाहते हैं। हमारे खिलाड़ी बहुत फूँक-फूँककर क़दम रखते हैं। उन पर एक अज्ञात डर बैठा रहता है। इसीलिए पिछले विश्व कप में जीतने के बाद वेस्ट इण्डीज़ ने हमें निरन्तर हराया। वे क्रिकेट की दुनिया को और हमें निरन्तर सजग खेल द्वारा विजय हासिल कर यही सूचित करना चाहते थे कि हमें विश्व कप यों ही धपसठ में मिल गया।

उनकी बात ठीक भी लगती है कई बार। लॉयड का कहना था कि हम इसलिए हार गये चूँकि भारतीय टीम ने अपनी पारी में केवल 183 रन बनाये। इसने हमें लापरवाह कर दिया कि इतने तो हम बना ही लेंगे। और इसी सुस्ती में हम विकेट खोते चले गये।

इसीलिए कहते हैं कि क्रिकेट महान् अनिश्चितताओं का खेल है। इसमें महानताएँ जो भी हों, अनिश्चितताएँ कम नहीं होतीं। पर उस दिन लॉर्ड्स के मैदान पर हुआ फाइनल आप याद कीजिए। बड़ी ढीली, सुस्त शुरुआत की थी भारत ने। एक हद तक शर्मनाक कही जा सकती थी। लॉयड ने टॉस जीता था और कपिल से कहा था कि अपने ओपनर से कहो कि पैड बाँध कर आ जाए मैदान में। गावस्कर और श्रीकान्त ने बड़े डरते-डरते आरम्भ किया। उस दिन गावस्कर को देख कोई नहीं कह सकता था कि इसके दिल में इस लॉर्ड्स के मैदान में सेंचुरी बनाने की

इच्छा है। श्रीकान्त सोच ही रहा था कि शराफ़त छोड़ें और धुनाई आरम्भ करें, पर तभी अपने हज़ारों रनों में मात्र दो रन जोड़कर गावस्कर आउट हो गये। शायद यही बात अच्छी रही, क्योंकि इसी सफलता ने वेस्ट इण्डीज़ को लापरवाह कर दिया और अपनी कमज़ोरियों के बावजूद हम जीत गये। कभी मौक़ा लगे तो उस खेल में हमारे विश्व चैम्पियनों की रन-संख्या देखिए। ग्यारह खिलाड़ियों में से आठ खिलाड़ी बीस की रन संख्या पार न कर सके थे। कीर्ति आज़ाद शून्य पर मैदान से अपनी कीर्ति लपेट आज़ाद हो गये थे। नब्बे से एक सौ तीस रनों तक पहुँचने के लिए भारत ने चार विकेट खो दिये थे। यदि उस दिन श्रीकान्त और अमरनाथ मिलकर 64 रन न बटोरते और अन्त में किरमानी और मदनलाल ने मिलकर 31 रन न जोड़े होते तो फ़ाइनल में भारत की स्थिति हास्यास्पद और भुला देने लायक़ होती। तब किसी ने कहा था कि भारत के खिलाड़ी बहादुर लड़ाकू हैं। और किसी ने उत्तर दिया था—इतना भर साहस बटोरने के लिए भारतीय क्रिकेट को पचास से अधिक वर्ष लगे हैं। और अब समस्या इस विश्व कप में यह है कि जो बटोरा था, वह भी रहेगा कि नहीं।

जो भी हो, इस बार जब विश्व कप होगा, हम जैसे बहुतेरे बार-बार पिछला विश्व कप याद करेंगे। उस दिन भारतीय दर्शक अलस्सुबह सड़कों पर आ गये थे और पूछ रहे थे कि जी आपके पास एक स्पेयर टिकिट होगा? यह हमारी आदत भी है, ऐन समय पर टिकिट की तिकड़म करना। यों भी किसने सोचा था कि फ़ाइनल में जा लड़ेंगे। इसकी तुलना में वेस्ट इण्डीज़ क्रिकेट-प्रेमी दर्शक अपने लम्बे हाथ फेंकते इत्मीनान से घूम रहे थे। वे जानते थे कि वेस्ट इण्डीज़ फ़ाइनल में आएगा और जीतेगा, इसलिए वे अपनी सीट बुक करा चुके थे। यह ज़बरन घुसने और दीवारें कूदकर तमाशा देखने का भारतीय दिन था।

उस दिन लॉर्ड्स की दर्शक-दीर्घा में रेलवे गार्ड की झण्डी के अन्दाज़ में तिरंगा हिलानेवालों की कमी न थी, पर हमारे बल्लेबाज़ उन्हें अधिक अवसर नहीं दे रहे थे। जब लंच हुआ, तब तक अमरनाथ और यशपाल शर्मा भी अपनी भूमिका पूरी कर वेस्ट इण्डीज़ के ब्रह्मराक्षस गेंदबाज़ों के शिकार हो चल दिये थे।

कुछ 183 रन में 20 एक्स्ट्रा रन थे। कुल मिलाकर हमारे वीरों ने केवल 163 रनों का योगदान विश्व चैम्पियन बनने की कोशिश में किया था। इतने कम रन बनानेवाले विश्व चैम्पियन होने लगे तो क्रिकेट बड़ी जल्दी देखने लायक खेल नहीं रहेगा।

हम जीते इसलिए कि वेस्ट इण्डीज़ हम कमज़ोरों से अधिक कमज़ोर निकला। ऐसा उनके साथ होता नहीं है पर उस दिन वे जिस चौघड़िये में खेलने उतरे, तब

उनके ग्रह-नक्षत्र ही ख़राब थे। यदि हमारी टीम में आठ खिलाड़ी बीस से अधिक रन न बना सके तो उनकी टीम में से ऐसे सात खिलाड़ी थे, जो दस से अधिक रन न बना सके। और ग्यारह में से नौ खिलाड़ी ऐसे थे जो बीस से कम रन पर आउट हो गये थे। हम जीते अमरनाथ और मदनलाल की गेंदबाज़ी के कारण। हम जीते गावस्कर और कपिलदेव के दो-दो महत्त्वपूर्ण कैचों के कारण। हम जीते इसलिए कि सन्धू ने ग्रीनिज़ को एक पर आउट कर बोलिंग की बढ़िया शुरुआत की। उसने बेकस को भी आउट किया। हम जीते इसलिए कि विवियन रिचर्ड्स 33 के बाद मदनलाल की गेंद पर कपिल के द्वारा झेल लिये जाने के कारण रनों का अम्बार न लगा सका। हम जीते इसलिए कि लॉयड जल्दी आउट हो गया—सिर्फ़ आठ पर। हम जीते कपिलदेव के कारण। वह बल्लेबाज़ों द्वारा गड्ढे में उतार दिये जाने के बावजूद अपने गेंदबाज़ों को पूरे उत्साह में रख जीतने का प्रयत्न करता रहा।

प्रायः यों होता है कि जब रन-संख्या कम होती है, हम कपिलदेव की ओर आशाभरी दृष्टि से देखने लग जाते हैं कि अब यह अपनीवाली पर उतर हाथ छोड़ेगा और चौके-छक्के लगाकर रन-संख्या कहाँ से कहाँ ले जाएगा। सबको ऐसे समय जिम्बाब्वे के ख़िलाफ़ कपिलदेव का किया कमाल याद आता है। ऐसे नाज़ुक मौक़े पर कपिलदेव के हावभाव से लगता है कि वह अपनी ज़िम्मेदारी समझ रहा है और आज वह कुछ कर के ही दिखाएगा। मगर ऐसे ही मौक़ों पर वह भी जल्दी ही आउट होता है और ट्रैजडी को ज़ोरदार ट्रैजडी में बदल देता है। भारतीय क्रिकेट का यही आनन्द है। जब पाँच खिलाड़ी नहीं खेलते, तो छठा सोचता है, मैं ही क्यों खेलूँ? उस दिन लंच के पूर्व कपिल ने रिचर्ड्स की गेंद पर चौका लगाया था। उम्मीद जागी कि लंच के बाद कपिल हाथ छोड़ेगा। उसने आकर दो चौके मारे और बाद में लॉग-ऑन पर छक्का ठोंकने की कोशिश में होल्डिंग को कैच दे पैविलियन की दिशा में चल पड़ा। वह यही कर सकता था एक बल्लेबाज़ के रूप में। अगले ओवर में आज़ाद और कुछ बाद ही बिन्नी भी लौट आये। गोम्स की गेंदें दोनों को भारी पड़ रही थीं। फिर खेला कौन? खेले वे जिनके बल्ले से कभी अधिक रनों की आशा नहीं रही। मदनलाल 17, किरमानी 14 और सन्धू 11 रन दे गये। ये अन्तिम पुछल्ला खिलाड़ी 42 रन न देते तो हम 183 तक भी न पहुँचते।

वेस्ट इण्डीज़ की टीम के बल्लेबाज़ जब मैदान में उतरे, उनके चेहरों पर मुस्कान और मन में इत्मीनान था। वे कोई तीन रन प्रति-ओवर की गति से चलकर मैदान जीत सकते थे। 184 रन बनाने के लिए उनके तीन खिलाड़ी पर्याप्त थे। अब उनके विशलेषण से सहमत हों तो यह इत्मीनान ही उन्हें खा गया। भारतीय विश्लेषण से कहा जाए तो यों कि उस दिन कपिलदेव ने अपने गेंदबाज़ों का पूरे भरोसे से और

सही उपयोग किया। वह रह-रहकर क्षुब्ध और निराश हो जानेवाले मदनलाल को निरन्तर दिलासा दे उसे भिड़ाये रहा और उस दिन मदन ने तीन विकेट लिये। तीन मोहिन्दर अमरनाथ ने लिये। अमरनाथ प्रायः खेलते समय अपनी टीम में होकर भी अलग-थलग-सा महसूस करता नज़र आता है, पर उस दिन उसने कमाल की हिस्सेदारी की। उसने दुजों, मार्शल और होल्डिंग के विकेट लिये। ये कोई नियमित बल्लेबाज़ नहीं हैं, पर पराजय की सम्भावना देख दुजों और मार्शल जमकर खेल रहे थे। मार्शल तो मानो उस दिन यह साबित करने पर तुला था कि वह ऑलराउण्डर है।

भारत 43 रनों की जीत से विश्व चैम्पियन बना। केवल 183 रन बनानेवाली टीम के लिए यह जीत एक अप्रत्याशित चमत्कार ही थी। उसके गेंदबाज़ों ने उसे लाखों तालियों का हक़दार बनाया—और अब जब फिर से विश्व कप हो रहा है, वे निरन्तर बज रही तालियाँ हमारी यादों में गूँजती हैं। पर विजय का वह पागल उत्साह पता नहीं इस बार देखने को मिलेगा कि नहीं। मुझे तो यशपाल शर्मा का वह मुस्कराता चेहरा और किरमानी का गंजा सिर याद आता है। उस दिन उसकी चमक कुछ ज़्यादा ही थी।

लॉर्ड्स की उस बालकनी पर हमारे खिलाड़ी पूरे जत्थे में जमा थे। वे भीड़ के अभिनन्दनी शोर का जवाब उतना ही शोर करके दे रहे थे। लॉर्ड्स की दीर्घा में खड़े जेण्टलमैन मुद्रावाले अँग्रेज़ों के चेहरों पर आश्चर्य देखने लायक था कि अच्छा, इण्डिया भी विश्व चैम्पियन हो सकता है! कोई भी अन्तर्राष्ट्रीय सम्मान स्वेज़ नहर के इस पार आ जाए तो उनके चेहरे पर यह आश्चर्य-भाव आना स्वाभाविक ही है।

वह तो हो गया, पर क्या भारत उनके चेहरों पर वही चौंकानेवाला भाव फिर इस बार उत्पन्न कर सकेगा? या इस विश्व कप के अनुष्ठान में भाग लेते समय भी हमारे कुछ नामी प्रथम श्रेणी के खिलाड़ी यही साबित करने का चक्कर चलाते रहेंगे कि हम बल्लेबाज़ अच्छे हैं, पर कपिलदेव कप्तान के रूप में अयोग्य है। क्या कपिल को इस बार भी अपने गेंदबाज़ों का मुँह जोहते विजय की कोशिशें करनी होंगी? लगभग दुर्दशाग्रस्त स्थिति में हम पिछला विश्व कप जीत गये। इस बार हम जीतेंगे या केवल दुर्दशा होगी। महँगे टिकिट ख़रीदनेवालों या अपना समय टीवी के सामने बैठ नष्ट करनेवाले करोड़ों लोगों को इतनी अपेक्षा करने का अधिकार है कि क्रिकेट की क्षुद्र शतरंजबाज़ी में मोहरे बढ़ाने-हटाने के चक्कर में मनोरंजन की बलि नहीं चढ़ायी जाएगी। हम क्रिकेट देखना चाहते हैं और क्रिकेट केवल क्रिकेट रहे तो हम जीत भी सकते हैं।

आमों का निर्यात : एक दुष्ट इरादा

मुझे उइके जी का यह इरादा पसन्द नहीं है कि वे आमों का निर्यात करना चाहते हैं। उस दिन आमों की प्रदर्शनी का उद्‌घाटन करते हुए उन्होंने बड़े ज़ोर-शोर से यह बात कही कि आमों के निर्यात को बढ़ाया जाए और करोड़ों की विदेशी मुद्रा कमायी जाए। सुनकर मेरा मूड दिन-भर ख़राब रहा। बार-बार सवाल उठता था : क्या यह शासन इस देश को रहने क़ाबिल नहीं रखना चाहता? क्या पहला मौक़ा लगते ही मुझे विदेश जाकर बस जाना चाहिए?

बरसों का अनुभव यही कहता है कि मन्त्रियों के भाषण गम्भीरतापूर्वक नहीं लिये जाने चाहिए। ये गंगा जाने पर गंगादासी और जमुना जाने पर जमुनादासी भाषण देते हैं। यदि इन्हें शाम के चार बजे होमियोपैथी के सम्मेलन में भाषण देने को कहा जाए तो होमियोपैथी के इलाज को श्रेष्ठ बताएँगे और उसी शाम छः बजे यदि इन्हें आयुर्वेदिक सम्मेलन में बोलने के लिए कहा जाए तो ये आयुर्वेद को संसार की सर्वश्रेष्ठ इलाज प्रणाली निरूपित करेंगे। मन्त्री पीठ ठोंकनेवाली मशीन के रूप में सक्रिय रहता है। सबसे कहता है कि तुम ठीक कर रहे हो, और काम बढ़ाओ। यद्यपि मैं उइके जी को इस कोटि का मन्त्री नहीं मानता। वे जो चाहते हैं, वही कहते हैं और वही करने का प्रयत्न भी करते हैं। कर न सकें यह दूसरी बात है, क्योंकि जैसी परिस्थितियाँ हैं अकेला चना भाड़ नहीं फोड़ सकता। फोड़ने से चने को लाभ भी क्या होगा?

चूँकि मैं उइके जी की बात को गम्भीरतापूर्वक ले रहा हूँ, अतः आमों के आसपास के समस्त प्रेमियों से अपील करूँगा कि हम काले झण्डे लेकर क्यों नहीं मन्त्री महोदय के बँगले पर प्रदर्शन करें और आमों को निर्यात होने से रोकें। मैं कहता हूँ इस देश में सिवाय आमों के रह क्या गया है? गेहूँ महँगा, घी महँगा, शकर अनुपस्थित और इनसे सहानुभूति प्रदर्शित करती हुई सब्ज़ियाँ महँगी। विदेशी फ़िल्मों के आयात पर बन्दिश, देशी फ़िल्मों के मधुर दृश्यों से सेंसर की दुश्मनी। सिर्फ़ आम है, जो बाज़ार में उपलब्ध है और मीठा और रसीला है। ग़रीब चूसकर ग़म ग़लत कर सकता है। कभी लँगड़ा, कभी दशहरी, कभी हापुस और कभी दय्यड़ जैसा

स्थानीय भोपाली मधुर आम चूस वर्ष के दो माह बीत जाते हैं अर्थात् वर्ष का छठा भाग अर्थात् पूरी ज़िन्दगी का छठा भाग। उसके बाद सिर्फ़ शेष भाग के समय को सार्थक बनाने की समस्या रह जाती है, जिसमें शासन असफल है। आम चूसते समय एक बादशाही अनुभूति मन में बनी रहती है, लगता है एक क्षण को ग़रीबी हट गयी है। उइके जी भी इसे चूसते समय पेण्डिंग फ़ाइलों की समस्या से कुछ समय के लिए मुक्त हो जाते होंगे। मेरे ख़्याल से वे उन नकचढ़ों में से नहीं हैं जिन्हें आम नुकसान करते हैं।

वे आमों को निर्यात कर बदले में विदेशी मुद्रा लाना चाहते हैं। मैं कहता हूँ हमें आप देशी मुद्रा ही ज़्यादा दिलवा दीजिए ताकि हम तबीयत से आम ख़रीद सकें। ऐसी विदेशी मुद्रा को क्या शहद लगाकर चाटें जिसे ले बाज़ार जाएँ तो वहाँ मीठा आम न हो, क्योंकि निर्यात हो चुका। लानत है। उइके जी गुठलियाँ निर्यात करने की कोई योजना क्यों नहीं खड़ी करते? व्यर्थ फेंकी जाती हैं। और यदि वे विदेशियों को आम खिला पैसा कमाना ही चाहते हैं तो बेहतर हो आम के मौसम में हमारा पर्यटन विभाग विदेशों में प्रचार करे कि—भाइयो, भारत में आम पक गया है, चूसने चलो। असली प्रेमी आ जाएँगे और यहाँ तबीयत से आम चूसते खजुराहो देखेंगे। मुद्रा भी मिलेगी, अन्तर्राष्ट्रीय भाईचारा भी बढ़ेगा। साथ आम चूसने से बढ़ता है। जब से 'अलफोन्सो' का निर्यात बढ़ गया है, बम्बई वाले तरस गये हैं और सरकार को गालियाँ देते हैं। क्या मध्यप्रदेश की जनता भी गालियाँ देगी सरकार को इसी तरह?

मैं चुसी हुई गुठलियाँ क्रोध में फेंकता, ऐसे इरादों के प्रति घोर विरोध प्रकट करता, राज्य के समस्त आम-प्रेमियों से (अर्थात् सारी जनता से) अपील करता हूँ कि सावधान रहें और मन्त्रियों की ऐसी कोशिशों को सफ़ल न होने दें। अजी, निर्यात ही करना है तो कुछ नेताओं को निर्यात कर विदेशी मुद्रा क्यों न कमायी जाए? आम कदापि नहीं।

गम्भीर निबन्धों के दिन

एक ज़माना था, जब राजनीतिक लेख लिखना और पढ़ना गम्भीर कर्म माना जाता था। यह काम बहुत धीरे-धीरे और समझ-बूझकर होता था। एक अच्छा पाठक पत्रिका में एक लम्बा राजनीतिक निबन्ध देख गम्भीर हो जाता था और उसे पढ़ने की एक निश्चित धारणा मन में बना, किसी निजी एकान्त का इन्तजार करता था, जब वह उसे शान्ति से पढ़ सकेगा। गम्भीर राजनीतिक लेख रोज़मर्रा देखने को मिलते भी नहीं थे। माह में दो या तीन अच्छे लेख पढ़ने में आते थे और उनका गहरा असर होता था। पढ़नेवाले ऐसे लेखों को किसी ख़ाली दोपहर या देर रात्रि को पढ़ते थे। गहरी वैचारिक सनसनी से भरा प्रहर होता था वह। उन लेखों को आधार बनाकर एक तर्क-शृंखला आरम्भ होती थी, जिसके आधार पर रोज़-रोज़ के छोटे-मोटे मामले विश्लेषित कर दिये जाते थे। एक ज़ोरदार और विचारों से लदा लेख जाने-अनजाने क्षेत्रों में करेण्ट फैलाता था। अन्तर्राष्ट्रीय सम्बन्धों पर लिखे लेख से ज़िले के मामले समझने में मदद मिल जाती थी। देश तब भी राज्यों में बँटा था, पर विभाजक-रेखाएँ इतने गहरे रूप से दिमाग़ में नहीं बनी थीं। बिहार का उदाहरण दीजिए, तो राजस्थानवाले अपने मामलों की जड़ पकड़ सकते थे।

बड़े भोले दिन थे वे। जो मार्क्सवादी लेख पढ़ते थे, वे मार्क्सवादी हो जाते थे। जो गाँधीवादी लेख पढ़ते थे, वे गाँधीवादी हो जाते थे। जो दोनों क़िस्म के लेख पढ़ते थे, वे चक्कर में पड़ जाते थे कि क्या करें। प्रायः लेख मनन और बहस के विषय होते थे। उन दिनों कॉफ़ी हाउस नहीं होते थे और पत्रिकाएँ पढ़कर दूसरों पर छा जाने की ऐसी ज़ोरदार कोशिश भी नहीं होती थी। गम्भीर चर्चाएँ करने के लिए लोग एक-दूसरे के घर जाया करते थे और इस सिलसिले में एक-दो मील पैदल चल लेना कोई ख़ास बात नहीं मानी जाती थी। उस ज़माने में एक पढ़ा-लिखा काँग्रेसी वाक़ई पढ़ा-लिखा होता था। वह गाँधी जी द्वारा सम्पादित 'हरिजन' पढ़ता था और अपने क्षेत्र की आर्थिक-सामाजिक समस्याओं पर सही टिप्पणी कर सकता था। उन दिनों राजनीति आज-जैसी शुद्ध ख़ूँख़ार नहीं थी। समाज-सुधार और निम्न वर्ग के आर्थिक उत्थान की चिन्ताएँ उसमें जुड़ी रहती थीं। कम्युनिस्ट दो क़िस्म के

होते थे। बहुत कम पढ़े-लिखे, जो पार्टी का साप्ताहिक भी बहुत धीरे-धीरे दो दिनों में पूरा पढ़ पाते थे तथा दूसरे, ज़रूरत से ज़्यादा पढ़े-लिखे, जो किसी भी बात पर चालीस पेज़ की टिप्पणी फ़ौरन लिख देते थे।

उन दिनों राजनीतिक लेख एक सनसनाती-सी चीज़ होती थी और हथियार का-सा असर करती थी। उनमें जो शब्द पढ़ने को मिलते थे, उनका अपना अर्थ, दायरा और इतिहास हुआ करता था। वे शब्द भारतीय ज़िन्दगी में एकदम नये और खलबली मचानेवाले होते थे और बिना गुरु के उनका गूढ़ार्थ या सन्दर्भ समझ नहीं आता था। राजनीतिक लेखों का चस्का रखनेवाले पाठक लेखों से उन शब्दों और मुहावरों की अपेक्षा करते थे।

राजनीतिक निबन्धों में लेनिन, एशिया, साम्राज्यवाद, शोषण, अत्याचार, लिंकन, डिक्टेटरशिप, यूरोप, टीटोवाद, ट्राटस्की, सर्वहारा, इटली, नेहरू, स्वाधीनता, सोवियत रूस, बर्मा, गाँधी, अँग्रेज़, ज़मींदार, मार्क्स, पूँजीपति, आन्दोलन, सत्याग्रह, हरिजन, बंगाल-क्रान्ति, मज़दूर, जिन्ना, विश्व युद्ध, काँग्रेस कॉन्फ्रेस, वायसराय, काँग्रेस प्रेसीडेण्ट, स्वेज़ नहर, जापान, स्पेन, हीगल, साम्यवाद, बन्दरगाह, उत्तर-पश्चिम सीमान्त, लालकुर्ती दल, शिमला कान्फ्रेन्स, राजाजी, गोलमेज़, तिलक, लाला लाजपतराय, इतिहास, जागृति, विरोध, परिवर्तन सुधार, अपील, हड़ताल, बल्लभभाई पटेल, वर्धा, सत्य, अहिंसा, सुभाष बोस और ऐसे जाने कितनी संज्ञाएँ, क्रियाएँ और विशेषण मिलते थे, जिन्हें पढ़कर भारतीय मानस इतिहास की नयी दिशा में बढ़ने के लिए उत्तेजित और तैयार होता था। लोग एक ज़ोरदार राजनीतिक लेख पढ़कर और उस विषय में परस्पर चर्चा कर समझते थे कि वे एक आन्दोलन में हिस्सेदारी कर रहे हैं। शहर और ज़िले में जो शख़्स इस प्रकार के सर्वाधिक शब्द जानता और व्यवहार में लाता था, पुलिसवाले उसे सन्देह की निगाहों से देखते थे। उन्हें लगता था कि बाहर जब इतने और ऐसे शब्द हैं, तो घर में ज़रूर बम होगा। हलचल का आभास होते ही वे उसे दबोच लेते थे। शब्दों में तब बड़ा दम और आतंक हुआ करता था।

आज़ादी आयी, तो जाने क्यों राजनीतिक निबन्धों की उत्तेजना कम होने लगी। लेखों की संख्या बढ़ने के साथ वे फुसफुसे हो गये और उन्हें पढ़ना जीवन का वह प्रथम श्रेष्ठ कर्म नहीं रहा, जैसा पहले था। अब लेखों में जो शब्द आने लगे, वे थे--विदेश विभाग, दक्षिण भारत, यू.पी., नेहरू जी, गाँधी जी, भूदान, योजना आयोग, दिल्ली, चुनाव, राजा-महाराजा, मेनन, अमरीका, पी.एल. फोर्टी, टिकिट, उद्घाटन, अधिवेशन, प्रस्ताव, मन्त्रिमण्डल, रूस, समाजवाद, लोहिया, आदिवासी ग़रीबी, बेकारी, निर्माण, दूतावास, डेलीगेशन, विदेश-यात्रा, पी.सी.सी., गवर्नर, राष्ट्रपति, पालम, जयप्रकाश, शरणार्थी, गेहूँ, सीमा, कश्मीर, शेख़ अब्दुल्ला, विदेश सहायता, एकता, विकास, प्रगति, राज्य केन्द्र विभाग, बजट, अफ़सर, मन्त्री, पंजाब,

भाषा समस्या, जाँच-आयोग, समझौता, गोलीकाण्ड, योजना, पाकिस्तान, कामराज, जनसंघ, हिन्दी-विरोधी, कॉमनवेल्थ, यू.एन.ओ. आदि।

आज़ादी ताज़ी थी, प्रजातन्त्र ताज़ा था और उसमें फफूँद लगना आरम्भ नहीं हुआ था। उस समय लगता था कि प्रगति, विकास, योजना या समाजवाद जैसे शब्द लेखों में आएँगे, तो लोगों में जोश बना रहेगा। पर जल्दी ही सारे शब्द पिलपिले और निष्प्राण होने लगे। धीरे-धीरे राजनीतिक लेखों की एक अलग श्रेणी बन गयी, जिसका उद्देश्य केवल चुनाव-विश्लेषण करना और राज्यों और केन्द्र में दलों, गुटों, धड़ों और जातियों की परस्पर ताक़त, ज़ोर, प्रतिज़ोर और खींचतान की रनिंग कमेण्ट्री कर अटकलें लगाना-भर रह गया। पहले जो राजनीतिक लेख कहे जाते थे, वे सैद्धान्तिक लेख कहे जाने लगे। ऐसे लेख बहुत कम लिखे, या पढ़े जाते हैं। अकसर इनका प्रकाशन मामला घट जाने के बाद कारणों को रेखांकित करने के उद्देश्य से कभी-कभी होता है।

दिल्ली में दूतावासों से प्रचार-सामग्री, विचार-सामग्री, शराब, रुपया, विदेश-यात्रा का आश्वासन प्राप्त कर तथाकथित वैचारिक लेख लिखनेवालों के छत्ते यहाँ-वहाँ उभरने लगे, जो साथ ही दूतावासों की शह पाकर भिन्न नामों से 'सम्पादक के नाम पत्र' लिखने का धन्धा करते हैं। राजनीति-शास्त्र और राजनीतिक शब्दावली के जानकार लेखकों के लिए दिल्ली में एक नया भ्रष्ट कैरियर आरम्भ हुआ। धुआँधार प्रचार-लेखों ने शब्दों की सार्थक शक्ति को मृत्यु के द्वार तक पहुँचा दिया। उनका असर समाप्त हो गया। केन्द्र और राज्य के सूचना प्रसार विभागों ने क्रान्ति, प्रगति और मानवीय विकास से जुड़ी सारी शब्दावली की रेड़ मार दी। जब सरकारी पत्रक भाजी उगाने को हरित क्रान्ति और दूध दूहने को श्वेत क्रान्ति लिखने लगे, तो क्रान्ति शब्द की ऐसी-तैसी तो होनी ही थी।

भविष्य में इस देश में कभी भूले से क्रान्ति की बात उठी, तो काफ़ी साल तो लोगों को क्रान्ति शब्द का सही अर्थ समझाने में लग जाएँगे। अफ़सर अपने क़रिश्मों को क्रान्ति कहने लगे, बिना यह सोचे कि इस शब्द के साथ कभी कितने सपने जुड़े थे और इसकी ख़ातिर कभी भगतसिंह, सुखदेव, आज़ाद तथा देश के कई युवकों ने अपने प्राण दिये थे। एक आई.ए.एस. अफ़सर, जिसका भारतीय स्वाधीनता के रक्तरंजित अध्यायों से कोई सरोकार नहीं रहा, अपने किसी भी प्रोजेक्ट को क्रान्ति कहने से नहीं चूकता और बेरोज़गार युवकों को मूर्ख बनाने के लिए नित नये नुस्ख़ों की तलाश में रहनेवाली सरकारें उसका ज़ोर-शोर से प्रसार करतीं। इन सरकारों के नेताओं के मन में भी त्याग, जेल और फाँसी के उन पुराने अध्यायों के लिए कभी कोई सहानुभूति नहीं रही।

शब्द खोखले और मृत ही नहीं हुए, वे अनजान भी हो गये। भारतीय सन्दर्भ और दृष्टि से लिखा शुद्ध राजनीतिक लेख नियामत हो गया। दूतावासों के

प्रचार-विभागों को दाद दीजिए कि उन्होंने अपने पूर्वग्रह भारतीय चिन्तकों में बख़ूबी बाँट दिये। किसी देश के बौद्धिक पतन की इससे बेहतर शुरुआत और क्या हो सकती है कि उसके बुद्धिजीवी विचार और शब्दों के लिए दूतावासों के चक्कर लगाने लगें तथा मौलिक चिन्तन के लिए स्कॉलरशिप की भीख माँगें। कोई ताज्जुब नहीं कि पिछले काफ़ी वर्षों से खेत छीनकर कॉलोनी बनाना विकास कहा जाने लगा, नालियाँ बनाना निर्माण, पानी सींचना क्रान्ति, गोदाम बनाना प्रगति, स्टाक करना सुरक्षा, 'डनलपिलो' लगाना सुविधा, पद पर नौकरी करना सेवा, चुनाव लड़ना राजनीति, कोशिश करना संघर्ष, मिल जाना अर्थात् स्थापित होना, कत्थक करना सांस्कृतिक क्रान्ति, पुस्तक-समीक्षा चिन्तन और टाँग खींचना समीक्षा। रद्दी और साधारण कामों के लिए सार्थक शब्दों का उपयोग कर यह एहसास उत्पन्न किया गया कि हम श्रेष्ठ कर्मों में व्यस्त हैं और साथ ही सार्थक शब्दों को थोथा कर दिया गया।

आज एक तो उन अर्थों में राजनीतिक निबन्ध पढ़ने को नहीं मिलते और मिलते हैं, तो उसमें उपयोग की गयी संज्ञाएँ, क्रियाएँ और विशेषण इतने गरिमा-विहीन, इतिहासरहित और अप्रिय सन्दर्भों से जुड़े रहते हैं कि आप चाहें, शब्द से किसी क़िस्म का आलोक उत्पन्न हो, सो सम्भव नहीं। जैसे राजनारायण, दलबदल, जगजीवनराम, मुख्यमन्त्री, गवर्नर, राजधानी, हरियाणा, देवराज अर्स, अमेठी, इमर्जेन्सी, जनता पार्टी, मोरारजी देसाई, संजय गाँधी, काँग्रेस (आई), बिहार, हेलीकॉप्टर, चुनाव, सूखा, जैगुआर, एफ़-सिक्सटीन, रीगन, जिया, ख़ुमैनी, भाजपा, शेख़, बहुगुणा, बिड़ला, जैलसिंह, मकवाना, केन्द्र, राज्य, राज्यसभा, ज्योतिषी, मन्त्रिमण्डल विस्तार, मेनका, तबादले, कुरसी, मन्त्रिमण्डल, नियुक्ति, अन्तुले, शकर, तेल, गेहूँ, पेट्रोल, इम्पोर्ट, विदेशी मुद्रा, बेकारी, आदिवासी, स्मगलर, बॉर्डर, बोर्ड, कमीशन, दुर्घटना, दंगे, गुट, यादव, राजपूत, चरणसिंह, राजीव गाँधी, महेश योगी, ब्रह्मचारी, तान्त्रिक, कमलनाथ, क़ानून, प्रशासन, सुप्रीम कोर्ट, बलात्कार, हरिजन, डिफेन्स, कॉलोनी, गुण्डूराव, दादा, गुण्डे, पी.ए., रेस्टहाउस, चव्हाण, सूर्या।...

राजनीतिक लेखों में लगातार यही शब्दावली पढ़ने में आती है। यह कितनी प्रेरणादायी और सार्थक है, किस हद तक उत्तेजित कर सकती है, आप हिसाब लगाइए। हाँ, एक नाम बार-बार आता है। हर तीसरी पंक्ति में लिखना पड़ता है। यह है—'श्रीमती गाँधी'। प्रायः लेख की शुरुआत, मध्य और अन्त में बस एक यही संज्ञा रह जाती है। वैचारिक और राजनीतिक लेखों की इतिश्री अन्ततः यहीं आकर हो जाती है। एक शब्द को छोड़ समूचा चिन्तन इस देश से तिरोहित हो गया। मनन का अर्थ है, एक नाम को बार-बार पढ़ना।

फ़र्माइशें

एक समय आता है जब आदमी माया-मोह से ऊपर उठ जाता है, कोई आठ-दस फिट ऊपर, जहाँ से संन्यास का पुल आरम्भ होता है। उस पुल पर चला जा सके तो क्या कहने, पर न भी जाए और सिर्फ़ ऊपर उठकर लटके ही रहें तो भी काम बन सकता है। यानी यह रोज़मर्रा की फ़र्माइशों से और उन्हें पूरी करने की मुसीबतों से उसे छुटकारा मिल जाता है। माया-मोह का नाता है क्या आख़िर, यही कि वे माँग करती हैं और हम उनकी माँगें पूरी करते हैं। इससे जो ऊपर उठ गये वे बिरले ही हैं और जो सारी फ़र्माइशें पूरी कर सके हैं वे और भी महान् हैं। इस धरती पर कुछ ही ऐसे मिलेंगे जो सबकी सारी फ़र्माइशें पूरी कर सके हों। साफ़ बात है कि बीवी की फ़र्माइशें पूरी करो तो दोस्तों की रह जाती हैं और दोस्तों की पूरी करो तो बॉस नाराज़ होता है। उसकी अलग फ़र्माइशें हैं जिन्हें पूरा करने जाइए तो बच्चे बिगड़ जाते हैं और अपने पिता के ख़िलाफ़ प्रस्ताव पास करने लगते हैं। एक चक्कर है जो लगातार चलता है जो सूरज उगने से आरम्भ होता है और सूरज डूबने क्या—नया सूरज उगने तक समाप्त नहीं होता।

हम ऊपर तो नहीं उठे हैं, यानी अभी माया-मोह में बाक़ायदा घुटनों तक फँसे हैं, पर इतनी ताक़त आ गयी है कि परिस्थितियों का तटस्थ विश्लेषण करने लगे हैं। सुनी अनसुनी कर देते हैं। बातचीत में उपदेश का तत्त्व उभरने लगा है। पहले एक कान से सुनते थे पर दूसरे कान से निकाल देने की कला नहीं जानते थे। इधर यह गुण विशेष रूप से विकसित हुआ है। कुछ दिनों में पूरी उम्मीद है कि कानों का दिमाग़ से सम्बन्ध टूट जाएगा और वे एक-दूसरे से ही परस्पर जुड़े रहेंगे। यह परम अवस्था अभी आनी है। आएगी, क्योंकि बन्दा अब फ़र्माइशों को सुनते और उन्हें पूरी करते-करते तंग आ गया है।

देख रहा हूँ कि फ़र्माइशों की संख्या ही नहीं उनकी डिज़ाइनें भी बढ़ती जा रही हैं। ये हर रंग, हर आकार में होती हैं और जिस तरह केलिडेस्कोप को घुमाने से चूड़ी के टुकड़े पैटर्न बनाते हैं वैसी नयी-नयी फ़र्माइशें उभरकर आती हैं। ये सपनों से संचालित होती हैं, इनका चरित्र आदर्शोन्मुख यथार्थवादी होता है और इन्हें प्रस्तुत

करते समय वाक्य रचना में यदि, तथापि, परन्तु आदि का प्रयोग कम किया जाता है। इन फ़र्माइशों का जमघट सुबह आठ और साढ़े नौ के बीच अधिक रहता है और इसी तरह शाम को छह से सात तक इनकी संख्या बढ़ जाती है।

फ़र्माइशें तलवार की तरह एक लम्बे समय तक निरन्तर नहीं चलतीं, ये तीर की तरह कुछ समय के अन्तर से फेंकी जाती हैं यानी फ़र्माइशें पूरी करनेवाला किस्तों में पिटता है, एक बार में नहीं मरता, तड़प-तड़प कर जीवित रहता है। कई बार यह बम के गोले की तरह भी फटती हैं कि जैसे, हम तो इस बार बाटिक प्रिण्ट की साड़ी लेंगे या गरम कोट ख़रीदेंगे या इन गर्मियों में कश्मीर जाएँगे वग़ैरह। जब एक बम का गोला गिरता है तो मोर्चे का कोई एक माह के लिए सफाया कर देता है। पर रोज़मर्रा छोटे-छोटे नाविक के तीर चलते हैं, कुछ यों कि बिस्कुट खाएँगे, सिनेमा जाएँगे, छत पर चढ़ेंगे, हमें सायकिल ला दो, ए जी तुम स्कूटर क्यों नहीं ख़रीद लेते या सुना रेफ्रिज़रेटर किस्तों पर मिल रहा है, बर्तनों की लकी स्कीम के मेम्बर बन जाएँ। चलो शाम को बाज़ार हो आएँ, बहुत दिनों से होटल में नहीं खाया, यह पपीते वाला जा रहा है इसे रोको, परदे तो इस माह नये लेने ही होंगे जनाब, सोचती हूँ ऊन लेकर काफ़ी सारा निटिंग कर डालूँ। ये सब तीर हैं जो लगातार चलते रहते हैं। कुछ से बच भी जाइए पर कुछ तो निशाने पर लग ही जाते हैं। यह तीर सभी तरफ़ से आते हैं। छोटे भाई साहब कहीं से कोट का नया डिज़ाइन देख आये हैं और तय किये हैं कि वैसा बनवाएँगे। अब सब-कुछ मेरी उदारता पर निर्भर करता है। उन्हें कुछ ख़ास ऐक्टर और ख़ास ऐक्ट्रेसें पसन्द हैं और उनके चित्र पहले ही दिन देखते हैं। यह सिद्धान्त का प्रश्न है और इसकी रक्षा के लिए हमें रुपया देना है। छोटी बेबी हैं जिन्हें पीपरमिण्ट की गोलियाँ, चूरण, जलेबी, अण्टियाँ, गेंद, नये-नये टिकिट, रंगीन काग़ज़, चीकू, अमरूद से लेकर वह जो चीज़ वहाँ मिलती है और जिसका उन्हें नाम नहीं मालूम पर दुकान बता सकती हैं, बशर्ते हम ले जाएँ वहाँ तक। फ़र्माइशों की एक अन्तहीन शृंखला है जो हमें पूरी करनी है। फ़र्माइशें जो कुछ देर पहले कलियों की तरह उनके मन में चटखी थीं अब हार बनकर अपने गले में झूम गयी हैं। यह सिलसिला कब समाप्त होगा, नहीं पता। अदन के बाग़ में आदम से हौवा ने अपनी पहली फ़र्माइश की और आदम ने उसे पूरा किया। कमबख़्त को क्या पता था कि यह एक ऐसा आरम्भ है जो आनेवाले वक़्त में सारी आदम जात को व्यस्त रखेगा। अब इतने वर्षों बाद लगता है कि मनुष्य ने क्या किया, वह फ़र्माइशें ही तो पूरी करता रहा। फ़र्माइशें और जवाबी फ़र्माइशें। उसने कहा—घूँघट उठा दो तो वह बोली—मुझे कंगन ला दो। वह बोली—सपनों में आ जा। यह खिड़की के नीचे खड़े रहे, बजाते रहे बाजा। उसने कहा—तुम कहो तो तारे तोड़ लाऊँ, कहने लगी—दूर की कौड़ी मत लाओ, तुम तो सिनेमा दिखवा दो। फ़र्माइश हुई कि अपनी महफ़िल में आने का फ्री पास दिलवाओ तो जवाब में फ़र्माइश हुई कि पहले हम पर एक नज़्म लिखकर दिखाओ। सारी कला और संस्कृति के विकास

की कहानी फ़र्माइशें करने और उसकी पूर्ति की कहानी है। अगर महिलाएँ चित्रकारों से यह नहीं कहतीं कि मेरी तस्वीर हू-ब-हू उतारो तो बताइए चित्रकला का विकास कैसे होता? मूर्तिकला का विकास कैसे होता? फ़र्माइशें चलती रहती हैं और कला का विकास होता रहता है। इतिहास पढ़कर मैं इस नतीजे पर पहुँचा हूँ कि बीवियों की फ़र्माइशें बीवियों के मरने के बाद भी समाप्त नहीं होतीं। मुमताजमहल मरने लगी तो शाहजहाँ मिलने गये। जब जा रहे होंगे तब सोचते होंगे कि मुमताज का आखिरी वक़्त है, ज़िन्दगी-भर इसकी सारी फ़र्माइशें पूरी करता रहा, अब आखिरी वक़्त में कम-से-कम तारीफ़ करेगी कि तुमने ख़ब किया। पर नहीं, मुमताजमहल तब भी एक फ़र्माइश लिये बैठी थी। कहने लगी—मेरी याद में एक ऐसा मक़बरा बनवाना। आगे तो आप जानते ही हैं बीवी की इस फ़र्माइश पूरी करने में शाहजहाँ को क्या-क्या मुसीबतें नहीं उठानी पड़ीं। फ़र्माइश पूरी हुई और आज हालत यह है कि बीवियाँ फ़र्माइश करती हैं कि ताजमहल देखेंगे तो बेचारे पति बिस्तरा-पेटी उठाये रेल के डिब्बों में परिवार के लिए जगहें तलाशते हैं।

पुराने ज़माने में स्वयंवर होते थे। वे क्या थे? उनके द्वारा युवकों की फ़र्माइश पूरी करने की क्षमता को आँका जाता था। जिसमें काम पूरा करने की शक्ति होती उससे लड़की ब्याह दी जाती। हातिमताई से सवाल किया जाता था कि अण्डे के बराबर मोती ला और वह ग़रीब जाने कहाँ-कहाँ भटककर उसे लाता था। आजकल तो दुल्हे फ़र्माइशें करते हैं और दुल्हन का बाप उन्हें पूरी करता है। चार दिन के बाद दुल्हन फ़र्माइशें करने लगती है और उन्हें पूरी करते-करते दूल्हा बूढ़ा हो जाता है। फ़र्माइशों का यह सिलसिला सिर्फ़ परिवार तक ही सीमित नहीं। कोई अख़बार उठाकर देख लीजिए, हर कॉलम में फ़र्माइशें हैं। जहाँ मिडिल स्कूल हैं, वहाँ हाईस्कूल चाहिए और जहाँ हाईस्कूल है वहाँ कॉलेज। जनता नेता से कुछ माँगती है और नेता जनता से कुछ माँगता है। वेतन बढ़ाइए, भत्ता बढ़ाइए से लेकर भाव गिराने तक की फ़र्माइशें। व्यक्तिगत से लेकर राष्ट्रव्यापी फ़र्माइशों का एक जाल है, जिसमें हम जीते हैं। 'हरि अनन्त हरि कथा अनन्ता' की तरह यह क्रम कभी समाप्त नहीं होता। बाँहों के कोमल मधुर घेराव से लेकर मज़दूरों की भीड़ के विशाल घेराव के मूल में यही फ़र्माइश है। एक की दूसरे से फ़र्माइश।

फ़र्माइशों के इस चक्रव्यूह में बन्दे की हालत उस अभिमन्यु की तरह है जो आ तो गया है पर लौट नहीं सकता। फ़र्माइशें टालने के कई दाव ईज़ाद किये, बचाव के रास्ते और पगडण्डियाँ खोजीं, पर इस भूल-भुलैया का अन्त नहीं। कई बार सोचता हूँ कि यह फ़र्माइश पूरी कर दूँ फिर शायद वह सन्तुष्ट हो जाए पर अब लगता है कि यह एक मरीचिका है। आप एक फ़र्माइश पूरी करो कि दूसरी सामने नज़र आएगी और अकसर ही पहली पूरी करने के पूर्व ही दूसरी आ जाएगी और फिर तीसरी और फिर इतनी कि आप भूल जाएँगे कि पहली फ़र्माइश कौन-सी थी? इतनी फ़र्माइशों के सामने व्यक्ति, जैसे कि मैं, कितना असहाय और अकेला अनुभव

करता है। मुझे लगता है ईश्वर आदमियों की और खास तौर से औरतों की फ़र्माइशों से तंग आकर कहीं छुपकर बैठा है जैसे हर लड़की को अच्छा पति चाहिए। अब बेचारा ईश्वर इतने सारे अच्छे पति कहाँ से लाए! कुछ लड़कियों को तो ख़राब पतियों से काम चलाना ही पड़ेगा और फिर वे चिल्लाएँगी कि ईश्वर ने हमारे साथ अन्याय किया है। ईश्वर इसी से तंग आकर कहीं भाग गया है। आप सोचिए कि आख़िर ईश्वर क्या है। वह ऐसी शक्ति की कल्पना है जो हमारी सारी फ़माईशें पूरी करने में समर्थ है। कल्पवृक्ष, अलादीन के चिराग़वाला जिन्न, बच्चों की कहानियों की परियाँ, रिद्धियाँ-सिद्धियाँ, वरदान देनेवाले देवता, कुबेर, आज्ञा माननेवाले भूत, वश में हुई चुड़ैल—इन सबके मूल में एक ऐसी ही शक्ति की कल्पना है जिससे जो माँगो मिल जाता है। श्रेष्ठ वही है जो फ़र्माइशें पूरी करे। वही देवता है, ईश्वर है। पति जो फ़र्माइशें पूरी करता है वह भी देवता है, परमेश्वर है। पर पतियों की अपनी सीमाएँ हैं। ईश्वर की भी अपनी सीमाएँ हैं। यह जानते हुए भी कि एक दिन फ़र्माइशों की ये लहरें उठ-उठकर उसकी नैया डुबो देंगी, बेचारा पति फ़र्माइशें पूरी करता है और एक दिन सचमुच किनारे की तलाश में डूब जाता है। जो इस दरिया को पार कर किनारे लग गये हैं, वे परम हैं, परमहंस हैं, उनका जवाब नहीं।

जिनके साथ कोई नहीं यानी जो अकेले हैं वे भी इस मुसीबत से मुक्त नहीं। वे ख़ुद अपने से फ़र्माइश करते हैं और ख़ुद उसे पूरी करते हैं, पूरी करने के लिए परेशान रहते हैं। एक मेरे मित्र हैं, अकेले हैं। ख़ुद अपने से फ़र्माइश करते हैं। कभी कहते हैं—यार सोचता हूँ एक काली शेरवानी सिलवा लूँ, कभी कहते हैं कि इन गर्मियों में चाहता हूँ कश्मीर चला जाऊँ। उन्हें ख़ुद अपनी ही फ़र्माइशें परेशान करती हैं। मैं कहता हूँ कि भाई तू कब तक ख़ुद अपने से फ़र्माइशें करता रहेगा, एक बाक़ायदा फ़र्माइशें करनेवाली बुला ले यानी शादी कर ले और फिर उन्हें पूरी कर, जैसे मैं कर रहा हूँ। अब उनकी एक फ़र्माइश यह भी है कि एक अच्छी-सी पत्नी मिल जाए।

उनका तो आरम्भ होगा, पर अपना अन्त ही समझिए। मैं तो थक गया फ़र्माइशें पूरी करते-करते। अब लगता है यह दुनिया का सारा बाज़ार फ़र्माइशों के कारण ही चल रहा है। फ़र्माइशें नहीं होतीं तो दूकानें नहीं होतीं। फ़र्माइशें कम होती हैं और उनको पूरी करने की ताकत कम हो जाती है तो लोग कहते हैं—बाज़ार में मन्दी आ गयी। आना हो तो आ जाए मन्दी; मैं तो भर पाया! यह सच है कि किसी कहानी का नायक वही है जो फ़र्माइशें पूरी करे पर अब नायक की भूमिका करने का चाव नहीं रहा। अब तो साइड में रहेंगे। वह कहेगी—मेरे लिए तारे तोड़कर लाओ, मैं कहूँगा—बस परमेसरी बहुत हुआ, पहले इतने तारे तोड़कर लाया था वे कहाँ बेच खाये, इसका हिसाब दे। अब मैं एक भी तारा नहीं तोड़कर लाने का। जो कहेगी इस कान सुनूँगा उस कान निकालूँगा। थक गया मैं तो फ़माईशें पूरी करते।

पुजारी

एक शहर में एक मन्दिर था। एक वृद्ध ब्राह्मण उसमें पूजा-आरती करता था। पुजारी की मृत्यु हो जाने पर उसके बेटे ने कुछ दिन काम सँभाला, पर शीघ्र ही उसका मन उचट गया। इस क्षेत्र में कोई स्कोप न देख वह मन्दिर छोड़कर चला गया और रेशम का एजेण्ट बनकर टूरिंग ड्यूटी पर चल दिया।

एक दिन बीता, दो दिन बीते, आठ दिन बीते, ईश्वर एकटक दरवाज़े की तरफ़ देखता रहा कि कोई पूजा करने आए, कोई नहीं आया। मजबूर ईश्वर बाहर आया, इधर-उधर देखा, रिक्शा में बैठ अख़बार के दफ़्तर में गया और विज्ञापन दिया।

सम्पादकीय विभाग को एक लेख लिखकर दिया, जिसमें ऐसे पुजारियों के प्रति खेद प्रकट किया था, जो मन्दिर में ध्यान नहीं देते हैं और मूर्ति का अपमान करते हैं। भाषा पुरानी और पण्डिताऊ शैली होने के कारण लेख तो नहीं छप सका, पर विज्ञापन छप गया—'सिल्लावाड़ी दूध-गली के मन्दिर में एक पुजारी की आवश्यकता है। स्वयं आकर मन्दिर पर मिलें।'

दो-तीन दिन बाद तक प्रतीक्षा करने पर भी कोई व्यक्ति नहीं आया। ईश्वर जानता था कि शहर में बेकारी है, काफ़ी उम्मीदवार आएँगे, पर कोई ऐसी उत्सुकता नहीं दिखाई दी। ईश्वर चिन्ता में पड़ गया।

कुछ दिन बाद एक इण्टर-पास व्यक्ति, जो पैण्ट और फ़िल्मी बुश्शर्ट पहने था, मन्दिर में आया और इधर-उधर देख पुकारने लगा—"अरे कोई है?" फिर बड़बड़ाया—'स्वयं आकर मिलें, पता ही नहीं है किसी का!'

ईश्वर ने आगे बढ़कर उससे बातचीत की और पूजा-कार्य की ओर युवक की रुचि बढ़ाने का प्रयास किया। युवक ने एक बात कही 'पगार' क्या होगी?—ईश्वर ने कहा—चढ़ोतरी में से पूजन-सामग्री का ख़र्च काटकर बाकी सब तुम रख लेना।

"उँह...पक्की बात कहिए कि प्रतिमाह यह मिलेगा। फिर साल में कितनी रक़म बढ़ेगी। बोनस क्या मिलेगा। छुट्टी कितनी रहेगी, महँगाई क्या होगी, पेन्शन कितने साल बाद मिलेगी?"

"भई, मन्दिरों में तो ऐसी प्रथा नहीं है।"

"सारी नौकरपेशा मानवजाति को सुविधाएँ और पर्याप्त पगार मिलती है। यह ईश्वर की कृपा समझी जाती है। पर स्वयं ईश्वर के यहाँ नौकरों की यह दुर्गति होगी, यह नहीं पता था। सो हम मानते हैं कि मनुष्य अपने नौकरों का ज़्यादा ख़्याल रखता है। ईश्वर इतना ध्यान नहीं रखता।"

ईश्वर भौचक उसका चेहरा देखने लगा। फिर धीरे से बोला—"मुझे अधिक धन देने में कोई आपत्ति नहीं है, बशर्ते तुम मन्दिर के नाम पर, मेरे नाम पर अधिक चन्दा बटोर लाओ।"

"चन्दे के तरीक़े से मेरा सैद्धान्तिक विरोध है और मैं अच्छा प्रचारक भी नहीं हूँ। मैं तो सिर्फ़ अच्छा मैनेजर हो सकता हूँ, काम कर सकता हूँ आपको उसका पारिश्रमिक देना होगा।

ईश्वर उस युवक की वाचालता से क्रोधित हो बोला—"तुम कलियुगी छोकरे हो, भक्तिभाव तुममें है नहीं, तुम पुजारी होने के योग्य भी नहीं हो।"

लड़के ने कहा—"अभी तक सामन्तवादी आदतें तुमसे छूटी नहीं हैं। नहाने-धोने और शृंगार के लिए नौकर लगता है और उसका भी शोषण!"

ईश्वर ने लड़के को बाहर कर दिया—"स्वर्ग में आना तब बताऊँगा।"

उसके बाद उस मन्दिर में कोई उम्मीदवार नहीं आया। उस लड़के ने मूर्तिपूजा के ख़िलाफ़ लेख लिखा जो मौलिक तर्क व नयी शैली होने के कारण छप गया।

फिर कुछ सम्प्रदायवादियों ने मन्दिर की स्थिति पर जनता का ध्यान बँटाना चाहा था। वह केवल मुहल्ला कमेटी का चुनाव जीतने का स्टण्ट था। असफल रहा। आजकल मन्दिर के ओटले पर एक पान की दूकान है और अन्दर एक गाँजेड़ी साधु रात में आकर सो जाता है।

मेरे मीत

"कैसेट हैं चालीस। भैया की गिरफ़्तारी की ख़बर सुनकर जीतमल उठा नहीं रहा, जबकि पेमेण्ट कर चुका। उसे लग रहा है, हमारे फ़्लैट पर पुलिस की नज़र है। क्यों पुलिस की नज़र है इस पर?"

मैंने खिड़की के बाहर झाँका। दो व्यक्ति फ़्लैट की तरफ़ देख रहे थे।

"नहीं, पुलिस की नज़र तो नहीं लगती।"

"हाँ जी, भैया दो साल पहले फ़्लैट मेरे नाम कर चुके, पुलिस यहाँ क्यों आने लगी?"

वह फिर भैया के नाम पर रोने लगी।

मैंने उसके आँसू पोंछे, सहलाया, उसकी पीड़ा दूर करने के प्रयत्न में जो सुख मिल सका, लिया। वह मुझे रोक रही थी। मैंने कहा, "ज़रा भाभी से मिल आऊँ।"

नौकर ने बताया कि मेम साहब बिना चिकन सूप पीये, सुबह से पूजा में बैठी हैं। मैंने झाँककर देखा, तब वे जाप पूरा कर चुकी थीं और एक ज्योतिषी को पति की पत्री दिखाकर पूछ रही थीं कि जेल से कब छूटेंगे? ज्योतिषी मशहूर था, जो दो केन्द्रीय मन्त्री, एक मुख्यमन्त्री के अलावा प्रेमनाथ, मुमताज और राजेश खन्ना के विषय में भविष्यवाणी कर चुका था, जो सच निकली थीं। उसने बताया कि भाई साहब की स्मगलिंग की सफलता में केतु का सदैव् योग रहा है। इन दिनों केतु दूसरे में है, जहाँ वह पावर-लेस है। साथ ही रवि मंगल उलटे पड़ गये हैं, सो भाई साहब निस्तेज पड़े हैं और आवक रुक गयी है। जेल शनि ने दिलायी, जो वक्री है। पर तीन माह में स्थिति में अन्तर आएगा, आदि। मैं ध्यान से सुन रहा था और भाभी की तरफ़ देख रहा था। और दिन होता, तो वे अभी तक मुझे दो एपल जूस पिला चुकी होतीं।

मैंने पूछा, "यह सब कैसे हुआ, एकाएक?"

बोलीं, "रात को अच्छी-ख़ासी पीकर, कैबरे देखकर लौटे थे। थोड़ी देर बातें कीं, फिर सो गये जल्दी। क्योंकि सुबह दुबई से एजेण्ट आनेवाला था। सुबह पुलिस आयी, ले गयी। जाते वक़्त गले लगकर मुझसे कान में एक ही बात कही, 'जितने ज़्यादा काग़ज़ जलाओगी, मैं उतनी जल्दी आऊँगा।' तब से जितना जला सकी, जला चुकी हूँ।"

मैंने कहा, "मेरे योग्य कोई काम हो तो बताइए।" कहने लगीं, "बाथरूम से सोना हटाना है, पर तुमसे नहीं होगा। गणेशी कर रहा है।"

बहुत आग्रह किया, तो खाना खाना पड़ा। भैया के जेल चले जाने से अधिक बना नहीं था। यही रूखा-सूखा—बड़ी कुकुरमुत्ते की मिक्स सब्ज़ी, वेजिटेबल कोफ़्ता, रायता, पुलाव, शुद्ध घी के पराठे और सलाद, पापड़, मुरब्बा, चटनी आदि। मैंने जैसे-तैसे सबके साथ खाया और फिर आने का कहकर लौटा। बाथरूम में हाथ धोने गया, तो वहाँ आठ-दस घड़ियाँ पड़ी थीं। भाभी ने बताया, "उनकी आदत थी कि बाथरूम में रोज़ कोई इम्पोर्टेड घड़ी भूल जाते थे और ड्राइंगरूम में नयी पहन लेते थे।" फिर याद कर रोने लगीं। मुझसे कहने लगीं, "चार-छह टेलिविज़न पड़े हैं, तुम चाहो तो एकाध ले जाओ, बच्चे देखेंगे।" मैंने कहा, "भाभी, मेरे शहर में अभी टेलिविज़न शुरू नहीं हुआ, अन्यथा ज़रूर ले जाता।"

जूली ने कोलाबा का फ़्लैट छोड़ दिया और माहिम में माँ के पास चली गयी। पार्वती एक सरकारी अफ़सर के साथ रहती है। सैनी ने पान की दुकान लगा ली। रियाज़ भाई मिले थे, कहने लगे, "जिसकी मुहब्बत में स्मगल का काम करता था, वह जेल चला गया तो अब किसके लिए करूँगा।" वे गैरेज डालने की सोच रहे हैं। साँवल जी जल्दी में थे मार्तण्ड मिला नहीं, जो भी है, जहाँ भी है, यही दुआ कर रहा है कि मेरा स्मगलर मित्र यरवदा जेल से जल्दी छूटे। गाँधी जी के कारण जो यरवदा जेल प्रसिद्ध हुआ, आज वहाँ मेरा मित्र बन्द है।

मेरे साथ वे सब भारतवासी जो स्मगल की वस्तुएँ ख़रीदते हैं, उस परम पिता परमेश्वर से प्रार्थना करें कि हमारे स्मगलर मित्र को मुक्ति मिले। उसने हमें शेविंग की ब्लेड और रेज़र दिये, जिससे हमारे गाल अतिरिक्त चिकने रहे। हमें बित्ता भर लम्बे सुन्दर विदेशी ट्रांजिस्टर दिये, जिससे हमने बॉबी के गीत सुने। पोर्टेबल रंगीन टेलिविज़न, हांगकांग के खिलौने, इम्पोर्टेड व्हिस्की, हमारी खुरदरी जाँघों के लिए पैण्ट पीस, मेकअप का सामान, नायलान की जापानी साड़ियाँ और ऐसी कितनी वस्तुएँ, जिससे जीवन सुखी हुआ और घरों की शोभा बढ़ी। वह तो माँग और सप्लाई के आर्थिक बाज़ार की कठपुतली था। जो हम चाहते थे, वह लाकर देता था। चॉकलेट, पनीर, जीनतान, पीने के प्याले, टी सेट, गुड़िया जापान की, ब्ल्यू फ़िल्म, जिसे देखने को भारतीय आँखें तरसती हैं। उसने हमें घड़ियाँ दीं, जिन्हें कलाई में बाँधे हम घूम रहे हैं। मैं अपने मित्र के लिए प्रार्थना कर रहा हूँ। आप अपने मित्रों के लिए प्रार्थना करें। इसके पूर्व कि हमारे डबलनिट पैण्ट और विदेशी बुश्शर्ट पुराने पड़ें, वे लौट आएँ। आजकल मैं यही गीत गाता हूँ, 'लौट के आ जा मेरे मीत, तुझे तेरे भारतीय ग्राहक बुलाते हैं।' आमीन!

रावण एक कैबिनेट था

जब तक माता कोई पहाड़ी न हो, दस सिर के बालक के जन्म की कल्पना नहीं की जा सकती। रावण को ले यह बात अक्सर मन में उठती रही है, दो या हद-से-हद तीन सिर का बच्चा पैदा हो सकता है, क़स्बाई अख़बारों में इस तरह की ख़बरें कभी-कभार छप जाती हैं और मेले-ठेले में ऐसे अजूबे चवन्नी लेकर दिखाये जाते हैं। कहते हैं ऐसे बच्चे अक्सर जनमते ही मर जाते हैं। रावण के मामले में थोड़ा बायलॉजिकल ताज्जुब है कि जनाब पूरे दस सिर लेकर पैदा हुए—एक बीच में पाँच इस बाजू चार उस बाजू। खेले-कूदे, गुलाटियाँ लगायीं, पूरी दसों खोपड़ी से पुरानी पोथियों का अध्ययन कर विद्वान् बने, राजपाट सँभाला, सोने की लंका कन्स्ट्रक्ट करवायी और फिर सीतहरण कर राम से अपनी ऐसी-तैसी कराने के काम में जुट गये, जिस कारण ज़नाब का इतिहास, पुराणों, महाकाव्यों में बड़ा नाम हुआ। एक ऐसे माँ-बाप की औलाद, जिन्हें सिर्फ़ दस तक गिनती आती हो और जो सारी गिनतियों का एक साथ उपयोग कर बैठे, इतनी अधिक प्रगति कर जाना लंका जैसे अपेक्षाकृत पिछड़े क्षेत्र के लिए बड़े गर्व और सौभाग्य की बात रही होगी। यदि रावण सीता-हरण की गुस्ताख़ी नहीं करते तो उनके दस सिरों का ज़िक्र एक अफ़वाह भर रह जाता और आज कोई नहीं मानता कि किसी ज़माने में कभी कोई दस सिरोंवाला राजा हुआ था। रावण ने शायद इसी नज़रिये से, एक पब्लिसिटी स्टण्ट के रूप में सीताहरण की हरकत की हो। ख़ुमैनी की अशोक वाटिका में नज़रबन्द अमरीकनों की तरह सीता मैया आसपास के झाड़-झंखाड़, प्रकृति आदि देखती उन राक्षसियों से घिरी रहीं, जो दस सिरों का बच्चा पैदा करने का माद्दा रखती है और ब्रेनड्रेन की निर्यात सम्बन्धी ज़रूरतों को पूरा करने के लिए मौक़ा-मुसीबत राष्ट्र की मदद कर सकती है। सवाल यह भी किया जा सकता है कि अपने जन्म के बाद डिक्टेटराधीश रावण ने दस सिरोंवाले बच्चे की जन्म पर रोक क्यों लगा दी? आर्थिक कारण निश्चित ही नहीं रहे होंगे क्योंकि जैसा कि आप जानते हैं पेट एक ही था। दस मुँह हों तो आप दस कोर्स का डिनर एक साथ कर सकते हैं, जैसे कि एक से सूप पी रहे हैं, दूसरे से पुलाव खा रहे हैं, तीसरे से रशियन सलाद, चौथे से तन्दूरी,

नौवें से स्वीट, दसवें से आइस्क्रीम या कॉफ़ी (ह्वॉटएवर यू लाइक) और अन्त में दस पान एक साथ खा आप उठ सकते हैं। हालाँकि पान के मामले में हो सकता है रावण का 'मुण्डे-मुण्डे मतिर्भिन्ना' हो, यानी एक मुँह किमाम एक सौ बीस खाता हो और दूसरा मसाला गुलकन्द के साथ। मैं अक़्सर सोचता हूँ कि अगर रावण के सारे मुँह में सारी दाढ़ें एक साथ दर्द करने लगें तो वह कैसे कराहता होगा और तब उसके दरबारी डेण्टिस्टों की परेशानी देखने क़ाबिल होती होगी।

कई सवाल उठते हैं और उठे-के-उठे रह जाते हैं, जैसे एक रावण की कुर्सी को लेकर। लंका के तत्कालीन फ़र्नीचर डिज़ायनरों के लिए यह ज़रूर समस्या रही होगी कि कैसे ऐसी कुर्सियाँ बनाएँ जिस पर बैठे शख़्स के दसों सिर टिककर आराम कर सकें। दर्ज़ियों ने रावण के लिए सामान्य कुर्ते सीने की बात सोची भी नहीं होगी, क्योंकि ज़ाहिर है दसों मुँह में गला फँस जाता। या हो सकता उन्होंने दस गलों का कुर्ता बनाया हो, हर-एक में चार-चार काज-बटन। रावण युद्ध-भूमि में ज़रूर लेट पहुँचता होगा, क्योंकि एक साधारण वीर की तुलना में उसे तैयार होने में दस गुना ज़्यादा वक़्त लगता होगा। कुल मिलाकर बड़ा समस्याप्रधान राक्षस रहा होगा रावण, अपने-आप में एक दस मुँहों वाली डेमोक्रेसी जीता हुआ। 'जितने मुँह उतनी बातें' के नियम के अनुसार लगातार एक परिचर्चा चलती रहती होगी हर विषय पर दस सिरों के बीच। वह एक इण्टरव्यू लेने क़ाबिल शख़्स था। उसके मुँह आपस में तकरार करते होंगे, सहमत होते होंगे, बड़बड़ाते होंगे और ताज्जुब नहीं कि एक-दूसरे को गालियाँ बकते हों किसी मामले पर। यह कल्पना करने में कोई हर्ज़ नहीं है कि सिर नम्बर सात सीता को किडनैप कर राम से लड़ाई मोल लेने के सख़्त ख़िलाफ़ था, पर किसी ने उसकी नहीं सुनी। मज़बूरी का मारा वह भी लड़ने गया और राम के तीरों का निशाना बना। रावण के दिमाग़ को समझना मनोवैज्ञानिकों के बस की बात नहीं थी, कवि लोग तो ख़ैर इस चक्कर में ही नहीं पड़े और उसे दुष्ट, घमण्डी, पापी आदि कहकर मामला निपटा दिया। गहन मनोवैज्ञानिक अध्ययन के लिए दस खोपड़ियों में कौन घुसता? और अगर यह मान भी लिया जाए कि रावण का एक व्यक्तित्व, एक चरित्र और एक विचार थे, यानी खोपड़ियों का दस होना क़रीब बेमानी था, तब भी अध्ययन में कठिनाई हो सकती थी। वो यों कि रावण जब दसों मुँह से एक ही बात पूरे अधिकार से बोलता होगा तो बड़ा स्टीरियोफ़ोनिक इफेक्ट आता होगा। जैसे कि हम म्युज़िक की सिस्टम की प्रशंसा करते रद्दी लांग प्लेइंग रेकॉर्ड को सहन कर जाते हैं, उसी तरह रावण के दस मुँहों से कही बात लंकावासियों को विराट् सच लगती होगी। रावण यदि भारत में होता तो वह भारतवासियों को भी उतना ही प्रभावित करता और ताज्जुब नहीं कि राम अपोजीशन में पड़ जाते। सीता उड़ाने की रिपोर्ट चित्रकूट के थाने में दबी रहती आज तक। वाल्मीकि बहुत करते तो एक सनसनीख़ेज़ अपराध-कथा लिख लेते, जिसका लम्बा शीर्षक

होता—'क्या राम को सीता मिल सकेगी? अपहरण के मामले में पुलिस ख़ामोश क्यों है?'

इन सारी अड़चनों को समझते हुए मुझे लगता है दस सिरों की पूरी थीसिस ग़लत है। मैं सत्य को खोजने रामायणों में नहीं जाऊँगा क्योंकि इतना अध्ययन करना अपना स्वभाव नहीं है। ऐसे धन्धे विश्वविद्यालयों को ही शोभा देते हैं। रावण के दस सिर दरअसल उसके कैबिनेट के थे, यह मानना मुझे ज़्यादा उचित लगता है। दस सदस्य थे जो मामलों पर सोचते थे, निर्णय लेते थे। ज़ाहिर है ये दस लोग रावण के चमचे और बड़ी हद तक मूर्ख रहे होंगे। रावण की हाँ में हाँ और नहीं में बिल्कुल नहीं मिलाते होंगे। कैबिनेट की इन दस खोपड़ियों को सुविधा का जीवन जीने को मिलता होगा और वह कम न हो जाए इसलिए वे लगातार रावण का मूड भाँप वैसी ही बातें करते होंगे। जब लंकावासियों ने देखा होगा कि मन्त्रिमण्डल के ये सदस्य रावण की ठकुरसुहाती ही करते रहते हैं, बजाय योग्य सलाह देने के सुर में सुर ही मिलाते हैं, जब देखा होगा कि रावण की डिक्टेटरशिप को मन-वचन-कर्म से ओढ़ लेने के अतिरिक्त कुछ नहीं है और इनसे आशा करना ही व्यर्थ है, तब लंकावासियों ने खीझ और निराशा में कहा होगा—रावण के दस सिर हैं। उन दस सिरों से रावण ने गलतियाँ कीं और दस सिरों सहित राम के हाथों मारा गया। अर्थात् पूरे मन्त्रिमण्डल का युद्धक्षेत्र में सफ़ाया हो गया।

तब प्रजातन्त्र कच्चा था, कैबिनेट छोटी होती थी। लंका-जैसे नन्हे देश में जनप्रतिनिधियों की संख्या भी कम ही रहती होगी। बाद में प्रजातन्त्र का विकास हुआ। आज़ादी के बाद भारत में ख़ास तौर से बड़े-बड़े मन्त्रिमण्डल बनने लगे। बहुत सारे सुविधाजीवी मन्त्री अपनी कुर्सी और राजनीति सलामत रखने के लिए सोचना-विचारना बन्द कर हाँ में हाँ और नहीं में बिल्कुल नहीं मिलाने लगे। सिरों में विचारहीन एकरसता विकसित होने लगी। पुराने लंकावासियों की तरह एक लम्बे वक़्त तक इन सिरों की प्रतिभा, सोच और निर्णय के प्रति आशाभरी निगाहों से देखने के बाद लोग निराश होने लगे। अपहरण, बलात्कार, हत्या, लूट की फ़िज़ाँ थी। एक चुप्पी और दूरी अख़्तियार कर ली लोगों ने। तब रावण दस सिरों का हुआ था। वह ज़्यादा सिरों का कहलाता था। वह अधिक का भी कहला सकता था। सब कुछ कैबिनेट की साइज़ पर है। वह आवश्यकतानुसार अपने सिरों को बदल भी सकता था, यदि वे उससे असहमत होते। क्या मन्त्रिमण्डलों का विकास या परिवर्तन नहीं होता? हम अधिक सिरों के रावण की भी कल्पना कर सकते हैं। लंकावासियों की तरह एक सीमा नहीं है हमारे चिन्तन की। न हम वाल्मीकि की तरह मजबूर हैं।

असन्तुष्ट होने के बजाय युवक राजनीति में आएँ

मुझे कहा गया है कि युवा असन्तोष पर बोलूँ। लेकिन यह बहुत पुराना विषय हो गया है। दस साल हो गये इस पर बोलते हुए और नवजवानों की पीढ़ी बूढ़ी हो गयी। ऐसा यह किस तरह का असन्तोष है कि हरिकथा अनन्ता की तरह अभी भी चालू ही है।

युवा किसे कहते हैं? जहाँ जच्चे-खाने चौबीस घण्टे चालू रहें; वहाँ युवा कौन? हर मिनिट एक व्यक्ति युवा पीढ़ी में प्रवेश करता है और एक उसे छोड़कर चला जाता है। असन्तोष किसे कहते हैं? वह कई प्रकार का है। एक पैसे वाला आदमी है, कलेक्टर या मिल मालिक, उसके पुत्र को असन्तोष है कि उसे ऐसी कम्पनी में नौकरी नहीं मिली या अमरीका के लिए की गयी कोशिश नहीं जमी या यहाँ बियर नहीं पी सकते या तेज़ी से कार नहीं दौड़ा सकते। अँग्रेज़ी बोलते हैं और हिन्दुस्तान के लोगों को बड़ा गन्दा समझते हैं।

दूसरा वर्ग इसलिए असन्तुष्ट है कि बड़े लड़के का जम गया, छोटे का नहीं जमा। भाई-भतीजावाद का ज़माना है। रिश्वत लेना चाहते हैं और स्कूटर नहीं आ सका इसलिए असन्तुष्ट हैं। क्या आप इसे असन्तोष कहेंगे?

दूसरे वर्ग के असन्तोष की कहानी मैं आपको बताता हूँ। एक ज़िले में प्रधान मन्त्री आनेवाले थे, शाला का उद्घाटन था। नेहरूजी को हार कौन पहनाए, इसके निर्णय के लिए शिक्षिका ने, पुरानी आदर्शवादी होने के कारण, नेहरूजी पर निबन्ध प्रतियोगिता करके सर्वोत्तम बालिका का चुनाव किया। सभी सन्तुष्ट थे, क्योंकि यह न्याय था। फंक्शन से पहले कलेक्टर आये, ज़िला शिक्षणाधिकारी आदि अधिकारी आये, इसलिए वह शिक्षिका बहुत निचली सीढ़ियों पर आ गयी। कलेक्टर के पूछने पर उसने बताया कि हार पहनाने का चुनाव कैसे किया? कलेक्टर ने कहा, हमारी बच्ची हार पहनाए, ऐसा हम चाहते हैं। वैसा ही हुआ। सरकारी फ़ोटो-ग्राफ़र ने फ़ोटो खींची—कलेक्टर साहब की बच्ची हार पहना रही है और नेहरू जी गाल थपथपा

रहे हैं। इस तरह न्याय का गला घोंट दिया गया। अगर आज यह लड़की और उसके साथ पढ़नेवाले लड़के नारे लगाते शहर से गुज़रें तो क्या आश्चर्य, क्योंकि उनके दिल में बचपन की गाँठ पड़ी हुई है।

इन दिनों बंगलोर में एक हंगामा चल रहा है क्योंकि जापान की विश्व-प्रदर्शनी में भाग लेनेवाले लड़कों का चुनाव भाई-भतीजावाद पर हुआ था। उन लड़कों को यह अन्याय नहीं सहन हुआ। आज तक उस पर जुलूस निकल रहे हैं। वे लड़के भी प्रदर्शनी में भाग नहीं ले सके। आज उनके हाथ में थोड़ी-सी ताक़त आयी इसलिए वे अन्याय बिल्कुल नहीं सहन कर रहे। जब मैं युवा असन्तोष की बात करता हूँ तो यह अमरीका न जा पानेवाले का असन्तोष नहीं, बल्कि वह असन्तोष है जो आज़ादी के बाद पैदा हुआ। विश्व-इतिहास में कहें तो दूसरे विश्वयुद्ध के बाद की पीढ़ी वाले युवा का यह असन्तोष है।

अलग-अलग पार्टी में अलग क़िस्म के युवा होते हैं। जैसे काँग्रेस में नये ख़ून का मतलब होता है साठ वर्ष। युवा असन्तोष को लेकर हमारे यहाँ इतने पक्ष उद्घाटित हुए, इतने बयान और परिसंवाद आयोजित हुए कि उलझन-सी होने लगी। अनेक प्रकार के तर्क प्रकाश में आये। उसमें एक है पुरानी और नयी पीढ़ी की खाई। आज़ादी के बाद पुरानी पीढ़ी ने नयी पीढ़ी को अपने साथ नहीं रखा। हमारे पुराने नेताओं ने ख़ुद को युवा पीढ़ी से अलग कर लिया और कॉलेज में जाकर कहा कि छात्रों को राजनीति से अलग रहना चाहिए। चान्सलर्स की कॉन्फ्रेन्स में यह तय हुआ और कॉलेज में सर्क्युलर भेजे गये और कहा गया कि यह देश आपको ही दिया जाएगा, आप शिक्षा पूरी कर लें। लड़कों को लगा, यह ठीक बात है। छात्र बयान देने लगे कि हमारा किसी भी राजनीतिक पार्टी से कोई सम्बन्ध नहीं। बीमा निगम और रेलवे कर्मचारी यूनियन से कहा कि आप राजनीति से अलग रहिए। आपकी माँगों को हम स्वयं स्वीकार करेंगे, आपके लिए ही हमारा श्रम विभाग है। इस तरह दोनों को राजनीति से हटाया गया और युवक से कहा कि बच्चा पढ़ लो, नौकरी देंगे। पर अब नौकरी माँगने पर कहते हैं कि हमारी कल्पना गड़बड़ हो गयी, अब नौकरी नहीं है। इस तरह युवक नौकरी और राजनीति दोनों से गया।

तीसरा वर्ग था शिक्षकों का, जिनके बारे में हमारे नेता बड़ी-बड़ी बातें करते थे। उसे भी निचोड़ लिया गया, लगातार तबादले करके। उसे मन्त्री के पीछे दौड़ना पड़ता है कि मेरी वाइफ़ अलग रहती है, उसे मिला दो। और जो शिक्षक-वर्ग मार्गदर्शन कर सकता था उसे भी हताश कर दिया। मेरी आयु अथवा मुझसे अधिक आयु के लोग जानते हैं कि हमारे शहर में शिक्षकों का कितना आदर था, उनके तबादले नहीं होते थे और शिक्षक, पिता, बड़े पुत्र, छोटे पुत्र और नाती तक को पढ़ाता था। उसके आते ही पिता-पुत्र सभी खड़े होते थे और उसे वह आदर मिलता था जो नेता को भी नहीं मिलता। जब हम हड़ताल करते थे तो पुलिस के आने

से नहीं बल्कि इससे डरते थे कि कहीं प्रोफ़ेसर न आ जाए। अब शिक्षक सरकारी नौकर माना गया, कहा—गज़ेटेड पोस्ट है, इसलिए जहाँ भेजा जाए वहाँ जाना होगा। पहले कसकर चुनाव होता था, अब भाई-भतीजावाद से शिक्षक भरे गये और इस तरह इस वर्ग की शक्ति को नपुंसक बना दिया गया। इस तरह आज विशेष प्रकार की वैचारिकता को तोड़ दिया गया। इससे लाभ नहीं हुआ। आज भी कॉलेजों में छात्रों के समूह हैं, गुट हैं, मारपीट होती है। पहले भी गुट थे, उसमें कुछ सैद्धान्तिक विरोध होता था। आज विरोध होता है, छुरे चलते हैं, जिसका कारण व्यक्तिगत होता है। स्वार्थ का रूप प्रकट करनेवाले युवक की रचना की गयी। राजनीति हटने और शिक्षकों के तबादले से सभी परम्पराएँ नष्ट हो गयीं। प्रोफ़ेसर कॉलेज में जाता है तो सोचता है, मैं दो साल रहूँगा और विद्यार्थी चार साल रहेगा, तो वह कैसा भी पढ़ाकर चला आता है। तबादला क्यों करते हैं। बोले—नियम है, क्योंकि हमको भी चुनाव के पूर्व कुछ ऐडजेस्टमेण्ट करना पड़ता है।

एक तरफ़ कॉन्वेण्ट और कैम्ब्रिज़ जैसी स्कूलें और दूसरी तरफ़ ऐसे स्कूल जहाँ बैठने को टाट न हो, एक तरफ़ अमीरी, दूसरी तरफ़ ग़रीबी। इस तरह शुरू से ही उनमें खाई पैदा होती है। एक तरफ़ बच्चे अँग्रेज़ी बोलते हैं और डॉक्टर, इंजीनियर, पायलट का ख़ास काम प्राप्त करते हैं और दूसरे स्कूल से निकले बच्चे गेटकीपर, शिक्षक, क्लर्क बनते हैं। मैं सिद्ध कर सकता हूँ कि यह भेदभाव ज़ोर-शोर से चलाया गया, पर न वह मेरा विषय है न उसका समय। पचमढ़ी में मुझे दो मेज़रों से मिलने का सौभाग्य हुआ, जिसमें एक कमाण्डेण्ट कहता था और दूसरा कमाण्डाण्ट। जाँच से मालूम पड़ा कि पहला सिपाही से मेज़र बना, दूसरा डायरेक्ट लगा था।

आपने सुना होगा कि ऐसा कहा जा रहा है कि सबको कॉलेज में लेने की क्या आवश्यकता है—जो मैट्रिक में ठीक है, उसे ही लिया जाए। इस प्रकार उच्च वर्ग अपने लिए रास्ता साफ़ करना चाहता है। वह वर्ग जो स्कूल से निकला है, जिसने अपने पिता को परेशान देखा है और जानता है कि वह अकेला खड़ा है और उसका कोई मददगार नहीं है तो ऐसे युवक के असन्तोष को आप कहते हैं युवा असन्तोष!

अब सवाल यह है कि यह घृणा कैसे पैदा हुई? भाग्यवादी बनने या आत्महत्या के स्थान पर यह विद्रोह क्यों करते हैं? उसने हर जगह मुखौटे देखे और देखा नेताओं का यथार्थ रूप। यह भी देखा कि ये डरे-डरे रहते हैं और ख़ुद को आदर्शवादी कहने के बाद सौदेबाज़ी करते हैं। यह युवक स्वाभाविक रूप से घृणा लेकर बड़ा हुआ। चूँकि यह राजनीति में नहीं था, इसलिए किसी झण्डे के अन्तर्गत नहीं आता और इसलिए वह एकीकृत नहीं है और आप उन्हें दिल्ली या लखनऊ विश्वविद्यालय के छात्र कहते हैं। जैसा कि हमारे कुछ नेता कहते हैं यह लॉ ऐण्ड ऑर्डर की समस्या है। हमारा युवक अनुशासनहीन होता जा रहा है।

सुकरात भी अनुशासनहीन था। अनुशासनहीनता प्रगति का परिचायक है। यह भी कहा जाता है कि यह सामान्य नियम है कि नयी पीढ़ी पुरानी पीढ़ी का विरोध करती है और हमने पिता का विरोध किया था। ये लड़के भी नौकरी मिलते ही शान्त हो जाएँगे और जवानी का जोश क़ायम नहीं रहेगा। अगर हम कारख़ाने खोलकर नौकरी दें तो यह सन्तुष्ट हो जाएँगे और यह कि इनका कोई मार्गदर्शन नहीं करता है, ये पतले पैण्ट पहनकर रहते हैं, सिनेमा जाते हैं और फ़िल्मी गाने गाते हैं। यह भी कहते हैं कि क्या करें मास्टर लोग ही ख़राब हैं। अगर वे अच्छे होंगे तो लड़के भी ठीक होंगे। इस तरह इस असन्तोष को सतही माना गया और कहा गया कि हालत बदलते ही यह असन्तोष ठीक हो जाएगा।

मैं यह सोचता हूँ कि ये ऐसा क्यों करना चाहते हैं। एक बार नयी पीढ़ी को ग़ैर-ज़िम्मेदार घोषित करते ही इस देश में नया वातावरण स्थापित करने के लिए अच्छा तरीक़ा प्राप्त हो सकता है। नयी पीढ़ी बदनाम है और पुरानी पीढ़ी चली गयी तो इस ख़ाली जगह को भरने के लिए डिक्टेटर चाहिए जो हण्टर से इन लोगों को कण्ट्रोल करे और विदेशी सत्ता को मज़बूत करे। दूसरा उपाय है सेना को सत्ता दी जाए जैसा दूसरे देशों में होता है। मैंने पहले ही बताया और हो सकता है कि मैं कुछ ग़लत सोचता हूँ, पर मेरा ख़्याल है कि हम ऐसी जगह जा पहुँचेंगे कि देश का शासन सिर्फ़ कुछ लोगों के ही हाथ में सौंप दिया जाए और शेष को ग़ैरज़िम्मेदार घोषित किया जाए।

आप दूसरी तरह से यह सोचिए कि नयी पीढ़ी क्यों असन्तुष्ट है? वह क्यों ग़ैर-ज़िम्मेदार है? कारण यह है कि उनमें क्षमता है, साहस नहीं है। क्षमता है और विश्वास है कि राज्य के मुख्यमन्त्री बनकर काम कर सकेंगे, पर उसे प्राप्त करने की जो ताक़त होती है, जो अन्दर से आती है या कुछ समाज से मिलती है, वह नहीं है। ऐसी परिस्थिति में उस व्यक्तित्व में खीझ प्रकट होती है और भीड़ में घूमते समय अपना अस्तित्व प्रकट करने के लिए कुछ नयी चीज़ें सामने लाता है, जैसे बाल बढ़ाना, जूते की नोक लम्बी करना, रंगीन कपड़े पहनना और अपना अस्तित्व प्रकट करना कि मुझे देखो, मैं हूँ। ऐसे कार्य आज का युवक, उस भीड़ में खो जाने से और डूब जाने से बचने के लिए करता है। यह नक़्शा है, जिस हालत में आपने उसे काफ़ी हाउस में देखा, उसके बाह्य रूप को पहचाना पर उसके अन्तर में पहुँचने की कोशिश नहीं की।

एक बात कहूँ! जिसके लिए युवा वर्ग बदनाम है जैसे वाइस चान्सलर को मारना, गाड़ियाँ जलाना आदि। आज के युवक के लिए बम बनाना सरल है, जो भगतसिंह के लिए बहुत कठिन काम था। एक उदाहरण बताता हूँ—मैं घर जा रहा था, दो लड़के एक इम्पाला कार के पास खड़े थे, उम्र आठ-नौ वर्ष। एक ने दूसरे से कहा कि हम इस कार में आग लगा सकते हैं। इसका कारण यह कि उन्होंने

में पढ़ा होगा कि लड़कों ने बस में आग लगा दी। भोपाल में लड़कों ने बस जलाने का नम्र प्रयास किया, पर बस जल न सकी। तुरन्त एम.एस-सी. के एक लड़के ने इन्स्ट्रक्शन दी, बेवक़ूफ़ो, पीछे से पेट्रोल निकालकर जलाओ। इस बार उन्होंने कार उल्टी करके उसका पेट्रोल निकाला और जला दी। ग़लती यह होती है कि झगड़ा किसी से होता है, लड़ा किसी से जाता है। रेलवे से नाराज़ होने पर गार्ड टी.टी. को पकड़ते हैं और बस-व्यवस्था से नाराज़ होने पर कण्डक्टर से लड़ते हैं, जो कि आपका पड़ोसी है। वाइस चान्सलर से लड़ते हैं जो नियमों से बँधा है। ऊपरी रूप से लड़ते हैं जो सामने दिखता है। इसमें हमारे नेताओं का भी कुछ हाथ है, जो कहते हैं कि कुछ ऊँचे काम करो ताकि सरकार को भी पता चले कि यहाँ असन्तोष है। छात्र भी शायद दो दिन के बाद समझता है कि यह बात ग़लत और बेमतलब है। इसका कारण यह है कि अगर समाज से राजनीति हटा दी जाए तो घूँसे-गालियाँ ही शेष रहती हैं।

इन्दौर में लड़कों ने माँग की कि कॉमर्स की परीक्षा हिन्दी में होनी चाहिए। तमाम तर्क दिये गये जिसे विश्वविद्यालय ने मान लिया। फिर बैंकों का राष्ट्रीयकरण हुआ और जगह-जगह शाखाएँ खुलीं और माना गया कि अँग्रेज़ी में एम. कॉम. पास व्यक्तियों को ही नौकरी मिलेगी तो जिस ठाठ से हिन्दी माध्यम की माँग की, उसी तरह तम्बू तना कि परीक्षा अँग्रेज़ी में होनी चाहिए। तरीक़ा तो यह था कि बैंकों को बदलने की कोशिश की जाती, पर उन्होंने यह शार्टकट अपनाया। तो मैं कहना चाहता हूँ कि युवक को राजनीति में आना होगा। अगर राजनीति अपवित्र है तो आप तो पवित्र हैं, आप जाकर राजनीति को पवित्र कीजिए। अगर आप राजनीति से अलग रहने की बात करते हैं तो यह भूल है और यह ख़ुद ही राजनीति है और आप इससे ग़लत राजनीति के शिकार बनते हैं। राजनीति का मलतब सत्ता की राजनीति ही नहीं होती। देश, समाज और मनुष्य के रूप की कल्पना को साकार करने की कोशिश राजनीति कहाती है। सत्ता प्राप्त करने की कोशिश को ही राजनीति नहीं कहते हैं जैसा कि हमारे देश में दलबदल करके मतलब निकाला गया है। लोग कहते हैं कि हम क्या राजनीति में जाएँ, हमें क्या मन्त्री बनना है! मैं कहता हूँ कि आपको इसमें घुस जाना है, जिससे कि युवा असन्तोष एक स्वप्न में बदल जाए, जो आज सफल न भी हो तो पाँच-दस वर्षों में सफल हो।

तीसरी बात है कि कुछ मामलों में अपनी दृष्टि और समाज के मूल्य साफ़ होने चाहिए। पुरानी पीढ़ी में कुछ सद्गुण हैं। जीवन को अपनी तरह से जीने का उनका एक तरीक़ा था। आप किसी वृद्ध से संगीत, कबड्डी, सिनेमा, (जिसमें उस काल के सिनेमा 'दुनिया न माने', 'देवदास' आदि हैं) बात करें तो आपको मालूम होगा कि उसने सभी में भाग लिया था। उसने वीर सावरकर को सुना, गाँधी को सुना, कव्वाली सुनी, भजनमण्डली में गया और अगर धीरे से वेश्याओं के बारे में

पूछें तो कहेगा—क्या थी वह फलानी? अब संगीत सभा में या क्रिकेट देखने जाते हैं और पन्द्रह मिनट वैसे ही बैठकर चले आते हैं। हो सकता है कि जीवन की गति बढ़ने से कुछ अन्तर आ गया हो पर हमारे पुरखे जीवन के सन्निकट थे। कई लोग कहते हैं कि दहेज नहीं लेंगे, पर आज का युवक दहेज चाहता है और अगर पिता आदर्शवादी हो तो पुत्र घूरकर देखता है कि मुझे मिलता है तो आपका क्या जाता है?

सरकारी पत्रिकाएँ : कुछ जुड़े हुए प्रश्न

पिछले दिनों डाक से एक पत्रिका मिली 'उत्तर प्रदेश'। देखकर आश्चर्य हुआ कि सरकारी पत्रिका इस तरह मुफ़्त में कैसे? मुझे कैसे? पत्रिका उत्तर प्रदेश शासन ने प्रकाशित की है। मुझे भेंट में प्रति भेजने के मूल में आशय होगा एक लेखक के नाते मुझसे सहयोग लेना अथवा अपने प्रकाशन से देश के सुदूर क्षेत्रों में बैठे साहित्यकारों को परिचित रखना। यों सरकारी विभागों को बजट फूँकने के सालाना कार्यक्रम के अन्तर्गत पत्रिकाएँ निकालना तो आता है मगर वे साहित्यिक अथवा सामाजिक क्षेत्र में असरकारक हों, जनता तक पहुँचें, इस दिशा में विचार नहीं किया जाता। 'उत्तर प्रदेश' पत्रिका देख दूसरा और अधिक बड़ा आश्चर्य हुआ कि पत्रिका सचमुच अच्छी निकली। सामग्री के चयन में सम्पादक का श्रम स्पष्ट झलकता था। लेआउट साफ़-सुथरा। सरकारी पत्रिकाएँ पठनीय हों यह सचमुच चौंका देनेवाली चीज़ थी। 'आजकल' के कुछ अंक तथा पंजाब शासन द्वारा प्रकाशित 'सप्त-सिन्धु' (जो शायद फिर बन्द हो गया) तथा उत्तर प्रदेश सूचना विभाग की 'त्रिपथगा' के अतिरिक्त ढेरों सरकारी पत्रिकाएँ देखीं, मगर उनकी उपयोगिता के प्रति कभी आश्वस्त न हो सका। एक अजीब बेमेल फ़ीकापन, खर्चीले मगर अर्थहीन प्रयास-सी लगती हैं वे। बरसों से निकल रही हैं, बरसों निकलती रहेंगी। नेकी कर दरिया में डाल के अन्दाज़ में काग़ज़ छपाकर रद्दी में बेचने के लिए तैयार कर लिये जाते हैं। बस। एक दफ़्तर चलता रहता है, साहित्य और चिन्तन की वर्तमान धारा से कटे हुए एवं बड़ी हद तक उसकी उपेक्षा करनेवाले सम्पादक महोदय कुर्सी पर बैठे वेतन पाते रहते हैं। उनका काम है—मन्त्रियों और अफ़सरों की तस्वीरें छापना, उनकी रेडियो-वार्ताएँ और सन्देश प्रकाशित करना तथा घटिया लेखन में सक्रिय एक वर्ग को पत्रिका से जोड़े रखना। समय गुज़रता रहता है, पत्रिका अपनी व्यक्तित्वहीनता के साथ चलती रहती है।

हमारे मध्यप्रदेश में सरकारी विभाग द्वारा प्रकाशित की जानेवाली ऐसी उबाऊ पत्रिकाओं की कमी नहीं। मेरे ख़्याल से हर विभाग एकाध अवश्य निकालता है। समाज कल्याण विभाग द्वारा प्रकाशित 'समाज सेवा' के अतिरिक्त शायद ही कोई

मध्यप्रदेश की सरकारी पत्रिका ऐसी हो जो अपने उद्देश्य को सार्थक सिद्ध कर सके। शासन में बैठी अँग्रेज़ीपरस्त अफ़सरशाही, जिनकी रगों में हिन्दी के प्रति घृणा रही है, कभी इस दशा में चिन्तित नहीं हुई कि ये पत्रिकाएँ प्रसार की अच्छी माध्यम बन सकें। रचना पर स्वीकृत पारिश्रमिक की दरें अपमानजनक रूप से इतनी कम होती हैं कि कोई अच्छा लेखक अपनी श्रेष्ठ रचना भूल से इन्हें न देगा। इनके पल्ले पड़ती हैं सरकारी वार्ताएँ, नीरस एवं सब जगह से लौटाये गये लेख और बोर कहानियाँ। इस दुर्दशा से मुक़्त होने का कोई मार्ग फ़िलहाल इनके सामने नहीं है। जहाँ तक मन्त्रियों का सवाल है, वे ऐसी पत्रिकाओं में छपी अपनी तस्वीरें देख शायद मुग्ध रहते हैं और उन्हें यह भ्रम रहता है कि राज्य की जनता इन पत्रिकाओं के माध्यम से उनके विचार, चेहरे और पराक्रमों से परिचित हो रही है। बिचारे नहीं जानते कि सरकारी मुद्रणालय से निकलने के बाद ये पत्रिकाएँ कैसी उपेक्षित धूल खाती पड़ी रहती हैं। मेरे एक अफ़सर मित्र ने कभी ठीक ही कहा था कि ये सरकारी पत्रिकाएँ हुज़ूर को सजाकर पेश की जानेवाली मिठाई की रकाबियाँ हैं। मन्त्री या अफ़सर टेबल पर रखी उन्हें देखता है, एकाध टुकड़ा चखता है अर्थात् पन्ने-वन्ने पलटता है और रख देता है। हुज़ूर की इस कृपा से बनानेवाले की मेहनत सार्थक हो जाती है। इस तरह व्यापक जनसमाज के लिए निकलनेवाली ये पत्रिकाएँ अपनी अक्षमता एवं उचित दृष्टि के अभाव में महज़ एक सरकारी ऐयाशी बनकर रह गयी हैं। 'मध्यप्रदेश सन्देश' को ही लीजिए। बरसों पुराना सरकारी साप्ताहिक है। राजाओं के ज़माने में 'जयाजी प्रताप' के नाम से निकलता था। आज सिर्फ़ नाम बदल गया है, मगर अपने रंगढंग और सम्पादकीय-दृष्टि में वही है जो पहले था। पहले शिन्दे सरकार की गद्दी-नशीनी की तस्वीरें छपती थीं, आजकल मन्त्रियों के शपथ ग्रहण की छपा करती हैं। वही ढर्रा, वही निरन्तर, प्रति सप्ताह। पिछले वर्षों में हिन्दी पत्रकारिता का इतना विकास हुआ मगर भूल से भी उसकी छाया इन पत्रिकाओं के दफ़्तरों पर से नहीं गुज़री।

एक ओर अपनी पत्रिकाओं की स्तरहीनता को शासन नहीं सुधारता तथा दूसरी ओर मध्यप्रदेश के लेखक यदि अपनी पत्रिकाएँ प्रकाशित करें तो उसके प्रति घोर उपेक्षा का भाव रखता है। अजब मिज़ाज होता है सरकार का। ख़ुद घर-फूँक तमाशा देखेंगे और पराये को कौड़ी मदद नहीं। सरकारी नियम राज्य से निकलनेवाली साहित्यिक एवं सांस्कृतिक पत्रिकाओं के लिए यह चला आ रहा है कि वे निकलने के छह माह बाद जाकर विज्ञापन देने के लायक समझी जाती हैं। अर्थात् यदि मध्यप्रदेश के किसी अंचल से साधनहीन लेखकों का एक वर्ग प्रति माह डेढ़-दो हज़ार रुपये जुटाकर एक पत्रिका का प्रकाशन आरम्भ करे तो छह माह बाद अर्थात् छह अंक बाद सरकार उसे विज्ञापन देना सिद्धान्ततः स्वीकार कर लेगी। इतने के लिए जो दौड़धूप करनी होगी उसका ज़िक्र न भी किया जाए तो छह माह बाद उस पत्रिका

को पूरे वर्ष में शासन से जो विज्ञापन प्राप्त होंगे उनकी संख्या होगी दो या तीन, बस। दो-तीन पृष्ठ के दो-सौ रुपये प्रति पृष्ठ के हिसाब से छह सौ। अर्थात् लेखक-वर्ग यदि प्रति माह डेढ़-दो हज़ार के हिसाब से ख़र्च जुटा सकें और छह माह तक पत्रिका को जीवित रख सकें तो छह सौ रुपये प्रति वर्ष की सहायता शासन दे सकता है। राज्य के बाहर से निकलनेवाली हिन्दी पत्रिकाओं को तो मध्यप्रदेश शासन ने सदा निराश किया ही है, राज्य से निकलनेवाली पत्रिकाओं के मुर्झाने में बड़ा दोष भी शासन का है। रही वाचनालयों के लिए पत्रिकाओं की ख़रीदी की बात तो उसके नियम इतने पेचीदा हैं और उपलब्धि इतनी कठिन कि छोटी साहित्यिक पत्रिकाएँ तो क्या बड़ा व्यावसायिक पत्र भी उस दिशा में कोशिश नहीं करेगा।

मध्यप्रदेश शासन का सबसे बड़ा रोना यह है कि साहित्य और कला और संस्कृति के क्षेत्र में उसकी नीतियाँ और दृष्टि कभी स्पष्ट नहीं रही। भाषा, साहित्य और संस्कृति के क्षेत्र में शासन के कोई संकल्प नहीं हैं। मध्यप्रदेश बनने के बाद से शासन कभी इस विषय में विचार करने के लिए फ़ुरसत नहीं निकाल सका। मध्यप्रदेश निर्माण के पूर्व से साहित्य संस्कृति के क्षेत्र में जो सरकारी प्रवृत्तियाँ चली आ रही हैं उन्हें जैसे-तैसे चालू भर रखा गया। कहीं से शासन साहित्य परिषद् आ गया, कहीं से कला परिषद्। इनके साथ कामकाज के नाम पर एक उथली-सी परम्परा मिल गयी है। कुछ पद हैं जो प्रियजनों को दिये जा सकते हैं। एक बेख़बर दृष्टिहीन व्यवस्था है, बाँटने खाने को बजट है। काम चल रहा है, कुछ-न-कुछ हो रहा है, यही उपलब्धि है। न प्रवृत्तियाँ बढ़ायी गयीं न उन्हें जनता से जोड़ा गया और न शासन ने यह फ़िक्र की कि मध्यप्रदेश की लोक-संस्कृति को प्रश्रय देने तथा उसका उन्नयन करने में हमारी क्या ज़िम्मेदारी है। नतीज़ा है एक क़िस्म की निर्जीव स्थिति। मैंने अख़बारों में पढ़ा कि इस वर्ष उज्जैन का कालिदास समारोह रूखा फ़ीका रहा। दर्शक नहीं थे, सरकारी कर्मचारी बैठे रहते थे। दुःख हुआ पर आश्चर्य नहीं। बरसों से एक-सी बात और एक-सा आयोजन देखते एकरसता आ गयी है। लोग ऊब गये हैं। सरकारी नियम कुछ ऐसे हैं कि कालिदास के अलावा दूसरी बात करना ग़ैर-क़ानूनी है। 'मृच्छकटिक' नहीं कर सकते। कीजिए तो कालिदास, बोलिये तो कालिदास! हिन्दी के आधुनिक नाटक करना, दिल्ली, बम्बई से सुप्रसिद्ध नाट्य दल को आमन्त्रित कर अच्छे नाटकों का प्रदर्शन अथवा राज्य के किसी दल को यह काम सौंपना सरकारी आयोजकों की कल्पना एवं सीमा के बाहर है। होना यह चाहिए कि कालिदास के नाम को एक प्रेरक शक्ति के रूप में ले पूरे समारोह को नाटक एवं साहित्य के एक विराट् आयोजन के रूप में विकसित किया जाए। यह समझना भूल है कि यदि आधुनिक रंगमंच अथवा आधुनिक साहित्य पर बातचीत हो गयी तो कालिदास की आत्मा को ठेस पहुँचेगी और वे स्वर्ग में बैठे मध्यप्रदेश शासन को शाप देंगे। दूसरे शासन को यह भी सोचना पड़ेगा कि वह समानान्तर रूप से मालवा

के लोक-नाट्यों की परम्परा को जीवित रखने के लिए क्या कर रही है? मालवा में 'माच' देखने हज़ारों ग्रामीण जनता जुटती रही है। शासन विभिन्न मण्डलियों की प्रतियोगिताएँ कर, पुराने एवं श्रेष्ठ कलाकारों को सम्मानित कर, उन्हें उन्नत रंगमंच प्रदान कर, उसी शैली में आधुनिक समस्याओं पर स्क्रिप्ट लिखवा इसे बढ़ावा दे सकती है। राज्य के अन्य क्षेत्रों में भी ऐसी परम्परागत लोक-कलाएँ हैं जिनके लिए शासन को अपना दायित्व महसूस करना चाहिए। कब तक प्रशासन करना ही मध्यप्रदेश शासन का प्रमुख उद्योग बना रहेगा? जिस प्रकार महाराष्ट्र शासन अपनी 'तमाशा' नाटक परम्परा से, बंगाल अपने लोक-नाटकों के प्रति लगाव रखता है, क्या उसी तरह मध्यप्रदेश शासन मध्यप्रदेश के सांस्कृतिक जीवन में रुचि नहीं ले सकता? बेरुखी की इन्तिहा है कि अलाउद्दीन खाँ जैसे महान् गायक की मृत्यु पर राजधानी में शासन या शासन से चन्दा पानेवाली संस्थाएँ एक शोकसभा न कर सकें, स्मृति में एक आयोजन न हो। यह कैसा प्रजातान्त्रिक शासन है जो स्थानीय संस्कृति से कोई लगाव नहीं रखता।

दुर्भाग्य से मध्यप्रदेश में निर्णायक अफ़सरशाही सदैव से उन ग़ैर मध्यप्रदेशीय व्यक्तियों के हाथ रही जिनका इस भूमि से नौकरी करने और अतिरिक्त आमदनी बनाने के सिवाय कोई लगाव नहीं रहा। जब भी भाषा, संस्कृति या क़ला से सम्बद्ध सवालों ने सिर उठाया उन्हें काग़ज़ों पर कुचल दिया गया। वे न छत्तीसगढ़ के हैं न मालवा के। वे यहाँ पद चाहते हैं, एक्सटेंशन चाहते हैं और रिटायर होने पर यहीं वाइस-चान्सलरी चाहते हैं। घटिया जातिवाद इनके ही आश्रय में पनपता है, प्रमोशन के टुकड़े फेंक साहित्यिक अफ़सरों को लड़वा हिन्दी के नुकसान में इनकी सीधी रुचि है। शासन भी अजीब है, जो प्राइमरी स्कूल की टाट-पट्टियों में से पैसा खाने से परहेज़ नहीं करते, उन्हें मध्यप्रदेश के सांस्कृतिक विकास के दायित्व सौंपती है। मध्यप्रदेश के जनजीवन और संस्कृति में कौड़ी रुचि न रखनेवाली अफ़सरशाही ने शासकीय कार्यालयों को हृदयहीन जंगल में बदल दिया है। ऐसे ही बड़ा वेतन जेब में रख बाद में राज्य छोड़ देनेवाले वाइस-चान्सलरों ने मध्यप्रदेश की विश्वविद्यालयीन शिक्षा को इतना गिरा दिया कि आज हमारा छात्र नौकरी के लिए देश में कहीं जाकर मुँह दिखाने क़ाबिल नहीं रहा और इसी स्वार्थी अफ़सरशाही के दबाव से भाषा, साहित्य और संस्कृति के विकास के हर रास्ते बन्द हैं। क्या पत्रिकाएँ, क्या परिषदें सब एक-सी हैं—निर्जीव, स्वार्थियों की शरणगाहें! स्थितियाँ बदलने के लिए एक लम्बी लड़ाई की शुरुआत करनी होगी जिससे देश का यह भूखण्ड एक सांस्कृतिक व्यक्तित्व प्राप्त कर सके।

निराधार सूत्रधार

परदा उसी ढंग से उठा जिस तरह नाटकों के परदे उठते हैं। दर्शक उसी तरह आ बैठे थे जिस तरह नाटकों में दर्शक आ बैठते हैं, रोब से सिर ऊँचा किये कि हम सुसंस्कृत हैं जो नाटक देखते हैं। हम इस शहर की कल्चरल लाइफ़ के आधार हैं। देखो हम चन्दा देते हैं, देखो हम कला के पारखी हैं।

नटी का प्रवेश। नटी बनी हैं मिस वालिया। अण्डर सेक्रेटरी श्री वालिया की बड़ी लड़की, जिसे इधर कुछ दिनों से नाटकों में काम करने का शौक़ चर्राया है। ऊँचा जूड़ा बाँध बड़ा अपने को आर्टिस्ट लगाती है। क्या गहरा मेकअप किये है, जैसे ड्रामे में काम न करना हो बल्कि किसी पार्टी में जाना हो। कुछ भी कहो साहब, एक ही चीज़ है! जालिम गज़ब ढाती है! सुना पेण्टिंग-वेण्टिंग भी करती है।

नटी—(आश्चर्य से)—अरे, नाट्क श्रू करने का सम्य हो गया, दर्शक ब्रिन्द भी आ गये, हाय-हाय, यहाँ तो अभी तक कोई त्यारी ही नहीं हुई? (यह कहकर उसने यों हाथ झटके जिससे लगे कि इस लापरवाही से उसका कोई सम्बन्ध नहीं है। तभी नटी के हाथों पर श्रीमती दासवानी का ध्यान गया और उन्होंने पास बैठी श्रीमती गुप्ता से कहा—कड़े कितने बड़े-बड़े पहने हैं। इधर नटी मटकती हुई विंग्स के पास गयी और पड़ोसन को पुकारने की-सी मुद्रा में बोली—) सूत्रधार जी, अजी ओ सूत्रधार जी।

(सूत्रधार का प्रवेश। पुराने ऐक्टरों-सी सहज मस्त चाल। अपने को नेचुरल दिखाने के लिए बदन पर कुरता डाल बटन लगाते हुए। ठीक भी है। बाहर से कोई नटी प्रकार की लड़की आवाज़ लगाये तो कुरता पहनकर ही बाहर आना चाहिए।)

कहो, क्या बात है नटी?

अजी सूत्रधार जी, नाटक का सम्य हो गया, सारे दर्शक पधार गये और आप हैं कि अभी तक....

सूत्रधार (मन-ही-मन में—हाय तेरी इन्हीं अदाओं पर मरकर तो तुझे ड्रामे में पार्ट दिया है ज़ालिम!) (प्रकट आश्चर्य से) क्या कहा, सारे दर्शक आ गये? मगर यह तो बताओ, सारे पत्रकार आये या नहीं?

नटी–(दर्शकों को देखते हुए यह पता लगाने का प्रयत्न करती हुई कि ममी-डैडी को इन नालायकों ने कहाँ सीट दी है)–हाँ-हाँ, सारे पत्रकार भी आ गये।

सूत्रधार–और वह आर्ट क्रिटिक?

नटी–वे भी आ गये।

सूत्रधार–उसे बैठने को ठीक जगह दी गयी या नहीं? मैंने पण्डित साहब से बोला था कि जैसे ही वह आये, उसे ज़रा अदब से लाकर पहली पंक्ति में बिठा देना (पॉज़ देकर) और सुनो नटी, फर्स्ट ऐक्ट के बाद तुम उसे अन्दर बुला लेना। प्रेम से दो-चार बातें कर कोकाकोला वग़ैरा ऑफ़र कर देना। वह सनकी बूढ़ा तारीफ़ कर देगा तो अपना ड्रामा जम जाएगा। प्लीज़ नटी, डू इट फॉर मी!

नटी–(भौंहें मटकाकर) वे तो हमारे डैडी के फ्रेण्ड हैं। बोल रहे कि इस ड्रामे के बाद रिव्यू के साथ नीना का फ़ोटो छापेंगे।–मेरा फ़ोटो छापेंगे।

सूत्रधार–(आश्चर्य से) क्या कहा, क्या वे महाशय हमारे नाटक की प्रशंसा करने का पूर्व निश्चय कर चुके हैं? यह तो वास्तव में अत्यन्त प्रसन्नता का विषय है। सुनो नटी, तो आज हम सचमुच ही अपना श्रेष्ठ अभिनय करके दिखाएँगे और यह सिद्ध कर देंगे कि कला के क्षेत्र में आज हम ही श्रेष्ठ हैं और बाकी जगह धाँधली चल रही है। कुछ भी कहो वह बुड्ढा ईमानदार है, उसकी पकड़ गहरी है, क़लम में ज़ोर है। अगर एक बार हमारी प्रशंसा कर देता ना तो हाय-हाय! फिर तो मज़ा है। (हर्ष-विभोर हो नृत्य करता है) और सुनाओ नटी, वे क्रिटिक महोदय क्या कह रहे थे?

नटी–(दर्शकों में बैठे अपने ब्वाय फ्रेण्ड को खोजती हुई)–बोलते थे कि नीना का फ़ोटो छापेंगे।

सूत्रधार–यह डायलॉग तुम पहले बोल चुकी हो नटी। हर्ष की बात है कि वे तुम्हारा फ़ोटो छापेंगे। अपने ड्रामा ग्रुप के लिए यह गर्व की बात होगी कि पहली बार ऐक्टिंग करने पर ही तुम्हारी टेलेण्ट को रिकग्नाइज़ किया जा रहा है और हमें यह गौरव है कि हम तुम्हें मंच के लिए खोजकर लाये नटी! कल जब तुम बहुत बड़ी अभिनेत्री हो जाओगी तब यह कहोगी कि पहली बार तुमने किस डायरेक्टर के निर्देशन में, किस नाटक में काम किया था। (नटी तभी नाक-भौं सिकोड़ती मुँह बिचकाती है) और जब तुम पहली बार स्टेज पर आयीं तो तुम्हें कैसा लगा!

नटी–(मन्द-मन्द मुस्कराकर)–कैसा लगा?

सूत्रधार–ऐसा ही जैसा छोकरियों को पहली बार स्टेज पर आने पर लगता है। (पॉज़ देकर) आह, मैंने कितनी लड़कियों को तैयार किया। सब चली गयीं।

नटी–मैं सुन्दर लग रही हूँ ना?

सूत्रधार–सब चली गयीं। इन आर्ट क्रिटिक्स ने तारीफ़ करके और तस्वीरें

छापकर सबका दिमाग़ ख़राब कर दिया। सब चली गयीं। एक-एक कर सब चली गयीं। (उदास सिर लटका खो जाता है)

नटी—मुझे भी जाना है एक दिन! फ़िल्मों में (ठुमककर पोज़ देती है और कूद-कूदकर गाने लगती है)—मेरी बेरी के बेर मत तोड़ोऽ! कोई काँटा, हो कोई काँटा, लग जाएगा।

सूत्रधार—नहीं तोड़ूँगा नटी नहीं तोड़ूँगा। मेरी कभी इच्छा नहीं रही कि किसी को कोई काँटा लगे। मुझे क्या करना। मैं तो कला का पुजारी हूँ, रंगमंच ही मेरा जीवन है। बस मेरी तो यही इच्छा है कि जीवन-भर मंच की सेवा करूँ और एक दिन इसी तरह डायलॉग बोलते हुए प्राण दे दूँ।

नटी—अरे-अरे ऐसा मत करना सूत्रधार जी। उस दिन के ड्रामे का सारा मज़ा बिगड़ जाएगा। पब्लिक टिकिट के पैसे वापस माँगने लगेगी।

सूत्रधार—प्राण दे दूँगा मंच के लिए। प्राण!

नटी—(आह भरकर) ओ मेरे प्राण, तुम कहाँ निकल गये?

सूत्रधार—और क्या कह रहा था वह नाट्य-समीक्षक?

नटी—वह, अरे वह हमारे डैडी के फ्रेण्ड हैं। मैं उनको अंकल बोलती हूँ। कह रहे थे कि हम तुम्हारा ख़ूब अच्छा रिव्यू करेंगे। हम लिखेंगे कि इस नीना में बड़ी टेलेण्ट है। अगर किसी अच्छे डायरेक्टर के हाथों में रहती तो इसकी ऐक्टिंग और भी निखर कर आ जाती। इसका भविष्य उज्ज्वल है। वे लिखनेवाले हैं कि अगर कोई और डायरेक्टर रहता तो नीना की अभिनय-प्रतिभा का उपयोग करता।

सूत्रधार—(दर्शकों के सामने दोनों हाथ फैलाकर)—सुन रहे हैं आप लोग, सुन रहे हैं! हे देव! हे काय आहे!

नटी—वो बोलते थे कि नीना का फ़ोटो छापेंगे।

सूत्रधार—अन्याय है, सरासर अन्याय!

नटी—मेरा फ़ोटो छापना अन्याय है?

सूत्रधार—हे देव! हे काय! सुनते हैं आप लोग, यह कल की छोकरी क्या बोल रही है।

तभी दर्शकों में से कब एक व्यक्ति खड़ा होकर ज़ोर से कहता है—सुनते हैं, हम उसी को सुनने आये हैं। (नटी मुस्करा देती है और बोलनेवाले को हाथ उठाकर विश करती है।)

सूत्रधार—यह मॉडर्न है, दर्शकों से सीधा सम्पर्क। हद हो गयी साली। मैं कहता हूँ नाटक कहाँ जा रहा है! दिन-पर-दिन स्तर गिर रहा है! समझ नहीं आता। कोई सुनने-समझने वाला नहीं। जिसकी जो तबीयत आ रही है सो कर रहा है। जो तबीयत आ रही है सो लिख रहा है। इससे बचने का मेरी दृष्टि में सिर्फ़ एक ही उपाय है। सिर्फ़ एक उपाय।

नटी–वह क्या?

सूत्रधार–कोई अपना समीक्षक होना। कोई अपनावाला आदमी समीक्षक होना, जो अपनी तारीफ़ करे, हमारे बारे में विस्तार से लिखे। सच्चाई तभी सामने आएगी। तभी लोगों को पता लगेगा कि मैं कितना बड़ा डायरेक्टर हूँ। मेरा श्रम, मेरी साधना, मेरी कला। मैं, मैं और केवल मैं।

नटी–और मैं?

सूत्रधार–तुम्हारा फ़ोटो आ तो रहा है प्रतिभाशालिनी और क्या चाहिए?

नटी–वे मेरे डेडी के फ्रेण्ड हैं।

सूत्रधार कुछ विचारता हुआ मंच पर टहलने लगता है। तब नटी मंच के अग्रभाग में मूक अभिनय करती है। वह अलग-अलग ऐक्शन में खड़ी होकर मानो किसी फ़ोटोग्राफ़र से तस्वीरें खिंचवा रही हो, उस तरह बार-बार प्रतिमावत् हो जाती है। हँसते हुए, दुःख में, प्रतीक्षा करते, अस्वीकार करते, लजाते, झपकी लेते और ऐसे ही कुछ रूपों में।

सूत्रधार–(सहसा रुककर) नटी!

नटी–(चौंककर) कहो सूत्रधार!

सूत्रधार–मानो कि एक अभिनेत्री है, प्रतिभाशालिनी, टेलेण्टेड वग़ैरह। उसका एक साथी है डायरेक्टर, नाटकों का सूत्रधार, लेखक। वह मानो उस अभिनेत्री से प्रेम-वेम करता है।

नटी–(बीच में) धीरे बोलिए, दर्शकों में मेरा ब्वॉय फ्रेण्ड भी बैठा है।

सूत्रधार–एक कला-समीक्षक है। अभिनेत्री के डैडी का दोस्त। वह भी उस अभिनेत्री से प्रेम करता है।

नटी–आयु क्या है?

सूत्रधार–युवा है कला-समीक्षक। वह अभिनेत्री की प्रशंसा करता है। उसकी तारीफ़ में लेख लिखता है, चित्र छापता है। बताओ वह अभिनेत्री किसे स्वीकार करेगी? कला-समीक्षक को या कलाकार को?

नटी–कौन से ऐक्ट में? नाटक के कौन-से ऐक्ट में? प्रथम ऐक्ट में वह कलाकार से, सूत्रधार से प्रेम करेगी। दूसरे ऐक्ट में वह अनिर्णय की स्थिति में रहेगी।

सूत्रधार–और तीसरे ऐक्ट में?

नटी–तीसरा ऐक्ट अन्तिम ऐक्ट है। इसमें दर्शक भावुक हो सकता है, मगर अभिनेत्री नहीं हो सकती। वह कला-समीक्षक के साथ चली जाएगी। यश, पैसा, और क्या-क्या! क्या नहीं!

सूत्रधार–सूत्रधार का क्या होगा?

नटी–(हँसकर) तीसरा और अन्तिम ऐक्ट है। वह कला की सेवा करते हुए, डायलॉग बोलते हुए मंच पर प्राण दे देगा। यही उसकी इच्छा भी थी।

सूत्रधार कुछ देर शून्य में ताकता रहा, फिर उसके पैर लड़खड़ाने लगे, और वह गिर पड़ा और बिना कोई डायलॉग बोले मर गया।

नटी मंच के अग्रभाग में आकर उसी तरह विभिन्न क्रियाओं और भावों की मुद्राओं में बार-बार स्थिर प्रतिमावत् खड़ी हो जाती है। दर्शकों में शोरगुल चालू हो जाता है। रोब से सिर ऊँचा किये बैठे नाटक के दर्शक, शहर के सांस्कृतिक जीवन के आधार, जो चन्दा देते हैं, कला के पारखी हैं, कुर्सियाँ तोड़ने-फेंकने लगते हैं। वे अपने टिकिट के पैसे वापस माँग रहे हैं, चिल्ला रहे हैं और नटी अभिनय करती रहती है।

इन सब पर परदा उसी ढंग से गिर जाता है जिस तरह नाटकों के परदे किसी दृश्य पर गिरते हैं।

बरसात में राजनीति

"हला, एक्सचेंज, बात कराव।"

"हलूऊऊ!"

"हला, भैया जी बोल रहे हैं क्या!"

"हाँजी, हलूऊऊ। नमस्कार।"

"पाँच मन्त्री का इस्तीफा होग्या।"

"क्या? हलू एक्सचेंज, बात कराओ यार।"

"पाँच का त्याग पत्र।"

"पत्र। हाँ आपका पत्र मिला, मैंने जवाब भी दे दिया। नहीं प्होंचा क्या? मैंने लिखा आपको कि ऐसा है कि अभी हमें हायकमाण्ड का रुख देखना चाहिए।"

"हला वो ठीक है, एक्सचेंज।"

"चेंज, अरे चेंज होना होगा तो होगा यार, उसमें तुम क्या करो और मैं क्या करूँगा?"

"बरसात की वजह से लाइन खराब है सर, मैं कोशिश कर रहा हूँ।" (एक्सचेंज उवाच)

"कोशिश करना अपना फर्ज है भैया मगर तुम पोलिटिक्स देख रये हो। हलूऊऊ।"

"बात कीजिए।" (एक्सचेंज उवाच)

"डी.पी. से? हुआ तो कल करूँगा। जबलपुर हैं।"

"भैया जी यहाँ सब की राय थी कि बयान आना चाहिए आपका अखबार में।"

"अखबार में। इधर अखबार आयी नहीं रहे बरसात की वजह से। नदी-नाले सब पूर हैं भैया।"

"हलाआ एक्सचेंज।"

"हलूऊऊऊ!"

"बात कीजिए।" (एक्सचेंज स्वर)

"बयान आना चाहिए आपका अख़बार में।"

"हमारे अखबार में? बयान देना है? नोट कराव। हाँ, ज़रा ठहरो कागज ले लूँ।"

"मैं कह रहा था आपका, हलाआ,...यार एक्सचेंज बात नहीं हो रही है।"

"बात नहीं हो रही है, किससे सेठी जी से?"

"बात कीजिए।" (एक्सचेंज कथन)

"भैया जी आप बयान दीजिए।"

"यार कभी बयान देने को कहते हो, कभी बात करने को कहते हो, पोलिटिक्स में ऐसा नहीं चलता।"

"पाँच मन्त्रियों ने इस्तीफे दे दिये हैं भैया जी। आपका समर्थन में बयान आना चाहिए।"

"इस्तीफे के समर्थन में?"

"आप समझ नहीं रहे।"

"मैं सब समझ रहा हूँ। मैं पूरे राज्य की पोलिटिक्स समझ रहा हूँ। मैंने काफी विचार किया है इस पर, और जैसा कि मैंने पत्र में लिखा था हमें हायकमाण्ड का रुख देखना चाहिए। फिर आप जैसा उचित समझें। हलूऊऊऊ।"

"हलाआआ।"

"आपको सुनाई पड़ रहा है।"

"हाँ, ऐसा है–आज सेठी जी दिल्ली गये, बात करेंगे वहाँ जैसा भी होगा।"

"मैं टेलीफोन पर हूँ यहाँ, मुझसे जो भी सेठी जी की बात होगी मैं आपको बताऊँगा।"

"आपसे नहीं, हायकमाण्ड से बात करेंगे। आपका समर्थन चाहिए।"

"उनको हायकमाण्ड से बात करना चाहिए, मैं इस बात के पूरे समर्थन में हूँ?"

(खटक्)–एक्सचेंज ध्वनि।

"हलूऊऊऊ।"

"हलाआ, (खट, खट, खट) हला एक्सचेंज।"

"लाइन खराब हो गयी है साब, ठीक होते से देता हूँ।" (एक्सचेंज स्पष्टीकरण)

एक हला-हलू पूर्ण अन्तराल।

"बात कीजिए।" (एक्सचेंज निर्देश)।

"हलाआ भैया जी।"

"हाँ, हलूऊ।"

"ऐसा है, आपको सेठी जी के समर्थन में आना है।"

"मैं आने को आ जाता, मगर नदी-नाले सब पूर हो गये, मैं निकल नहीं सकता।"

"आप बयान दीजिए।"

"दो बार बयान दे चुका भैया, कुछ नहीं हुआ। जब तक नया पुल नहीं बनेगा इस क्षेत्र में यातायात....।"

"भैया जी सेठी जी...।"

"मैंने सेठी जी से भी बोला था इस बारे में।"

"हलाआ, मेरी बात तो सुनिए।"

"हाँ, बोलो।"

"पाँच के इस्तीफे हो चुके हैं। भैया जी आपको समर्थन में—हलाआ एक्सचेंज।"

"हलूऊ मैं समर्थन में क्यों दूँ इस्तीफा, और कहाँ से दूँ?"

"फोन खराब है।"

"कौन खराब है?... हलूऊऊ,... क्या सेठी जी? मैं आपसे असहमत हूँ। हायकमाण्ड...।

"हलाआआ...एक्सचेंज।"

"हलूऊऊ...एक्सचेंज।"

"लाइन खराब है सर।"

"खराब हो या अच्छा हो ये बात है कि समर्थन देना है, बात कराइए..."

"मै अभी बात कराता हूँ।"

"हलाआआ।"

"हलूऊऊ।"

पहली और पूनम

एक कवि थे। सोलह आने कवि! सिवाय कवि के कुछ भी नहीं। ऐसे कवि जिनकी आँखें सितारे देख नाचें, जो चाँद देखकर अदेखी प्रेयसी की कल्पना करने लग जाएँ, नदी की लहरों में जिसका मन डूबने लगे, सावनी घटाओं में जो अज्ञेय कारणों से रुआँसे हो जाएँ।

इनका मित्र था एक क्लर्क। सिवाय क्लर्क के कुछ भी नहीं, जो दफ़्तर की टेबल, राहबार, घर और बिस्तर तक भी क्लर्क बनकर ही रहता था।

एक पूनमवाली रात की बात है। स्नो लगाये सुन्दरी की तरह लाजवाब चाँद आसमान में ऊपर टिका हुआ था। कवि का मन कथकली करने लगा। वह क्लर्क के पास गया। दरवाज़ा खटखटाकर उसे बाहर निकाला "अरे बन्धू, घर में घुसकर क्या बैठे हो? ज़रा बाहर आओ—देखो क्या ही प्यारा चाँद है? ऐसी स्नेहिल पूनम में घर में घुसकर रहना पाप है।"

क्लर्क ने चश्मा ठीक करते हुए चाँद की ओर देखा। बोला—"ठीक है, पर भाई इस आनन्द में तुम्हारे साथ मैं बँटवारा नहीं कर सकूँगा। तुम जाओ, जहाँ जी आए घूमो।"

कवि अर्धनाराज़ अर्धप्रसन्न अवस्था में होठों पर कविता नचाते छड़ी हिलाते आगे बढ़ गये।

दिन बीत गये, रातें बीत गयीं। काफ़ी दिनों बाद फिर पूनम आयी। चाँद नहा-धोकर, साफ़ कपड़े पहनकर नीले आकाश में खड़ा हो फिर चाँदी के इशारे करने लगा। कवि का अँधियारी रात से चोट खाया हृदय फिर से चेतन हुआ और मणिपुरी ठुमके लेने लगा।

कवि फिर घूमने निकला और अपने मित्र क्लर्क के घर गया और उससे बोला—"यह चटक चाँदनी देख रहे हो, क्या तुम्हारी इच्छा इसमें सैर करने की नहीं होती?" कवि के इस भावुक आग्रह का उत्तर क्लर्क ने फिर उदास अस्वीकृति से दिया। वह बोला—"भाई, तुम जाओ। मुझे कुछ फ़ाइलें पूरी करनी हैं। अगर घूमता रहा तो यह चाँदनी साहब की मेज़ पर भारी पड़ेगी। तुम जाओ, घूमो।"

कवि फिर आश्चर्य में डूब गया और अपने चमकीले रास्ते पर रवाना हो गया। वैसे ही गुनगुनाता, कविता चूसता चबाता।

कुछ दिन और बीते। एक दिन कवि अपने घर में बैठा था। बाहर के नीम के पास चाँद अपनी अपेक्षाकृत अधिक विकसित अवस्था में खड़ा था। उसकी एक किरन कवि के तकिये तक आ ही रही थी। कवि इससे बेख़बर हो कुछ छन्दों की सृष्टि में उलझा था।

एकाएक क्लर्क आया। बोला—"क्या बन्धू, क्या घर में घुसे हुए हो? बाहर पूरा चाँद किरनों का बोनस बाँट रहा है। तुम अन्दर हो। यह क्या घरघुसना, बाहर चलो घूमें।"

कवि ने चाँद को देखा, क्लर्क को देखा और कहा—"आज पूरा चाँद नहीं है, फिर भी मैं तुम्हारा प्रस्ताव मानता हूँ। पर मेरे क्लर्कराज, आज तुम्हें चाँद का नशा कैसे चढ़ा? आज की रात कैसे पूनम हो गयी? क्या तुम क्लर्क नहीं कवि हो गये?"

क्लर्क ने कहा—"आज पहली तारीख़ है। पहली तारीख़ की रात पूनम की रात होती है। उस दिन हर क्लर्क कवि हो जाता है। टाइपिस्टें खिल जाती हैं। आज का चाँद पहली तारीख़ का चाँद है अतः सबसे प्यारा चाँद है।"

बिहार पहुँचकर 'नरभसा' गये शरद जोशी

'अक्सफर्ड' अऊर 'केम्भ्रिज' जूनिभर्सिटी के अँग्रेज़ी विद्वान् तथा समस्त बिहार में मिसनरी इस्कूल और अस्पताल के आसपास बने अँग्रेज़ों के कबरस्तान में लेटी भूत पलीत आत्माएँ आज की डेट में यह सोचकर खुस हो सकती हैं कि आनेवाली सदियों में अँग्रेज़ी भासा का भविष्य अत्यन्त उज्ज्वल है। इंग्लैण्ड में मिलाकर अँग्रेज़ी भासा हर कहीं मरे पर वह सदा-सर्वदा के लिए बिहार प्रान्त में लोक बोली के रूप में जीवित रहेगी। इसमें हमें सक का कोई गुंजाइश नहीं लगता, क्योंकि अँग्रेज़ी का लगभग सभी वर्ड और मुहावरा फ्रेज़ आदि जस का तस बिहार की हिन्दी में फुल्ली डिजाल्भ अर्थात् घुलमिल गया है। अँग्रेज़ी का वर्ड उपयोग किये बिना बिहार का आदमी अपनी बात हिन्दी में समझा ही नहीं सकता और यह गुण केवल बिहार का इलाइट वर्ग में ही नहीं, वहाँ का कामन मैन तक में साफ़ नज़र आता है और आज की तारीख़ में बिहार का इलाइट माने लालू यादव का क्लास का आदमी है, जिसका माइण्ड एकदम इण्टरनेसनल है।...

जहाँ से सबसे पहले हिन्दी का सवाल उठा था, ठीक वहीं ही नहीं, अन्दर गाँव-गाँव में शब्द-दर-शब्द अँग्रेज़ी भाषा हिन्दी को फचीट कर आउट कर रही है। सारे अपराधी आजकल कल्प्रिट कहलाते हैं, अपराध की जगह क्राइम हो रहा है, वातावरण में तनाव की जगह टेन्सन ने ले ली है, हत्याएँ समाप्त होकर मर्डर होने लगे हैं और समस्या यह है कि केस पुलिस को 'हेण्डिंग ओवर' करने पर भी 'एक्सन' नहीं लिया जा रहा। बिहार में हिन्दी भाषा से तात्पर्य बोली और अँग्रेज़ी का काम्बीनेशन है। यदि कोई भला आदमी बिहार में अपनी बात कहने का प्रयत्न करे तो उसके सामने आज भी वही समस्या है जो वर्षों पूर्व भगवान बुद्ध के सामने थी, जो समझ नहीं पा रहे थे कि अपना प्रथम व्याख्यान किस भाषा में दें जिससे सामने बैठा खैनी मलता बिहारी भाई समझ सके।

बड़ा प्राब्लम है। मैं जब पटना उतरा तो मुझसे पूछा गया कि क्या आप 'टूल डाउन' से आ रहे हैं। मैंने हड़ताल के अर्थ में टूल डाउन मुहावरा सुना था, इसलिए मुझे यह समझने में बड़ी कठिनाई हुई कि यहाँ टूल डाउन से तात्पर्य 'ट्वेल्व डाउन'

से है, जो ट्रेन के लिए कहा जाता है। वहीं कुली के मुख से 'नरभस' शब्द सुना। इन्क्वायरी की खिड़की पर मेरे प्रश्न के उत्तर में बिहरी अँग्रेज़ी के वाक्य का अर्थ निकालने का प्रयत्न करते हुए बार-बार मेरी नज़र अपनी अटैची पर जा रही थी। मुझे डर लग रहा था कि जल्दबाज़ प्रकृति का वह कुली चल न दे। तब इत्मीनान दिलाते हुए उस कुली ने मुझे कहा, "आप इतने नरभस क्यों हो रहे हैं?" नरवस शब्द नरभस हो वहाँ की बोली में समा जाएगा, मैंने सोचा न था। जब मैंने यह क़िस्सा पटना में एक सज्जन को सुनाया तो उन्हें कोई आश्चर्य नहीं हुआ। वे बोले, आप नरभसाय रहे होंगे, तभी कुली ने देखकर कहा होगा। यह सुन अँग्रेज़ी के सुरक्षित भविष्य को लेकर मेरे मन में कोई सन्देह नहीं रह गया। जहाँ अँग्रेज़ी का 'नरवस' नरभसाय होकर जीवित है, वहाँ अँग्रेज़ी के लिए नरवस होने का सवाल ही नहीं उठता।

बिहार बिल्कुल बदल गया है। पटना में अब भवन या मंज़िल नहीं बनते। वहाँ अब अपार्टमेण्ट और कॉम्पलेक्स बन गये हैं। आदमी बहुत व्यावहारिक और स्पष्टवक्ता हो गया है। अतीत से लेकर भविष्य तक को एक मिनट में गड्डमड्ड कर वह अपनी बात कह सकता है। जैसे उसके मुख से यह वाक्य सुन आपको चौंकना नहीं चाहिए कि राम ने रावण का मर्डर किया था। यहाँ की भाषा में मारना और मर्डर करना एक ही है। मर्डर शब्द भी आम है और यह क्रिया भी जनजीवन में सामान्य है। मर्डर के आँखों देखे हाल सुनाते, जिसमें कहनेवाले की स्वयं की भागीदारी प्रायः रहती है, वे किसी क़िस्म की पीड़ा नहीं पालते। एक प्रकार की संवेदनाशून्य मुद्रा में वे आपको कहते मिलेंगे कि मर्डर हो गया या कर दिया। एक मामले को विस्तार से बताते हुए एक बिहारी व्यक्ति यों कह रहा था कि "हम पहले सोच रहे थे कि कल्प्रिट को पोलिस का हेण्ड ओवर कर दें पर जब वह ज़्यादा फूलिश बकने लगा तो हमारा माइण्ड रिवर्स हो गया। हमने कहा, पोलिस को हेण्डिंग ओवर से कोई फायदा नहीं होगा। हमने कल्प्रिट को मारा। बहूत मारा, बहूत मारा, बहूत मारा। हमरे अलावा भी बहूत पब्लिक ने मारा। पोलिस आफीसर ने कहा भी कि आप चाहें तो अब केस हमें हेण्ड ओवर कर दीजिए। हमरा थिंकिंग बन रहा था कि पोलिस को दे दें, पर तभी कोई सौ-डेढ़ सौ पब्लिक आन दि स्पाट भीड़ लगा दिया और वह भी उस पर मार लगाने लगा। तब हमने पुलिस से कहा कि जदि आप भी मारना चाहते हैं तो यहीं मारपीट लीजिए क्योंकि अब केस पोलिस को हेण्ड ओवर करने के लाइक नहीं रहा है।"

इतना सुनने के बाद यह प्रश्न पूछा जाना स्वाभाविक था कि क्या वह मर गया? उत्तर मिला, मरा नहीं हास्पिटलाइज है। जगह-जगह सुना, हड्डी ब्रोकन हो गया है।

इस समय समूचा बिहार 'भूथ केप्चर' या 'भूथ केप्चरिंग' की सुखद स्मृति में जी रहा है। हर चुनाव क्षेत्र की अपनी-अपनी गौरव-गाथा है और उसके अपने नायक हैं। व्यवस्था के अलावा बच्चा-बच्चा उनका नाम जानता है और समूची कहानी का विस्तार से हाल सुना सकता है। आश्चर्य व्यक्त करने से आप परदेशी मारे जाएँगे। 'ई सब इहाँ कामन बात है। इलक्सन का मतलब ही बिहार में भूथ केप्चरिंग है। भूथ केप्चर कौन करेगा, यह सब जानते हैं।' वह इस बार किस पार्टी के लिए करेगा, बस इतना ही बात डिसाइड होने में थोड़ा टाइम लगता है। बिहार के लिए सर्वश्रेष्ठ प्रजातान्त्रिक स्थिति यह होगी कि वहाँ के गाँवों में 'भूथ केप्चर' करनेवाले का सर्वप्रथम चुनाव हो जाया करे। जो विजयी हो, वह गाँव की ओर से पार्टी के उम्मीदवार से रकम तय कर समझौता करे और पोलिंग शुरू होते ही सारा भोट पर ठप्पा मार दे। बिहार में यही प्रजातन्त्र सम्भव है।

इस बार घटित हुए चुनाव के तटस्थ दर्शकों ने मुझे बताया कि जगह-जगह चुनाव अधिकारियों के स्वागत-सत्कार का इन्तज़ाम पुख़्ता था। गादी तकिया कालीन आदि से सजे कमरे में व्हिस्की, दारू, चिकन, मिठाई, नमकीन, सिगरेट, फलफ्रूट सब रखा था। अफ़सर से कहा, "आप इधर आराम से बैठकर खाइए-पीजिए और कोई ज़रूरत हो तो ऑर्डर कीजिए। सब सेवा में हाजिर हो जाएगा। पोलिंग बूथ का फिकर न कीजिए। वह हम पर छोड़ दीजिए। किसे क्या भोट देना है सो हम लोग का डिसाइड है। जब पेटी सील करने का टाइम आएगा, आपको ले जाया जाएगा।" बिहार की राजनीतिक संस्कृति में जीनेवाले अधिकारी कमरे में आनन्द करते रहे और उधर जो भोट पड़ना था सो पड़ गया।

हर बूथ की अपनी केप्चर-कथा है। प्रान्त की राजधानी पटना के पोलिंग बूथ भी ऐसी तिकड़मों से अछूते नहीं हैं। प्रबुद्ध बिहारी इसे 'बट नेचरल' कहता है। चुनावे होगा तो ई सब तो होगा ही। एक पत्रकार ने मुझे बताया कि "जब वह सुबह आठ बजे अपना वोट डालने गया तब पता चला कि कोई आकर उसका वोट पहले ही डाल चुका था। सरप्राइज़ हुआ जानकर। हमने कुस्चन किया तो कोई रिप्लाय नहीं देता था। बिहार के एक प्रसिद्ध नेता के लड़के के साथ जो इन्सीडेण्ट हुआ सो तो आप जानते हैं ना। नहीं जानते? हमसे सुनिएगा। महोदय जब तसरीफ ले गये उनका भोटिंग किसी अऊर ने कर दिया था। इ ठहरे बड़े लीडर के बिटवा। टेम्पर लूज किया और सारा आफीसर को उँही सेट राइट करने लगा। आफीसर भी बोले कि यह कितना सेम का बात है कि इतना बड़ा लीडर का बेटा भोट नहीं दे पा रहा है। पर मिस्टिक तो हो चुका था। बोले, अब आप ही रास्ता सुझाइए—भाट भी केन डू फार यू। उनका पिताजी उस रोज़ दिल्ली गये थे। तो यह तय पाया गया कि क्यों नहीं फादर का वोट सन डाल दे। रिक्वेस्ट किया कि आप अपने पिताजी का वोट डाल दीजिए। उसने अपने बाप का वोटिंग राइट यूस किया और बोला यह

निहायत अफसोस का बात है कि हम बड़े-बड़े लोग के मामले में ई सब गड़बड़ केस हो रहा है।"

कहते हैं कि बिहार की पूरी विधानसभा उन विधायकों से भरी है जो बूथ केप्चरिंग से चुनाव जीते हैं। बिहार की चुनाव परम्परा को समझाते हुए एक टैक्सी ड्राइवर ने मुझसे कहा, "साहिब इधर सब पार्टी का यह रूल है कि जब तक केण्डीडेट ने पन्द्रह-बीस मर्डर न किया हो, उसको इलक्सन का टिकिट नहीं मिलता। जिसने काफ़ी सारा मर्डर न किया हो, वह बूथ केप्चर कैसे करेगा और वह न करेगा तो कैसे जीतेगा? केण्डीडेट का बेकग्राउण्ड एही बात पर जज किया जाता है। फिर उसे टिकिट मिलता है।"

मैंने लालू यादव के विषय में प्रश्न किया। उसका मन अपार श्रद्धा से भर उठा।

मुझे इन बातों में कोई रुचि नहीं थी। मैं तो बिहारी अभिव्यक्ति में बिखरी हुई अँग्रेज़ी शब्दों की छटा का आनन्द ले रहा था। जैसे शेक्सपीयर और बर्नार्ड शॉ की अदृश्य आत्माएँ किसी हेलिकॉप्टर में बैठे पूरे बिहार में ठाँव-ठाँव उड़ती अँग्रेज़ी शब्द जन-साधारण के लिए बिखेरती हों। बिहार का नागरिक उन शब्दों को पकड़ अधिकार की भाषा में बातें करता है। पटना के हवाई अड्डे पर यह सुनकर कि फ्लाइट की क्या सिचुएसन है, राइट टाइम जा रहा है कि आज भी लेट है, शायद इतना आश्चर्य नहीं होता पर जब किसी गाँव के होटल में दूसरों को अख़बार की ख़बर सुनाते हुए एक ग्रामीण दूसरे उतने ही ग्रामीण से कहता है कि "बीपी नाम्भिया का इण्डेपिण्डे की सारमनी देखने जा रहा है," तब आप मुँह बाये यह सोचने लग जाते हैं कि नामीबिया के स्वतन्त्रता दिवस पर वी.पी. सिंह के वहाँ जाने के समाचार बिहार के दैनिक जिस भाषा में देते हैं, वह हिन्दी क्यों हिन्दी है? बिहार की भोजपुरी ने अँग्रेज़ी को जितना खपाया है, इसे देख सर्वत्र खप रही अँग्रेज़ी स्वयं कम हैरान न होगी। आप उसे ही हिन्दी कहकर राष्ट्रभाषा का सुख लूट लीजिए, यह अलग बात है, पर इस सूबे में शायद ही कोई ऐसा हिन्दी वाक्य सुनने को मिले जिसमें अँग्रेज़ी शब्द न शोभित हो रहा हो। वहाँ की हिन्दी सुन अँग्रेज़ बिहार से बहुत दूर गये नहीं लगते। लगता है, वे सशरीर बिहार की भीड़ में समाकर अँग्रेज़ी को जीवित रखने में जुटे हैं। कुछ वाक्य मैंने सुने, वे ऐसे थे–

'बड़े लीडर हैं भाई, उनका दिल्ली से डायरेक्ट कनेक्सन है।'

'एज सी.एम. आज़ाद बड़े आनेस्ट थे पर जब वे रांग आदमी का पाइण्ट आफ व्यू सुनने से रिफ्यूज करने लगे तक उन्हें बदलना पड़ा।'

'लालू यादव एट द मोस्ट सिक्स मन्थ तक खींच ले जाएगा।'

‘नौभारत टाइम्स को शुरू में डिफिकल्टी रहा पर बाद में पब्लिक उसे लाइक करने लगा।’

‘गरम-गरम देता है ताजा बना कर। इसका यही तो ब्यूटी है।’

‘यह एक्सप्रेस कुछ देर पेसेंजर रहकर बाद में फास्ट होता है।’

‘दुई टीसन के बाद गाड़ी स्पीड से फुल थ्रू जाएगा।’

‘गाली बक दिया तो उसमें इतना माइण्ड करने का का बात है।’

‘आप एक बात का रिपीटीसन पर रिपीटीसन किये जा रहे हैं।’

‘आपके कहे का जो ईसेन्स है सो हम समझ रहे हैं।’

‘लगता है, आप प्राब्लम में बहुत इन्भाल्ब हो गये हैं।’

मुझे लगता है यदि मैं अधिक दिनों तक बिहार में रहता तो वहाँ की भाषा की प्रॉब्लम में सचमुच बहुत इन्वॉल्व हो जाता और यह लेख मुझे अँग्रेज़ी में लिखना सरल पड़ता। चारों ओर से अँग्रेज़ी शब्दों की बौछार होती रहती है। कुली, रिक्शावाला, पानवाला कोई भी बात करे, वह अँग्रेज़ी शब्द का प्रयोग किये बिना रह नहीं सकता। एक स्थान पर रेल रुक गयी। शायद किसी ने ज़ंजीर खींच दी थी। खिड़की के पास बैठे एक बिहारी यात्री ने खिड़की के पास बैठे दूसरे बिहारी यात्री से वार्तालाप आरम्भ किया। ऊपर की बर्थ पर लेटा मैं सुन रहा था–

“लगता है चेन पुलिंग हुआ है?”

“हाँ, चेन पुलिंग हुआ है।”

“आसपास कोई भिलेज भी नहीं है। एकदम फारेस्ट में आकर चेन पुलिंग करने का का मतलब?”

“फिजूल पेसिंजरों का भेस्ट आफ टाइम करते हैं ये लोग।”

“ऐही से तो ट्रेन लेट होती है।”

“इस तरह चेन पुलिंग होने लगा तो गार्डऊ ससुर का करेगा।”

“रेल्वई का अथारिटी ही ख़तम हो गया है भाई।”

“उँह। भेस्ट आफ टाइम। एक बार रुक गया तो स्टार्टे नहीं हो रहा है।”

मैं ऊपर लेटा सोच रहा था–शरद, तुमने हिन्दी को समझने में कोई बुनियादी भूल तो नहीं की। क्या तुम इस भाषा में लिख सकते हो जो यहाँ इन दिनों पूरे आत्मविश्वास से बोली और समझी जा रही है। एकाएक इन वर्षों में बिहार में हिन्दी इस तेज़ी से जगह-जगह फट पड़ेगी और उसमें अँग्रेज़ी के शब्द अपने को स्थानीय रंग दे समा जाएँगे, यह मैंने सोचा न था। सच यह है कि मुझे वहाँ बात करने में कठिनाई होती थी क्योंकि जो मैं बोलता था, वही मुझसे प्रश्न के रूप में पूछा जाता था, जिसका मुझे वही उत्तर देना पड़ता था, जो मैं पहले कह चुका होता था। जैसे मैंने पटना में डाक बँगला रोड पर पूछा था–

“नर्मदा अपार्टमेण्ट कहाँ है?”

"नर्मदा अपार्टमेण्ट?" उसने प्रश्न किया।

"जी।"

"नर्मदा अपार्टमेण्ट जाना है?" उसने फिर प्रश्न किया।

"जी नर्मदा अपार्टमेण्ट।"

"देखिए, यहाँ से स्ट्रेट जाइए फिर लेफ्ट को मुड़ के वहीं पिटरौल पम्प के पास पूछ लीजिए।"

तभी एक और सज्जन आ गये और पूछने लगे, "का बात है?"

"इन साहिब को नर्मदा अपार्टमेण्ट जाना है," दूसरे ने उत्तर दिया। इस पर वे सज्जन मेरी ओर घूमे और बोले—"आपको कहाँ जाना है?"

"नर्मदा अपार्टमेण्ट," मैंने कहा।

"क्या नर्मदा अपार्टमेण्ट जाइएगा?"

"जी। इन्होंने बताया कि आगे से लेफ़्ट टर्न है," मैंने पिण्ड छुड़ा आगे बढ़ने का प्रयत्न करते हुए कहा।

"आपको नर्मदा अपार्टमेण्ट ही जाना है ना?"

"जी।"

"ऐसा कीजिए, आप इहाँ से सीधे स्ट्रेट चले जाइए और जब लेफ्ट टर्न आए तो मुड़ जाइए। वहीं एक पिटरौल पम्प है, वहीं देखिएगा या किसी से पूछ लीजिएगा कि नर्मदा अपार्टमेण्ट कहाँ है तो वहीं कोई बता देगा।"

"हमने बताया इन्हें," दूसरे ने कहा।

"बताया ना। फिर काहे पूछ रहे हैं।"

"आप सीधे चले जाइए।"

"जी धन्यवाद", मैं बढ़ने लगा।

"का नर्मदा अपार्टमेण्ट जाना है?" एक और आवाज़ आयी। इस बार मैं नहीं रुका पर पीछे से किसी ने कहा—"स्ट्रेट चले जाइए, फिर लेफ़्ट को मुड़ जाइए।"

मुझे लगता है उस तीसरे व्यक्ति को मेरा न रुकना अच्छा न लगा होगा और ताज्जुब नहीं, उसने मुझे अँग्रेज़ी मिश्रित वाक्य में गाली भी दी हो—"डैम फूल ससुर, यहीं है, नहीं जानते नर्मदा अपार्टमेण्ट कहाँ है?"

मैले-कुचैले कपड़ों में झुके हुए बूढ़े, ख़ाली-से बैठे पता नहीं किस आशा में टकटकी लगाकर देखते युवक, अपनी आयु से बड़ी लगनेवाली कुपोषण और मेहनत से टूट-सी गयी महिलाओं को देख लगता है बिहार आज भी वही और वैसा ही है जैसा गाँधीजी ने अपनी चम्पारन की यात्रा के समय देखा था। वही ग़रीबी और बेकारी जिसे दूर करने की सोचते राजेन्द्र बाबू हाथ मलकर रह जाते थे। इतने दिनों बिहार ने अपना

भविष्य सँवारने की कोशिश में किस्म-किस्म के नाते पैदा करने और उन्हें पालने, आगे बढ़ाने के अतिरिक्त क्या किया। अब तो नेता भी उत्पन्न नहीं होते क्योंकि गुण्डे-बदमाश उनकी जगह पहले ले लेते हैं। पर उन नेताओं ने और कुछ न किया हो, बिहार के लोगों को यह भ्रम शायद सफलता से दे दिया कि आधुनिक बन जाना कोई कठिन नहीं है। बस जीवन-व्यवहार में अँग्रेज़ी के शब्द, जुमले आदि अपना लीजिए और बढ़कर ज़ोर देकर बोलिए। जैसे नेता या अफ़सर अपनी प्रशासन की भाषा में बात करता है, उसी अन्दाज़ में बिहार का अदना आदमी भी बात्र करने लगा। उसे इससे क्या मिला वह वे देख ही रहे हैं। पिछले माहों में या हो सकता है पिछड़ेपन का सारा काम्प्लेक्स दूर करने के चक्कर में बिहार अँग्रेज़ी पर उतर आया हो। बिहारी तो अँग्रेज़ न होगा, न होना चाहेगा पर अँग्रेज़ी का जो बिहारीआईज़ेशन हो रहा है, उसे देख चौंक जाना स्वाभाविक है। लोग कहेंगे 'नरभसा' गये बिहार जाकर जोशी, इसलिए मैं यह अनुभव किसी को सुना भी तो नहीं सकता।

मन्त्री जी से भेंट

मैं बड़ा दरवाज़ा पार कर सीधा जुलूस की तरह पोर्च तक पहुँच गया। पोर्च में एक दुरंगी कार खड़ी थी, जैसे किसी गुफ़ा में शेर बैठा हो। कार के नथुने फूले हुए थे, आँखें चमक रही थीं और बिल्कुल रूठी हुई सेठानी-सी लग रही थी।

एक चपरासी ने मुझे रोका, एक कुत्ता मेरी ओर गुर्राया—बिल्कुल बड़े आदमियों के मकानों की तरह, सब-कुछ वैसा।

मैंने चपरासी को देख आश्चर्य से पूछा, "क्या तुम मन्त्री जी के चपरासी हो?"

"जी हाँ। आपको शक है?"

मुझे ख़्याल था कि मन्त्री जी का चपरासी खादी की वर्दी-टोपी पहन हाथ में तिरंगा लिये खड़ा रहता होगा। मगर वहाँ ऐसा कुछ नहीं था। चपरासी सब एक जैसे होते हैं।

"जी नहीं, मुझे कुछ शक नहीं। अन्दर जाकर मन्त्री जी से मेरा जयहिन्द बोलो और कहो कि एक लेखक आपसे मिलना चाहता है।"

"मन्त्री जी अभी चाय पी रहे हैं। छोटे बच्चे को बिस्कुट दे रहे हैं। आप ज़रा ठहरें।"

मैं आधा घण्टा ठहरा। जितने समय में एक स्वागत-भाषण हो जाए, बहुत सारा सूत कत जाए, दस सवाल हो जाएँ, उतने समय तक मुझे मन्त्री जी के लिए खड़ा रहना पड़ा।

फिर मैं अन्दर गया। मन्त्री जी एक सोफ़े पर बैठे थे। उनका बदन सुस्त बन्दर की तरह था। उनका चेहरा विवेकशील गधे की तरह, आँखें दयालु भेड़िये जैसी और आवाज़ शुद्ध नेता-सी। वाक्य सीढ़ियों की तरह ऊपर जाते थे और स्वरों में हवाई जहाज़ की गम्भीरता थी।

मैंने उन्हें झुककर प्रणाम किया और धीरे से बोला—"वन्देमातरम्!"

"वन्देमातरम्!" गोली छूटी।

मेरा बदन काँप रहा था। मैंने सिर उठाकर कहा—"जनगण मन अधिनायक जय हे..."

वे मुस्कुराये, “बैठ जाओ।”

मैं बैठ गया।

“तुम कौन हो?”

“मैं एक लेखक हूँ। आपसे मुलाक़ात कर आपके विषय में लिखना चाहता हूँ।”

“तुम्हारा उद्देश्य क्या है?”

“मैं एक लेख लिखूँगा और साप्ताहिक मासिक में दूँगा तो पन्द्रह रुपये मिलेंगे। महापुरुषों की जीवनी मैं छापूँगा तो फिर कमाई होगी। एक बच्चों के लिए, आप पर एक किताब लिख दूँगा तो कोर्स में आ जाएगी। आप जब अगला चुनाव लड़ेंगे तब फिर अख़बार में दूँगा और आपके देहावसान पर भी वह लेख छपेगा। फिर इस लेख का ऐतिहासिक महत्त्व होगा कि प्राचीन काल में, काँग्रेस राज में कैसे-कैसे मन्त्री हुए।”

“उद्देश्य अच्छा है। सन्तरा खाओगे?”

“जी नहीं। आजकल सन्तरे खट्टे आते हैं। परसों मैंने एक आने के चार ख़रीदे थे, सब खट्टे निकले। मेरी आपसे शिकायत है—नेहरू जी के राज में सन्तरे खट्टे नहीं होने चाहिए।”

“मैं जानता हूँ”, मन्त्री जी ने गरदन हिलायी—“यह कम्युनिस्टों की करतूत है। रामराज आएगा तब सन्तरे खट्टे नहीं होंगे। मेरे पास कुछ आदर्श सन्तरे हैं चार आनेवाले, खाओ।”

उन्होंने मुझे एक सन्तरा दिया। सन्तरे का रंग तिरंगे की तीसरी पट्टी की तरह था।

मैं आश्चर्य में डूब गया। नेता का जन्म साधारण बच्चे के जन्म से कितना भिन्न होता है!...

“बचपन में मेरा मन पढ़ने-लिखने में नहीं लगता था।”

“टीपू सुलतान में भी यही बात थी,” मैंने कहा।

“हाँ, मैं सड़कों पर जुलूस बनाकर निकलता। मुहल्ले के बच्चे इकट्ठे कर भाषण देता और चर्खा चलाता।”

“आप जुलाहे हैं?”

“नहीं। मेरा जन्म उच्च कुल में हुआ है।” वे सीना फुलाकर बोले—“मुझे जन्म से एक हॉबी है।”

“क्या?”

"मैं अख़बार तैयार करके अपने फ़ोटो उस पर चिपकाता था। रेडियो के पीछे बैठ अपने बारे में ख़बरें बोलता था।"

"बहुत ख़ूब! आपको निशानेबाज़ी का भी शौक़ था?"

"नहीं, पर मैं स्वयं बैठकर लोगों को गोली चलाने का कमाण्ड देता था। यों मैं अहिंसा का पुजारी जन्म से रहा हूँ।"

"आप जन्म से महान् हैं।"

"पलने में पड़ा हुआ मैं अख़बारों से खेलता था।"

मेरा सिर श्रद्धा से झुक गया।

"आप बच्चों से लड़ते थे?"

"जब एक मुहल्ले के बच्चे दूसरे मुहल्ले के बच्चों से लड़ते थे तब मैं तटस्थता की नीति अपनाता। और जब मुहल्ले में लड़ाई होती तब मैं उनके ख़िलाफ़ भाषण देता था।"

"आपको बच्चे पीटते थे?"

"चुप रहो।" वे रुककर कहने लगे–"जब मेरे पिता ने देखा कि मैं पढ़ता-लिखता नहीं, तो मुझे बुलाकर उन्होंने चार आने दिये और कहा, जाओ काँग्रेस का मेम्बर बन जाओ।"

मन्त्री जी इतना कह रहे थे कि बँगले के अहाते में एक गधा रेंकने लगा। कुत्ता भूँकने लगा। बाद में शायद दोनों अहाते से भाग गये।

वे शान्त स्वर में बोले–"यही मेरे बचपन की कहानी है।"

"फिर आप जवान हुए?"

"हाँ, फिर मैं जवान हुआ। भाषण दिये, जेल गया, सत्याग्रह किया, फिर आज़ादी आयी तो तुम देख ही रहे हो।"

मैंने उन्हें देखा–मोटा भरा हुआ बदन, साफ़ धुले कपड़े और सोफ़े पर बैठे थे।

"आप कितनी बार जेल गये?"

"ये पूछो कि कितनी बार नहीं गया। मैं बहुत जेलों में रहा हूँ।"

"आपने महात्मा गाँधी को देखा है?"

"देखा? अरे मेरे उनके साथ फ़ोटो हैं। नेहरू जी को मैं कई बार छू चुका हूँ।"

"बधाई! आपकी आज्ञा हो तो मैं आपको छू लूँ।"

"छू सकते हो।"

मैंने उनको छुआ और हाथ हटा लिया।

"आपने मन्त्री बनने के बाद क्या-क्या किया?"

वे परेशान-से कमरे में घूमने लगे। पाँच मिनट तक कोई उत्तर नहीं मिला।

मैंने खड़े होकर कहा, "मैं क्षमा चाहता हूँ यदि इस प्रश्न से आपको कष्ट पहुँचा हो।"

"नहीं-नहीं। तुम इन्फॉरमेशन से पता लगाओ और नहीं तो ठहरो मैं अपना सेक्रेटरी बुलाता हूँ।"

सेक्रेटरी आया। मन्त्री जी ने पूछा—"बताओ हमने मन्त्री बनने के बाद क्या काम किया?"

"मैं फ़ाइल देखकर बता सकता हूँ। ज़रा ठहरिए।" वह चला गया।

"पंचवर्षीय योजना कब पूरी होगी?"

"समाप्त होने के पाँच वर्ष पूर्व। यह एक सरकारी रहस्य है मत पूछो।"

"आपके जीवन पर किसका सबसे अधिक प्रभाव पड़ा है?"

"नेताओं पर प्रभाव नहीं पड़ता। वे स्वयं प्रभावशाली होते हैं।"

"आपकी जनता से कुछ शिकायत है?"

"हाँ, मुझे बहुत शिकायत है। पहली शिकायत मज़दूरों से है कि उन्हें जो कुछ मिल रहा है, उससे वे सन्तुष्ट नहीं हैं। दूसरी शिकायत किसानों से है कि वे हम पर विश्वास नहीं करते। तीसरी शिकायत विद्यार्थियों से है कि वे पास होने के बाद नौकरी माँगते हैं। चौथी शिकायत लोगों से है जो अधिक बच्चे पैदा कर रहे हैं। पाँचवीं शिकायत कलाकारों से है कि वे हमारा विरोध करते हैं। छठी शिकायत काँग्रेस से है कि मुझे मुख्य मन्त्री नहीं बनाया।"

"आपको कितनी पीड़ा सहन करनी पड़ती है?"

"हूँऽ!"

"आपने शिकायतों को मिटाने के तरीके सोचे हैं?"

"हाँ।"

"क्या?"

"लाठी चार्जिंग, गोली चार्जिंग और भाषण।"

"यदि साम्राज्यवादी अमरीका और साम्यवादी देशों में युद्ध हुआ तो भारत की क्या नीति होनी चाहिए?"

"हम साम्राज्यवादियों का समर्थन करें परन्तु तटस्थ रहें। अपनी कुछ फ़ौजें लड़ने के लिए भेजें पर सहायता न करें। हम उनके जहाज़ों को तेल दें, हवाई-अड्डे इस्तेमाल करने दें, पर युद्ध में भाग न लें।"

"समझ गया।" मैंने कहा।

"और कुछ पूछना है? मैं समझता हूँ तुम्हें मेरे जीवन के विषय में सारी बातें पता लग गयी होंगी?"

"एक बात जानना है, पर अभी तो नहीं पता लगेगी?" मैंने कहा।

"क्या?"

"आपकी मृत्यु-तिथि।"

"हाँ, अभी कुछ निश्चित नहीं कह सकता।"

"मैंने आपका काफ़ी समय लिया।"

"हाँ।"

"अब मुझे आज्ञा दें।"

"जाइए।"

मैंने झुककर प्रणाम किया—"वन्देमातरम्!"

"वन्देमातरम्!"

मैं दरवाज़े तक गया और फिर पलटकर आया—"एक निवेदन है आपसे।"

"कहो।"

"आप ज़रा हटकर बैठ जाएँ। आपकी परछाईं गधे की तरह लगती है।"

वे मुस्कराये और बोले—"मेरी परछाईं में हमेशा कुछ विशेषता ही रहती है। कई बार मैं गाँधी जी सरीखा लगता हूँ। कई बार नेहरू-सा। कई बार मेरी परछाईं में हिन्दुस्तान का नक़्शा दिखता है।"

मैं बाहर आया। इच्छा हो रही थी कि नदी में ख़ूब बदन मलकर नहाया जाय। कपड़े गरम पानी में उबाले जाएँ। दिन-भर उपवास किया जाए और किसी पीर की दरगाह पर जाकर तौबा की जाए।

मैं कोठी की ओर देखकर क्रॉस के चिह्न बनाने लगा।

काली लछमी का प्रजातन्त्र

देश के गाँव-गली-मोहल्लों में काले-धन की सड़ाँध आने लगी है। चुनाव जोबन पर आया कि हराम की कमाई का पैसा बाहर फूटकर निकला। उम्मीदवारों ने रिश्वत और कमीशन की कमाई से मोहन मीकिन की व्हिस्की पीकर जो इरादे बनाये ये उसे पूरा करने की नीयत से आज महिन्द्रा एवं महिन्द्रा की जीपें ख़रीद हाथ जोड़ते पब्लिक के बीच निकले हैं। इस मौसम में तो नकचढ़े भी दाँत निपोरने लगते हैं। असल मलाई तो पेट्रोल कम्पनियाँ काटेंगी। उन्होंने ज़मीन से तेल निकाला और इन्होंने तिज़ोरी से काली कमाई। फूँको पेट्रोल और उसी काले धुएँ में कुर्सी हथियाओ ताकि काले करम जारी रह सकें। प्रजातन्त्र के नाम पर सबसे पहले सेठों को कर्तव्य से लगाया। ले लायसन्स, नियम में संशोधन, मंजूरी, ऑर्डर, कोलोबरेशन और डट करके लगा ब्लैकमनी का ढेर। इस ढेर में आधा तेरे अर्थशास्त्र का, आधा हमारी चुनावी राजनीति का। तुझे सत्ता ख़रीदनी है और हमें लोगों का वोट। डिफ्यूज़न, कन्फ्यूज़न फिर रीडिफ्यूज़न। चुनाव का सीज़न। ख़ूब फ़सल काटी और आपस में बाँटी चोरों ने। अब वही चोरी का धन, ब्लैकमनी रिस-रिसकर बह रहा है। वेश्या की तरह झूम-झूमकर बड़ा दिखावा करती नाच रही है काली लछमी भारतीय प्रजातन्त्र के टेढ़े आँगन में।

अगर ये ख़र्चीले चुनावों की शराबी मस्ती न होती तो शायद बाज़ार में तेल, दालें और चीनी सस्ती होती। ग़रीब की थैली में कम आलू-प्याज़ महँगाई के कारण है। वह कमी पोस्टर चिपकाकर पूरी की जा रही है। नेता का फ़ोटो देख और बच्चों की भूख भूल जा। कैसेट देख और जोरू की बीमारी का ज़िक्र न कर। लगा ले कश परायी सिगरेट का और काले धुएँ में वादा कर कि तेरे ही निशान पर ठप्पा लगाऊँगा। काले धन का मक़सद सिर्फ़ बड़े लोगों का ऐशो-आराम होता तो समाजवाद का ड्रामा करनेवाली गवर्मेण्ट उन पर बुरी तरह टूट पड़ती। पर काले धन की असल प्रतियोगिता तो वातावरण को झिलमिल बना वोटर का ईमान ख़रीदना है। ये जीपें, कारें, मंच, माइक, भोंगे पोस्टर, पर्चे, कैसेट, बड़े विज्ञापन, दारू, चाय, आलूबड़ा, पान, सिगरेट, उम्मीदवार का घर-ख़र्च, ग़रीबों और पिछड़े अनपढ़ों के वोटों

की थोक में ख़रीदी, तान्त्रिक की पूजा, गले के हार और पेशेवर नारे लगानेवाले, डिब्बे ले रातों-रात दीवारें रँगनेवाले, बड़े कटआउट तैयार करनेवाले, हवाई जहाज़ों के ख़र्चे काला धन न हो तो कहाँ से होंगे। इसी के लिए तो पन्द्रह परसेण्ट पकड़ने का दिखावा होता है और बाक़ी धन्धा जारी रहता है। देश का पतन देशवासी का वोट लेने की ख़ातिर हो रहा है। कुर्सी बचाने के लिए फ़ाइलों में गड़बड़ी की जा रही है। सारी बेईमानी लोगों का ईमान ख़रीदने के लिए की गयी। सारे मौसेरे भाइयों को टिकट दे फिर से दिल्ली लाने की घोषणा की गयी। फिर सबको काला धन बाँटा गया है। जीत-जीतकर आओ तो फिर कमाई शुरू करें। गैंग कोशिश में लगी है।

सरकारी अफ़सर तो कोमल सुन्दर अभिनेत्रियों के घर पर छापे मार काला धन पता लगाते हैं। उन बिचारों को इतनी इज़ाजत नहीं है कि वे काली, मोटी, भद्दी पान चबाती काँग्रेस के दफ़्तर पर छापा मारें और पूछें कि तू इतना काला धन लायी कहाँ से और उम्मीदवारों को बाँट कहाँ से रही है। प्रोड्यूसरों के लाख रुपये पकड़ने में कुशल आदमी चुनाव में खड़े उम्मीदवार की करोड़ों की आवाजाही पर आँखें मूँद लेता है। हज़ार करोड़ के चुनावी ख़र्च की रक़म की ख़बरें रोज़ अख़बारों में छप रही हैं। सूटकेस और होल्डाल में नोट भरकर चुनाव-क्षेत्र में भेजे जा रहे हैं। पर जाँच अधिकारी और सी.बी.आई. के इस देश में एक सनकी कान्स्टेबल नहीं है जो डण्डा गड़ाकर पूछे कि—नेता राम, तू ये रक़म लाया कहाँ से? सब सेण्ट किट्स चले गये इस मौक़े पर कुछ पता लगाने।

काले धन को क़ायम रखने और बढ़ाने में यही तो राजनेताओं का स्वार्थ है, अन्यथा ये ईमानदार कहलाने वाले ईमानदारी से थोड़ी जीत पाते। एक के क्लीन कहलाने के लिए कितनी कलौंच ज़रूरी है इस देश में। अन्धी सुरंग में दूध के छींटे! कितने महँगे पड़ रहे हैं हमें! इस सवाल पर धड़कनें उपलब्ध हैं किसी की ? या नहीं?

हरे चारे पर कुछ देर

मैंने उन्हें उदास देखा तो मैं भी फौरन उदास हो गया। यद्यपि इसमें जोखिम था कि संवादहीनता की स्थिति बन सकती थी। पर मैंने सोचा छोटे-छोटे वाक्यों द्वारा इस उदासी-लिपटे मौन को तोड़ना उचित होगा। इससे बेहतर ट्रिक और क्या हो सकती थी। मैंने धीरे से शुरुआत की।

'मशीनें ख़रीदना क्या बहुत ज़रूरी था?'

'चारा न था।'—वे बोले।

'चारा न था? किसके लिए?'

'पशुओं के लिए,' रुककर बोले—'मशीन ख़रीदने के अतिरिक्त कोई चारा न था।'

'आपने ख़रीदने के पूर्व सोचा-विचारा था?'

'विचारा था। यही कि चारा न था। मैं लाचार था।'

'आजकल पशु तो नहीं, आप बेचारे लग रहे हैं।'

'मेरी लाचारी को लोग समझ नहीं रहे।'

'आपने तब वास्तविकता को प्रचारा था?'—मैंने पूछा। बेचारे जिनके पास चारा न था मेरे प्रश्न का उत्तर विचारने लगे।

इस चराचर जगत् में पशु चरते रहें, इसके लिए चारा मशीन आवश्यक थी। कृषक-समाज के पशुसमाज से परम्परागत सम्बन्धों को दृष्टिगोचर रखते हुए चरने के चारे पर विचार ज़रूरी था। घास ख़ास है। मनुष्य भी एक परिभाषा के अनुसार पशु है। मनुष्य रूपी पशु को भी चारा ज़रूरी है। वह भी सींग अड़ाता है, जहाँ हरियाली दिखे, मुँह मारता है। हरियाली कहीं भी हो सकती है। संसद में हो सकती है और बोफ़ोर्स तोप में हो सकती है। हरियाली देख पशु का मन मचलता है। फिर चाहे वह पशु मनुष्य के रूप में ही क्यों न हो। इसीलिए कहा जाता है कि पशु धन है। किसी ने पशु को निर्धन नहीं कहा, चाहे चारा न हो उसके पास। भूखा मनुष्य निर्धन कहाता है, भूखा पशु धन।

'मुझे पशुधन की चिन्ता थी।'—वे बोले।

'पशु की या धन की?'—मैंने प्रश्न किया।

'पशु ही धन है।'—वे बोले।

'धन भी पशु है।'—मैंने कहा।

धन आवारा पशु है पशुधन की तरह। उसे पालतू और दुधारू बनाने के प्रयास में मनुष्य लगा रहता है, जो स्वयं पशु है—चाहे धन न हो। उस समय धन पशु के रूप में नहीं चारा-मशीन के रूप में दिख रहा था। चरैवेति-चरैवेति की तरह चारा-मशीन राज्य-दर-राज्य जा रही थी। पशु को उसमें चारे की और मनुष्य को उसमें भ्रष्टाचार की सम्भावना नज़र आ रही थी।

'वह चारा कैसा है?'—मैंने पूछा।

'भाई चारा है।'—वे बोले।

मैं सोचने लगा। इस दुनिया में भाई भी एक चारे का नाम है। चरना ही कल्चर है। मैं वाक्य बनाने लगा। चार चोर बेचारे लाचार चारा चुराने चरागाह में गये तो वहाँ चारा-मशीन देख विचारने लगे कि भ्रष्टाचार ही सदाचार है, तो चारे की जगह चारा-मशीन बेचकर ही क्यों न चार पैसे कमाए जाएँ। मैं उनकी ओर देख कविता बनाने लगा—

जलचर हो या थलचर
सबका यही है कचलर
जहाँ मिले, जो मिले, जैसे मिले
चर—भचर-भचर।

मैं उपदेश देने लगा। मैं आगाह करना चाहता हूँ—हर चरागाह को कि हर तरफ़ मुँह मारनेवाले साँड़ों की संख्या बढ़ती जा रही है। वे केवल चारा ही नहीं हर-कुछ चरने के चक्कर में रहते हैं। विचार कीजिए। चरागाहों को साँड़ों से बचाइए। इस चरागाह का नाम भारत है मेरे पशुभाइयो!

भविष्य में चाँद के इतिहास पर एक पीरियड

"प्रारम्भ में यानी 1969 के आसपास चाँद पर जो पृथ्वी के लोग गये उनका उद्देश्य व्यापारिक नहीं था।"

"आप कैसे कह सकते हैं सर?"

"उस समय के नेताओं के और वैज्ञानिकों के भाषणों में कहा गया है कि उनका उद्देश्य वैज्ञानिक...।"

कक्षा के कुछ लड़कों ने ठहाका लगाया। एक लड़के ने खड़े होकर कहा—"वे भाषण विश्वसनीय कैसे माने जा सकते हैं?"

प्रोफ़ेसर मुस्कराया—"ठीक कह रहे हो। मगर तब चाँद तक आना-जाना इतना ख़र्चीला था कि वहाँ से धातुएँ लादकर पृथ्वी तक लाना आदमी को महँगा पड़ता। आवागमन के साधन सस्ते हुए बिना व्यापार सम्भव नहीं। ख़ुद पृथ्वी पर काफ़ी ऐसी खदानें थीं जो धन की कमी के कारण खोदी नहीं जा सकी थीं।"

"मगर बाद में तो उन लोगों ने खोद-खोदकर पूरे चाँद को पोला कर डाला!"

कक्षा के सभी छात्रों ने ठहाका लगाया।

"यह काफ़ी वर्षों बाद से शुरू हुआ और यहीं से चाँद के इतिहास की शुरुआत होती है। सबसे पहले कुछ सरकारी कर्मचारी क़िस्म के लोग चाँद पर गये। वहाँ जाकर उन्होंने ऑक्सीजन का प्लाण्ट लगाया जिससे साँस ली जा सके, हाइड्रोजन का लगाया और पानी प्राप्त करने लगे। उन्होंने कुछ क्वार्टर बनाये, एक दफ़्तर खोला और पृथ्वी से प्राप्त आदेशों के मुताबिक काम करने लगे। ये कुछ लोग थे, इनमें कुछ स्त्रियाँ थीं और कुछ पुरुष।"

"स्वाभाविक है।"

"चाँद पर कहाँ बहुमूल्य खदानें हैं और वे कितनी गहरी हैं, इसका वे सर्वेक्षण कर चुके थे। इसी बीच पृथ्वी पर चाँद पर काम करने के लिए स्वस्थ मज़दूरों की भरती और प्रशिक्षण आरम्भ हो गया।"

"मज़दूरनियाँ भी?"

"जी हाँ, उनमें स्त्रियाँ भी थीं। इन्हें चाँद पर भेजा गया। वहाँ वे क्वार्टरों में रहकर उस समय उपलब्ध यन्त्रों की मदद से खदानें खोदने लगे। पृथ्वी पर एक कम्पनी स्थापित हो चुकी थी जिसने चाँद से माल लाने की बाक़ायदा सर्विस आरम्भ कर दी थी।

धीरे-धीरे चाँद पर पहला शहर बसने लगा। व्यवस्था के लिए नये कार्यालय खुले, अस्पताल खुले, स्कूल खुले, होटल खुले, मारपीट की घटनाएँ हुईं, कोतवालियाँ बनीं, सिनेमा चलने लगे, प्रेम हुए, ब्याह हुए और..."

"बच्चे हुए!"—सारी कक्षा ने कहा।

"जैसे ही चाँद पर नये क्षेत्रों में खदानें खुदने लगीं, हवा और पानी के नये प्लाण्ट लगे, वैसे ही चाँद पर नये शहरों का सिलसिला आरम्भ हो गया। चाँद के प्रशासन के लिए पृथ्वी ने क़ानून बनाये और एक गवर्नर नियुक्त कर दिया।

चाँद पर जनसंख्या बढ़ रही थी, पर वहाँ खाने के लिए भोजन पृथ्वी से ही जाता था। यह महँगा पड़ता था। कुछ वर्षों बाद ऑक्सीजन और पानी की व्यवस्था वाले ग्लासहाउसों में खेती आरम्भ हुई। साग-सब्ज़ी, फल आदि उगाये जाने लगे। बाद में गेहूँ, गन्ना, तिलहन आदि भी उपजाया जाने लगा। खेती के साथ नये काम-धन्धे आरम्भ हुए। पृथ्वी से चाँद की सैर के लिए टूरिस्ट आने लगे। चाँद में जन्मे बच्चे उच्च अध्ययन, प्रशिक्षण आदि के लिए पृथ्वी पर आने लगे।

चाँद पर कुछ नेताओं का उदय हुआ। उन लोगों ने चाँदवासियों की हालत पर, पिछड़ेपन पर बयान दिये। एक ज़ोरदार किताब प्रकाशित हुई जिसमें चाँद पर सभ्यता के विकास की कहानी लिखी गयी और यह सिद्ध किया गया कि पृथ्वीवासी सिर्फ़ चाँद के शोषण में रुचि रखते हैं और चाँद का भविष्य चाँदवासियों के हाथ में होना चाहिए। चाँद के बुद्धिवादियों में इस पुस्तक ने तहलका मचा दिया। वहाँ से एक अख़बार निकलने लगा, संगठन बने, सभाएँ होने लगीं।

आन्दोलन के परिणामस्वरूप चाँद पर कुछ सुधार हुए। वहाँ एक विश्वविद्यालय खुला, मज़दूरों, बाबुओं के वेतन बढ़े, स्कॉलरशिप्स, ऋण आदि सुविधाएँ आरम्भ हुईं, स्वतन्त्र उद्योग खुलने लगे तथा हर छोटे-मोटे सामान के लिए पृथ्वी पर निर्भर रहना कम हुआ। चाँद पर राजनीतिक जागृति बढ़ती जा रही थी। चाँद के एक कवि ने गीत लिखा कि चाँद मेरी माँ है, मुझे प्यारी है और इसके लिए अगर ज़रूरत हुई तो मैं जान भी दे दूँगा। चाँद के युवक उत्साह से इस गीत को गाते।"

"गाकर सुनाइए सर!"

"मुझे गीत नहीं आता। पर यदि आप देखना चाहें तो लायब्रेरी में चाँद की श्रेष्ठ कविताओं के संकलन में यह गीत दिया है। इसी काल में चाँद पर एक उपन्यास भी लिखा गया जिसमें पृथ्वीवासियों को स्वार्थी राक्षस बताया गया, जो

ठठाकर हँसते हैं और चाँद के सहारे मालामाल बन रहे हैं।"

एक छात्र राक्षसों की तरह ठठाकर हँसा।

"चाँद पर पृथ्वी के शासन के ख़िलाफ़ असन्तोष बढ़ता जा रहा था। एक चाँदवासी युवक ने चाँद के गवर्नर की गाड़ी पर बम फेंक दिया। उसे पकड़ा गया, मुक़दमा चला और उसे लम्बी जेल हुई। कुछ और भी तोड़फोड़ की घटनाएँ हुईं। कुछ व्यक्ति जुलूस बनाकर उस स्थान पर गये जहाँ एल्ड्रीन और आर्मस्ट्रांग ने वर्षों पूर्व पृथ्वी का झण्डा गाड़ा था और वहाँ चाँद का झण्डा गाड़कर चाँद की स्वतन्त्रता का नारा लगाया।

चाँद की खदानों, कारख़ानों में पहली बार ज़बर्दस्त हड़ताल हुई। गोली चली जिसमें अनेक चाँदवासी मारे गये। बड़ी बहसों के बाद चाँद की समस्याओं पर विचार करने के लिए पृथ्वी पर कमीशन बैठा, जिसने चाँद का दौरा किया और रिपोर्ट दी कि चादँवासियों को राजनीतिक स्वतन्त्रता दी जाए।

चाँद पर पहली कौन्सिल बनी जो गवर्नर की अध्यक्षता में कार्य करने लगी। चाँद पर पहले चुनाव हुए। कौन्सिल ने चाँद की पूर्ण स्वतन्त्रता की माँग की। गवर्नर ने उसे नामंजूर कर दिया। कौन्सिल टूट गयी। आन्दोलन तेज़ी से बढ़ गये।"

"इन्क़िलाब!" एक लड़के ने नारा लगाया।

शेष ज़ोर से हँस दिये।

"यह इतिहास का पीरियड है मित्र, राजनीति का नहीं।"–प्राध्यापक ने आगे कहना आरम्भ किया–"राजनीतिक जागृति का यही काल चाँद पर सांस्कृतिक जागृति का भी काल था। चाँद पर चित्रकला, संगीत और साहित्य का विकास हुआ। वहाँ फ़िल्में भी बनने लगीं।"

"बोर।"

"वे प्रारम्भिक फ़िल्में थीं, बोर हो सकती हैं। पृथ्वी के बुद्धिवादियों, पत्रकारों, लेखकों और कवियों ने इसी दौर में चाँद की प्रशंसा में लिखना पुनः आरम्भ कर दिया। ये रचनाएँ चाँद पर लिखी जानेवाली पुरानी रचनाओं से बिल्कुल भिन्न थीं। ये चाँद की जनता की प्रशंसा में लिखी जा रही थीं और चाँद के आन्दोलन के समर्थन में थीं। वे अपनी पृथ्वी के शासकों को चाँद को गुलाम बनाये रखने के लिए कोसते थे, उनकी तीव्र निन्दा करते थे। पृथ्वी पर चल रहे इस आन्दोलन और जनभावना का दबाव और चाँद पर तीव्रता से बढ़ रहे असन्तोष का परिणाम यह हुआ कि एक दिन चाँद को स्वतन्त्रता मिल गयी।

चाँद फिर से मुक्त हो गया, वैसा ही जैसा पहले यानी एल्ड्रीन और आर्मस्ट्रांग के आगमन के पूर्व था।"

"फिर क्या हुआ? फिर क्या हुआ सर!"

"जैसा आप जानते हैं कि आजकल चाँद स्वतन्त्र है पर वहाँ आपसी संघर्ष

काफ़ी हैं। चाँद का क्षेत्र अनेक प्रान्तों में बँटा है और चाँद की पॉलिटिक्स पर यह प्रान्तीयता हावी हो रही है। भ्रष्टाचार बढ़ रहा है। कुछ विकास भी हुआ है। वहाँ के कुछ नेता भ्रष्ट हैं, मगर वे राजनीति पर हावी हैं। सत्ता का संघर्ष, खींचतान जारी है। पर हम क्या कर सकते हैं। यह उनका आन्तरिक मामला है। जिस तरह वे हमारे आन्तरिक मामलों में नहीं बोल सकते उसी तरह हमारा भी उनके आपसी झगड़ों से सम्बन्ध नहीं। चाँद स्वतन्त्र है पर अभी कलंकमुक्त नहीं।"

"मगर इससे आप लोगों को भी मतलब नहीं। यह आपके कोर्स में नहीं है। आपके कोर्स में आर्मस्ट्रांग और एल्ड्रीन के चाँद पर पहुँचने से चाँद की स्वतन्त्रता तक की कहानी है। परीक्षा में जो प्रश्न आएँगे इसी में से आएँगे। कुल पचास मार्क्स चाँद सम्बन्धी प्रश्नों पर तथा शेष अन्य ग्रहों पर होंगे। पूरा पर्चा सौ मार्क्स का होगा।

और हाँ, एक प्रश्न लिख लीजिए। चाँद के इतिहास एवं उसकी आर्थिक दशा पर चाँद की भौगोलिक स्थितियों का विशेष प्रभाव है, इस कथन का समर्थन विस्तार पूर्वक कीजिए।"

शासन जड़, तबादले चेतन

मैना डाल पर फुदकती है, मौसम बदलते हैं, मनुष्य बार-बार अनेक रूपों में जन्म लेता है और सरकारी नौकरों के तबादले बार-बार होते हैं। शासन जड़ है, सिर्फ़ तबादले चेतन हैं। सरकार हिलती नहीं। हज़ारों हाथ और डंक वाला यह भयानक कीड़ा इस पृथ्वी पर निष्क्रिय पड़ा रहता है। वह अपनी खूँख़ार आँखों से इधर-उधर देखता है और उसके पैर हिलते रहते हैं। वह आगे नहीं बढ़ता, वह वहीं-वहीं अपने पैरों को हिलाता रहता है। ऐसा करने से वह निष्क्रिय कीड़ा सक्रिय लगता है। वह हलचल का भ्रम बनाये रहता है। तबादले होते हैं। लोग इधर से उधर जाते हैं। अपनी खटिया और अपनी बीवी को ढोकर एक सरकारी नौकर कुछ मील यहाँ से वहाँ हो जाता है। इस व्यस्त-से लग रहे हिलते-डुलते शरीरों में एक ही सुप्त आत्मा वास करती है। वही असली आत्मा है शासन की। ठस्स, रुकी हुई, कीचड़ में फँसी हुई गाड़ी की आत्मा। सरकारी नौकर इधर-उधर जाते हैं। यहाँ का लेक्चरर वहाँ और वहाँ का सब-इन्सपेक्टर यहाँ। आदेश की डोर से बँधे कठपुतले अपनी डोर को हिलाते भी हैं, तबादले रुकवाते और बदलवाते भी हैं; पर सरकार का स्वरूप नहीं बदलता, इम्प्रेशन नहीं बिगड़ता। सरकार तबादलामय है, नौकर हिलता-डुलता रहना चाहिए, उसे यहाँ से वहाँ होते रहना चाहिए और वहाँ से कहीं और।

जैसे सड़ा हुआ गोबर है, जिस पर कीड़े हलचल कर रहे हों, जैसे केंचुए दिशाहीन तरीक़े से निरर्थक यहाँ-वहाँ हो रहे हों, जैसे किसी गन्दे पशु के दुम फटकारने पर मक्खियाँ उड़ी हों और उसी शरीर के किसी अन्य भाग पर जाकर बैठ गयी हों। यह तबादला है। आदेश की दुम फटकती है और मक्खियाँ जगह बदलती हैं। पशु मक्खियों पर प्रशासन करता है, उन्हें जब चाहे यहाँ से वहाँ कर सकता है। उसका रोब है, अधिकार है, उसके तौर-तरीक़े हैं। सरकारी नौकर एक जगह से दूसरी जगह जाता है। वह परिवर्तन की पीड़ा भोगता है, टी.ए. चाटता, डी.ए. खाता वह यात्रा करता है और नयी जगह नये कोटर में स्थान खोजता है। उसकी यन्त्रणा से शासन को एक विशेष क़िस्म का परपीड़न सुख मिलता है, सैडिस्टिक प्लेज़र। यह बड़ा सुख है। प्रशासन का यह मात्र सुख है। पुराने बादशाह

जैसे दास-दासियों और नौकरों के शरीर पर हण्टर मार उनकी चीत्कार सुन प्रसन्न अनुभव करते थे, वैसा ही एक गहन अव्यक्त सुख शासन को कर्मचारी का तबादला करने पर होता है। कर्मचारी की पीड़ा शासन के लिए मधुर छेड़छाड़ है। जब चाहा जिसे चाहा छेड़ दिया। वल्लभ भवन का वल्लभ बाँसुरी बजाता है और चारों दिशाओं की गोपियाँ यहाँ-वहाँ भटकती अपने श्याम की पुकार करने लगती हैं। श्याम नहीं सुनते। आदेश आदेश है। वे अपनी बाँसुरी बजाने में मगन हैं। गोपियाँ परेशान हैं। श्याम चुहल कर रहे हैं। वे बिचारी क्या करें! वे श्याम की सेविकाएँ हैं। जैसा श्याम नचाएँगे वे नाचेंगी। वे कत्थक करती, ता-ता थई-थई करती इस ज़िले से उस ज़िले, इस शहर से उस शहर जाएँगी। वे श्याम की हैं, श्याममय हैं, वे सरकारी नौकर जो हैं।

सरकारी नौकरों के लिए राजधानी आकर सचिवालय की चौखट पर मत्था टेकना आवश्यक है। कम-से-कम वर्ष में एक बार। श्याम यहीं से बाँसुरी बजाते हैं, छेड़छाड़ करते हैं। यहाँ आकर उस नटखट नागर की चालों और इरादों की टोह लेना चाहिए। सब आते हैं और फ़ाइलों को चलानेवाले पण्डे-पुजारियों से मीठी-मीठी बात करते हैं। पूरी गर्मी-भर लेक्चरर और प्रोफ़ेसर आते रहे और तबादले सम्बन्धी सम्भावनाओं को सूँघते रहे। आज जब महाविद्यालय के दुआर खुले हैं, कई प्रकार के लेक्चरर आये हैं। एक वे हैं जिनके न तबादले हुए और न होने की बात उठी। ये किसी विधायक, मन्त्री आदि के अपने हैं, और नहीं हैं तो पिछले दिनों ही तबादला हो चुके हैं। इस बार इसी कारण तबादले का संक्रामक रोग बिना स्पर्श किये इनके समीप से गुज़र गया। दूसरा प्रकार उन लेक्चररों का है जिनका तबादला हुआ था और वे अपनी चुस्ती, प्रभाव, दबाव या अन्य लगावों का उपभोग कर रुकवाने में सफल हुए हैं। उनका पौरुष प्रमाणित हो चुका है, कि उनका ज़ोर है, वे तबादला रुकवा सकते हैं, वे शासन के क़िले में चूहा बन प्रवेश कर सकते हैं। इस समय वे रोब में हैं और तबादला रुकवाने के उनके चतुराई-भरे संस्मरण सुनने से ताल्लुक रखते हैं। तीसरा प्रकार उस वर्ग का है जो अभी-अभी तबादला होकर आये हैं। रुकवाना चाहते थे पर रुकवा नहीं सके। जमाया था मगर नहीं जमा। ये अपरिचित क्षेत्र में अभी आये हैं और पराजय-बोध से ग्रस्त हैं। इनका चेहरा लटका हुआ है। इनका वक्तव्य यह है कि हमने कोई कोशिश नहीं की, आदेश हुआ और हमने माना। हम अच्छे सरकारी नौकर हैं। एक वर्ग उन सफल व्यक्तियों का है जिन्होंने प्रयत्न कर अपना तबादला करवाया और हो गया। वे अपने प्रिय स्थल पर आ गये हैं। अपने प्रिय पुराने महाविद्यालय के आँगन में खड़े शुद्ध ठण्डी हवा खा रहे हैं।...

फ़ुटपाथ के कलाकार

सब-कुछ बहुत आसानी से और सधे हुए हाथों से हुआ। मुझे तो पता भी नहीं लगा। बस स्टॉप पर भीड़ थी। अक़्सर रहती है। जब भी मैं बैठता हूँ तब ज़रूर रहती है। सिटी बस कब बेवफ़ाई कर जाए और मुझे बिना लिये आगे बढ़ जाए, कहा नहीं जा सकता। उसे हासिल करने के लिए ख़ुद कुछ पहल करनी पड़ती है। भीड़ को धक्का देते हुए दरवाज़े पर पहुँच गये और चढ़ गये। किसी के पेट में कोहनी मारकर भी अगर यह काम अंजाम देना पड़े तो कर लेता हूँ। क्षण है और क्षण का भरपूर लाभ लिया जाना चाहिए। मैं उसी तरीक़े से बस के दरवाज़े तक बढ़ा था। मेरी जेब में कुछ रुपये थे। तीस-बत्तीस के लगभग। एक-दो लॉटरी के टिकिट थे, एक तार था और शायद बिजलीघर की रसीद। सब पैण्ट की दाहिनी जेब में रखे थे। बायीं जेब में रूमाल था। वह बेमतलब था। जिस कलाकार ने जेब पर हाथ मारा उसे दाहिने-बायें का यह गहरा अन्तर मालूम था। उसने दाहिने जेब से सारे रुपये और काग़ज़ निकाल लिये। यह कब हुआ, मैं नहीं कह सकता। उसी बीच हुआ जब मैं भीड़ को धक्का देता बस के दरवाज़े की तरफ़ बढ़ रहा था। जब मैं उस क्षण का भरपूर आनन्द ले रहा था, उसी समय वह कलाकार भी क्षण का भरपूर लाभ लेने में लगा था। उसने मेरी जेब साफ़ की और मुझे पता भी नहीं लगा! कण्डक्टर ने जब टिकिट माँगा मैंने अपनी बुश्शर्ट की जेब से टिकिट के लिए रेज़गारी निकालकर दे दी। मेरी जेब कट गयी है इसका पता मुझे घर आने पर लगा। तब तक फ़ुटपाथ के उस कलाकार की खोज कठिन थी। जल्दी भी पता लग जाता तो मैं क्या कर लेता।

उस दिन पीड़ित क्षणों में भी मैं मन-ही-मन जेबकतरे को दाद देता रहा। क्या कहने, मान गये! हर आदमी अपनी जेब को बड़ी सुरक्षित जगह मानता है। मनीबैग में रुपया रख समझता है जैसे बैंक के सेफ़-डिपाज़िट वाल्ट में रख दिया। यद्यपि जेब क्या है? वस्त्र में लटकी हुई थैलियाँ हैं। मगर इन जेबों में रुपया सुरक्षित रहता भी है। सुरक्षित तब तक रहता है जब तक जेबकतरे से बचा रहता है। उस पर कलाकार की नज़र नहीं पड़ती। जितनी बड़ी जनसंख्या है उसकी तुलना में जेबकतरे

बहुत कम हैं। जेबों में रुपया सिर्फ़ इसी कारण सुरक्षित रहता है, इस कारण नहीं कि आप उसे सुरक्षित रखे हैं। आप क्या रखेंगे, खाक! जब वह सिद्ध पुरुष आएगा, यह सारी क़िलेबन्दी बेकार जाएगी। जिस प्रकार उस नटखट माखनचोर से मटकी छुपाकर रखना कठिन था उसी तरह जेबकट से अपनी जेब बचाना कठिन है। गोविन्दा आला रे, आला, जरा मटकी सँभाल बृजबाला! इसमें कम-से-कम बृजबाला को गोविन्दा के आने की अग्रिम सूचना मिल गयी है, एण्डवान्स वार्निंग है; मगर जब जन-समुदाय की भीड़ से निकल वह ज़ेबकतरा आएगा, कोई वार्निंग नहीं मिलेगी और जेब कट जाएगी। दो कोमल लम्बी अँगुलियाँ जेब में हौले से प्रवेश करेंगी, पता भी नहीं लगेगा कि आपके जेब पर किसी का हाथ है, जैसे फूल पर तितली बैठी हो और आपकी जेब साफ़ हो जाएगी। जिसे आप गाढ़ी कमाई कहते हैं वह पतली होकर अपरिचित दिशा में बह जाएगी। अर्थशास्त्रियों के अनुसार जेब में पड़ा डेड मनी सरक्यूलेट हो जाएगा। रुपये की रामकहानी में एक ज़ोरदार मोड़, एक सनसनीखेज़ अध्याय कि किस तरह मैं जेबकतरे की कृपा से उस अन्धकूप से निकला और खुली हवा में पहुँचा।

कविताओं में आपने अक़्सर पढ़ा होगा कि वह कौन था? वह कौन था जो हौले-हौले पैर रखता आया और जिसने मेरे शरीर को छूकर उसे रोमांच से भर दिया। वह आया और मेरे भार को हल्का कर गया। वह कौन था? वह कौन था जिसे मैं आँख भरकर देख भी नहीं सका, मगर जिसकी स्मृति आज तक मेरे तन में समायी हुई है। जिसकी स्मृति मेरे तन और मन में सिहरन ला देती है। वह कौन था? जी वह जेबकतरा था। कविता पढ़कर भ्रम होता है कि शायद तात्पर्य प्रेमी, पिया या साजन से है। जी नहीं। यह ख़ुसरो की पहेलीवाला मामला है। ऐ सखि साजन, ना सखि जेबकट! आज ख़ुसरो होता तो पहेली ज़रूर बनाता। धीरे-धीरे वह आता है, तन को छूकर मेरा धन ले जाता है, बताओ सखि वह श्यामवर्ण कौन है? सखि कहती है—तेरा तात्पर्य पिया से है? नहीं सखि मेरा मतलब जेबकट से है।

जेब काटना कला है और जेबकट कलाकार! यह सम्मान सूचक शब्द इन चोट्टों के आगे काफ़ी दिनों से लग गया है और चला आ रहा है। प्राचीन काल में चोरी भी एक कला मानी जाती थी। मतलब यह है कि जो भी महीन और बारीक़ काम है वह सब जनता-जनार्दन ने कला के अन्तर्गत घोषित कर दिया है। मैंने एक विदेशी उपन्यास में जेबकतरों के स्कूल का वर्णन पढ़ा था। जेबकतरों का एक रिटायर्ड दादा इस स्कूल को चलाता था और लड़कों को जेब काटने का धन्धा सिखाता था। फाइनल टेस्ट में पास होना इस स्कूल में भी उतना ही कठिन था जितना अन्य स्कूलों में है। एक व्यक्ति को कोट पहनाकर खड़ा कर दिया जाता था और उसकी जेब में बटुआ रख दिया जाता था। कोट ऐसा जिसमें सैकड़ों घुँघरू सिले रहते थे, जो ज़रा-सा कोट हिलाने पर बज उठते थे। उदीयमान जेबकतरे को

परीक्षा पास करने के लिए उस कोट से बटुआ इस सिफत से निकालना पड़ता था कि एक भी घुँघरू न बजे। तभी वह पास घोषित कर दिया जाता था और पेरिस की सड़कों पर काम चालू कर देता था।

उस दिन जब मेरी जेब कटी थी, एक भी घुँघरू नहीं बजा था। बड़े सधे हुए हाथों का चमत्कार था। पता नहीं यह उसकी सफलता थी या मेरी लापरवाही। हम जो पैसे को हाथ का मैल समझते हैं उसे जेब में कचरे की तरह डाले रखते हैं और इसे साफ़ करना कठिन नहीं होता। कलाकार अपना खेल जानता है। उसके राज़ पुलिस समझती है, हम जैसा साधारण व्यक्ति नहीं। हम जेब पर बटन लगा समझते हैं कि अब रक़म टस से मस नहीं हो सकती। मगर जब वह जेब का जादूगर आता है, आशंका का घुँघरू बज नहीं पाता और बटुआ ग़ायब हो जाता है। माया महाठगिनी है और यह ठगिनी चोर और जेबकतरों की सहायक होती है। वे आते हैं और ले जाते हैं। आपको पता नहीं लगता रुपया कहाँ गया। ताल मिले नदी के जल में, नदी मिले सागर में और सागर मिले कौन से जल में कोई जाने ना! सरकार लोगों से टैक्स लेती है, टैक्स से वह बाबू का वेतन चुकाती है, मगर बाबू का पाकिट कौन जेबकतरा साफ़ कर जाता है, कोई जाने ना!

जेबकतरे का कोई रूप नहीं होता। वह मानव-रूप होकर भी प्रेतों-सी हरकत करता है अर्थात् नज़र नहीं आता, और वह इस माने में देवता है कि वह यदि आपके साथ भी है तो भी आप उसे पहचान नहीं सकते। आपकी बुद्धि पर परदा डाले वह परदे के पीछे चमत्कार कर जाता है। वह दिव्य पुरुष कहाँ विद्यमान है आपको नहीं पता। वह कहीं भी प्रकट हो लीला कर जाएगा। नटनागर की कार्यवाही भटनागर बाबू को कहीं का नहीं रखेगी। वह वर्तमान में जीता है। उसकी कोई भावी योजना नहीं होती। गंगा बहती रहती है और वह निरन्तर उसमें हाथ साफ़ करता रहता है। असंख्य जेब हैं, और उन जेबों में असंख्य बटुए हैं। बटुओं के इस संसार में वह अकेला है। वह दायें हाथ मारे या बायें, उसके हाथ तो कुछ आना ही है। बूँद-बूँद से घड़ा भरता है। न जाने कितनी जेबों से वह अपनी पूँजी बनाता है। भाइयो, आपकी तो सिर्फ़ एक जेब ही कटी, जो फिर सिल जाएगी, उसमें फिर रुपये आ जाएँगे, मगर उस जेबकतरे की तो सारे जीवन की समस्या सुलझ गयी! कहाँ परिश्रम करता, दिन-रात खटता, पसीना बहाता। पर पासा पौ बारह या सत्रह या अठारह। हर जेब उसके लिए एक लाटरी है, जिसका टिकिट नहीं ख़रीदना पड़ता।

कुछ दिन हुए मैंने महानगर कलकत्ता के एक ऐसे ही परजेबजीवी व्यक्ति के विषय में पढ़ा था। ये जेबकट महोदय सिर्फ़ उन व्यक्तियों का जेब काटते हैं जिनके पास काली कमाई का धन होता है और जो पुलिस में रिपोर्ट नहीं करते। आप दो सौ-चार सौ रुपयों से हलका जेब कभी नहीं काटते। बँगले में रहते हैं, टेलीफ़ोन आदि रखते हैं और सभी ठाठ हैं। बरसों से आप इस कार्य में व्यस्त हैं। ये चोरों

के जेबकट हैं और सामान्य ग़रीबों की जेब काटनेवालों की घटिया श्रेणी में नहीं आते।

लीजिए, यह आदर के पात्र भी हो गये। अगर इन जेबकतरों को फ़ुटपाथ का कलाकार कहा जाए तो ये उन सबमें ऊँचे हैं। और पता नहीं ऐसे कितने हैं। यहाँ-वहाँ सभी जगह, सभी शहरों में ये कलाकार बिखरे हैं। जगह-जगह लिखा रहता है जेकबतरों से होशियार। मजमा लगाने वाला बार-बार चिल्लाकर कहता है—भाइयो, जेब पाकिट से होशियार। मगर पाकिट काटनेवाला कलाकार होशियारों का भी होशियार होता है। वह अपना काम कर गुज़रता है। जैसे बनजारा लाद चला हो और सारा ठाठ पड़ा रह गया हो। कहते हैं कि चोरों के पैर नहीं होते, क्योंकि उसके आगमन की आहट नहीं होती। इसी तरह कहा जा सकता है कि जेबकतरों के हाथ नहीं होते, क्योंकि उनके हाथों की किसी कार्यवाही का पता नहीं चलता। उनकी अँगुलियाँ जो कर जाती हैं उस पर आप अपनी अँगुली नहीं उठा सकते। जादू करनेवाला जिस तरह कहता है—भाइयो, यह जादू नहीं है, हाथ की सफ़ाई है। उसी तरह जब जेबकट जाता है तब इसका उलटा कहने की इच्छा होती है—भाइयो, यह हाथ की सफ़ाई नहीं, जादू है!

मेरी जेब से सिर्फ़ तीस-बत्तीस रुपये ग़ायब हुए इतनी-सी पीड़ा में महाकाव्य फूटने की नौबत आ रही है। जिनके ज़्यादा रुपये जाते होंगे वे अपनी पीड़ा व्यक्त करने के लिए कौन-सी विद्या का सहारा लेते होंगे, कहा नहीं जा सकता। जिसके पास भी वे तीस-बत्तीस रुपये गये, उसने अब तक ख़त्म कर दिये होंगे। मेरे पास रहते तो मैं भी ख़त्म कर देता। ख़र्च तो होने थे, हो गये...। अफ़सोस यही है कि हमारे हाथों से नहीं हुए। अपने हाथों से ख़र्च करने की बात ही और है। उसका सुख ही अलग है। वह सुख नहीं मिला। ख़ैर यह भी एक ऐतिहासिक घटना हमारे साथ होनी थी, हो गयी।

ओ मेरे जेबकतरे, तुम जो भी हो, जहाँ भी हो, मेरा प्रणाम स्वीकार करो। तुम मेरे इतने पास आकर भी दूर हो, इसका मुझे दुःख है। मैं उन सबसे परिचित हूँ, जिन्होंने मुझे चोट पहुँचायी। मगर तुम चोट कर गये और अनजान बने रहे, यह सचमुच तकलीफ़ देनेवाली बात है। तुम्हारा-मेरा कोई सम्बन्ध नहीं, कोई अपनत्व नहीं। मैं तो तुम्हारी सिद्धि का एक माध्यम-भर था। यह तन है, तन पर वस्त्र हैं, वस्त्र में जेब हैं और जेब में रुपया है। सारी बाधाओं को पार करते तुम लक्ष्य तक पहुँच गये, तुम धन्य हो। मैं तुमसे प्रभावित हूँ, मगर मैं इसके बावजूद तुम्हें पुनः पधारने का नेह निमन्त्रण नहीं देता। आप दूर ही सुहाने लगते हैं। पास अब न आएँ तो मैं आपका आभारी होऊँगा। मैं आपकी कला की दाद देता हूँ। मुझे बख़्शो! मैं हार मान गया, चीं बोल गया! मैं कोई चुनौती तुम्हें नहीं दूँगा कलाकार! यह साहस सिर्फ़ पुलिस कर सकती है और मैं सामान्य जन हूँ। साधारण जेब का धनी।

मगर एक बात पूछूँ। जो जेब तुमने काटी थी उसी में दो लॉटरी के टिकिट थे। उन पर ढाई लाख का इनाम था। क्या वह लॉटरी तुम्हारे नाम खुल गयी और तुम्हें ढाई लाख रुपया मिल गया। अगर खुल गयी है तो ओ मेरे जेबकट, मुझे उसमें से आधा दे दे। अगर तू कलाकार है तो अपनी मर्यादा का ध्यान रख। मुझे सूचित कर और तब मैं ललककर बाँहें फैलाये तुझसे आकर उसी तरह गले मिलूँगा जैसे एक सच्चा कलाकार दूसरे सच्चे कलाकार से मिलता है।

राजनीतिक कविता और कवियों की राजनीति

क्रान्ति शब्द पिछले बरसों में विनोबा की देसी खरल में घुट-घुटकर ऐसा पिलपिला और प्राणहीन हो गया है कि कवियों के फूँक मारने के बावजूद दम नहीं ले रहा। उस पर कसर थी तो सरकार ने हरित क्रान्ति शुरू कर दी। एक ज़माना था, क्रान्ति सिर्फ़ लाल होती थी और इसमें कोई दीगर 'शेड', मसलन उसे गुलाबी करने की कोशिश करना ग़लत समझा जाता था। मगर बाज़ार का नियम है कि चलनेवाला माल धीरे-धीरे हर रंग में मिलने लगता है। यहाँ तक कि हरी क्रान्ति भी मिलने लगी और सावन के अन्धे, जिनकी इतिहास में कभी कोई भूमिका नहीं रही, एकाएक अग्रणी हो गये। इतिहास शब्द भी इस लाजवाब शिक्षा-प्रणाली की असीम अनुकम्पा से अर्थहीन हो गया। 'हिस्ट्री जाग्रफी बड़ी बेवफ़ा, रात को रटी दिन को सफ़ा' का जो दर्द है वही समझ सकते हैं, जो एक समूची रचनात्मक रात बीत जाने के बाद प्रातः उपलब्ध बेवफ़ाई की आन्तरिक पीड़ा को सहने की सामर्थ्य रखते हैं। अगर किसी शख़्स ने इतिहास को कुंजी के रूप में सौ में से तैंतीस अंक के परीक्षाई अर्थ में समझ रखा है तो उसे मार्क्स या टॉयनबी के अर्थों में समझाना कठिन है। मगर हिन्दी कवि ऐसे शब्दों का इफ़रात से उपयोग करने लगे हैं। इसे कहते हैं कि मजबूरी इन्सान से क्या नहीं कराती अथवा आवश्यकता आविष्कार की अम्मा है।

जब यह स्पष्ट हो गया कि बड़ा मुश्किल है दुनिया का सँवरना। चूँकि वह तेरी (या किसी अन्य कन्या की) ज़ुल्फ़ के पेचोख़म नहीं है, तो कवियों ने अपना एक कोमल पैर राजनीति के कैक्टस कानन में बड़े नाज़ो-अन्दाज़ से रखा और परम्परागत शैली में बदलते समय को मुजरा किया। मगर राजनीति शब्द भी क्रान्ति और इतिहास की तरह इधर ख़ाली-पीली बूम मारनेवाला हो गया। पंचायत और नगरपालिका चुनाव, ज़िले के अर्द्ध-साप्ताहिक और साप्ताहिक की ख़बरों तथा विश्वविद्यालय के सब्ज़ी-बाज़ार-धर्मी सिण्डीकेट के टण्टों-झगड़ों में राजनीति शब्द ऐसा चालू हो गया है कि शरीफ़ आदमी आज बिना आँख मारे उसका उच्चारण नहीं कर सकता। अब

हमारे दिल्ली-इलाहाबाद के पायेदार (स्थापित के अर्थों में) कवि तो इतने डाउन कम-से-कम कविता के क्षेत्र में नहीं हुए कि वैसा-का-वैसा इस्तेमाल राजनीति शब्द का करने लगें। कल तक उन्हें ऐसी बिच्छू-शब्दावली सख़्त नापसन्द रही है। यथार्थ के मामले में वे कभी साँप मणिधर से नीचे नहीं आये। उन्होंने भीड़ को भीड़ बोला, भेड़ बोला और जो बोला कवि के ठसके से बोला। कर लो क्या करते हो, क्योंकि 'वाद' उनका, उनके बाप का। मगर वक़्त आ ही जाए तो क्या करना और कैसा करना। कवि लोगों ने नाक पर कपड़ा रख नाली से राजनीति शब्द उठाया, धोया-पोंछा, थोड़ा पॉलिश मारा, चमकाया और इस क़ाबिल बनाया कि सफ़ेद चादर पर ऊँची नाक के लोग जब संगोष्ठी करें तो बनारसी पान और ज़र्दे की सुबास में कम-से-कम, ज़ोर देकर उसे बोल तो सकें, ऐसा करते समय उनके छायावादी 'एस्थेटिक्स' पर आँच तो न आए। संयम के साथ चालीस दिनों का नियमित कोर्स लेने के बाद हालत सुधरी और राजनीति और उससे सम्बन्धित—सारी सड़क-छाप शब्दावली वैसा ही मज़ा देने लगी जैसे किसी कन्या की ज़ुल्फ़ को पेचोख़म। वह शख़्स जो सड़क पर नंगा गुज़रने के पूर्व महिलाओं से क्षमा माँग रहा था, बदले माहौल में पोस्टर लपेटकर आगे बढ़ गया। पोस्टर पर काँग्रेसी नेताओं के ख़िलाफ़ इबारत अंकित थी। दूसरे के एक्सपोज़र से अपना एक्सपोज़ ढँकने की यह चेष्टा कविता में नया मोड़, नयी स्ट्रेटेजी सिद्ध हुई।

राजनीति शब्द स्त्रीलिंग है। उसकी अदाएँ पुंश्चली की-सी, साहित्य पुराना पुंल्लिंग, मगर अब उसमें कमरकसी संकटमोचन झलक नहीं दिखती। इसके बदले एक खस्ता समर्पित भाव कि हम जो भले-बुरे सो तेरे, बहुत नसाये अब नसाने का मूड नहीं। राजनीति अपने में प्रौढ़, सत्तर घाट का कोकाकोला पी हुई, पुराने सिद्धान्तों के नकली उपकरणों से कसी-उठी, पत्रकारों की उपस्थिति में नौ सौ चूहों का विराट् लंच ग्रहण कर चुनाव के समय हज जाने को तत्पर। साहित्य लालची खानसामा-सा उसकी टेबल के पास टिप की प्रतीक्षा में झुका हुआ। तख़्त पर सज्जित डनलपिलो पर लेटी राजनीति आत्मसन्तोष के खर्राटे भर रही, उसका फूला भ्रष्ट शरीर नैतिक ऊँचाइयों को हीन सिद्ध कर रहा, उसकी पतली टाँगें संस्कृति तक फैली हुई। वह ग़ैर-ज़िम्मेदार पहलू बदलती है, हर दिशा में नैन मटकाती है। साहित्य उसकी सुविधार्थ अपने आग्नेय कोण से खिसककर धीरे-धीरे वायव्य कोण में आ बैठा है। क्या मज़ा है! उसी मंच पर (चाहे वह शासन का हो या विरोध का), उसी ताल-संगीत पर राजनीति के प्रमुख नर्तक से कुछ दूर पर खड़े हो कमर मटकाने से कलाकार का निजी अहं तुष्ट होता हो, मगर दर्शक के लिए वह सब-कुछ एक ही नज़ारा बन जाता है। वह जो पहले देखता था, आज भी वही देखता है। हिन्दी का कवि बीस वर्षों में

अवसरवाद से नवअवसरवाद तक चला है। राहत, सुविधा, पद, सम्मान और अधिकार के लोभ में आज़ादी के तुरन्त बाद प्रगतिवाद को नकार प्रकृति के झाड़-पत्तों, हरी घास, चूड़ी के टुकड़ों और रँगे नाखूनों, अधूरे चाँद और चीवर धारे बुद्ध के शरणम् जानेवाली पीढ़ी और इस आम चुनाव के परिणामों में काँग्रेस को डगमगाती देख विद्रोह की बोली बोलनेवालों में बुनियादी अन्तर कौन-सा है? वह अवसरवाद था, यह नवअवसरवाद है। एक प्रतिष्ठान का जहाज़ डूबने पर कविता के चूहे समन्दर में कूद पड़े और नये जहाज़ की तलाश में लहरों से संघर्ष कर रहे हैं। यह विद्रोह तभी तक है जब तक पुराना जहाज़ नहीं डूबता और नया नज़र नहीं आता। अगर पुराना जहाज़ नहीं डूबा तो ये समाजवाद के नाम पर फिर लौट आएँगे और अगर डूब गया तो ये ग़ैर काँग्रेसवाद के नाम पर नये जहाज़ में विद्रोही मुखौटा लिये चढ़ जाएँगे। संशय की इन घड़ियों में इसी कारण ये अधिकतर भाषा, बदलते मुहावरे की बातें कर रहे हैं और राजनीतिक शब्दावली को रहस्यवादी अन्दाज़ में उपयोग कर क्रान्ति के भ्रम पैदा कर रहे हैं। इनकी कविता एक ऐश और दूसरे ऐश के बीच इण्टरवल की कविता है।

कुछ वर्ष पूर्व हमारे शहर में एक दिल्लीवाले कवि आये थे। इस पिछड़े प्रान्त में बाहर से कोई पियादा भी आए तो वज़ीर का फ़र्ज़ी भ्रम लिये आता है। अनेक चर्चाओं, संगोष्ठियों की वैचारिक जूठन में अपने हीनभाव की कड़ी तेजस्विता लिये वह हमारे बीच चिन्तक के अन्दाज़ में जुगाली करने लगा। टिटहरी-सा मुँह खोल उसने फ़तवाया कि मैं नहीं समझता कि राजनीति का साहित्य से कोई सम्बन्ध हो सकता है और या साहित्य राजनीति को प्रभावित करता है। साहित्य के लिए राजनीति कोई मतलब नहीं रखती। वह देर तक ऐसा ही टुकड़ा-टुकड़ा बोलता रहा। उसके भाषण पर शुद्ध कलाकार-स्वातन्त्र्य की 'आग मार्क' मोहर लगी थी। हम सब, इस कस्बागुणी नगर के पढ़े-लिखे अभिभूत हुए। हम कभी साहित्य की दिली-गहराइयाँ नहीं समझ पाते। हमें नहीं पता कौन किस ऐम्बेसी की दारू पीकर बहक रहा है। माइक की उगालदानी में अपनी वैचारिक पीक उगलकर वह चला गया और हमें गम्भीर कर गया। यह तब की बात है जब दिल्ली में नेहरू-शास्त्री का ज़माना था। सबको लगता था कि काँग्रेस अपनी गद्दी पर 'फिक्सर' लगा कर बैठी है। दीगर पार्टियों से साहित्यकार का इश्क पिछले दरवाज़े से यदा-कदा होता था। गलियों में बौद्धिक रोमान्स करनेवाले चौड़ी सड़क पर कुँवारियों-सा पावित्र्य और सदा सुहागन भाव बनाये रखते। जो चौड़ी सड़कों पर राजनीतिक यथार्थ की बातें करते, वे महज़ नारेबाज़, सतही, सस्ती लोकप्रियता के चक्कर में फँसे हुए कहलाये जाकर बदनाम होते। विश्वविद्यालय या महाविद्यालय की दीवार का सहारा लेकर खड़ा हिन्दी का समीक्षकनुमा शख़्स ऐसे नारेबाज़ों को लात मारकर भगा देता। ठण्डे छायावादी आग्रह थे कि राजनीति का पानी कविता के दूध में नहीं मिलना चाहिए।

कहा जाता कि 'व्यंग्य मत बोलो' क्योंकि वह पत्रकारिता है, साहित्य नहीं। फिर हुआ आम चुनाव। जनभावनाएँ अख़बारों की हेडलाइन बन गयीं। सत्ता को पहला हार्ट-अटैक हुआ और उसे ऑक्सीजन पर रखा गया। इस बदले नज़ारे को यारों ने भाँपा। जनता जब फ़िज़ाँ बदलने पर ही तुली हुई है तो हम बुद्धिवादी क्यों न ज़ोर मारकर सारा सेहरा ख़ुद बाँधें। वही कवि, जो हमारे शहर में राजनीति को कविता के लिए व्यर्थ मानता था, दिल्ली में बैठा अपनी कविताओं में अख़बारी शब्दावली की थिगली लगाने लगा। ख़बर, जुलूस, नेता, नारा, शोर, अख़बार, कसी हुई मुट्ठियाँ, प्रेस कान्फ्रेंस, माइक, जनता, पोस्टर, बयान, झण्डा, अकाल, चीख़, सभा, कुर्सी, गोली, इतिहास, सड़क, संघर्ष, पुलिस जैसे रूखे शब्द कविता में आने लगे। कल तक जिन बातों से साहित्य की शाश्वत ऊँचाई पर ख़तरा लगता था, आज वे प्यारी लगने लगीं। सामयिकता महत्त्वपूर्ण तत्त्व हो गया। जब फ्री-लान्स कवि (दूतावासों के यतीमख़ानों पर आश्रित) कान में पत्रकारिक-शब्दावली का मोरपंख खोंस विरोधी दल के दफ़्तर के सामने नृत्य करने लगा तो दफ़्तरधर्मी साहित्यकार भी तोता-चश्मी चिन्तन में व्यस्त हो गया। दफ़्तरी नैतिकता का आग्रह है कि जब यह निश्चय हो जाए कि बॉस बदलने ही वाला है और नया जल्दी आनेवाला है तो पुराने बॉस के प्रति थोड़ा आक्रोश, थोड़ी शासनहीनता का प्रदर्शन कर खरी-खरी कहने लगो, ताकि नये आनेवाले के दिल में जगह बना सको। बीस साल पुरानी बॉस काँग्रेस बदल रही है तो नौकरों की कविताओं ने मिज़ाज बदला। उन्हें एकाएक चारों तरफ़ लाठी, गोली की आवाज़ें सुनाई दीं, आदमी अपमानित होता दिखा। जो अफ़सरों के चरणों में पड़े 'कैरियर' बना रहे थे उन्हें प्रजातन्त्र याद आया। सूट में छिपा कलाकार फड़का और गुलगुली रचनाओं से हटकर तोता-मैना की बाज़ारू साफ़गोई पर उतर आया, ताकि सनद रहे और जब ग़ैर-काँग्रेसी सरकार बने, काम आए। ऐसे अवसरवाद से निस्सरित कविता की भाषा और शिल्प की विवेचना वेश्या की कत्थक कला पर निर्विकार वाह-वाह करने के नाटक के अतिरिक्त क्या है?

मगर कविता का तथाकथित समीक्षक 'वाह-वाह' की कला का छटा हुआ उस्ताद है। उसकी शोहरत हर मजलिस में है। क़दर स्नॉब की स्नॉब जानता है। बीयर के साथ भारी लंच डकारने के बाद अकाल पर रिपोर्ताज़ तैयार करनेवालों से ऐसे समीक्षक का घुटा याराना है। आँखों ही आँखों में संवाद हो जाते हैं। राजनीतिक कविता के मूल में कवियों की राजनीति को भुलाकर वह करता है मानव निर्यात की बात। इधर नये मुहावरे और नकली आक्रोश की तलाश में कवियों ने अख़बार पढ़ना आरम्भ कर दिया है। कितना ऐतिहासिक था वह क्षण जब कवि ने अपने कोमल पावन करों से अख़बार छुआ। वे भोली आँखें–जो बरसों से युक्लिप्टस, गुलाब, कैक्टस, नारी की भरी-पूरी देह, मुख-पृष्ठ, कविता-संकलन, कॉफ़ी के कप, अपनी डायरी, दूसरों के बुश्शर्ट, सुघड़ पीठ, खुली कमर, फैले केश, रिजेक्टेड दर्शन

और आईने के अतिरिक्त कुछ भी देखने की आदी नहीं थी—राज्यों के राजनीतिक समाचार देखने लगी, दुनिया की ख़बरें जानने लगी। आश्चर्य नहीं कि एक दिन राजनीतिक शब्दावली से लबरेज़ कविता ख़त्म करने के बाद एक कवि-नुमा पत्रकार ने अपने पास बैठे साथी से पूछा, क्यों वियतनाम और वियतकांग एक ही जगह का नाम है या अलग-अलग हैं? उत्तर में उसके साथी ने, जो ख़ुद उग्र और राजनीतिक चाल की कविता लिखता था, ठीक उत्तर देने में असमर्थता व्यक्त करते हुए कहा, "भैया, मैं तो 'राज्य' और 'विज्ञान' की सामग्री देखता हूँ, तुम उस 'विदेश' वाले से पूछ लो। तुम कहो तो मैं पूछकर बताऊँ।"

"रहने दो, जल्दी नहीं। हम तो साहित्य वाला हिस्सा देखते हैं। हमें क्या करना।" जवाब में कवि बोले।

जीवन में गुलगुले पर साहित्य में गुड़ से परहेज़

पता नहीं हमारे साहित्य में सोलह आना सच कहने की प्रवृत्ति कब आरम्भ होगी? कब हम अपने तकल्लुफ़ को तोड़ेंगे और ठीक बोलेंगे कि हमें जलेबियाँ पसन्द हैं और हम उन्हें खाना चाहते हैं? कब तक यह साहित्य आधुनिकता के नाम पर कॉफ़ीहाउसों की प्यालियों में समाया रहेगा? कब बड़े रेस्तराओं के सुन्दर मुद्रित मेनू और हलवाइयों की दुकानों की शाश्वत परन्तु अलिखित सूची हमारे उपन्यासों, कहानियों और कविताओं में अपने कथ्य और तत्त्व समेत ठुस जाएगी। और रस-सिद्धान्त की फोकटी बातों से मुक्ति पाकर हम उस वास्तविक चाशनी तक आ सकेंगे जो कढ़ाइयों में भरी है? हलवाइयों के इस देश का लेखक कब उन विविध रूप रंगों और रस को ग्रहण करेगा, जिनका आविष्कार करने में हमारे राष्ट्र की वैज्ञानिक प्रतिभाओं ने अपने इतिहास के अनेक दौर समाप्त किये? कब केवड़े और गुलाब की मीठी ख़ुशबू से तरबतर अनेक मिठाइयों की गन्ध हमारे साहित्य से आने लगेगी? कब हम नारी के होठों, गालों और आँखों की नक़ली और काल्पनिक मिठास की चर्चा समाप्त कर उस असली मिठास की बातें करेंगे जिसे लड्डू, इमरती अथवा पेठा कहा जाता है? कब हमारा साहित्य भोजन को सम्पूर्णता के साथ अपनाएगा? कब मिठाई के दोनों और प्लेटों की आत्मा साहित्य में स्वीकार की जाएगी? कब रचनाएँ पढ़कर हमारे मुँह में पानी आने की स्थिति आरम्भ होगी?

रोज़ रात मेरे मुहल्ले के कोने के हलवाई की दुकान से रबड़ी ख़रीदते समय मैं अपने से यही प्रश्न बार-बार पूछ लेता हूँ कि क्या सचमुच मैं उसी साहित्य से सम्बद्ध हूँ जहाँ भूखी पीढ़ी के आन्दोलन चल रहे हैं? अपने गैस्ट्रिक कष्टों से परेशान और पेट में यदा-कदा उठ आनेवाली ध्वनियों, गुड़गुड़ाहट से चिन्तित मैं अक्सर सोचा करता हूँ कि जो कुछ मैंने खाया है, उसे स्वीकार क्यों नहीं करता? और क्या इस मामले में मैं अकेला हूँ? क्या किसी और लेखक ने अपने जीवन में बालूशाही नहीं खायी, गुलाबजामुन साफ़ नहीं किये? क्या हम सब जब मौक़ा लगता है तब मिठाई खाने का डौल नहीं जमा लेते? हलवाइयों की उपेक्षा करते हम कब तक आगे बढ़ेंगे। मिठाई की प्लेट देख क्या हम हाथ खींच लेते हैं? हम खाते हैं, डटकर खाते हैं,

हँस-हँसकर ठहाके लगाते हम खाते हैं और बल्कि माँगकर खाते हैं? हम अकेले भी खाते हैं। चुपचाप किसी होटल में बैठ हम मिष्टान्न खा जाते हैं, तृप्त अनुभव करते हैं। मिठाई भी और नमकीन भी। लेकिन हम स्वीकार नहीं करते। हम अपने साहित्य में इसे स्वीकार नहीं करते। अजब नमकहरामी है। मैं कहूँ—यह मिठाई हरामीपन है। हमारा कथानायक कॉफ़ी हाउस में ही बैठा रहता है। वह सिर्फ़ कॉफ़ी पीता है। वह कम्बख़्त कभी डोसा भी नहीं मँगवाता। वह क्या इसके अलावा कुछ ग्रहण नहीं करता। वह क्या कभी आइस्क्रीम नहीं खाता, फ्रूटसलाद से उसे नफ़रत है, वह कुल्फी नहीं चूसता, वह दही की मस्तानी लस्सी नहीं पीता, वह गन्ने की गुलाबी-गँडेरियाँ कभी नहीं चूसता, सोहन हलवे के बारे में उसका क्या विचार है, उसे रसभरी पसन्द है या नहीं? हम कुछ नहीं जानते। हम सिर्फ़ यह जानते हैं कि वह कॉफ़ी पीता है, बीयर पीता है, तन्दूरी चिकन भी खाता है, इसके अलावा कुछ नहीं। वह घर पर अपनी पत्नी से हलवा बनाने को नहीं कहता। अपने अकेलेपन की ऊब को तोड़ने के लिए कभी बरनी-खोल मुरब्बा नहीं चाटता। शायद वह भारतीय नहीं है। वह हलवाइयों के इस देश में नहीं जन्मा। वह कहीं बाहर से आया मेहमान है, जो भूखा होने के बावजूद तकल्लुफ़ के कारण 'नाहीं' कर देता है। यह कितना विचित्र है।

अकाल से ग्रस्त और पी.एल. 480 के अहसानों से दबे इस देश के लेखक द्वारा अलग-अलग प्रकार के भोजनों और मिठाइयों का वर्णन नहीं करना स्वाभाविक लगता है, पर लेखक यह क्यों भूल जाता है कि हमारे यहाँ अकाल की ख़बरें लोग सुबह-सुबह होटलों में पोहा जलेबी खाते या घरों में नाश्ता करते हुए पढ़ते हैं। गेहूँ कम है, आटा महँगा है, पर उनका मैदा और सूजी बनाकर मिठाइयाँ तैयार करने की देशी प्रवृत्ति कब समाप्त हुई? बच्चों को दूध कम मिले, पर शौक़ीन लोगों के लिए पेड़े या रबड़ी में तो कमी नहीं आयी। भारतीय प्रतिभा के इस पहलू की हमारे साहित्य में क्यों उपेक्षा होती है? हमारे पात्र क्यों नहीं डरकर खाते? हमारा लेखन डकार क्यों नहीं लेता? हमारी कल्पना की मक्खी कब तक सेक्स-सने गन्दे बिस्तरों पर ही भनभनाती रहेगी। एक स्वस्थ दृष्टिकोण लिये वह ताज़ी मिठाइयों की तलाश में कब उड़ेगी?

एक सवाल है। और यह सवाल एक फ़क़ीर के सवाल की तरह सदैव निरुत्तरित रहता है। हिन्दी साहित्य में पकवान और मिठाइयाँ कब तक उपेक्षित रहेंगी? यह सच है कि लेखकों में बड़ी संख्या कायस्थों की है, जो खाते तो डटकर मिठाइयाँ हैं, पर प्रचार करते हैं कि उन्हें केवल नमकीन पसन्द है। अब यह 'फ्राड' साहित्य में भी है। हीरो महोदय एक नमकीन बिस्कुट उठाकर रह जाते हैं। हीरोइन को कभी पराठा गली में नहीं ले जाते कि बोल क्या खाएगी। हवा, शाम, अन्धकार, चाँद और नीम की टहनी के विषय में भी विस्तार से और पूरी कविता के साथ लिखनेवाले सामने रखी प्लेटों और उससे होनेवाली तृप्ति की चर्चा नहीं करते। बिना

वज़ह दार्शनिक बने फिरते हैं। यों बताते हैं कि हम ऊपर उठे हुए हैं। होटलों से ऊपर कौन उठ सका है? सभी 'ढाबा शरणम् गच्छामि' रहते हैं। अन्न परम ब्रह्म है। जाने कैसे हमारी सारी प्रेमकथाएँ बिना मिठाइयों के चलती हैं। सगाई में मिठाई, विवाह पर मिठाई और सुहागकक्ष में भी मिठाई ले जाने का जहाँ रिवाज़ हो, उस देश की प्रेमकथाओं में इमरती का ज़िक्र नहीं आता।

कहा जाता है विदेशी प्रभाव हिन्दी साहित्य पर बड़ा असर रखते हैं। ग़लत। वहाँ के सारे कथानक लंच और डिनर के इर्द-गिर्द ही रहते हैं। कहानी टेबल-से-टेबल चलती है और हर टेबल पर मेनू अलग है। सब खाते रहते हैं। कथा पात्र मिलन और विरह की हर घड़ी में मेनू हाथ में लिये रहते हैं। रेस्तराँ हमारी सारी भावनाओं की अभिव्यक्ति का श्रेष्ठ स्थान है। खाने की प्लेटें और ग्लास सबसे महत्त्वपूर्ण साक्षी हैं। पाठक के मन पर ही प्रभाव नहीं पड़ता। उसे भूख भी लगने लगती है। मुँह में पानी आने लगता है। साहित्य पूरे व्यक्तित्व पर असर करता है और व्यक्तित्व पूरे साहित्य पर।

पर हिन्दी साहित्य में प्रोटीन की हमेशा कमी रही है। नायिकाओं की कमर बिना प्रयास के पतली बनी रहती है। वे पतली इसलिए रहती हैं कि वे मोटी नहीं हो पातीं। दुबली, पतली, मरझिल्ली, एक-दो बच्चों के बाद साहित्य से निकाल दी जाती हैं, क्योंकि भुक्खड़ लेखक यह कल्पना नहीं कर पाता कि अच्छा खा-पीकर, तरो-ताज़ा रह वह उसके बाद भी एकाध रोमांस को आशा-निराशा की विभिन्न सतहों पर खींच सकती है। दिन-रात रसोई में खटनेवाली इन भारतीय स्त्रियों को हम खाने के सन्दर्भ से काटकर देखते हैं। उनके हाथों से ताज़े पिसे मसालों की गन्ध क्यों नहीं आती? कथा-नायक उन्हें पहली बार पिस्ता छीलते, घी पिघलाते, कढ़ाई में कुछ भूनते या चटनी पीसते क्यों नहीं देखता? अन्दर के कमरे से निकलकर ड्राइंगरूम में आने पर उन्हें देख सेक्स की भूख ही क्यों जागती है? मुँह से यह क्यों नहीं फूटता कि रानी जो बना हो ले आओ, भूख से मरा जा रहा हूँ। भूखी पीढ़ी के होने के बावजूद उसे कौन-सा संकोच रोके रहता है।

हिन्दी का लेखक डटकर खाता है। उसके अन्तर में ब्राह्मण का वास है। जिस देश में पुरखों के भूत-प्रेत भी अपने वंशजों से श्राद्धपक्ष में खीर की माँग करते हों, वहाँ जीवित व्यक्ति की आत्मा बिना खाये कैसे रहेगी?

लड्डू की बीसियों क़िस्म हैं, पेठा कई तरह से बनता है, बर्फियाँ कितने आकारों में कटती हैं, पेड़े के रंग अलग-अलग मिलते हैं, बालूशाही और इमरतियों के पूरे थाल साफ़ हो जाते हों, लोगों की छुट्टियाँ श्रीखण्ड बनाने में बीतती हों, बुढ़ापे में लोग डायबिटीज़ के शिकार रहते हों, हर युवा गैस्ट्रिक ट्रबल का इलाज़ खोजता हो, चूरण की बिक्री काफ़ी हो, दूध को हर रूप में लिया जाता हो, जहाँ न बासी बचता हो न कुत्ते के खाने का सवाल उठे, जहाँ 'सकल पदारथ' की तलाश कर खाने के

प्रयास में लोग इसीलिए लगे रहें कि करमहीन नर कहाने की अपमानजनक स्थिति से बच सकें, जहाँ इतिहास के हर आक्रमणकारी से देशवासी उसका युद्ध-कौशल न सीख उसकी मिठाई बनाने के तरीक़े सीखते रहे हों, जो देश अँग्रेज़ को निकाल, अँग्रेज़ी फेंकने की कोशिश में लगा होने पर भी केक-पेस्ट्री के प्रति आदर कम न करे, जिस देश में ईश्वर भी जन्म लेकर मक्खन चुराता हो, जहाँ पत्थर की मूर्तियाँ भी बिना भोग के प्रसन्न न हों, जहाँ का हर प्रान्त और नगर मिठाइयों में अपने विशिष्ट योगदान के कारण जाना जाता हो, वहाँ के साहित्य पर हलवाइयों की हुक़ूमत न चले, यह सचमुच अजीब बात है। जीवन का खाने से सम्बन्ध है। जब साहित्य का जीवन से सम्बन्ध होगा तो उसका निश्चित ही खाने से भी अपने-आप सम्बन्ध हो जाएगा। पर हाय! पूरी तरह खाकर भी न डकारनेवाले इस देश में साहित्य का जीवन से कब सम्बन्ध होगा? कब तक लखनऊ का तकल्लुफ़ करनेवाला भाव बना रहेगा? कब संकोच टूटेगा? कब हमारे साहित्य से मीठी गन्ध आने लगेगी? कब पलँग पर सकुचायी बैठी कथा-नायिका अपने हीरो से कहेगी—मेरी ओर दो घण्टे से टुकुर-टुकुर ताकनेवाले मूर्ख, उठ और लपककर सामनेवाले हलवाई के यहाँ से जलेबियाँ ला। बातों के रस से मुझे सन्तोष नहीं होता।

चक्रवर्ती गीतों का अर्थशास्त्र

कंगन, मेहँदी, पायल, आँगन, चाँद, चमेली, श्मशान, हरसिंगार, सिन्दूर, शाम, तस्वीर, प्यार, बहार, कारवाँ, अरमान, होली, हथेली, द्वार, गागर, सागर, नाव, खिवैया, कली, गली और प्रतीक्षा जैसे कोमल और ख़ुशबूदार शब्दों से इधर अपना साबका नहीं पड़ता। दस-ग्यारह वर्ष हुए इन्हें डिपाज़िट करवा दिया था तो बाद में इश्यू कराने का काम ही नहीं पड़ा। धरे-धरे सड़ गये और फफूँद लग गयी। फफूँद शब्द एक बार काम आया था पर जिन पर फफूँद लगी वे शब्द काम नहीं आये। निरंजन जी अक्सर कहते हैं—यार ये तुम कहाँ गद्य में फँस गये, इधर रहते तो आज क्या-से-क्या हो जाते, कह नहीं सकता। क्या-से-क्या बड़ा मज़ेदार मुहावरा है। वास्तविक अतीत से एक काल्पनिक वर्तमान को जोड़ने वाला जिसे पूरी तौर से समझने के लिए दिमाग़ पर ज़ोर लगाना पड़ता है। मैं लगाता हूँ और डूब-सा जाता हूँ। चाँदनी, झरोखा और गुलाब जैसे शब्द मुझे याद आने लगते हैं, जो किसी ज़माने में चिल्लर की तरह पॉकेट में पड़ते रहते थे। जब चाहा निकालकर उछाल दिया।

निरंजन जी कहते हैं कि तुममें प्रतिभा थी, कण्ठ मधुर था और तुम जम सकते थे। उनकी बात में दम है। आज तक वे ख़ुद सिर्फ़ मधुर कण्ठ के कारण जमे हुए हैं। प्रतिभा उनके मामले में प्रारम्भ से ही बहस का विषय रही है, सो एक गैरज़रूरी-सी बात है। निरंजन जी को आज कौन नहीं जानता। जयपुर से मथुरा, वहाँ से बुलन्दशहर एक रात ठहर दूसरे दिन दतिया से चले इन्दौर और अब परेशान कि कानपुर जाएँ या अजमेर क्योंकि एक ही तारीख़ें पड़ गयी हैं। अजमेरवाले दो फर्स्ट क्लास और दो सौ रुपया दे रहे हैं पर कानपुरवाले पिछले तीन साल से बुला रहे हैं। फिर उन्हें बम्बई भी जाना है। बस वे घूमते रहते हैं। सो मुझसे जब वे कहते हैं कि यार तुम कहाँ गद्य में फँस गये तो मेरी हालत उस पुराने हॉकी-खिलाड़ी की तरह हो जाती है, जो हाईस्कूल तक ग़ज़ब का खेलता था पर बाद में क्लर्क हो गया, शादी कर ली, सो नहीं खेल सका और वह मिल जाए अपने उस साथी से जो हाईस्कूल के बाद भी खेलता रहा और बढ़ते-बढ़ते इतना बढ़ा कि आज ओलम्पिक में जा रहा है और जाने के पहले अपने शहर आया है माँ और मित्रों से मिलने,

और तब वह कहे कि यार क्या तुमने खेलना छोड़ दिया, कैसा बढ़िया गोल रोकते थे, आज अगर खेलते रहते तो कहाँ से कहाँ पहुँचते, क्योंकि तुम तो मुझसे भी अच्छा खेलते थे, और यह सुनकर वह सोच में पड़ जाए कि हाय मैंने क्या किया? (आप समझे? नहीं समझे भाड़ में जाइए। उदाहरण देने के लिए या बतौर उपमा के इतना लम्बा वाक्य लिखने के बावजूद कोई नहीं समझे तो क्या मैं अपना सिर फोड़ लूँ!)

कुछ तुकें मिलायी थीं, उन्हें धुना था यानी उनकी धुन बनायी थी और कवि-सम्मेलन में जाने लगे थे। कुछ बार गये, शहर में और आसपास के क़स्बों में। जमे भी और एक-दो बार हूट भी हुए। निरंजन जी भी तब चालू हुए थे। उनके पास कोई उन्हें निमन्त्रणने आता यानी बुलाने आता तो वे कहते कि भई अगर कवि-सम्मेलन सफल ही बनाना है तो कुछ अच्छे लोगों को बुलाओ और मेरा नाम सजेस्ट कर देते। मेरे हाथ कोई संयोजक पड़ जाता तो मैं उनका जमा देता। मंच पर भी जब मैं कविता पढ़ता तो वे मुझे जमाने के लिए बीच-बीच में वाह-वाह करते या दुबारा पढ़ने के लिए कहते और मैं उनकी कविताओं पर झूमता और निरंजन जी के बैठने के पूर्व खड़ा होकर माइक पर कहता कि मैं निरंजनजी से प्रार्थना करूँगा कि वे अपनी 'सोनचिरैया' ज़रूर सुनाएँ। मेरे कहने पर वे बड़े नाटकीय अन्दाज़ से मुस्कराते हुए उठते और कहते कि मुझे आज्ञा हुई है कि 'सोनचिरैया' सुनाऊँ सो सुना रहा हूँ। बड़े मज़े थे। कवि-सम्मेलन से जब शहर लौटते तो ऐसी हवा बाँधते कि जैसे नीरज को पछाड़कर आये हों। 'बड़ा रस बरसा' या 'रात के तीन बजे तक चला' या 'निरंजन जी को लोगों ने ख़ूब सुना' या 'हमें तो रोक रहे थे संस्थावाले पर हम नहीं रुके' जैसी बातें करते और अपना दबदबा फैलाते। एक बार मैं हूट हो गया सो निराश था। रात को चार बजे तक उस धर्मशाला में, जहाँ हमारे ठहरने की व्यवस्था की गयी थी, निरंजन जी मुझे समझाते रहे कि देखो हूटिंग से घबराना नहीं चाहिए। तुम्हें संघर्ष करके अपना स्थान बनाना है तो हूटिंग से निराश होने पर कैसे चलेगा? तुम्हारा कण्ठ मधुर है, तुम जम जाओगे वग़ैरह। मुझे वे दिन अच्छी तरह याद हैं।

जब मैं निरंजन जी से कहता कि आख़िर गद्य लिखना भी तो हिन्दी की सेवा है तो वे मुँह बिचका देते हैं। यह सेवा वाला मेरा अन्तिम तर्क वे ऐसे सहज उखाड़ देते कि मुझे अपना जीवन अकारथ लगने लगता है।

"गद्य में मिलता क्या है?" वे कहा करते हैं।

उनका इशारा गद्य से होनेवाले आर्थिक लाभ की तरफ़ होता। उनके गीतों का एक अपना अर्थशास्त्र है। उनके गीत अपने-आप में चक्रवर्ती हैं और चक्रवर्ती ब्याज की तरह रिस-रिसकर लगातार लाभ देते हैं। यों साहित्य की सभी विधाओं से कुछ-न-कुछ फ़ायदा टपकता है पर निरंजन जी को एक सतत प्रवाहित झरना मिल गया है। उन्होंने एक ऐसी मुर्गी पाली है जो बुलन्दशहर से अजमेर तक अण्डे देती है और इन्दौर में भी इनकार नहीं करती यद्यपि जलवायु बदल जाता है। सोने के

अण्डे देने में जलवायु आड़े नहीं आता। हिन्दी वही है, क्षेत्र वही है, पर उन्हीं संख्याओं में गद्य महत्तम समापवर्तक है, जो सबसे छोटा है और गीत लघुतम समापवर्त्य है, जो सबसे बड़ा है; यानी आठ, बारह और सोलह की संख्याओं में मेरी प्राप्ति दो है, जो चाहे सबको काटती है पर छोटी है और निरंजन जी की अड़तालीस, जिसमें तीनों का भाग लगता है। अब क्या कीजिए। इसी को ध्यान करके निरंजन जी कहते हैं—यार तुम गद्य में चले आये, आज वहाँ रहते तो क्या-से-क्या हो जाते!

निरंजन जी या कोई और कवि जैसे मैं ही होता तो कल बीस गीतों से काम चल जाता। दस काम आते और दस पड़े रहते मुसीबत के समय उपयोग के लिए। अब हिसाब के लिए पूरे बीस गीत ही मानकर चलो। निरंजन जी का रेट ढाई सौ रुपये है। फ़र्स्ट क्लास का किराया लेते हैं पर अक्सर थर्ड क्लास स्लीपिंग बर्थ से जाते हैं। सो छोड़ो! ठहरने एवं भोजन की व्यवस्था संयोजक के सिर रहती है। ताँगा-कुली भी अक्सर बच जाता है। उसकी चर्चा नहीं करें तो बेहतर है। हम सिर्फ़ ढाई सौ रुपये की रक़म पकड़ें और हिसाब समझें। माह में उन्हें दस निमन्त्रण औसतन मिलते हैं, जहाँ वे जाते हैं। पूरे वर्ष नहीं मिलते। गर्मी की छुट्टियों में जब संस्थाएँ बन्द रहती हैं, सीज़न ठण्डा रहता है। वर्ष में दस माह मानो, ढाई सौ रुपये प्रति कवि-सम्मेलन की दर से माह के दस कार्यक्रमों के ढाई हज़ार कुल और पूरे वर्ष में पच्चीस हज़ार। अब निरंजन जी अपने वे ही गीत यानी सोनचिरैया, 'मैं तुम्हारा हूँ, तुम्हारा रहूँगा', 'सितारों ने इक रात धोखा किया', 'तुम मुझे बुला लेना साथी', 'आज तेरा पत्र मिला मुझको', 'वह सुहानी रात शहर के घण्टाघर के तले,' 'सीखचों में बन्द क़ैदी', 'मेरे गीतों को स्वर दो रानी', 'कौन पुकारता है नदिया के पार से', 'लूटने नहीं लुटाने चला हूँ', 'ललकारता है आज दुश्मन को हर भारतवासी' वग़ैरह पिछले दस वर्षों से सुना रहे हैं और आगामी दस वर्ष उन्हें नयी रचना लिखने की ज़रूरत नहीं। इस हिसाब से वे पिछले दस वर्षों में उन गीतों से दो लाख पचास हज़ार प्राप्त कर चुके। इसमें पचास हज़ार कम कर दो, क्योंकि हो सकता है उन्हें कहीं कम भी मिला हो तो भी दो लाख रुपये मानकर चलें। बीस गीतों पर दो लाख अर्थात् प्रति गीत उनकी प्राप्ति दस हज़ार रुपये हुई। यदि अगले दस वर्ष और काम चालू रहा तो बीस हज़ार रुपये मानो। इसकी तुलना में निरंजन जी के अनुसार मैं गद्य में महज़ मुँह सेंक रहा हूँ, जीवन गँवा रहा हूँ, मैंने ग़लती की।

निरंजन जी अभी नये हैं। कवि-सम्मेलनों में बीस-पच्चीस साल के जमे हुए लोग हैं जो बराबर चल रहे हैं। वे भी चलेंगे, क्योंकि उनकी माँग है। उनका कण्ठ मधुर है और धुन अच्छी देते हैं।

उन दिनों जब मैं निरंजन जी के साथ जाता था सुनाने के लिए तब हम सोचते कि जब हमारा नाम हो जाएगा तो कितने फ़ायदे होंगे तो यह सब मुझे शेख़चिल्ली का हिसाब लगता था। निरंजन जी उस हिसाब के प्रति गम्भीर रहे और धीरे-धीरे

रेट बढ़ाते गये। आज वे पोस्टकार्ड पर अपना रेट लिख भिजवा देते हैं तो उन्हें तार से स्वीकृति मिल जाती है। आधी रात को जब तारवाला उनकी नींद तोड़ता है तो वे डिस्टर्ब नहीं होते। पत्नी करवट ले पूछती है—"कहाँ का है?"

"झुमरी तलैया का।"—वे पढ़ते हुए उत्तर देते।

"जाना है?"

"हाँ।"

वे सिरहाने रखा टाइमटेबल उठा हिसाब लगाते हैं कि वे कब रेल में बैठें और कहाँ चेंज करें कि पहुँच जाएँगे वक़्त से और वे सचमुच चल देते हैं। उनका बिस्तर हमेशा गोल रहता है। स्टेशन वाले उन्हें जानने लगे हैं क्योंकि रेलवे कॉलोनी में भी वे अपनी सोनचिरैया सुना आये हैं और आराम से सफ़र करते हैं।

कल वे मेरे नगर में निमन्त्रित थे। कॉलेज की हिन्दी सभा के वार्षिक कवि-सम्मेलन में मेरे ही यहाँ ठहरे थे। मेरे गद्यकार होने को उन्होंने नियमानुसार कोसा और कहने लगे कि आज भी मुझे तुम्हारे वे गीत याद आते हैं तो बड़ी प्रेरणा मिलती है। ज़रा अपना गीत 'भटकता राही' सुनाओ तो मैंने कहा याद नहीं रहा। उन्हें दुःख हुआ कि मैं अब कुछ नहीं रहा।

रात के दो बजे तक मैं कवि-सम्मेलन में श्रोता बना उनको सुनता रहा। वही नाज़ो-अन्दाज़, वही स्वरों में माधुरी, वही नखरे, लटके-झटके, पहले रुबाई, दूसरी रुबाई, फिर गीत, फिर बैठने लगे तो "वन्स मोर, वन्स मोर!"

"अरे भई दूसरों को भी सुनिए।"—वे बोले और बैठ गये। यह उनका पुराना झटका है। जब देखते हैं कि रंग जम रहा है तो कवियाने लगते हैं, यानी अपने मूडी होने का प्रदर्शन करने लगते हैं।

संयोजक ने कहा—"जी हाँ, आप अभी निरंजन जी से और भी सुनेंगे जब दूसरा दौर शुरू होगा।"

फिर दूसरा दौर। लड़के माँग कर रहे हैं। 'सोनचिरैया, सोनचिरैया' और निरंजन जी सब-कुछ सुना रहे हैं पर सोनचिरैया ही नहीं सुना रहे। आख़िर में उन्होंने वह भी सुनायी। मैं बारह वर्ष पुरानी लहरी को देर रात तक सुनता रहा—ओ मेरी सोनचिरैया!

कई बार सोचता हूँ कि निरंजन जी से पूछूँ कि सोनचिरैया से आपका तात्पर्य हिन्दी से तो नहीं, क्योंकि यही आपके लिए सोने की चिड़िया है। संसार की कौन-सी भाषा में एक गीत पर कवि की इतनी कमाई होती होगी। हिन्दी है जो लगातार उनके गीतों के कर्ज़ की आर्थिक क़िस्तें चुका रही है। अजमेर, जयपुर, मथुरा और बुलन्दशहर से लेकर मेरे शहर तक उनके गीत चक्रवर्ती की अदा से घूमते हैं। मैं तो उनकी नम्रता का क़ायल हूँ। गीत है उनका—लूटने नहीं लुटाने चला हूँ भई क्या कहने। वन्स मोर!

राजनीतिक मंच पर परेशान हैमलेट

पिछले दिनों हमारे राज्य में बड़े पैमाने पर गम्भीर राजनीतिक चिन्तन हुआ। शुरू हुआ तो होता ही चला गया। इसमें राजनीति समझने वालों ने तो ज़ोर-शोर से हिस्सा लिया ही, मगर उन भले लोगों ने भी, जो किसी मामले में ज़्यादा सोच-विचार के आदी नहीं हैं, समस्या की गहराई को एक स्तर तक समझा और जहाँ मौक़ा लगा अपनी राय देने से नहीं चूके। पान की दुकानों, दफ़्तरों, घरों, होटलों, यहाँ तक कि सिनेमा के मध्यान्तरों में भी लोग गम्भीर राजनीतिक चर्चा करने लगे। उन्हें ऐसा करते हुए रोकना मुश्किल काम था। इधर ऐसा करते हुए रोकना मुश्किल काम था।

इधर देश की सीमा पर पाक फ़ौजें अड़ गयीं तो लगने लगा कि लड़ाई आज-कल में शुरू हो ही जाएगी। मगर ऐसे में भी हमारे राज्य में विषय परिवर्तन नहीं हुआ और चिन्तन-क्रम जारी रहा। जिस दिन केन्द्रीय सरकार ने 70 करोड़ के कर लगाये, उस दिन भी चर्चा का विषय नहीं बदला अन्यथा सदैव कर लगते ही लोग अफ़सोस करने लग जाते हैं। स्पष्ट है कि इस समय हमारा राज्य वैचारिक संकट में बुरी तरह फँस गया है। ऐसी नाज़ुक घड़ी आज तक नहीं आयी। इसका सबसे ज़्यादा दिमाग़ी बोझ पड़ा हमारे मुख्यमन्त्री पर।

आप हमारे मुख्यमन्त्री को जानते हैं कि वह अत्यन्त कोमल, सुन्दर और घने बालों वाले व्यक्ति हैं और कई बार उन्हें देखकर लगता है कि इन्हें राजनीति छोड़कर कला या फ़िल्म जैसे किसी मीठे क्षेत्र में चले जाना चाहिए, क्योंकि यहाँ उनके लिए कुछ करने को है नहीं और वहाँ वह काफ़ी-कुछ कर लेंगे। वह काफ़ी हद तक सभ्य और मृदुभाषी हैं। इस सबके बावजूद वह राजनीति में हैं यह उनका कमाल है। राज्य में बड़े पैमाने पर वैचारिक मन्थन के इस गम्भीर प्रहर में उनकी हालत हैमलेट की तरह हो गयी जो विचारों में डूबा रहता था और किसी निर्णय तक नहीं पहुँच पाता था। अब यह हैमलेट के लिए बड़ी उबानेवाली स्थिति है कि वह एक बात को ही सोचता रहे और कुछ तय न कर पाए। साथ ही यह हैमलेट का नाटक देखनेवाले दर्शकों के लिए ज़्यादा उबाने वाली स्थिति है कि वे हाल में उपस्थित होकर भी मंच पर परेशान खड़े हैमलेट की न कोई मदद कर सकते हैं और न सलाह ही दे सकते

हैं। इस सारी ऊब के साथ चिन्तन जारी है। नतीजा कुछ नहीं है।

ऊपरी तौर पर समस्या यों है कि मन्त्रिमण्डल से कुछ भ्रष्ट मन्त्री निकाले जाने हैं। परन्तु इसके साथ एक गहरा सैद्धान्तिक प्रश्न विचारकों को खा रहा है कि क्या इसीलिए कि हमारे कुछ साथी भ्रष्ट हैं, हमें उन्हें अपने से दूर कर देना चाहिए?

ज़रा सोचिए! मन्त्री प्रायः भ्रष्ट होते हैं और प्रायः मन्त्रिमण्डलों में कमोबेशी यह स्थिति बनी रहती है। आरोप लगते रहते हैं जवाब दिये जाते हैं। लेकिन इतनी-सी बात पर मन्त्रिमण्डल तो बदला नहीं जाता? इस विषय में दो विचारधाराएँ काम कर रही हैं। एक यह कि यदि भ्रष्ट मन्त्रियों को हटा दिया जाएगा तो पार्टी की इमेज सुधरेगी जो आगे आनेवाले चुनावों की दृष्टि से उपयोगी साबित होगी। लेकिन इसके विपरीत दूसरी धारणा यह है कि यदि भ्रष्ट मन्त्रिगण हटा दिये गये तो इससे पार्टी की इमेज बिगड़ेगी, एकता गड़बड़ होगी। मन्त्री चाहे भ्रष्ट हों या कैसे हों, वे हमारे साथी हैं, राज्य के आदरणीय नेता हैं और उन्हें बने रहना चाहिए, ख़ासकर चुनाव तक तो कोई फेरबदल नहीं किया जाना चाहिए। ज़रा सोचिए! कितना नाज़ुक और पेचीदा सवाल है। आप अगर मुख्यमन्त्री के ज़िम्मेदार पद पर हों तो समाज, पार्टी और देश के हित में क्या करेंगे? मेरे ख़्याल से आप भी हैमलेट हो जाएँगे।

प्रश्न है कि क्या केबिनेट में परिवर्तन के लिए मन्त्रियों का भ्रष्टाचार पर्याप्त कारण होगा? हैमलेट इस सवाल को लिये मंच पर घूम रहा है। वह दिल्ली जाता है, फिर आता है, वापस चला जाता है। फिर आता है, फिर चला जाता है। बड़े ऊँचे पैमाने पर कार्यवाही जारी है। वहाँ वह बड़े नेताओं से मिलता है, और गम्भीर बातचीत हो रही है। शायद अभी भी चल रही हो।

जनता उन सब विषयों पर ज़्यादा विचार करती है जिन पर उसे विचार करने को कहा नहीं जाता। इस मामले में मुख्यमन्त्री ने अपील नहीं की मगर जनता लगी हुई है। जैसे राजनीति कोई कुटीर-उद्योग हो कि सब लगे हुए हैं दिन-रात। कुछ राजनीति में डूबे हुए लोगों का ख़्याल है कि अगर भ्रष्ट मन्त्री को हटाना ही पड़े तो उन्हें इतने सम्मान से हटाना चाहिए कि जैसे उन्हें किसी ऊँचे पद पर प्रमोट किया जा रहा हो। उनके बारे में कहा जाए कि इन महानुभाव की असीम प्रतिभा के लिए मन्त्रिमण्डल छोटा क्षेत्र है, अब इन्हें पार्टी और समाज की सेवा के लिए स्वतन्त्र किया जा रहा है। इससे भ्रष्ट मन्त्री और ईमानदार दल दोनों की इमेज सुधरेगी।

पिछले दिनों मुझे अनेक गम्भीर चिन्तकों से इस विषय में चर्चा करने का सौभाग्य प्राप्त हुआ। अलग-अलग मत सुनने को मिले। एक महानुभाव ने कहा कि 'भ्रष्ट होना मन्त्री की निजी विशेषता है, उसका अपना मामला है। मन्त्रिमण्डल

समाज का प्रतिनिधित्व करनेवाला संगठन है। समाज की मूल प्रकृति है, व्यक्ति को उसको उसके समस्त गुण-अवगुण सहित अपने में समाहित करना चाहिए। अतः स्वाभाविक यही है कि भ्रष्ट व्यक्ति मन्त्रिमण्डल में बना रहे।'

दूसरे सज्जन ने कहा—'जब राष्ट्र और दल के सामने समाजवाद जैसा महान् लक्ष्य है तब कुछ भ्रष्ट मन्त्रियों को हटाने जैसी छोटी बातों में समय नष्ट करना राज्य के मन्त्रिमण्डल को शोभा नहीं देता।' तीसरे ने कहा कि 'जब भ्रष्टाचार होना ही है तब मन्त्रियों के परिवर्तन से क्या अन्तर पड़ता है!' और एक चौथे सज्जन का विचार था कि 'यदि पूरे में से एक-दो भ्रष्ट मन्त्री हटा दिये जाएँ तब कोई हर्ज़ नहीं। इसमें नुकसान कम और लाभ ज़्यादा है। चुनाव के बाद वे फिर मन्त्रिमण्डल में लिये जा सकते हैं। पार्टी बड़ी चीज़ है, वह यदि मज़बूत रही तो भ्रष्टाचार के लिए भविष्य में काफ़ी अवसर मिलेंगे। परिवर्तन करने में ग़लत कुछ नहीं। भ्रष्ट मन्त्रियों को न हटाने के आदर्शवादी दृष्टिकोण को छोड़कर पार्टी के हित में व्यावहारिक दृष्टिकोण अपनाना चाहिए। अर्थात्, फिलहाल उन्हें हटा देना चाहिए।'

पाँचवें ने कहा—'जब देश इतने संकटों से गुज़र रहा हो तब दो-चार मन्त्रियों के भ्रष्ट होने से क्या अन्तर पड़ता है?' छठे ने सलाह दी कि 'यदि मन्त्रिगण भ्रष्ट होने के बावजूद अपने कार्य में कुशल हैं, अर्थात् अपना विभाग ठीक से देख रहे हैं तो उन्हें नहीं हटाया जाना चाहिए।'

गरज यह कि जितने मुँह उतने विचार। चिन्तन का काम चालू है। सब लगे हुए हैं। कुछ लोगों ने उन तथाकथित भ्रष्ट मन्त्रियों से भी बात की। उन्होंने ईमानदारी से सीधा जवाब दिया कि 'हम तो सिपाही हैं, पार्टी जैसा हुकुम करेगी, वैसा ही करेंगे। अगर मन्त्री बने रहे तो ठीक, अन्यथा हमारे-जैसे कर्मठ लोगों के लिए सेवा के अनेक अवसर हैं।' सेवा से उनका क्या तात्पर्य है, उन्होंने स्पष्ट नहीं किया।

कोई बात नहीं, फिलहाल नज़ारा यह है कि मंच पर हैमलेट परेशान घूम रहा है। मन्त्रिमण्डल में परिवर्तन करूँ या न करूँ? भ्रष्टाचार गौण प्रश्न है, असली समस्या है परिवर्तन की। किया जाए या नहीं किया जाए! दर्शक हाल में बैठे उसे देख रहे हैं और परेशान हैं। बताइए, यदि आप हैमलेट होते तो क्या करते?

हम बहुत अच्छे ख़ानसामा हैं

आदमी जब अपनी ससुराल जाता है, वह बड़ी पैनी निगाहों से यह बात भाँपता रहता है कि जो बात जिस वक़्त हो जानी चाहिए, वह बात उस वक़्त हुई कि नहीं? नाश्ते के समय नाश्ता लगा, खाने के समय थाली सामने रखी गयी। बिस्तर नरम था, चाय गरम थी। भूल-चूक हो जाने पर तिरछी मुस्कान चेहरे पर ला 'कोई बात नहीं' कहने के बड़प्पन का सुख। ससुरालवाले भी बड़े काइयाँ और होशियार होते हैं। औकात का ऐसा दिखावा करते हैं कि दामाद रह-रहकर पराजित होता है। भारतीय घरों को पता है कि किस प्रकार एकाएक स्टार दरज़े का होटल हो जाना चाहिए। परिवार का हर शख़्स ख़ानसामा, वेटर, मैनेजर, ब्वॉय और अटेण्डेण्ट में तब्दील होने लगता है। सब नया व्यक्तित्व ग्रहण करने लगते हैं। घर का मालिक इन्तजामअली हो जाता है। उसके घर-परिवार के इतिहास का वह चरम क्षण होता है जब वह किसी ऐसे मेहमान को निपटा अपने सम्मान की नाक को ऊँची करता है।

इस समय देश की वही नाक ऊँची है। होटल के कमरे में घण्टी बजाने पर बैरा जिस तरह मेनू हाथ में ले झुकता है, उस तरह हम संसार के सामने झुककर खड़े हो गये। आज़ादी के चौंतीस वर्ष बीत जाने के बाद भारतीय इतिहास का यह उच्चतम और गौरवशाली क्षण था, जब हम झुके हुए थे। हम ख़ानसामा हैं। हम बहुत अच्छे और सफल ख़ानसामा हैं। आप इस मामले में हम पर विश्वास कर सकते हैं। मुर्ग़ी की जिस तन्दूरी टाँग को हम अपने हाथों में पकड़े हैं, आप भरोसा कर सकते हैं कि वह अत्यन्त सुस्वाद है। वह तन्दूरी और सिन्दूरी टाँग हमने एशियाड के खिलाड़ियों के सामने पेश की। और फिर वही टाँग हमने निर्गुट सम्मेलन के राष्ट्राध्यक्षों के सामने पेश की। हमारा झुका हुआ सीना आत्मविश्वास से भर गया। अब हम गर्व से कह सकते हैं कि इस राष्ट्र को आमलेट बनाना आता है। कॉकटेल के सन्तुलन का रहस्य हम समझते हैं। हमें इन्तज़ार है कि फिर कोई अन्तर्राष्ट्रीय स्तर का प्रसंग हो और हम फिर चाव से प्लेटों में सलाद जमाने लगें। अकुला रही है दिल्ली किसी सम्मेलन के बिना। कब आएगा एक परेशानज़दा देश में चरण रखता वह स्वर्णिम दिन!

बेघर लोगों के देश ने महत्त्ववान व्यक्तियों को ठहरने के लिए कमरे दिये। भूखे, अधभूखे नागरिकों के देश ने खाना बनाने में महारत हासिल कर ली। ऊबड़-खाबड़ सड़कों के देश ने मेज़बानी के तहत दिल्ली में चिकनी सड़कें बनायीं। किसी पिछड़े और नंगे राष्ट्र के लिए इससे बढ़कर टेकनिकल उपलब्धि और क्या हो सकती है कि वह किसी रईस देश की दमकती राजधानी का भ्रम उत्पन्न कर सका। यथार्थ को मखमल से ढकने में इससे अधिक सफलता और क्या अर्जित की जा सकती है। ऐसा लगता है कि अफ़सरों और नेताओं के सम्मान में डाकबँगलों में मुर्ग़ पकाने का हमारा अनुभव अन्ततः देश के हित में काम आया। अपने प्रधानमन्त्रियों के सम्मान में उनके आगमन के समय सड़क ठीक करवा देने की हमारी शैली और तरीकों ने हमें दृष्टि प्रदान की। वी.आइ.पी. के आने पर गमले ज़मीन में गाड़ ख़ुशनुमा फूलों के बगीचे की सृष्टि और एहसास ढाई दिन में पैदा कर देने में पारंगत हम जानते हैं कि एक नगरी को मायानगरी में कैसे एकाएक बदला जाता है। अख़बारों में बार-बार छपता था कि दिल्ली दुल्हन की तरह सज रही है। हालाँकि लिखनेवाले भारतवासी थे और वे अच्छी तरह जानते थे कि दुल्हन की तरह सजना तब कहा जाता है, जब किसी एक का इन्तज़ार होता है और वह शख़्स जीवन में प्रथम और अन्तिम होता है। जब कोई ऐसा आने को है, जिसे कुछ देर बाद लौटना है और वह एक नहीं कई और कोई भी हो सकते हैं, तब उन लोगों के लिए की गयी सजावट की तुलना पवित्र दुल्हन से नहीं, वेश्या की सजावट से की जाती है। ख़ैर, छोड़िए। अभिव्यक्ति में शालीनता विकसित करने के लिए भी तो कोई कम ख़र्च नहीं किया इन चौंतीस सालों में शासन ने।

दुल्हन-सी सजावट, इन्तजामअली की व्यस्तता, ख़ानसामा गौरव, वेटर फ़ुरती, रिसेप्शनिस्ट सौजन्य और ड्राइवरों की-सी निष्ठा अर्जित कर किन मोरचों को फ़तह करने जा रहा है यह देश। यह कैसी कशिश है, कैसी कोशिश है, यह क्या धन्धा है, क्या प्राप्त करने जा रहा है यह देश? कौन-सा सेहरा बाँधने के लिए रुपया फूँक रहा है फटी चड्ढीवाले बच्चों का यह राष्ट्र। घुटनों तक धोती चढ़ाये फटी आँखों से लोग दिल्ली की तरफ़ देख रहे हैं। सौजन्य से करोड़ों फुँक रहा है और उन्हें वहाँ भीख माँगने की सुविधा और गुंजाइश नज़र नहीं आ रही। परायी हो गयी दिल्ली। परायों के लिए हो गयी। देश भूखा-नंगा रहे, ख़ानसामे की सेवा परायों के लिए है। देशवासियों से अपेक्षा की जाती है कि वे इस बात पर गर्व करें कि ख़ानसामे ने ख़ूब अच्छा खाना बनाया, बड़े बेहतर ढंग से परोसा और साहब जो आये थे, ख़ुश हुए। बच्चों को गुदड़ी में लपेटकर सुलानेवालों को यह जानकर प्रसन्न होना है कि मेहमान के डनलपिलो नरम थे।

और अब इन्तज़ार-भरी उदासी का आलम है। ओलम्पिक वर्षों दूर है और तुरन्त कोई अन्तर्राष्ट्रीय जमघट हो नहीं रहा है। पंचतारा होटल के सजे हाल का-सा

ख़ालीपन उमड़ आया है दिल्ली के वातावरण और ख़ानसामा के मन में। अब क्या करें? किसके लिए करें! उसकी मुसकान निरर्थक और पीठ झुकने के लिए बेचैन है। मेनू बग़ल में है, भट्ठी धधक रही है, कढ़ाई चढ़ने को उतावली है। कोई खानेवाला नहीं है, बस यही दुःख खाये जा रहा है। क्या करें। कहाँ से एक अदद अन्तर्राष्ट्रीय सम्मेलन लाएँ और दिल्ली में लगा दें। कोई आए और अपनी जूठन गिरा हमारे गौरव में अभिवृद्धि करे। हमें प्लेटें धोने की आत्मीयता से भर दे।

किरासिन के क्यू में खड़े, राशन की दुकान से खड़े गेहूँ ख़रीदते देश को विदेशियों से सोंधी महक के प्रमाणपत्र चाहिए। मूर्ख सन्तोष के महाभ्रम का कैसा विचित्र ऐतिहासिक प्रहर है! हम बहुत अच्छे ख़ानसामा हैं!

मामला सास-बहू का

मेरे प्रिय मित्रों, प्रिय पानवालों और दोपहर के भोजन के समय ढाबे में नियमित मिलनेवाले पुराने परिचितों का पिछले दिनों घोर आग्रह रहा कि मैं सास-बहू के पिछले झगड़े पर लिखूँ। एक लड़की ने भी कहा, "अंकल, आप सास-बहू के झगड़े पर नहीं लिखेंगे?" मैं चुप रहा। कारण यह नहीं था कि मैं इस प्रश्न का उत्तर नहीं दे सकता था। मुझे वास्तव में पचास वर्ष की इस नन्ही-सी उम्र में लड़कियों द्वारा अंकल सम्बोधित किया जाना अच्छा नहीं लगता। श्रीमती गाँधी ने भी पिछले दिनों अपने एक इण्टरव्यू में स्वयं को राष्ट्र की माता कहे जाने जैसे बोझीले सम्बोधन के प्रति एक आन्तरिक नापसन्दगी व्यक्त की थी। जब मैं मित्रों के घरों पर जाता हूँ और लगातार बच्चों द्वारा अपने लिए अंकल-अंकल सुनता हूँ तो मुझे लगता है, जैसे मैं राष्ट्र-अंकल हूँ। यदि टी.वी. वाले मुझसे इण्टरव्यू लें तो मैं इस बोझिल सम्बोधन के प्रति अपनी विरक्ति दिखाना चाहूँगा। वे लेते नहीं।

मैंने अरुण शौरी, एम.वी. कामथ, गिरिलाल जैन आदि के बड़े विस्तृत लेख राष्ट्र में उपजी इस सास-बहू समस्या पर पढ़े और 'एक स्वर मेरा मिला लो' के मूड में सोचा, मैं भी लिखकर कर्तव्य की इतिश्री कर दूँ। पर टाल गया। अब देखिए कि पाठक अपेक्षा कर रहे हैं और बन्दा सुस्त है।

राष्ट्र पर जब भी संकट आया, मेरी क़लम ओवरटाइम करने लगी, पर आज पहली बार ऐसा हो रहा है कि राष्ट्र की एक बहू राष्ट्र की एक सास से लड़ बैठी और मैं राष्ट्रीय स्तर पर चुप हूँ। क्यों? ढाबे में अपना इस दिन का अन्तिम पापड़ खाते हुए मेरे परिचित मुझसे यही प्रश्न करते हैं--आख़िर शरद जी क्यों?

मैं सन् साठ के आसपास चला जाता हूँ, जब हम व्यंग्यवाले अपने को हास्य से कितनी हद तक पास और कितनी हद तक दूर रखे, इस पर विचारा करते थे। उन दिनों 'धर्मयुग' में सलमा सिद्दक़ी का उपन्यास 'सिकन्दरनामा' छप रहा था, जिसमें सिकन्दर नामक एक नौकर के कारनामे थे। तब मैं मित्रों से कहता था कि मालिकों के नज़रिये से विचार कर नौकरों का मज़ाक़ बनाना अच्छे व्यंग्य या अच्छे हास्य की निशानी नहीं है। मोलियर से पी.जी. वुडहाउस तक यह काफ़ी हो चुका।

लॉर्ड और लेडीज़ के आभिजात्य से जुड़कर आज का लेखक नहीं लिख सकता। इसी सिलसिले में हमने जिन विषयों को रिजेक्ट किया, उनमें एक था सास-बहू की लड़ाई। अँग्रेज़ी में मदर इन लॉ के आगमन और वापसी को लेकर छपनेवाले लतीफ़ों से हम बोर हो चुके थे। कार्टूनों में हमेशा एक मोटी-सी नकचढ़ी महिला सास के रूप में दिखाई जाती। कुल मिलाकर सास को लेकर एक क़िस्म का पूर्वग्रह बनाया जा रहा है। हालाँकि प्रायः यह पति की सास को लेकर होता है, पत्नी की सास को लेकर नहीं। उन दिनों अक्सर यहाँ-वहाँ एक मज़ेदार एकांकी भी खेला जाता था, 'अखिल भारतीय सास सम्मेलन,' जिसमें सारी सासें एकत्र हो बहुओं को कोसती हैं। अन्त में अध्यक्षा सास के भाषण के समक्ष उसकी सास आ जाने के कारण सम्मेलन उखड़ जाता है। सब हा-हा करके हँसते और एकांकी समाप्त हो जाता। महिला पत्रिकाओं का यह स्थायी चिन्तन रहा है कि 'बहू भी कभी सास बनेगी' और 'सास भी कभी बहू थी', जिन्हें ज़ाहिर है, मैं नहीं पढ़ता।

मेरे घर में सास-बहू समस्या कभी नहीं रही। आगामी संकटों का अनुमान कर मेरी माताजी मेरे विवाह के पूर्व ही स्वर्ग सिधार गयीं। और रहा मेरी सास का सवाल, तो मैं उनका शुरू से भगत रहा हूँ। उनकी ओर देखना बड़ा सुखकर होता है। लगता है उनकी नसों में ख़ून नहीं, दूध बहता है। श्रेष्ठ मानव-मूल्यों पर विश्वास करनेवाली, घोर संकट में भी अपनी मुसकान, अपनी कोमलता न छोड़नेवाली वे बड़ी अद्वितीय महिला हैं, जिन्होंने राष्ट्र को चार मुस्कराने वाली लड़कियाँ दी हैं, जिनमें से एक सबसे कम मुस्कराने वाली से विवाह कर मैंने व्यंग्य की गरिमा और प्रकृति को बरकरार रखा। उनकी एक लड़की से विवाह कर लेने के अतिरिक्त मैंने अपनी सास को कभी दुखी नहीं किया। उन दिनों मेरा इमेज एक लोफ़र का था और उनका भयभीत होना स्वाभाविक था। जो भी हो, सास मेरे लिए कभी बोरियत का पुंज नहीं रही। जीवन और साहित्य के रिश्तों को जो जानते हैं, वे समझ सकते हैं कि मेरे लिए सास-बहू पर लिखना कितना कठिन है। यों भी लेखक के नाते मैं नहीं चाहता कि पूरे देश को सासों और बहुओं में बाँट दूँ। क़लम से दरार पैदा कर किसी एक तरफ़ हो जाऊँ।

आज़ादी के आसपास जो महिलाएँ बहू थीं, वे इन दिनों सास हैं। उन दिनों जो शख़्स उनका पति था, वह आदर्शवाद का मारा था। धीरे-धीरे नेताओं की बदलती प्रकृति, ज़िन्दगी जीने की दिक्क़तों को महसूस कर वह व्यावहारिक होने लगा। भ्रष्टाचार के आर्थिक मर्म को समझने लगा और अन्त में इस परम नतीजे पर पहुँचा कि बाश्शाओ, इन बातों में कुछ नहीं रखा! इन्सान को पैसा कमाना चाहिए और जमकर कमाना चाहिए। ख़ूब पैसा, घनघोर सफलता, जीवन का परम लक्ष्य बन गया। उसके लिए कुछ भी करना पड़े, करो। कनाडा, दुबई जहाँ जाना पड़े, जाओ। पीना पड़े, पीओ। खिलाना पड़े, खिलाओ। पार्टियों में पत्नियों के जिस्मों की झाँकी

प्रदर्शित करनी पड़े, करो। नज़र लक्ष्य पर रखो और इस सिलसिले में कपड़े में ढीलापन आ रहा है, तो आने दो। इन वर्षों में भारतीय परिवारों के इतिहास में पहली बार बैठक में डायनिंग टेबल आ गया। भोजन आवश्यकता की नहीं, शोभा की वस्तु बन गया। बैठकें ड्राइंगरूम में बदलीं और वे बिजनेस की मछलियाँ फँसाने का अड्डा हो गयीं। घर मात्र घर नहीं रहे, वे औकात के प्रदर्शन-गृह हो गये। अब वहाँ लोग नहीं रहते। वे लोगों को अपना रहना दिखाते हैं। कार, फ्लैट, फ्रिज, ढेर-ढेर म्यूजिक, कारपेट, सोफ़ा, पेण्टिंग, सज्जा, कवर्ड, विदेशी सामान, कुकिंग रेंज, कूलर, क्रॉकरी, हीटर, मूर्तियाँ, टी.वी., वीडियो, डबलबेड, डनलपिलो, अटैच्ड बाथरूम, विदेशी साड़ियाँ, ज़ेवर और घर की भाषा न जान कॉन्वेण्ट के उच्चारण करनेवाले, आइसक्रीम और कॉमिक्स के दीवाने बच्चे। देश के विकास के लिए विदेशों से लिये करोड़ों के उधार, क़दम-क़दम पर भ्रष्टाचार, कमीशन और अन्धे लाभ की काली कमाई से इस देश को कुल मिलाकर यही लाभ हुआ कि घरों की मध्यमवर्गीय आत्मा ग़ायब हो गयी। वे दर्शन, वे मूल्य और संस्कार ग़ायब हो गये, जो वर्षों से थे। जिन घरों में पीकर आना बुरा माना जाता था, वहाँ से मेहमान पीकर निकलने लगे और घर के लिए यह गर्व की बात हो गयी। आज़ादी के चौंतीस वर्षों में यह जो कुछ हुआ, उसके मूल में कौन है? वही औरत, जो आज़ादी के आसपास के वर्षों में बेटी या बहू थी और अब सास है। वह प्रेरणा-बिन्दु है, जिसके कारण परिवार ने इतने वर्षों से कई गुना विकास किया। उसने अपने पति और बेटों को महत्त्वाकांक्षा के घोड़ों पर बिठा भ्रष्टाचार के मैदान में भेजा कि जाओ, कमाओ, आदर्शों में कुछ नहीं रखा है। सास है असल मालकिन, असल शक्ति, जिसने काली कमाई का दोनों बाँहें खोल स्वागत किया, घरों को सँवारा और उन्हें फ्लैट बनाया। बहू कोई भी हो, इस आज की सास के सामने कोई हस्ती नहीं रखती। फिर वह बहू चाहे जया भादुड़ी हो या मेनका गाँधी, उनके व्यक्तित्व का ससुराल में कोई अर्थ नहीं रह जाता। सास के बच्चे के लिए और बच्चे पैदा करने के अलावा उसकी कोई उपयोगिता नहीं। लंच के बाद सोशल वर्क के लिए निकली सास डिनर के पहले जब तक घर न लौटे, तब तक घर सँभालना उसका काम है।

आज़ादी के चौंतीस वर्ष बाद बहू बननेवाली ये लड़कियाँ क्या हैं? पका-पकाया खा रही हैं। जिस गबरू को अपनी सीमित मुस्कान फेंक-फेंककर इन्होंने फँसाया, वह मूलतः सास का बेटा है। जो कुछ है, माँ के कारण है। ठीक है, आप मुँह बेहतर बिचका लेती हैं, आपके अँग्रेज़ी उच्चारण ज़्यादा आधुनिक हैं, अंगों के प्रदर्शन और फ़िल्मों के विवेचन में आप अपेक्षाकृत आगे हैं, स्कूटर पर बैठे पति की पीठ से सटने का साहस आप में अधिक है, आप पार्टियों में नाच लेती हैं, पर सास की मुट्ठी में इस घर की कुंजी है, वह आपके पास नहीं। आप चाहें कि ब्यूटी पार्लरों के दमबूते पर पति को उसकी अम्मा से छाँट अपने पर्स में रख लेंगी, तो वह नहीं होगा। आप

मूर्ख हैं, समझ नहीं रहीं। जिस दिन सास आपको जलाने के लिए किरासन का डब्बा लेकर खड़ी हो जाएगी, उस दिन वह शख़्स, जिसे आप पति कहती हैं, माचिस की तीली को कर्तव्य की मशाल की तरह हाथ में ले उसका साथ देगा। यह चौंतीस साल की ट्रेनिंग है, जो इस देश के भ्रष्ट माता-पिताओं ने अपने लाडले बेटों को दी है। यदि अन्तस्सम्बन्धों की थोड़ी-बहुत ऊष्मा रहती भी, तो बच्चे को लेकर। इससे अधिक घर-देहरी से बाहर जानेवाली स्त्री के लिए किसी की आँख में आँसू नहीं छलकता।

सन् साठ के आसपास सास-बहू के झगड़ों की जिन संवाद-बोझिल लाउड-सी लगनेवाली रचनाओं को हमने पिछड़ी समझ टाल दिया था, वे एकाएक इस बड़े पैमाने पर प्रासंगिक हो जाएँगी, किसने सोचा था। आज व्यंग्य से अपेक्षा की जा रही है कि इस सास-बहू प्रसंग को उठाए और उसे महज़ हास्य का मामला-भर न बना रहने दे। मैं इसे एक साहित्यिक ट्रैजेडी मानता हूँ।

पता नहीं कैसे, सब-कुछ व्यक्त हो बँगले से बाहर आ गया। अन्यथा संवादों की शैली में सोचा जाए, तो कुछ ऐसे वार्तालाप होकर रह जाते—

"सासजी!"

"बोलो, बहू।"

"मैं लखनऊ हो आऊँ?"

"अकेली जाओगी?"

"हाँ!"

"नहीं, मैं अकेली नहीं जाने दूँगी।"

"क्यों?"

"आजकल यू.पी. में गुण्डागर्दी बहुत बढ़ गयी है।"

"आप भी तो जा रही हैं?"

"मैं लन्दन जा रही हूँ।"

"वहाँ भी तो गुण्डागर्दी बहुत चल रही है।"

"मैं प्रधानमन्त्री हूँ।"

....

"बहस मत करो। मैंने कहा ना, नहीं जाना।"

चुप्पी। एक छोटे से अन्तराल के बाद बहू फिर कहती—

"तो फिर उनको क्या जवाब दूँ?"

"इनकार लिख दो।"

बहू चुपचाप अपने कमरे में जाती है, मुँह बिचकाकर लेट जाती। पत्रकारों को पता ही नहीं चलता। सभी घरों में बहुएँ इस प्रकार मुँह बिचकाकर चुप रह जाती हैं। वे कॉलम का विषय नहीं बनतीं।

अकबर के पास मेनका का जवाब आ जाता कि मैं नहीं आ सकूँगी। अकबर उस पत्र को बीरबल को दिखाता, नवरत्नों से सलाह कर आयोजन स्थगित कर तानसेन को गाने के लिए कहता। तानसेन दरबारी कान्हड़ा के सुर छेड़ता। बन्दिश में भाव कुछ ऐसे होते कि नदिया किनारे चाँदनी छिटकी हुई है, सुन्दरी की बड़ी इच्छा है कि पानी भरने के बहाने घड़ा लेकर घर से निकल जाए, पर सास जाने नहीं दे रही। बताए कोई—पनिया भरन कैसे जाऊँ? आदि।

बहुओं के प्रति सम्पूर्ण सहानुभूति के बावजूद गीतकार कभी यह नहीं बता सके कि पनिया भरन कैसे जाया जाए। हम व्यंग्य लिखनेवाले भी इस प्रश्न का उत्तर नहीं दे सकते। उत्तर यही है कि फिलहाल बिना पनिया के काम चला। भविष्य पर विश्वास रख। नदी बहती रहेगी। हमारा ये विषय नहीं है अन्यथा तुझे विस्तार से समझाते।

ज़ाहिर है, मेनका हमारे भरोसे रहती, तो वहीं प्यासी मर जाती। कभी घड़ा लेकर बाहर नहीं आती।

राजनीति

राजनीति के चरित्र में एक ही खूबी है कि उसका कोई चरित्र नहीं होता। न चरित्र होना ही उसका चरित्र है। चरित्रवान लोग जब राजनीति करते हैं, वे निरन्तर अपने को सच्चरित्र और दुश्चरित्र करते हुए एक क़िस्म से चरित्र-रहित हो जाते हैं। व्यक्तित्व जहाँ बेपेंदी के लोटे होने लगते हैं, वहाँ से राजनीति की शुरुआत होती है। राजनीति एक केन्द्रहीन गोल चक्कर या चक्करों का सिलसिला है, जिसका व्यास, परिधि और केन्द्र-बिन्दु अनिश्चित होते हैं। दसों दिशाओं में उसकी गति है जो अपने-आप में दुर्गति है, मगर किया क्या जा सकता है, क्योंकि यही राजनीति है। जहाँ अधोगति अक्सर प्रगति और प्रगति दुर्गति लगती हो, उस बिन्दु को राजनीति कहते हैं। शब्दों के खेल को आगे बढ़ाते हुए कहूँ कि यही उसकी सद्गति है।

राजनीति में शब्द झूठ के माध्यम हैं और वे लगातार भार ढोते हैं। राजनीति में शब्द केंचुए का जीवन जीते हैं। जिनकी न रीढ़ होती है और न दिशा। वे लगातार एक ही गन्दगी पर चल रही सक्रियता की पहचान बने लगातार वहीं-वहीं हिलते चलते रहते हैं। राजनीति में शब्द भूसे के ढेर हैं, जिसमें से एक भी दाना नहीं निकलता। दाना सत्य होता है और सत्य का राजनीति में एक सिरे से अभाव होता है। राजनीति में सत्य का झूठ की तरह इस्तेमाल किया जाता है। यदि ज़रूरत हो तो राजनीतिज्ञ सच बोल जाता है, जिससे वह बाद में इनकार कर देता है कि यह झूठ है। राजनीति में अपना-अपना झूठ ही अपना-अपना सच होता है। दूसरे का सच अक्सर झूठ और अपना झूठ सदैव सच होता है। अर्थात् पता नहीं क्या झूठ और क्या सच होता है। शब्द इसका भार ढोते हैं। वे नहीं जानते वे क्या कर रहे हैं, क्या भार ढो रहे हैं।

राजनीति में झूठ बयान की स्पष्टता और गरिमा से सामने आता है। आकाश में बयानों का मेला—जमघट बना रहता है। बयान से बयान टकराते हैं, कई बार दो बयान मिलकर एक हो जाते हैं, कई बार एक ही बयान दो भागों में बँट जाता है और दोनों भाग एक-दूसरे के ख़िलाफ़ बन जाते हैं। बयान होने पर भी निरर्थक होते हैं, निरर्थक होने पर भी बयान होते हैं। अक्सर ख़ामोशी बयान होती है। शब्द

अर्थहीन और अर्थ शब्दहीन हो जाता है। दोनों हीन होते हैं, महीन होते हैं, ज़हीन कभी नहीं होते। आकाश में ऐसे बयानों के जमघट और गरज-तरज से राजनीति चूती है, टपकती है, चुचुआती है। लोग आसमान निहारते रहते हैं। वे छाता लगाये आसमान निहारते हैं। वे पूरी आत्म-सुरक्षा के साथ राजनीति के टपकने, धरती तक आने का इन्तज़ार करते हुए बड़ी प्यासी मुद्रा में पानी पी-पीकर आसमान निहारते हैं। और कोसते हैं कि वह नहीं टपकती। सब-कुछ होने पर भी न हो सकने का नाम राजनीति है।

राजनीति एक स्त्री है जो ऐसे सुकोमल बच्चों को जन्म देती है, जो आगे चलकर विषैले साँप और भुजंग बन जाते हैं। हम राजनीति को एक खूसट माँ की तरह देखते हैं, जो अपने इन भुजंगों के सिर पर हाथ फेरती रहती है। राजनीति एक वेश्या है, जिसे हर ग्राहक पतिव्रता समझता है। राजनीति निष्ठावानों और ईमानदारों की मालकिन और बेईमानों और धोखेबाज़ों की दासी है। राजनीति सबकी होकर भी किसी की नहीं है। रात की पार्टी में आयी चालू औरत की तरह वह सबको निकटता का आभास देती हुई वाक़ई निकट हो सकती है, मगर वह उसकी नहीं है जिसके निकट है। राजनीति किसी की नहीं, यों जब जिसकी हो जाए उसकी है। सब अपनी-अपनी राजनीति लिये घूमते हैं। वे नहीं जानते कि वास्तव में राजनीति उन्हें लिये घूम रही है। राजनीति आपको अपनी गोद में बैठाये ऐसा सुख देती है, जैसे वह आपकी गोद में बैठी हो।

राजनीति एक कचरापेटी है, जिसे खुली तिजोरी की गरिमा प्राप्त है। कचरापेटी में जो कचरा है, वह तिज़ोरी का रत्न कहलाता है। यह कचरापेटी लगातार हिलती रहती है और कचरा ऊपर-नीचे होता रहता है अर्थात् रत्नों के ढेर में रत्न देखे-परखे जाते हैं। जिस रत्न का भाग्य होता है वह मुकुट पर लग जाता है। मुकुट पहननेवाला पूरा देश यह नहीं जान पाता कि वह सिर पर कचरा रखे है। राजनीति कचरे को रत्न का ग्लैमर देती है। पत्थर-कंकड़ सितारे लगने लगते हैं। और उन्हें बरसों बाद पता चलता है कि उनकी गतिविधियों का स्वर्ग वास्तव में एक विराट् कचरापेटी है। सिद्धान्त रंग के डिब्बों का विभिन्न नाम है। राजनीति अलग-अलग रंग के डिब्बों का प्रयोग कर कचरापेटी का सौन्दर्य बदलती रहती है।

राजनीति महायात्रा है। वह कुर्सियों के प्रदेश तक भेड़ियों की महायात्रा है। ये भेड़िये बकरियों और भेड़ों के गाँव में अपनी पगडण्डियाँ तलाशते लगातार आगे बढ़ते जाते हैं। जिसके कब्ज़े में जितनी भेड़-बकरियाँ आती हैं, उसकी यात्रा उतनी ही सुखद और सुरक्षित हो जाती है। बकरियाँ एक भेड़िये से पीछा छुड़ा, दूसरे भेड़िये के चंगुल में फँस जाती हैं। राजनीति की महायात्रा में भेड़-बकरियों का यही योगदान है। भेड़िये बढ़ते रहते हैं। एक-दूसरे को चकमा देते, भुलभुलैया में डालते, घायल करते, नोचते, मारते वे जल्दी-से-जल्दी कुर्सियों के प्रदेश तक पहुँचना चाहते हैं।

महायात्रा की अन्तिम मंज़िलों में भेड़िये वेजीटेरियन हो जाते हैं और बकरियों का विश्वास अर्जित करने लगते हैं।

चॉकलेट की कुर्सी हैं, जिस पर मावे का बँगला बना है और बाहर आइस्क्रीम की कार खड़ी है। मंज़िल एक विशाल केक की तरह सामने है। भेड़िये कुर्सी पर चढ़ बँगले में घुस जाते हैं, अन्दर टुकड़ा खाने के लिए बाहर भेड़-बकरियाँ जय-जयकार के नारे लगाती हैं। भेड़िये प्रसन्न हैं, अपनी मंज़िल पर पहुँचकर।

राजनीति ऊष्मा है, गर्मी है, जो चॉकलेट की कुर्सी और मावे के बँगले को पिघला देती है और चाटता हुआ, मुँह पोंछता हुआ भेड़िया फिर लपलपाती निगाहों से बकरियों की ओर देखता नज़र आता है। अपने उच्चतम रूप में राजनीति सिर्फ़ इतनी है।

समाजवाद : एक उपयोगी चिमटा

मुख्यमन्त्री तीन क़िस्म के होते हैं। चुने हुए मुख्यमन्त्री, रोपे हुए मुख्यमन्त्री और तीसरे वे जो इन दोनों की लड़ाई में बन जाते हैं। चुने हुए मुख्यमन्त्रियों की तीन जात होती है। एक तो काबिलीयत से चुने जाते हैं, दूसरे वे जो गुट, जाति, रुपयों आदि के दम पर जीतते हैं और तीसरे वे जो कोई विकल्प न होने की स्थिति में चुन लिये जाते हैं। जैसे एक ज़माने में राजा नरेशचन्द्र सिंह हो गये थे। रोपे हुए मुख्यमन्त्री दो तरह के होते हैं। एक तो जो जड़ें जमा लेते हैं, और दूसरे वे जो उखड़े-उखड़े रहते हैं। जो भी हो वे होते रोपे हुए ही हैं। जब तक प्रदेशों की राजनीतिक मिट्टी नरम होती है, हवा आर्द्र, तब तक वे पनपते हैं। मिट्टी के सख़्त होते ही, असहनीय रूखी हवा चलते ही वे बेसहारा हो जाते हैं। यह उनकी जड़ों का परीक्षा-काल होता है, दिल्ली, द्वारा बुरकी गयी खाद की जाँच हो जाती है। नाई-नाई बाल कितने? समक्ष प्रस्तुत हो जाते हैं।

हर मुख्यमन्त्री दो जगह नज़रें गड़ाये रहता है। एक प्रशासन पर दूसरे संगठन पर। वह प्रशासन के सिर चढ़ संगठन पर रोब ग़ालिब करता है ताकि संगठन के सिर पर बैठ प्रशासन में बना रहे। प्रशासन की दो क़िस्में होती हैं। एक चुस्त, प्रशासन, एक ढीला-ढाला। वास्तव में ये दोनों एक ही क़िस्में होती हैं। मुख्यमन्त्री जब आता है तब वह कहता है कि प्रशासन ढीला और गड़बड़ है। जब वह कुछ दिनों मुख्यमन्त्री रह लेता है, तब वह कहता है कि प्रशासन अब चुस्त और सक्षम है। जब वह जाने लगता है तब सब कहते हैं कि प्रशासन ढीला था, अक्षम था। प्रशासन वही होता है जो होता है, जब वह ढीला होता तब भ्रष्ट होता है। जब चुस्त होता है तब अधिक भ्रष्ट होता है। प्रशासन में चुस्ती की हवा बनाने पर पैसा खानेवाला अफ़सर अपने रेट बढ़ा देता है, क्योंकि वह स्पष्ट कहता है कि प्रशासन चुस्त है, अतः काम कराना कठिन है।

अफ़सर कई क़िस्म के होते है। कुछ बिल्कुल नहीं खाते, कुछ बिल्कुल खाते हैं, कुछ कभी-कभी खाते हैं, कुछ स्वयं नहीं खाते, अपने भ्रष्ट मातहतों द्वारा बटोरी रिश्वत से अंश लेते हैं। शासन यही सब होता है जिसके सम्मान की रक्षा करना

मुख्यमन्त्री अपनी नैतिक ज़िम्मेदारी मानते हैं। संगठन प्रभावित होता है। मगर जब तक होना होता है तभी तक होता है। एक दिन वह होना बन्द कर देता है। संगठनवाले प्रशासन को अक्षम, अयोग्य घोषित करने लगते हैं और मुख्यमन्त्री की टाँग खींचने लगते हैं। प्रशासन तटस्थ दर्शक की मुद्रा अख़्तियार कर लेता है। संगठन में कुछ समाजवादी होते हैं, कुछ उनसे ज़्यादा समाजवादी होते हैं, शेष उनसे ज़्यादा समाजवादी होते हैं। अतः हर टक्कर समाजवाद बनाम समाजवाद की टक्कर होती है। जनता समझती है—हमारी इसी में भलाई है। वह अख़बार पढ़ती है।

समाजवाद सबका सहारा है। वह उखड़नेवाले मुख्यमन्त्री का अन्तिम सहारा है, उखाड़ने की कोशिश करनेवालों का वही शस्त्र है। पिछले वर्षों में पदाभिलाषी नेता कुर्सी के लिए लड़ते थे। आजकल बेहतर समाजवादी बेहतर समाजवाद के लिए लड़ते हैं। रोपा हुआ मुख्यमन्त्री समाजवाद में स्थायित्व टटोलता है। उखड़ा हुआ मुख्यमन्त्री समझता है कि उसके बाद समाजवाद क्यों आने लगा? समाजवाद बहुत क़िस्मों का होता है, मगर सारी क़िस्मों की एक विशेषता होती है वह निरन्तर आता रहता है। आते रहने की सूचना समाजवाद की एकमात्र पहचान है। आ रहा है! वह सिनेमा नहीं जो एक दिन वाक़ई शहर में लग जाए। वह आता रहता है। मुख्यमन्त्री, संगठन, प्रशासन उसे बुलाते रहते हैं। असली लड़ाई समाजवाद लाने की नहीं, समाजवाद को बुलाते रहने के अधिकार की लड़ाई है। दोनों पक्ष बुलाना चाहते हैं। बाभन, बनिया, ठाकुर सब समाजवाद बुला रहे हैं। कान्यकुब्ज, ग़ैर कान्यकुब्ज सभी चाहते हैं कि हम उसे बुलाएँ। घनघोर सद्भावना है!

समाजवाद के कई अर्थ होते हैं। एक राजनीतिक अर्थ होता है, एक प्रायवेट और गुट का अर्थ होता है। शब्द सबका होता है, अर्थ अपना होता है। यह नारा है, सहारा है, दाँवपेंच है, प्रायवेट कोशिश है। मुण्डे-मुण्डे समाजवाद भिन्न होता है। यह पोस्टर है, डण्डा है, कीचड़ है। समाजवाद ब्रह्म है या किसी और ब्रह्म की महामाया है। सबसे लिपटा हुआ है। बहुअर्थी है, बहुस्वार्थी है। वही जमता है, वही उखड़ता है। वही जीता है। वही खाता है। वही आसान है, वही ॐ फट् है!

प्रान्तीय राजनीति के कनकटे जोगी चिमटा लेकर खड़े हो गये हैं। ओम् ह्रीं क्लीम् समाजवाद ज़यते! समाजवाद को ख़तरा है, अतः मारो समाजवाद को। वही मारा जाएगा जो अमर है। वे चिमटे ले टूट पड़े हैं एक-दूसरे पर।

न खड़े होने का दर्द

अब सोचता हूँ मैं भी लड़ जाता तो ठीक रहता। बाँग्ला देश में नहीं, आम चुनाव में। सिर्फ़ खड़ा हो जाता तो लोग मुझे उठा देते। उठा देते तो उठ जाता और विधान सभा में जो बहुत सारी कुर्सियाँ पड़ी रहती हैं, उनमें से एक पर बैठ जाता। सवाल कुर्सी का नहीं, मेरे घर में चार पड़ी हैं, सवाल उससे कुछ गहरा है। घोषणा-पत्र छपाता तो उसमें लिखता। गहरे विचार अक्सर मन में उठते हैं। उनके मैं लेख बनाता हूँ और छपा लेता हूँ। देशवासी उन लेखों की रद्दी प्रतिमाह बेचते हैं और पैसे जेब में रख लेते हैं।

अपना सब कुछ त्याग मैं मध्यमवर्गीय भाइयों का जीवन-स्तर उठाने में लगा रहता हूँ। मेरी क़लम चलती रहती है, उनकी रद्दी बिकती रहती है। बहुत कुछ किया है मैंने। बिना विचारे काफ़ी लिखा है मैंने। अब बिना विचारे भाषण देने को जी करता है। विधानसभा से बेहतर जगह इसके लिए क्या हो सकती है? वहाँ कुर्सियाँ हैं, माइक लगे हैं। बोलो। जो तबीयत आए, बोलो। जो गहरा विचार मन में उठे, बाहर निकालो। न विचार आए तो भी बोलो। साहित्य से ज़्यादा सुविधा है विधानसभा में। सोचता हूँ, लड़ जाता तो ठीक रहता। विधानसभा लाभ में रहती। मैं लाभ में रहता और मेरी अनुपस्थिति से साहित्य भी लाभ में रहता।

जनता बड़ी चीज़ है। सनकी है। पता नहीं कब किसको जिता दे। उसने कई बार ऐसे-ऐसों को जिताया कि हँसी आती है। जिनके मुँह पर मक्खी नहीं उड़ती उनके चुनाव में झण्डे उड़ते हैं। आश्चर्य नहीं, मेरे नाम पर वोट पड़ जाते। मैं समझदार हूँ, पढ़ा-लिखा हूँ, जीत जाता। मूर्ख होता, ज़्यादा वोट से जीतता। बेईमान होता तो क्या कहने? कैरियर बन जाता। हर हालत में मौक़े उज्ज्वल थे। जनता बड़ी चीज़ है। इफरात से वोट देती है। छाँट-छाँट कर देती है। लड़ जाता तो आश्चर्य नहीं, जीत जाता। एक अवसर तो पुराने पापियों को भी मिल जाता है। मैं तो नया हूँ। मगर क्या करें, मौक़ा चूक गया।

उमर बढ़ रही है। बाल सफ़ेद होने लगे हैं। यही वह उच्च समय है जब हिन्दी का साहित्यकार फ्रस्ट्रेट होता है। पुराने विद्रोह की पूँजी के सहारे स्थायित्व की दिशा

में विचार करने लगता है। कुछ सरकारी पद पा लेते हैं, कुछ स्थायी चमचे हो जाते हैं, कुछ राजनीति में घुस जाते हैं, इस देश में साहित्य पचास की उमर तक चलता है, राजनीति सत्तर तक खींच ले जाती है। साहित्य के लतियाये महज़ भाषा के दम पर राजनीति में घुस जाते हैं और छा जाते हैं और फिर पलटकर साहित्य पर भी शासन करते हैं। किसके बाप में हिम्मत है कि कहे कि मन्त्री महोदय की रचना बोर है या साहित्य में आदर्शवादिता सम्बन्धी आपकी धारणाएँ पुरानी हैं। हें-हें करते बनता है। वाह-वाह करते बनता है। साहित्य का उखड़ा राजनीति में जमे चाहे न जमे, मगर राजनीति का जमा साहित्य से नहीं उखड़ सकता। बड़े फ़ायदे हैं। लड़ जाता तो मुझे भी मिलते।

अब तो चिड़िया वोटों के खेत चुग गयी और विधान-सभाओं में चहचहा रही है। मैं जीतता तो चोंच सोने से मढ़ जाती । जो बोल बोलता, सोने के आखर झरते। और सब तो ठीक है, साहित्य का दर्जा उठ जाता। मेरे मन्त्री बनते ही साहित्य ऊँचे स्तर पर सम्मानित होने लगता। जैसा कुछ दिनों टेनिस का दर्ज़ा रहा। एक मुख्यमन्त्री टेनिस के शौक़ीन थे। उन दिनों राज्य का हर छोटा-बड़ा अफ़सर तथा वे सब, जो चमचे थे या होने की अभिलाषा रखते थे, टेनिस के शौक़ीन हो गये, एक व्यक्ति ने मुझे बताया कि 'टेनिस इज़ पोइट्री इन ऐक्शन'। बड़ी तारीफ़ की उस खेल की। उन दिनों उपेक्षित टेनिस मैदानों को दुरुस्त किया गया, रोलर घूमे, बाल टप्पे खाने लगी, लोगों ने टेनिस खेलने के कपड़े सिलवाये, जूते ख़रीदे और इस बात पर अफ़सोस करने लगे कि आजकल वैसी टेनिस की गेदें नहीं आतीं जैसी पिता जी के ज़माने में आती थीं।

टेनिस की गेंद पहुँच का सिलसिला बन गयी। जो अच्छे खिलाड़ी थे, वे अच्छे प्रशासक माने जाते थे, उनके तबादले-प्रमोशन की सुविधा हो जाती। मैं चुना जाता और मन्त्री बनता तो यही हाल साहित्य क्षेत्र में भी हो जाता। टेनिस नहीं, पोएट्री ही ऐक्शन बन जाती। कवियों के उचित जगहों पर तबादले करवाता, व्यंग्य की समीक्षा करनेवालों को प्रमोशन देता और जो मुझ पर लिखता उसे वाइस चान्सलरी दिलवा देता। हमारे राज्य में सात-आठ विश्वविद्यालय हैं। मैं किसी के पाठ्यक्रम में नहीं। चुनाव जीत जाता फिर अच्छे साहित्य की कभी ऐसी उपेक्षा हो सकती? उथल-पुथल कर देता यहाँ से वहाँ तक। शिक्षा में क्रान्ति हो जाती और जब तक मेरी कृतियाँ कोर्स में नहीं लगतीं, क्रान्ति चालू रहती।

हमारे राज्य के विश्वविद्यालयों का नियम है कि जब तक पुराना साहित्यकार राजनीति में नहीं धँसता, उसे साहित्य में डॉक्टरेट की सम्मानित उपाधि नहीं मिलती। मैं चुनाव जीतता और अगले ही कन्वोकेशन में मुझे सम्मानित कर दिया जाता। हुई

न कुछ बात! उपकुलपति कहते कि आपको सम्मानित कर विश्वविद्यालय ने आपका नहीं, स्वयं विश्वविद्यालय का गौरव बढ़ाया है। न्याय की यह बात विधानसभा की कुर्सी तोड़ने की पात्रता अर्जित किये बिना पाना कठिन है।

बड़े काम बक़ाया हैं। चुनाव जीत जाता तो निपटा देता। जैसे उस भूमि के दर्शन करना जहाँ मैं जन्मा हूँ। वे पहाड़, नदियाँ, जंगल, झरने जो यहाँ-वहाँ बिखरे हैं और जहाँ जाने को जी करता है; वे अनेक खँडहर, मूर्त्तियाँ, रिवाज, नृत्य, संगीत, पहरावे, पोशाक़, रंग, ज़िन्दगी, कामकाज, बोली—जाने कितनी बातें जानने की इच्छा है। लेखक होने के कारण जो जिज्ञासाएँ जन्मी थीं, वे लेखक बने रहकर पूरी करना कठिन है। विधायक बनना होगा इसके लिए। सरकारी ख़र्च से घूमूँगा, सैर करूँगा, डाकबँगले की खिड़की से पहाड़ निहारूँगा, जीप रुकवाकर नदी देखूँगा, अफ़सरों के संग झरने के नीचे नहाऊँगा, जंगल विभाग से कहूँगा—'मुझे हिरनों के झुण्ड दिखाओ।' हार्टीकल्चरवाले आएँगे और मेरे आँगन में जोगिया रंग का गुलाब लगा जाएँगे। जो भी कुछ मुझे पसन्द है, उसे देख सकूँगा। जहाँ जाना चाहता हूँ, जा सकूँगा। शिवम् सुन्दरम् सब कुछ ऑर्डर देने पर मिल जाएगा, चुनाव लड़ जाना बड़ा ज़रूरी था। सारे अभाव, सारी बदक़िस्मती से कुश्ती लड़ने का स्वर्ण अवसर था, जो चूक गया। वक़्त रहते कुछ कर लेता।

उन सबसे मिलने की इच्छा होती है जो कभी साथ थे। विद्यालय के दिनों के मित्र, पुराने परिचित। मन्त्री हो जाता तो अब आकर चक्कर काट जाते और मुलाक़ात हो जाती। यों तो अब किसी से मिलना सम्भव नहीं है। अपना काम करवाने आते तो पुराने सम्बन्धों की याद दुहराते। अतीत ताज़ा हो जाता। मन्त्रियों के साथ यही होता है। वे भविष्य के वादे कर मन्त्री बनते हैं और अतीत के अपने सम्बन्धों, पिता जी के समय के एहसानों से लदे ब्याज चुकाया करते हैं। इसका काम करवा रहे हैं, उसे लायसेन्स दिलवा रहे हैं, पास-पड़ोस के लोग, रिश्तेदार, पुराने सहपाठी सब आते रहते हैं। कभी मन्त्री भूल जाए तो स्वयं याद दिलाते हैं कि फलाँ महाविद्यालय में हमने साथ बी.ए. किया था। प्रेम उमड़ता है, काम बन जाता है। मैं मन्त्री हो जाऊँ तो अपनेवालों से फिर मुलाक़ात हो। उनके हित में कुछ यथा-योग्य करने का नम्र अवसर मिले।

वक़्त बीत गया। अब पछताये का राजनीति होत है? लड़ लेता तो जीत जाता। बँगले में रहता, डनलपिलो पर सोता, टेबल पर गुलदस्ता रखता, टेलीफ़ोन समीप रख उत्तर-दक्षिण से जुड़ा रहता। जिन्हें देख मुस्कराता वे इसके लिए मेरे आभारी होते। नौकर-ड्राइवर से खाने को पूछ उच्च मानवीय गुणों का परिचय देता। साहित्य-चर्चा करता। अपना दृष्टिकोण बताता जिससे प्राध्यापक सहमत होते। उनकी बात सुन

अपनी ख्याति बढ़ाता। चन्दे करवा देता। सैंक्शन दे देता। वेतन में से रुपये कटवा राष्ट्र की सेवा कर देता। गुट बना लेता। चार अच्छे चमचे पालता। संगीतकारों-चित्रकारों से मिलकर प्रसन्न हो जाता। पत्रकारों से याराना अन्दाज़ में बातचीत कर लेता। कोई प्रतिष्ठित या घनिष्ठ बँगले पर आता, तो उसे अपनी सरकारी कार से घर या होटल तक पहुँचा देता–'...और जो मेरे योग्य आज्ञा।' चुनाव लड़ लेता तो यह मानव-जीवन व्यर्थ नहीं लगता। इस धरती पर जन्मा हूँ तो मुझे अपने को उपयोगी बनाना होगा। जब तक पास में एक बड़ा पद न हो, आज्ञा देने का अधिकार न हो, तब तक मैं क्या कर सकता हूँ? मैं किसी को भी तो सुख नहीं पहुँचा सकता।

यह शरीर धारण करना व्यर्थ है जब तक वश में एक कुर्सी न हो। एक मकान बनवाना है, परिवारवालों को नौकरियाँ दिलानी हैं, पेट गड़बड़ रहता है, इलाज करवाना है। सरकारी डॉक्टर भी तो जितना ध्यान नेता पर लगाते हैं, उतना सामान्य मरीज़ पर नहीं। सब-कुछ तभी अनुरूप घूमता है। मैं मन्त्री रहूँ तो परिस्थितियाँ मेरे अनुसार घूमें। थोथा चना भी जब तक पद पर न हो, घना नहीं बजता। मैं बजना चाहता हूँ, गूँजना चाहता हूँ, घनघनाना चाहता हूँ, टनटनाना चाहता हूँ। चुनाव जीते बिना जनम अकारथ है। मगर अब तो वेला बीत गयी। सफल मनुष्यों की पंचसाला फ़सल कटकर विधानसभा के गोदामों में जमा होने लगी। मैं चूक गया। लड़ जाता तो ठीक रहता। अगले चुनाव तक शुभ दिनों की प्रतीक्षा।

प्रजातन्त्र की जड़ें

अभी एक सज्जन बता रहे थे कि देश को आज़ाद हुए इतने साल बीत गये। मेरा भी यही अन्दाज़ा है। ज़रूर बीत गये होंगे। वे कह रहे थे कि खेद है अभी तक देश में प्रजातन्त्र की जड़ें गहरे नहीं जमीं। मैंने भी सहमति में खेद प्रकट किया। वे कह रहे थे कि इस बारे में हर बुद्धिमान व्यक्ति को विचार करना चाहिए। मुझे सन्देह हुआ कि कहीं उनका इशारा मेरी तरफ़ तो नहीं है। मुझ-जैसे अक़्लमन्द को इशारा नाकाफ़ी होता है। जड़ें गहरी जमने की समस्या यों भी कृषि से ताल्लुक़ रखती है। पर वे चाह रहे थे कि मैं इस पर विचार करूँ। मैंने कहा कि आप क्यों नहीं करते, आप नेता हैं। ऊपर मैंने इन्हें सज्जन लिखा है, वह सभ्यतावश है। आप सज्जन नहीं हैं, नेता हैं। नेता को सज्जन व्यक्ति कहो तो बुरा मान जाता है। कहने लगे, सबको विचार करना चाहिए कि प्रजातन्त्र की जड़ें गहरी देश में क्यों नहीं जमीं। कई कारण हो सकते हैं। मिट्टी ख़राब है, पथरीली है, खाद नहीं मिलता और यही कि जड़ में कीड़े लग गये हैं।

हमारे देश में प्रजातन्त्र प्राचीन काल से था। प्राचीन काल में हमारे देश में हवाई जहाज़ भी थे। प्राचीन काल में प्रजातन्त्र के नेता, प्राचीन काल के हवाई जहाज़ों में बैठ दौरे करते थे। बाद में प्रजातन्त्र नहीं रहा तो हवाई जहाज़ भी बेकार हो गये। विदेशी लोग यहाँ आये और प्रजातन्त्र तथा हवाई जहाज़ विदेश ले गये और राजतन्त्र तथा बैलगाड़ी छोड़ गये। देश में प्रजातन्त्र को ठेठ भारतीय तरीक़े से चलाया जाए। वेद-पुराणों में चुनाव लड़ने के कौन-से पैंतरे दिये हैं, पता नहीं। अध्ययन करने की आवश्यकता नहीं, अनुमान किया जा सकता है।

चुनाव के लिए समय-निर्धारण करने के लिए पण्डितों और ज्योतिषियों की मण्डली बैठनी चाहिए। तिथियों का अध्ययन कर, शुभ घड़ी, शुभ समय निश्चित किया जाना चाहिए—जिस समय राशियों का ठीक मेल बैठता हो। अलग-अलग दलों को चुनाव का टिकट माँगनेवालों की जन्म-पत्रियाँ एकत्र करनी चाहिए और चुनाव के समय किसका सिंह उच्च का है, राजयोग किसके प्रबल हैं, उसे ही टिकट दिया जाना चाहिए। यथासमय नामों की घोषणा करनी चाहिए। अपना नाम निश्चित होने

पर उम्मीदवार को नगाड़ा बजाते हुए गाँव या शहर के मन्दिर में जाना चाहिए और नारियल चढ़ाकर प्रसाद ग्रहण करना चाहिए। चुनाव के एक माह पूर्व सारे देश में धार्मिक और सांस्कृतिक वातावरण बन जाना चाहिए। उम्मीदवार श्वेत वस्त्रों पर हल्दी के पीले छापे लगवाता घूमे और बड़े-बूढ़ों के चरण-स्पर्श करे। 'मेरा टेसू यहीं अड़ा, खाने को माँगे दही-बड़ा' के अन्दाज़ से लड़कों का एक झुण्ड उम्मीदवार के साथ चले। सुहागिनें उसे तिलक करें और बूढ़ियाँ बलाएँ लें। लड़कियाँ रास्ता रोकें और रुपया प्राप्त करें। माता-बहनें गोबर से चुनाव-चिह्न बनाएँ। चुनाव के एक सप्ताह पहले सब एक-दूसरे के घर जाएँ और अक्षत-चावल हाथ में देकर अपने उम्मीदवार को वोट देने की प्रार्थना करें। सब एक-दूसरे के अक्षत स्वीकार करें, चाहे वोट न दें। अपने उम्मीदवार की प्रशंसा में कवित्त-सवैये रचे जाएँ, बधावे गाये जाएँ और विरोधी उम्मीदवार के लिए प्रेम-सनी गालियाँ!

चुनाव के तीन दिन पूर्व किसी पवित्र स्थल पर पोलिंग-बूथ की प्रतिष्ठा की जाए। स्थान पर पानी छिड़क, गोबर लीप, रंगोली आदि के बीच वोटिंग-बॉक्स के रूप में कलश या मटका रखा जाए जिसका ढक्कन बन्द हो। उसकी सुरक्षा के लिए दो ब्रह्मचारी वीर नियुक्त किये जाएँ। मटके के ऊपर सिन्दूर से सारे चुनाव-चिह्न बनाये जाएँ। चुनाव-मण्डप का निर्माण कर सारे स्थान को बन्दनवार से सजाया जाए।

चुनाव के शुभ दिन सब लोग ब्राह्म मुहूर्त में, जब मुर्ग़े बाँग देते हैं, उठें। इस दिन बाँग देने के लिए विशेष सांस्कृतिक मुर्ग़े तैयार किये जाएँ। प्रातःकर्म, स्नान आदि से निवृत्त होकर सकल जन-देवता को पूजें और शुभ्र धुले वस्त्र धारण कर शकुन-अपशकुन का ध्यान रख पोलिंग-बूथ की ओर गाते-बजाते चलें। पोलिंग-बूथ पर विभिन्न उम्मीदवारों द्वारा नियुक्त पड़े अपने यजमानों का स्वागत करें। मटके में वोट काग़ज़ के रूप में नहीं, वृक्षों के पत्तों अथवा पुष्पों के रूप में डाला जाए। किशनलाल जी को वोट देना हो तो मटके में पीपल का पत्ता और रामलाल जी को देना हो तो बड़ का पत्ता मटके में डाला जाए। वोट डालते समय प्रजातन्त्र के नाम पर एक मन्त्र उच्चारण की भी विधि हो। सारा काम हवन में आहुति देने की अदा से किया जाए। कन्याएँ और बटुक वोट न दें।

वोट देने तक कोई जन भोजन न करे और उम्मीदवार दिन-भर निराहार रहे। सूर्यास्त तक यह विधि चलती रहे। रात-भर ब्रह्मचारी वीर मटके की रक्षा करें। दूसरे दिन सब जनों की उपस्थिति में मटके खोलकर पत्ते गिने जाएँ। जिसके पत्ते ज़्यादा हों, बाज़ी उसकी! उसे तिलक किया जाए और नारियल दिया जाए।

विजयी उम्मीदवार फिर एक चौकी पर बैठ जाए और उसे रुपया आदि आशीष के रूप में सब दें। मुँह में पेड़ा, उसके गंजे सिर पर आशीष, पान-इतर-फुलेल आदि का वातावरण बने। चाहे तो वह मन्दिर भी जाए। उसके बाद उस नरपुंगव

को पाँच वर्ष के लिए लोकसभा की दिशा में हँका दिया जाए।

उपर्युक्त विधि का पालन करने से हमारे भारत में प्रजातन्त्र की जड़ें गहरी जम सकती हैं कि खोदे से नहीं खुदें। बल्कि जितना खोदें उतनी गहरी होती जाएँ। वर्तमान प्रजातन्त्र इस मामले में गड़बड़ है। लोग वोट देने ही नहीं जाते।

मैंने उक्त सज्जन को (मैं पुनः उन्हें सभ्यतावश सज्जन कह रहा हूँ) जब उपर्युक्त मार्ग बताया तब वे पहले तो गम्भीर हो गये और फिर हँसने लगे। फिर गम्भीर हो गये और मुझे घूर-घूरकर देखने लगे। कहने लगे—"आपका शुभ नाम?"

मैंने शुभ नाम बताया। फिर कहने लगे—"कहाँ रहते हो?" मैंने वार्ड नम्बर बताया। (अस्पताल का वार्ड नम्बर नहीं चुनाव का)। बोले—"आप कौन-से पागलखाने में अपना इलाज करवा रहे हैं?"

मैंने कहा—"किसी पार्टी में नहीं हूँ, इण्डिपेण्डेण्ट हूँ।"

वे मुझे और क्रोध से देखने लगे। फिर चल दिये। नहीं तो मुझे अस्पताल भिजवा कर जाते! प्रजातन्त्र की जड़ें सौभाग्य से इस देश में अभी गहरी नहीं हुईं।

आम आदमी की ख़ासियत

आम आदमी में सबसे ख़ास बात यही है कि वह आम होता है और यह बात आम है। उसकी कोशिश होती है कि वह आम होने से बचा रहे। जो इस कोशिश में लगा रहता है वही आम आदमी होता है। कई लोग आम आदमी को समझने की कोशिश में ख़ास हो गये। ख़ास इसलिए हुए क्योंकि वे आम आदमी को समझ न पाये। समझ लेते तो उन्हें पता लगता कि वे भी आम आदमी हैं।

सड़क चलते आदमी को आम आदमी कहा जाता है। यह कितना अजीब है ना। सड़क ख़ास होती है, उस पर चलनेवाला आदमी आम ही होता है। वह चलता है पर अपनी छाप नहीं छोड़ पाता। उस पर सड़क अपनी छाप छोड़ती है। शायद इसीलिए उसे सड़क-छाप आदमी कहते हैं। वह अकेला चलता है, समूह में चलता है, जुलूस में चलता है, सड़क के किनारे खड़े हो जुलूस को देखता है। कुछ समझता है, कुछ समझ नहीं पाता। जानने की कोशिश करता है उसे पता नहीं चलता। वह आश्चर्य से देखता है। ख़ास आदमी उसे आश्चर्य से देखते हुए देखते हैं। वे कहते हैं यह आम आदमी है। ये ख़ास आदमी, आम आदमी की ओर आश्चर्य से देखने और उसे न समझ पाने के बावजूद, आम आदमी नहीं होते। ख़ास आदमी, जो आम आदमी को समझ नहीं पाते, आम आदमी को मूर्ख कहते हैं। स्वयं न समझ पाने के बावजूद वे मूर्ख नहीं होते। इसलिए कि वे ख़ास आदमी होते हैं। न जानने, न समझ पाने के बावजूद वे मूर्ख कैसे हो सकते हैं? आम आदमी न समझ पाने के कारण आम आदमी होता है। ख़ास आदमी न समझ पाने के बावजूद ख़ास आदमी होता है।

ख़ास आदमी बड़ी अक़्ल का काम करते हैं। वे अपने कामों की आम आदमी पर क्या प्रतिक्रिया हो रही है, यह जानना चाहते हैं। वे क्रिया करते हैं, आम आदमी प्रतिक्रिया करता है। पर ख़ास आदमी को जानकर आश्चर्य होता है कि आम आदमी ख़ामोश रहता है। वह अक्सर कोई प्रतिक्रिया व्यक्त ही नहीं करता। ख़ास आदमी बिचारे नहीं जानते कि ख़ामोश रहकर वह आम आदमी इनकी ख़ासियत की कितनी रक्षा कर रहा है। जिस दिन वह प्रतिक्रिया व्यक्त करता है, कई ख़ास आदमी आम

हो जाते हैं। कई आम आदमी ख़ास हो जाते हैं। इस देश में आम आदमी की यही ख़ासियत है।

यह आमों का देश है। आम आदमी का देश है। आम यहाँ पेड़ों के रूप में भी मिलता है, फल के रूप में भी। आम आदमी के रूप में भी। यहाँ आम के आम होते हैं, गुठली के दाम होते हैं। पर ख़ास लोग मानते हैं कि आम आदमी में कोई गुठली नहीं होती। उसका तो बस एक छिलका होता है। जो ताक़तवर होते हैं वे सोचते हैं कि आम आदमी को कभी भी छील सकते हैं। पर यह अजब बात है कि आम आदमी को ज़रा छीला कि गुठली फँसी।

जब आम आदमी गुठली की तरह फँस जाता है तब ख़ास आदमियों को पता लगता है कि आम आदमी क्या है? उसमें गूदा कितना है, दम कितना है? वह कितना पका हुआ है? उसका रस ले सकते हो, पर उसकी गुठली निगल नहीं सकते। गुठली में कम ताक़त नहीं होती। वह जहाँ गिरती है पेड़ उगता है। आम आदमी जब गुठली की तरह फँस जाता है तब इतिहास बदल जाता है। अभी-अभी जो बदला वह आम आदमी की गुठली का ही क़रिश्मा था। आप कितना ही आम कहिए, पर यह न भूलिए कि वह आदमी होता है।

आप आदमी को आम क्यों कहते हैं? इसलिए कि वह निचुड़ जाता है, निचुड़ा हुआ होता है। आप जब चाहें उसे निचोड़ सकते हैं। यहीं ख़ास आदमी ग़लती करते हैं। आम का एक मौसम होता है। आम आदमी का भी एक वक़्त होता है। जब आमों का मौसम आता है, कोयल बोलती है। जब आम आदमी अपने को व्यक्त करता है, बहुत-कुछ बोलता है। कुछ घुमड़ता है, गरजता है, हवा आती है, आँधी महसूस होती है। जब आम आदमी अपनी वाली पर आता है, तूफ़ान उमड़ता है। आप अजब बुद्धिमान हैं। इस आहट को महसूस नहीं कर सकते कि आम आदमी, चाहे एक दिन के लिए सही, ख़ास होने जा रहा है।

उस दिन ख़ास हो जाने के बाद आम आदमी फिर आम हो जाता है। फिर ख़ामोश हो जाता है। फिर प्रतिक्रिया देना बन्द कर देता है। तब ख़ास आदमी सिर धुनकर सोचते हैं कि आम आदमी ने ऐसा क्यों किया? काश, वे आम आदमी होते तो जानते कि आम आदमी ने ये क्यों किया? आम आदमी की यही ख़ासियत है। वह ख़ास लोगों को अपनी ख़ासियत आज नहीं कल बता ही देता है।

मैं प्रतीक्षा में हूँ

अपने विषय में मुझे कोई मीठा भ्रम नहीं है। यों भी हिन्दी-जगत् में लेखक को अपने बारे में ख़ुशफहमियाँ बुढ़ापे में पैदा होती हैं। जवानी में बन जाती हैं, तो बुढ़ापे में विकसित हो जाती हैं। ये भ्रम कि मैं हिन्दी को दिशा प्रदान करने के लिए जन्मा हूँ, मेरे नाम से एक युग सम्बोधित होगा, सब पर छा जाऊँगा आदि, मुझे नहीं हैं और न रहेंगे। यह नम्रता नहीं, सच बात है कि हिन्दी के वर्तमान ग्रुपफ़ोटो में मैं बिलकुल पिछली पंक्ति में (बायें से तीसरा) खड़ा हूँ, गरदन ऊँचे कर दूसरों के कन्धों के बीच कहीं झाँक रहा हूँ। चित्र देखनेवाले के लिए मुझे जानना अनिवार्य नहीं है। मेरी कोई रचना ऐसी नहीं जिस पर बातचीत की जा सके। फिलहाल मुझसे उम्मीद करना भी बेकार है। इसका यह अर्थ भी नहीं कि मैं किसी हीन भाव से पीड़ित हूँ। जब मौक़ा लगता है, रोब मार लेता हूँ, प्रायः नयी स्कीमें गढ़ता हूँ, रोज़ कोई संकल्प लेता हूँ, पर वास्तविकता यह है कि मुझमें आलस और अक्षमता का ऐसा मधुर सम्मिश्रण कलात्मक अनुपात में हुआ है कि स्कीम तजना और संकल्प भुलाना मेरी आदत हो गयी है। मुझे आशीष देनेवालों ने प्रायः धोखा खाया है और मुझे वाह-वाह करनेवाले बोर हुए हैं। लिख रहा हूँ इस उम्मीद में कि एक दिन यह मिडियाकरी रंग लाएगी और साहित्य के लिए सिरदर्द बनेगी। इधर कुछ वर्षों में मैंने लेखन को गम्भीरतापूर्वक अपनाने की सोची है। कुछ छोटी-छोटी रचनाएँ मैंने लिखी हैं, पर वे कोई ख़ास नहीं हैं। मुझे ख़ुद वे नापसन्द हैं। मुझे ठीक से लिखना नहीं आता। मुझे न आलोचकों ने सम्मान दिया, न रद्दी बेचनेवालों ने, क्योंकि न मैंने अच्छा लिखा, न ज़्यादा लिखा।

कारण थे मेरे पास कि मैं ग़लतफ़हमी में जीता। पर मैंने उन्हें नहीं माना, या पहचान नहीं सका, या उनकी घोषणाएँ करने की मुझे फुर्सत नहीं मिली। जैसे यही कि मेरा जन्म कालिदास वाले शहर उज्जैन में हुआ। मेरा दुर्भाग्य कि यह बात मुझे बहुत दिनों बाद पता लगी। मैं समझता था कि मैं महू में पैदा हुआ। हमारे पूरे परिवार के पैरों में शनि का चक्कर रहा। पिताजी एक सरकारी मोटर कम्पनी में अधिकारी थे और उस कम्पनी ने उन्हें महू, उज्जैन, रतलाम, नीमच, देवास, गुना,

ग्वालियर, मन्दसौर भटकाया और थकाकर मार डाला। हर जगह मेरी माँ तुलसी का पौधा रोपती और उसके पनपने के पूर्व वह जगह हमें छोड़ देनी पड़ती। हर जगह मैं दोस्त बनाता और रंग गाँठता पर शीघ्र उनसे विदा ले लेता। मेरे अपनत्व का दायरा विशाल होने पर भी कहीं इतना गहरा नहीं कि अधिकार जता सकूँ। आजकल मैं इन्दौर को घर मानने लगा हूँ क्योंकि वहीं मेरी माँ कण्ठमाला और टी.बी. की शिकार हो मरी और जहाँ तबादले का आदेश जेब में रखे मेरे पिताजी ने प्राण दिये।

हम कुल छह भाई-बहन हैं। सब एक-दूसरे से प्रकृति में अलग हैं। छोटे थे तो मारपीट करते थे। अब एक-दूसरे को बेवक़ूफ़ समझते हैं। सबका अपना व्यक्तित्व है, अपनी भाषा और अपना कार्यक्षेत्र। मेरी बड़ी बहन पार्थिव पूजे बिना खाना नहीं खाती और मेरे सामने कोई ईश्वर का नाम ले ले, तो मूड ऑफ़ हो जाता है। यह अलगाव मुझे मज़बूर करता था कि मैं घर से बाहर रहूँ। सड़कों पर भटकना और दोस्तों के यहाँ वक़्त गुज़ारना ही मेरा शगल बन गया। यों मेरे पिताजी ने मुझे सुधारने की तरफ़ विशेष ध्यान दिया। उन दिनों लड़कों को सुधारने का एक ही तरीका पिताओं को मालूम था कि बेंत लिया और भिड़ गये। माह में एक बार बड़े पैमाने पर मेरे सुधार का धुआँधार समारोह होता। कभी-कभी रिश्तेदार लोग भी मेरे पिताजी को प्रसन्न रखने के लिए मुझे पीट देते थे। घर पर एक मास्टर आता था, जिसे पाँच रुपया प्रतिमाह दिया जाता था। वह तीन रुपये का पीटता और दो रुपये का पढ़ाता। उसकी बड़ी प्रशंसा की जाती थी हमारे घर में। आज सोचता हूँ जितना घर पर पिटा, उतना अगर नारे लगाने पर कोतवाली में पिटता, तो सरकार को आवेदन कर दस एकड़ ज़मीन का मालिक हो जाता।

तब से आदत पड़ गयी है कि पिटने के बाद तीन-चार मिनट में ही आँसू पोंछकर ओ.के. हो जाता हूँ। इसका यह मतलब नहीं कि बेशर्म हूँ, पर टेसुए बहाने में वक़्त जाया करना अच्छा नहीं लगता। साहित्य में भी ऐसे प्रसंग मुझे बोर कर देते हैं।

बचपन से कोई बीस साल तक मैंने एक ख़ुशहाल परिवार के आर्थिक रूप से जर्जर होने की लम्बी कहानी देखी है। यह मध्यमवर्ग किस प्रकार अन्दर से खोखला रहकर ऊपर से पॉलिश करता है, बच्चों का दूध छीनकर अफ़सरों को चाय का निमन्त्रण देता है, रेडियो का वॉल्यूम बढ़ाकर पत्नी से झगड़ता है, मालिक के पैर छूकर निकलता है और कहता है, लड़कर आया हूँ—मैंने देखा है। मेरी माँ हर मन्दिर के सामने झुकती थी कि पिताजी का 'प्रमोशन' हो जाए। घर का चूल्हा बुझा रहता और खिड़कियों से घर में किये जा रहे हवन का धुआँ निकलता था। ज्योतिषी जन्मपत्री देखकर बताते—बस एक साल कष्ट और है, फिर सब ठीक होगा, पर ऐसा साल कभी नहीं आया। पुस्तकों, पत्रिकाओं में रचनाएँ पढ़ मेरे मन में अनेक बातें उठती थीं और अपनी जाति और संकीर्ण व्यवस्था देख मन में नफ़रत हो जाती।

धीरे-धीरे मैंने सभी प्रकार के खोखलेपन और थोथे संस्कारों से अपने को मुक़्त करने की चेष्टा की। यह संघर्ष मुझे भारी पड़ा और इसका मुझे दण्ड भुगतना पड़ रहा है। इस प्रक्रिया में मैं बिलकुल अकेला और असहाय रह गया। इस अन्तःसंघर्ष और अपने आपको मुक्त करने का यह दौर बहुत लम्बा था, जिसे पार कर ज्योतिषियों के ख़ानदान का यह बच्चा आज उस ज़मीन पर खड़ा है जहाँ से अकेले इन्सान की यात्रा आरम्भ होती है।

एक अतीत से सम्बन्ध तोड़ अपने को नये समाज में भुला देने की बात तभी से शुरू हो गयी थी, जब मैं पिताजी की इच्छा के विरुद्ध आगे पढ़ने का निश्चय कर इन्दौर के होल्कर कॉलेज में आया था। दो कमीज़, एक पाजामा, एक पैण्ट और पैरों में बारह आने की मोटर के ट्यूब टायर से बनी चप्पलें। मामा खाना खिला देते, सुरेन्द्र माथुर किताबें दे देता, एक बंगाली सज्जन के बच्चे को पढ़ाने का मिलता बारह रुपया और कलकत्ते की पत्रिका 'रानी' एक कहानी का पारिश्रमिक भेजती पन्द्रह रुपये। तभी सीखा था कि अपनी तकलीफ़ भुलाने का एक ही तरीक़ा है कि समाज में बहुत गहरे चले जाओ और भूल जाओ। भीड़ में रहो ताकि मन की वीरानी दूर हो, ठहाके लगाओ जिससे आँसू सूख जाएँ। मेरी तीन आदतें—हँसना, भटकना और लिखना तभी पनपीं। चुनाव लड़ना और भाषण देना आदि स्कूली प्रवृत्तियाँ नेतागिरी में बदलने लगीं, पर मैं उस रास्ते नहीं बढ़ा। भावुकता और ईमानदारी राजनीति के पहले दौर में, चाहे वह कोमल-मन छात्रों की गुड्डा-गुड्डी-राजनीति ही क्यों न हो, सहायक होती है; पर बाद में वह अधिक कठोर और निर्मम हो जाती है और मुझ-जैसे व्यक्ति के लिए वह उपयुक्त नहीं थी। मैंने अपने को लेखन में केन्द्रित किया पर कर न सका, जितना ज़रूरी है और जो माँग है उसके अनुरूप। इन्दौर-जैसे पत्रिका-प्रकाशन विहीन नगर में, जहाँ साहित्य-सेवा का मतलब सिर्फ़ सम्मेलनी परीक्षाएँ चलाना और तुलसी-जयन्ती मनाना होता है, मुझे अपने लिए लेखन की निश्चित राह बनाना कठिन था। यशपाल, अज्ञेय और अश्क पढ़कर 'प्रतीक', 'हंस' और 'कल्पना' के पन्ने चाटकर मैंने ख़ुद को कुछ सुधारा। बाद में राकेश, भारती और यादव कि रचनाएँ पढ़ने को मिलीं और फिर जल्दी ही हिन्दी की ज़मीन पर कथाकारों की बड़ी बौछार आयी कि मेरा इन्दौरी अकेलापन बिलकुल ग़ायब हो गया।

'नयी दुनिया' अख़बार मेरे लिए स्कूल और प्रयोगशाला दोनों था। तीन-चार साल 'परिक्रमा' शीर्षक कॉलम लिखा, तो गद्य लिखने की आदत सहज बन गयी। वहीं से व्यंग्य-लेखन शुरू हुआ। फिर कुछ महीने रेडियो में क़लम घिसी और नाराज़ होकर निकल गया, तो अब रेडियो पर नहीं जाता। कुछ माह बेकारी में बिताये, जेलरोड की उस किताब की दुकान पर शामें गुज़ारीं, रज्जू बाबू के साथ राजनीतिक बहसें कीं, पर जब समझ में आ गया कि इन्दौर की इस कपड़ा-उत्पादक नगरी में मेरे लिए कोई जीविका नहीं है, तो सरकार के सूचना विभाग में आवेदन कर

ग्वालियर चला गया। इरफ़ाना जब शाजापुर में थी, 'नयी दुनिया' में लिखती थी और रेडियो पर कार्यक्रमों में आती थी। हम दोनों दोस्त हो गये। एक दिन शादी कर ली। वह अपने घर से निकल आयी, मैं अपने घर से निकाल दिया गया। भोपाल आने के बाद लिखने का नया सिलसिला शुरू हुआ। यों पिछले लगभग साल-भर से नहीं लिख पा रहा। विभाग ने आदेश दिये हैं कि रचना भेजने के पूर्व शासन से स्वीकृति अनिवार्य है। पूरे सृजन पर शायद इसका असर पड़ा और अब सामर्थ्य ही सपना बनती जा रही है। रोज़ कुछ सोचता हूँ और ठिठककर रह जाता हूँ, जिप्सी मन को क़ैद किया है, असहायता ठहाकों पर विजय न पा ले, डरता हूँ। सम्पादकों के पत्र नहीं उत्तरता और मित्रों को नहीं लिखता। मन उलझाने को 'नवलेखन' निकाला था, उसे भी बन्द होना पड़ा।

फिर 'मुक्तिबोध' यहाँ बीमार होने पर आये, तो रोज़ अस्पताल में उनके पास बैठा रहता। कई बार मुझे लगता कि अगर सब-कुछ ऐसा ही रहा तो 'मुक्तिबोध' के वर्तमान में हर ईमानदार आदमी के भविष्य की तस्वीर छिपी है। किसी प्रकाशक ने इससे संकलन नहीं माँगा, रेडियो प्रोड्यूसरों ने पिछले कई वर्षों से इसे काण्ट्रैक्ट नहीं भेजा, अकादमी ने इसे अनुवाद-कार्य के योग्य भी नहीं समझा, मित्र इसे भूल गये और यह लिखता रहा रचनाएँ और अपनी तकलीफ़ों से जूझता रहा। मुक्तिबोध से मेरे सम्बन्ध औपचारिक नहीं थे। उज्जैन के दौलतगंज मिडिल स्कूल में कन्धों पर बस्ता डाले पढ़ने जाते समय मैं 'मुक्तिबोध' को देवासगेट पर देखता। तब मैं हस्तलिखित पत्रों में कविताएँ लिखता था और वे 'तारसप्तक' के कवि थे। उनके व्यक्तित्व की तस्वीर मेरे मन में बहुत पूर्व से है। नयी कहानी जब रहस्यवाद के स्तर पर हमारे समीक्षकों द्वारा समझायी जा रही थी, मैंने मुक्तिबोध जी से कहा था—"मैं अपने को अनफिट पाता हूँ, या तो मैं पिछड़ा हुआ हूँ या ये लोग ग़लत हैं, मुझे कुछ समझ में नहीं आता।" मुक्तिबोध जी ने तब शायद दो घण्टे से ज़्यादा मुझे कहानी के विषय में बताया और कुछ ही दिनों में तीन साल के अन्तराल के बाद मैं लिखने लगा।

मुक्तिबोध जी की बात सन्दर्भ से हटकर नहीं लिख रहा। उस दिन भोपाल के अस्पताल में वे कह रहे थे—"शरदजी, आप लिखिए...आप डायरी शैली में या किसी और शैली में लिखिए। पर आप ऐसे लोगों की ऐसी प्रवृत्तियों पर प्रहार कीजिए...आप व्यंग्य लिखिए।..ठीक है यह...एक ही विषवृक्ष के सब डाल-पत्ते हैं और इस पर..." और मुक्तिबोध जी काँपने लगे और उनका दाहिना हाथ हिलने लगा।

मुक्तिबोध जी ने जिस सन्दर्भ में यह बात कही थी उसकी चर्चा न करते हुए मैं कहूँ कि उनकी विष को अलग कर फेंक देने की वह तीव्र इच्छा और क्रोध मैं अपनी क़लम में उतारना चाहता हूँ। मुझे अपनी रचनाएँ इसी कारण नापसन्द हैं,

क्योंकि वे व्यंग्य होकर भी पूरी तरह से वह काम नहीं करतीं, जो उनसे अपेक्षित है। मैं ईमानदार रहना चाहता हूँ, मैं यश खोकर, सुविधाएँ खोकर भी ईमानदार रहना चाहता हूँ। मगर ईमानदारी किसी ज़िद से नहीं आती, वह सच्चाई जानने के बाद निश्चित की जाती है। इसलिए मेरी यात्रा लम्बी है और इसकी प्रारम्भिक मंज़िलों में उपलब्धियों की गणना करने की बात मैं मूर्खताभरी मृत्यु से अधिक कुछ नहीं मानता।

हिन्दी में व्यंग्य लिखना ख़ुद अपना दर्ज़ा गिराना रहा है। पिछले समय से यह एक घटिया विद्या मानी जाती रही है। नौकरों का मज़ाक़ या मियाँ-बीवी की चखचख या अजी जनाब और महाशय जी सम्बोधन के साथ भोंड़ा प्रसारण साहित्य व्यंग्य नहीं है, न हास्य है, बल्कि हास्यास्पद है। व्यंग्य की एक सोद्देश्यता होती है, एक सामाजिक पक्ष होता है और बिना कलात्मकता खोये उसका निर्वाह किया जा सकता है।

अभी तक मैंने जो लिखा है वह वर्तमान के रोचक ऑब्जर्वेशन, फैण्टेसी या कथा के आकार में व्यक्त कतिपय घटनाओं का चित्रण मात्र है। मेरे अनुभव और मेरी अनुभूत कड़वाहटें अभी व्यक्त नहीं हुई हैं। वह सकल पूँजी 'डिपाज़िट' पड़ी है। उसे व्यक्त कर पाऊँगा तो कुछ सन्तोष होगा। लिखते समय मन क़लम से तेज़ दौड़ता है, इस कारण लम्बी रचना या उपन्यास लिखने का साहस नहीं जुटा पाता। और इधर तो ज़िन्दगी में ठहराव आ गया है, उससे उबरना है। कल अपना शव कन्धे पर लाद श्मशान छोड़ूँगा और नया शरीर ले लिखूँगा। मैं प्रतीक्षा में हूँ......

□□□